경제는 당신이 대통령이야

경제는 당신이 대통령이야 (개정증보판)

초판 1쇄 발행 | 2008년 3월 25일
초판 2쇄 발행 | 2008년 4월 25일

지은이 | 이장규
펴낸이 | 이성수
편집장 | 박상두
편집 | 허정희, 황영선, 이홍우, 이효주, 박현지
마케팅 | 이현숙, 이경은
제작 | 박홍준

펴낸곳 | 올림
주소 | 서울시 종로구 신문로1가 163 광화문오피시아 1810
호등록 | 2000년 3월 30일 제300-2000-192 호(구 : 제20-183 호) 전화 | (02)3276-3697
팩스 | (02)3276-3695
이메일 | pom4u@yahoo.com
홈페이지 | www.ollim.com

ISBN 978-89-93027-00-6   03320

경제는 당신이 대통령이야

개정증보판

이장규 지음

을유문화사

현장감 넘치는 경제드라마

이장규 씨가 신문사를 그만두고 기업으로 가기로 결정했다고 했을 때 매우 안타깝고 착잡했다. 언론계를 떠나는 것이 아까웠기 때문이다.

이장규 씨와는 정말 오랜 인연이 있다. 1979년 중앙일보 경제부장과 신참 기자로 처음 만나 내가 1994년 중앙일보를 떠날 때까지 주로 경제 분야에서 함께 일했다. 그후로도 자주 만났고 지금도 그렇다. 훌륭한 후배였고 동지였으며 또 서로 자극받는 라이벌이기도 했다.

1988년 중앙경제신문(1994년 중앙일보에 합병)을 만들 때는 어려운 창간 작업을 같이하면서 고생도 많이 했다. 이장규 씨는 젊은 시절 과로로 간 질환을 앓아 평생을 조심하고 사는데, 거기에 나도 일조를 했다고 생각하니 늘 미안한 마음이다.

전두환 대통령 시절의 경제비사 『경제는 당신이 대통령이야』는 중앙경제신문 초창기의 대형 인기 시리즈로서 이장규 씨가 발안하고 주도하여 연재한 것이다. 그때는 편집국장으로서 다른 일이 바빠 제대로 봐주지도 못했다.

신문이 나오고 나서 읽어보면 '용케도 만들었구나' 하는 감탄이 나오곤 했다. 그 연재물을 다시 보완하여 1991년 처음 단행본을 만들었고 이번에 다시 대폭 손질하여 증보판을 낸 것이다.

처음 책이 나왔을 때 언론인이 책을 내려면 이런 책을 내야 한다는 생각이 들었다. 취재 경험을 바탕으로 현장감이 있으면서도 깊이와 논리적 체계를 갖추었기 때문이다. 우리나라에는 아직도 이런 저널리즘과 아카데미즘의 중간지대가 미개척지로 드넓게 남아 있다.

사실 우리는 격동의 시대를 겪어 흥미있는 소재들이 무궁무진하다. 그러나 좋은 기록물은 많지 않다. 오히려 균형이 안 잡히고 거친 기록물들이 판을 치고 있다. 우선 80년대의 기록만 하더라도 정확하지 않거나 왜곡된 것이 많다. 경제 분야도 마찬가지인데, 재경원의 경제백서나 중앙은행의 연차보고서는 너무 무미건조하다. 이것만 보아서는 지난 시절의 실상을 알기 어렵다.

80년대 즉, 5공과 6공 시절은 경제적으로 매우 흥미있는 시대다. 3공이 어이없이 무너지고 2차 오일쇼크의 와중에 탄생한 5공은 태생적 부담과 무거운 누적 부채를 안고 출발했다. 그때 경제부장으로 신문을 만들면서 정말 하루하루가 아슬아슬하다는 생각을 했다. 국운과 민족적 저력이 있었는지 고비마다 돌파구가 열리고 해가 갈수록 경제에 숨통이 트였다. 그러나 숱한 파동과 시행착오를 거쳐야 했다. 그 기록들을 실감 있게 정리한 것이 이번에 나온 책이다.

5공 초만 하더라도 우리 경제가 제대로 굴러갈 수 있을까 하는 생각을 했다. 오일쇼크에 심한 흉작이 겹쳐 쌀, 고추 등 농산물값이 폭등하여 인심이 흉흉했다. 사회 분위기도 침체되어 경제가 착 가라앉았다. 여기에 군부의 시퍼런 서슬 아래 경제개혁 작업이 강행되었다. 공무원 숙정, 기업 정화, 중화학 통폐합작업이 숨가쁘게 진행되었다. 군사정부는 한 자릿수 물가안정정책을 군사작전하듯 밀어붙였다. 무리한 일도 많았다. 군사정부의 서슬 때문에 정면에서 반대는 못했지만 모두들 속으론 불가능한 일이라고 치부했다.

무리는 국내에서만 한 게 아니라 대외적으로도 많이 했다. 일본에 대한 100억 달러의 차관 요구가 바로 대표적인데, 처음엔 황당한 것 같은 요구도 결국 40억 달러를 얻어내는 것을 보자 외교에도 더러 억지가 통하는구나 하는 생각을 했다.

역설적이지만 군사정부이기 때문에 평상시에는 할 수 없었던 일들이 가능하기도 했다. 강압정책에 따른 부작용도 많았지만 한 자릿수 물가는 달성되고 경제 체질이 많이 강화되었다. 그 덕분에 마침 도래한 세계적 3저(저유가·저금리·저환율)의 찬스를 살려 한국경제는 살아나고 88올림픽을 전후한 호경기를 누릴 수 있었다. 세계경제 환경의 호전이라는 국운이 큰 몫을 한 것이다.

그 과정이 이번에 나온 『경제는 당신이 대통령이야』에 손에 잡힐 듯이 그려져 있다. 정책의 줄거리뿐만 아니라 정책을 둘러싼 역학관계와 전개과정이 박진감 있게 기록되어 있다. 어려운 정책을 밀고 나가는 대통령의 리더십과 통치술, 또 등장인물들의 에피소드도 흥미진진하다. 한 편의 드라마를 보듯 재미있으면서도 많은 공부가 된다.

정책당국자를 비롯해 경제관계자뿐만 아니라 일반인들도 쉽게 읽을 수 있을 것이다. 이장규 씨는 노태우정권 시절의 경제에 대해서도 「실록 6공 경제」라는 대형 시리즈를 연재하고 다시 책으로 낸 바 있다. 김대중 대통령 시절의 경제는 역시 중앙일보 경제부에서 같이 일했던 김수길 씨(현 편집인)가 중심이 되어 「금고가 비었습디다」라는 좋은 기록물을 책으로 냈다. 훌륭한 후배들의 빛나는 작업을 보고 '후생後生이 가외可畏'라는 말이 실감난다. 기쁘면서도 자극을 많이 받는다. 이장규 씨는 5공과 6공의 경제기록물 외에도 인도와 카스피해 인근 제국을 직접 돌아보고 현장감 있는 경제 책 『19단의 비밀 – 다음은 인도다』, 『카스피해 에너지 전쟁』을 쓰기도 했다.

나는 이장규 씨를 만날 때마다 5공 · 6공 경제에 대한 책을 좀 더 각론으로 들어가 심화하고 그후의 시대도 연장해서 책을 쓸 것을 권해왔다. 그런 책을 쓰기엔 가장 적격이라 생각했기 때문이다. 이장규 씨가 언론계를 떠나 기업으로 가겠다고 했을 때 가장 아쉬웠던 것이 바로 그 점이다. 그런 일을 할 수 있는 사람이 많지 않다.

이장규 씨가 기업에 가서도 하던 일을 잊지 않고 5공 경제비사의 수정보완 원고를 마무리하여 가져왔을 때 그렇게 반가울 수가 없었다. 섭섭함이 반은 풀린 듯하다. 언젠가 다시 기회가 와서 나머지 일들을 완성해주기를 기원할 뿐이다.

2008년 3월 서울 서소문 사무실에서

최 우 석(전 삼성경제연구소 부회장)

『경제는 당신이 대통령이야』 발간에 부쳐

중앙경제신문이 1년 넘게 연재했던 인기 기획물 '제5공화국 경제비사'를 대폭 보완, 『경제는 당신이 대통령이야』라는 책명으로 발간하게 됨에 남다른 감회를 느낀다.

그 기획물이 중앙경제신문의 성가를 높이는 데 큰 기여를 했을 뿐 아니라 베일에 가려진 사실의 추적취재가 얼마나 힘들었는가를 잘 알고 있기 때문이다.

엄청난 변혁의 시대에 살고 있는 기자로서 '변화'의 배경과 진상을 알아내지 못한 채 피상적 보도로 그치는 경우가 너무 많아 늘 죄책감 같은 것이 남아 있는 터였다. 그런데 오늘의 경제를 결과 지은 제5공화국의 대형 경제사건과 주요 정책결정의 뒤안을 재조명할 수 있게 되었으니 일말의 보람마저 느끼지 않을 수 없는 것이다.

정책의 결정자들 또는 경제조치의 주역들이 대부분 현존해 있는 데다 그들 자신이 직·간접적인 이해 당사자들이기 때문에 숨겨졌던 일들을 끄집어내고 진실을 밝혀내는 취재는 어려울 수밖에 없었다.

하지만 전두환 제5공화국정권이 들어서면서 중화학투자조정, 장영자 사채 파동 사건, 외미 및 소수입 파동, 국제그룹의 도산과 부실기업 정리 등 잇달아 터진 대형 경제사건과 충격 조치 그리고 경제정책 조율사들에 얽힌 내막은 결코 역사의 미궁으로 파묻혀져서는 안 될 일이었다.

당시는 권위주의 체제와 군사문화의 통제 분위기여서 진상에 접근하기도 어려웠거니와 접근했다 해도 제대로 보도할 수 없는 상황이었다.

이 책의 필자 이장규 기자가 더 늦어져 자료가 유실되거나 기억이 희미해지기 전에 80년대 우리 경제의 숨겨진 역사를 심층취재해서 우리 신문에 쓰자고 했을 때 나는 고개를 갸우뚱했다. 과연 의욕대로 잘될까 해서였다.

왜냐하면 주요 정책결정이나 사건 처리가 공개적으로 당당히 이루어지기보다는 권력 핵심의 몇몇이서 밀실에서 결정하고 그 배경이나 이유를 비밀에 부치는 것이 우리나라 권력행정의 풍토이고, 거기에 참여한 사람들은 자신들의 이해관계로 계속 숨기려 하거나 사실을 왜곡하기 때문이다. 따라서 가려졌던 경제비사를 정확하게 파헤친다는 것은 지난한 일이라고 생각했던 것이다.

그러나 그것을 해낸 것이다. 기획시리즈를 계속하는 동안 이 기자는 건강이 나빠져 연재가 끝나자마자 병가를 내야 했다.

아무리 어려운 작업이라 하더라도 국민생활과 역사에 중요한 영향을 미친 정책과 조치들의 진상과 배경을 밝혀내야 한다. 그 일은 어쩔 수 없이 신문

기자가 맡을 수밖에 없다.

　그런 의미에서 이번에 발간된 『경제는 당신이 대통령이야』는 하나의 알뜰한 수확이 아닐 수 없다. 이 자리를 빌려 저자의 노고를 치하하고 싶다.

　전두환정권 8년간은 정치적으로도 기복이 많았지만 경제 측면에서 큰 '일'들이 많은 시기였다. 이 책으로 5공시대 경제의 큰 '일'들과 정책의 배경 그리고 맥락이 재조명되고 앞으로 우리 경제의 새 지평을 여는 데 좋은 참고가 되었으면 하는 바람이다.

1991년 10월

이 제 훈(중앙경제신문 편집국장)

차례

제1부 대통령의 경제공부

제2부 경제위기와 안정화정책

'진짜 경제대통령'을 기다리며

17년 전 이 책을 처음 펴냈을 때 핀잔의 소리가 적지 않았다. 무슨 까닭에 독재자 전두환을 두둔하는 책을 썼느냐는 것이었다. 결코 그런 뜻이 아니었는데, 보는 이에 따라서는 전두환 대통령과 그 정권을 옹호하려는 속셈이 있다고 느꼈던 모양이다. 심지어 한 후배기자가 "선배, 혹시 전두환한테 신세진 것 있소? 왜 그렇게 역성을 드는 거요?"라고 묻기까지 해서 실소를 금치 못한 일도 있었다. 사실은 전두환시대를 칭찬하기 위해서가 아니라 비판하기 위해서 쓴 것이었는데, 어떤 독자는 반대로 느꼈던 것 같다. 전적으로 글쓴이의 책임이다.

당시로서는 전두환을 무조건 매도하는 분위기가 사회 전반에 워낙 팽배했기에, 그가 잘한 부분까지도 인정하기 싫었던 사람들이 많았다. 그런데 세월이 지나면서 전두환시대에 대한 사람들의 생각이 많이 달라진 것 같다. 그의 정치자금·비자금 문제 등이 수사 과정에서 들통나면서 체면이 크게 깎이고 망신을 지독히 당했음에도, 최근 한국경제에 대한 걱정이 커지는 것과 함께 전두환 시절의 경제정책에 대한 평가가 오히려 후한 쪽으로 기울고 있는 느낌이다. 역사적 사실에 대해 잘잘못을 따지는 평가기준에도 시절에 따라 변하는 유행 같은 것이 있는 모양이다.

정작 무서운 것은 사람들의 망각이다. 나 자신도 다시 이 책을 떠들어 보면서 '이런 일이 있었던가' 할 정도로 새까맣게 잊어버린 대목이 한둘이 아니다. 낱개의 사실들을 잊어버린 것도 있었고, 일부 남아 있는 기억들만으로 재편집, 재구성해서 완전히 다른 일로 기억하고 있는 경우도 적지 않았다. 살다 보면 자신도 모르게 하는 거짓말도 많다는데, 그런 연유가 나에게도 있었던 걸까. 과거보다 더 좋은 선생이 없다고 하지만, 내가 직접 정리하고 기록한 과거마저 까맣게 잊어가고 있으니 그런 말도 함부로 못하겠다.

망각을 자책하면서도 졸저나마 이 정도의 기록을 시도했다는 것으로 자위한다. 하지만 기록의 완성도 면에서는 늘 불만스럽고 찜찜했다. 더 늦기 전에 부족한 점, 잘못된 점들을 보완해야겠다는 생각을 진작부터 해왔는데, 미루고 미루다가 17년 만에 엄두를 내었다.

증보판을 내기로 한 데는 몇 가지 이유가 있다. 처음 출간했던 책이 오랫동안 절판되는 바람에 어차피 다시 찍어야 했고, 이왕 다시 인쇄하는 김에 내용도 보완했다. 시간이 흐르면서 전두환시대에 대한 인식도 많이 달라졌을 뿐 아니라, 잘못 알고 있었거나 사실관계 확인에 미흡한 점도 적지 않았기 때문이다.

판을 벌인 김에 단순한 오류의 시정이나 보완으로만 그치지 않고 욕심을 좀 냈다. 돌이켜보건대 초판에서는 언론 탄압 속에서의 왜곡된 보도들을 바로잡아야겠다는 일종의 강박관념이나 피해의식 같은 것이 저변에 깔려 있었던 것 같다. 이번에 그것을 발견하고 나 스스로도 놀랐다. 증보판에서는 감정이 들어 있는 그러한 부분들을 걷어내고 가급적 중립적인 표현들로 바꾸었다. 전두환시대가 막 끝나고 처음 책을 썼던 때에 비해 시간이 지나면서 아무래도 좀 더 객관적으로 떨어져서 보게 된 까닭에서다. 그러면서 새롭게 생각되는 부분도 자연히 추가되었다. 지금의 한국경제 현실에 대한 시각이 과거를 재평가하는 데 나도 모르게 적지 않게 영향을 주었을 것이다.

특히 '대통령의 리더십' 문제가 한국경제에 얼마나 결정적인가는 과거를 돌이켜볼수록 실감하게 된다. 예컨대 박정희와 전두환의 리더십에 대한 관심은 일련의 노무현 리더십에 대한 평가와 결코 무관하지 않을 것이다. 정치상황이나 경제환경이 전혀 다른데도 사람들이 노무현과 전두환, 노무현과 박정희를 굳이 비교하고 싶어 하는 것과 같은 맥락이다. 오죽하면 전두환시대가 그립다는 소리까지 나오겠는가. 그러나 세상이 여러 면에서 엄청나게 변했는데도 유독 리더십만 그 옛날 독재시대의 그것을 기대하는 것은 자칫 시대착오의 어리석음에 빠지기 십상이다.

어느새 노무현시대가 끝나고 이명박시대가 열리고 있다. '실패한' 노무현 리더십과의 비교도 의미가 있겠지만, 이제 막 시작되는 이명박 리더십과 전두환시대를 비교 조명해보는 것도 매우 흥미로울 것이다. 이명박이 전두환과 마찬가지로 '경제대통령'임을 노골적으로 자임하고 나섰다는 점은 특히 주목을 끈다. 군인 출신 전두환과 기업인 출신 이명박이 정치 경제적 상황과 여건이 전혀 다름에도 불구하고 경제 하나에 모든 것을 걸고 있다는 공통점을 지니고 있기 때문이다. 물론 18년 전의 상황에 지금의 경제를 대입시킬 수는 없지만, 그 당시의 경험을 재조명함으로써 지금의 상황 대처에 유효한 교훈을 찾아낼 수도 있을 것이다.

보완작업 과정에서 다음 몇 가지에 유의했다.

첫째, 서술방식에서 91년을 기준점으로 했던 탓에 지금 읽기에 부자연스러운 대목은 현재를 기준으로 바꾸었다. 인명이나 사건, 정책들을 설명할 때 당시로서는 당연히 익숙해 있던 것들이 지금 와서 거론하면 생소하거나 아예 모르는 사람도 적지 않기 때문이다. 그러나 내용 자체는 추가로 보완한 부분 말고는 당시에 취재한 사실관계와 기록에 가급적 첨삭을 하지 않으려고 애썼다. 또 사소한 것이지만, 초판에서는 인명을 비롯해 한자를 군데군데 많이 썼으나 증보판에서는 젊은 독자들을 위해 거의 한글로 대체하고 필요한 경우에만 한자를 병기했다. 익명으로 처리했던 것을 일부는 실명으로 바꾸었다.

둘째, 한쪽으로 치우쳐 균형을 잃었다는 독자들의 지적을 겸허하게 받아들여서 최대한 바로잡으려 노력했다. 그러나 김재익에 관한 부분은 별로 손대지 않았다. 김재익을 너무 부각시킨 나머지 그를 영웅시했다는 지적이 있었고 특히 경제관료 출신들의 불만이 컸으나, 5공화국 경제의 주인공을 순서대로 꼽는다면 전두환 다음에는 역시 김재익임을 누구도 부인할 수 없을 것이다. 그 혼자서 모든 것을 다 이루었다는 뜻이 아니라, 누가 뭐라고 해도 전두환 경제의 출생 과정에서 기틀을 마련한 중심인물은 김재익이었다. 더 구나 수많은 에피소드와 드라마틱한 변화들이 집권 초기에 집중적으로 발 생하는 바람에 김재익의 잦은 등장은 불가피했다.

셋째, 이 책의 초판을 쓸 때 만날 수 없었던 허화평과 이학봉 등의 인터뷰 를 통해 부족했던 부분을 보완한 것은 큰 소득이었다. 전두환 대통령의 최 측근이었던 이들의 말을 100% 인용하지는 못했으나 여러 대목에 걸쳐 녹여 서 반영했다. 특히 허화평은 오랜 시간이 흘렀음에도 당시의 상황을 상세하 게 기억하고 있었고, 실명제를 반대했던 일 등에 대해서도 확실한 소신을 폈다. 신군부의 핵심인물답게 5공화국의 정통성 문제를 비롯해 정치 문제 에 관해서도 소상하게 밝혔으나 이 책에서는 경제 분야로 좁혀서 소화했다.

넷째, 과격하다고 생각되는 표현들을 누그러뜨렸다. 전두환정권이 막을 내린 지 얼마 되지 않은 시점에서 초판을 썼기 때문에 독재체제에 대한 강한 반발 심리나 감정이 여기저기 묻어 있었던 게 사실이다. 말끝마다 독재, 독 재 했던 감이 없지 않아서 되도록 그런 표현들을 줄였다.

초판에서와 마찬가지로 정치의 영역은 배제한다는 원칙을 고수했다. 따 라서 전 대통령이 퇴임 후에 겪었던 정치적 심판 과정은 이번에도 별로 고려 하지 않았다. 처음에는 정치적 이야기까지 보완할 생각도 했지만 내 능력으로 불가능하다는 것을 이내 깨닫고 포기했다.

전두환 대통령의 인터뷰를 증보판에 꼭 신고 싶었는데 실패했다. '경제대통령'으로서 하고 싶은 말도 많을 터인데, 끝내 응하지 않아서 아쉽다. 초판이 나왔을 당시 전 대통령과 그의 측근들은 필자에게 고마움을 표시해오기도 했다. 온 세상이 5공시대를 싸잡아 매도하며 비난하는 가운데 자기네들이 잘한 것도 있다고 써준 책이 처음 나왔다고 해서다. 하지만 지금 와서는 서운함이 더 앞서는 모양이다. 자신에게 부끄러운 과거는 신속히 잊혀지는 반면, 자랑스러운 과거는 기억 속에 살아남아서 확대재생산된다는 정신분석학자들의 말이 딱 맞나보다. 지금 와서는 『경제는 당신이 대통령이야』가 지나치게 비판적이었다고 서운해하는 '5공 사람'들이 많다고 하니 말이다.

이 책은 초판에서도 밝혔듯이 이론적으로 정리된 것이 아니다. 경제기자의 시각에서 현장 취재와 인터뷰, 자료수집 등을 통해 한 시대의 경제정책을 이슈 중심으로 기록 정리한 것이다. 주요 현안들을 중심으로 정리한 것이니만큼, 파악된 낱개의 사실들이 좋은 조합을 이루어 의미 있는 이론으로 연결될 수 있기를 기대할 따름이다. 신문의 특집기사와 교과서의 중간쯤으로 봐주었으면 한다. 그런 의미에서, 책이 처음 출간된 후 학계와 경제관료들로부터 기대 이상의 관심을 얻은 것에 과분함을 느낀다.

흥미를 고려하다 보니 인물 위주로, 사건 위주로 쓰여진 측면이 없지 않으나 원래 의도는 그런 게 아니었다. '전두환시대'라는 한 역사적 구간의 사실을 제대로 기록함으로써 한국경제 전체의 맥을 꿰는 데 일조해보자는 것이었다. 실은 더 나아가 건국대통령 이승만으로부터 시작하여 박정희, 전두환, 노태우, 김영삼, 김대중, 노무현 등으로 이어지는 한국판 대통령의 경제학을 집대성해보고 싶었으나, 여러 사정으로 욕심을 접고 얼마간 살을 붙이는 것으로 자위해야 했다.

공교롭게도 증보판의 출간이 새 정부의 출범과 때를 같이하게 되었다. 나름대로 출간의 의미가 더해질지도 모르겠다. 노무현 경제를 확 둘러엎는 것을 시작으로 벌써 청와대의 조직에 큰 변화가 일어났고 특히 경제수석의 비중이 크게 달라졌다. 새롭게 전개될 경제대통령론을 충분히 음미하기 위해서라도 과거의 경제대통령론과 그 행적을 다시 한 번 되돌아보는 것도 괜찮지 않을까 한다.

개인적으로 이번 증보판은 또 다른 의미를 담고 있다. 기자생활을 하면서 처음 썼던 책이 바로 『경제는 당신이 대통령이야』였는데, 지금 그 증보판을 마무리짓는 것이 31년 기자생활을 마감하는 마지막 작업이 되었기 때문이다. 일종의 마침표가 되어버렸다.

시간을 갖고 좀 더 충실한 보완작업을 계획했는데, 뜻하지 않게 기업인의 길로 들어서는 바람에 서둘러 봉합하게 되었다. 이럴 때 늘 걱정을 하시는 분이 최우석 선배다. 중앙일보 경제부장, 편집국장, 주필 등을 역임하시면서 오늘의 나를 있게 해주신 스승이다. 나는 언제나 그분 앞에서는 수습기자였다. 그분은 내가 어떤 글을 쓰든 항상 나를 지켜보고 계셨다. 쑥스러워서 한 번도 "감사합니다"라는 표현을 못 했는데, 더 늦기 전에 이 자리를 빌려 그 말씀을 드리고 싶다. 후배들에게도 새삼 고마움을 표해야겠다. 훌륭한 후배들이 든든하게 버텨주었기에 나의 행복한 기자생활이 가능했다고 믿는다. 사실 그동안 글을 써오면서 야단치는 선배도 무서웠지만 지켜보는 후배들의 시선이 더 두려웠다. 모두가 내 인생에는 더할 수 없이 소중한 존재들이다.

2008년 3월

이 장 규

5공 경제정책 인맥도

박봉환
김재익
사공일
박영철
허화평
허삼수
이학봉
안무혁
이원조
전두환
이 인맥도는 필자가 임의로 구분하여 만든 것이다. 전두환 전 대통령을 중심으로 박봉환, 김재익 등 경제 가정교사 그룹과 허화평, 이학봉 등 정치개혁 주도세력이 대비를 이루었는가 하면, 경제부처 장관들도 신병현, 강경식 등 안정개혁론자들과 서석준, 김만제 등 보수·현실론자들로 구분될 수 있다.
문희갑
신병현
오명
강경식
이형구
김기환
김준성
이승윤
서석준
정인용
김만제
금진호
나웅배
서상철
김주호
박종문
이규효
김동휘
김성배
고건
김종호
최창낙

제1부

대통령의 경제공부

"경제는 당신이 대통령이야"

"경제수석으로서 각하를 모시는 데는 한 가지 조건이 있습니다. 제가 드리는 조언대로 정책을 추진하시려면 엄청난 저항에 부딪힐 텐데, 그래도 끝까지 제 말을 들어주실 수 있겠습니까?"

"여러 말 할 것 없어. 경제는 당신이 대통령이야."

80년 9월초, 국보위 상임위원장 자리에서 하루 아침에 대통령이 된 전두환全斗煥이 지금은 고인이 된 김재익金在益에게 경제수석 자리를 제의하면서 나누었던 대화의 한 토막이다.

제5공화국의 경제정책을 돌이키는 작업을 김재익에 관한 이야기로 시작하는 것은 거의 모든 정책의 기초에 끼친 그의 개인적인 영향력이 너무도 컸기 때문이다.

전두환 대통령이 자신을 일컬어 '경제대통령'으로 특징지웠지만 김재익이야말로 그의 머릿속에 들어앉아 있던 진짜 경제대통령이었다. 김재익은 83년 10월, 어처구니없는 아웅산 사건〔북한이 83년 10월 9일, 당시 버마(현미얀마)를 방문 중이던 전두환 대통령 및 수행원들을 대상으로 자행한 테러 사건. 아웅산 묘소에서 일어난 강력한 폭발 사건으로 김재익 경제수석 등 17명이 사망했다)으로 유명을 달리했으나, 그후에도 그가 전수한 경제적 안목이나 지식은 대통령의 뇌리에 계속 살아 움직이면서 5공시대 경제정책 전반을 조정해나갔다고 해도 과언이 아니다.

대통령 전두환은 한마디로 김재익의 충실한 제자였다. 탁월한 경제학자 출신인 김재익은 군 출신 대통령에게 자신의 철학과 구상을 소상하게 가르쳤고 대통령은 성실히 배웠으며, 또한 배운 대로 정책에 옮겨나갔다.

전두환과 김재익의 '운명적' 만남

두 사람의 만남은 80년 5월 말 국보위(국가보위비상대책위원회의 약칭. 79년 10월 26일 박정희 대통령 시해 사건으로 인한 사회적 혼란을 수습하기 위해 80년 5월 31일 전국 비상계엄하에서 설치되었다. 상임위원장 전두환을 중심으로 하는 신군부 강경세력으로 구성된 정권인수위원회 같은 것이었다. 박정희시대의 국가최고재건회의를 본뜬 것이다)가 출범하면서부터였다. 미국 스탠퍼드대학에서 경제학 박사학위를 취득하고 귀국해 5년 가까이 별정직인 경제기획원 기획국장 자리에 있으면서 심한 좌절을 겪어온 김재익은 차라리 관료생활을 청산하기로 결심했다. 자신의 참신한 구상과 철학을 현실경제에 실현시키기는커녕, 관료사회의 두꺼운 벽에 부딪혀 숱한 시련과 좌절을 견디다 못해 연구 생활로 돌아가야겠다는 생각을 굳히고 있던 차였다.

경제기획원 안에서도 누구 하나 그의 처지를 이해하고 적극적으로 감싸주는 이가 없었다. 사람들은 그의 뛰어난 논리력과 순수한 인품을 높

게 평가하면서도 정책결
정 과정에서는 항상 따돌
렸다. 특유의 파격적인 발
상이나 개혁성향은 그를
돈키호테 같은 인물로 몰
고 갔다. 한마디로 그는
직업관료 사회에서는 어
디까지나 '굴러들어온 돌'

가정교사에서 경제수석으로, 전두환 대통령으로부터 임명장을 받고 있는 김재익

이었다. 김재익은 대학 동기동창이기도 한 서석준徐錫俊 차관에게 부탁해 KDI한국개발연구원 행을 결심하기에 이른다. 사실 서석준조차 김재익에 대해 경제관료로서의 능력을 그다지 긍정적으로 평가하지 않았다. 그저 '실정 모르는 백면서생' 정도였다.

그러나 KDI의 객원연구위원으로 내정된 상태에서 사표를 제출한 날 아침, 그는 김원기金元基 부총리로부터 국보위행을 통보받는다.

"아니 어찌 된 일입니까?"

"국보위에서 당신을 낙점했으니 가보시오."

"저는 사표를 이미 냈으므로 이제 기획국장이 아닙니다."

"지금 그런 걸 따질 때가 아니오. 가보랄밖에."

김재익은 매우 당황했고, 이 소식을 전해 들은 그의 아내는 "차라리 미국에 가서 살자"며 강력히 반대했다. 원래 김재익의 집안은 누나 둘이 수녀 생활을 하는 가톨릭 집안으로, 군인들이 주도하는 5공정부의 탄생에 대해 매우 비판적이었다.

"그러나 워낙 서슬이 퍼럴 때라서 선택의 여지가 없었습니다. 당장 다음 날 아침 새벽 5시 반에 자동차가 와서 남편을 실어가더군요. 그날부터 연희동 전두환의 집으로 가서 매일 2시간씩 강의를 하고 기획원 사무실로 출근하는 가정교사 생활이 시작된 것이지요."

김재익은 경제의 기본원리에서부터 시작해 한국경제의 당면과제와 처방에 이르기까지를 특유의 명쾌한 논리로 차근차근 강의해나갔다. 사안에 따라 여러 사람들이 연희동 강의에 초빙되었다. 그러나 다른 사람들이 시간강사라면 김재익은 담임교사였다. 전두환은 주위의 권고로 다른 스타일의 경제전문가들도 불러서 여러 차례 이야기를 들어보았지만 논리의 명쾌함이나 설득력에서 도저히 김재익과 비교할 바가 아니었다.

선생 김재익과 학생 전두환의 관계는 국보위시대에 이어 전두환이 청와대에 들어간 다음에도 대통령과 경제수석의 관계로 계속 이어졌다. 어떤 날은 모든 결재를 미루고 아침부터 경제수석을 불러들여 퇴근할 때까지 경제공부로 하루 종일을 보낸 적도 있었다. 당시 측근들의 말에 따르면 대통령은 김재익으로부터 배우는 하나하나의 경제원리에 대단한 흥미를 느끼고 있었고, 자신의 그러한 깨침을 만나는 사람마다 자랑스레 강조하곤 했다는 것이다.

어느 날은 퇴근한 김재익을 갑자기 찾기도 했다. 집으로 향하는 자동차 안에서 대통령이 찾는 삐삐가 울리는 바람에 김재익은 도중에 내려서 황급히 대통령에게 연결되는 직통 다이얼을 돌렸다.

"아까 설명해줄 때는 알 것 같았는데… 다시 한 번 설명해보게."

김재익은 한참 동안이나 다방 전화통을 붙들고 낮에 했던 강의를 되풀이해야 했다.

어쨌든 국보위 상임위원장 시절과 대통령 초기 시절에 전두환의 경제공부에 대한 열정이 대단했다는 것은 여러 모로 확인된다. 선생도 열심이었지만 학생도 열심이었다. 새롭게 배운 경제지식을 즉각즉각 실험하

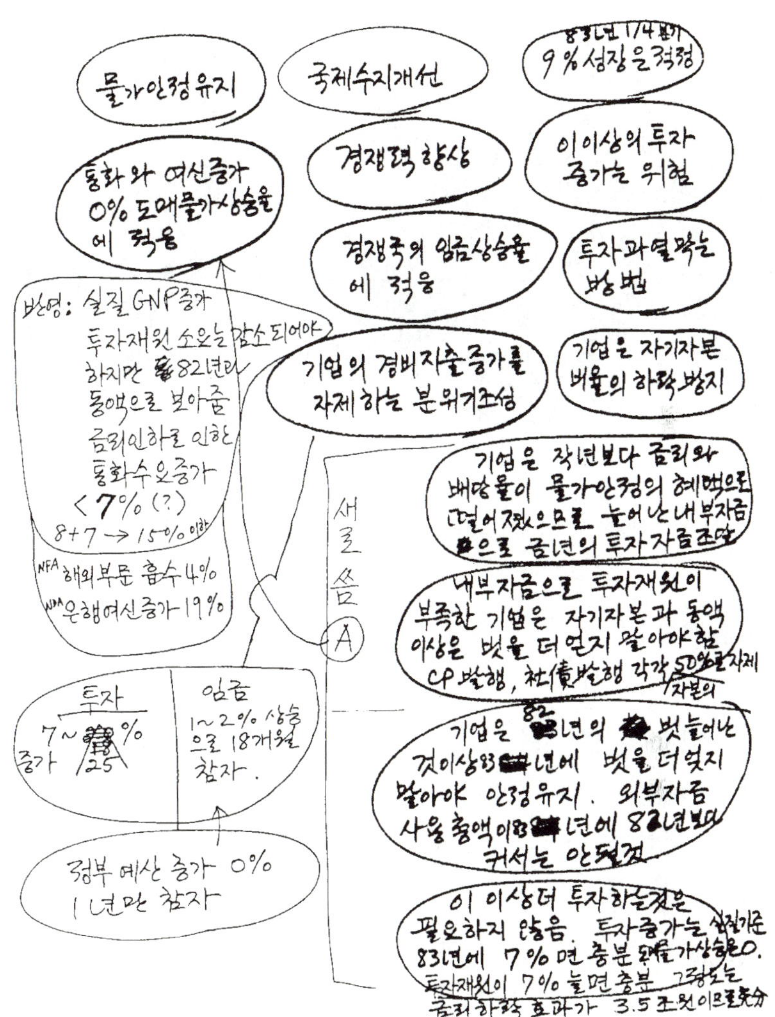

김재익 경제수석이 자필로 만든 경제강의록 메모. 그는 전 대통령을 비롯해 누구에게든지 자신의 구상을 설득할 필요가 있을 때는 즉석에서 모든 구성요소들의 상관관계를 그려가면서 알기 쉽게 설명해나갔다.

5공경제의 초석을 놓은 김재익 경제수석이 전두환 대통령에게 결재를 받고 있다.

고 사용하는 바람에 비경제부처 장관들은 심심찮게 곤욕을 치를 지경이었다.

대통령 전두환의 경제운용에 관한 경험이란 군에서 연대장이나 사단장으로서 부대예산을 다루어본 것이 고작이었다. 따라서 국가경제를 운위할 만한 배경지식이나 판단력을 갖추고 있을 리 만무했다. 그럼에도 그가 왜 자신을 경제대통령이라 자임할 정도로 경제정책에 치중했느냐는 따로 따져봐야 할 흥미로운 과제다. 어쨌든 분명한 것 하나는 위기상황이라고 일컬었던 당시 전두환으로서는 경제를 회생시키는 것이 급선무였고, 또한 그 길만이 집권 과정에서 안았던 숱한 정치적 부담을 희석시킬 수 있는 유일한 방책이라고 믿었다는 점이다.

전두환은 기본적으로 지식이 부족했기에 경제관 역시 복잡하지 않았다. 부대의 막사를 짓기 위해 시멘트를 암시세로 사보기도 했고, 부대예산을 절약하기에 따라서는 사병들에게 회식을 시켜줄 수도 있었다는 경험담을 두고두고 주위 사람들에게 강조하는 그런 사람이었다. 보안사령관과 중앙정보부장으로서 갖가지 경제정보를 장악할 수 있었으나, 그것들을 정연한 논리로 체계화하거나 자신의 지식으로 소화해낼 능력은 없었다고 해야 할 것이다. 그런데 바로 그것을 가능케 한 것이 김재익이었다. 그는 아무리 복잡하고 어려운 경제현상도 간단하고 쉽게 설명하는 뛰어난 재주를 지니고 있었다. 그는 자신이 추구하는 정책방향을 주입시키기 이전에 몇 가지 중요한 경제원리를 깨우쳐주었다.

첫째로 경제현상이라는 것은 기본적으로 수요와 공급에 의해서 결정되는 것이지, 정부가 힘으로 이끄는 데는 한계가 있다는 점을 철저히 교육시켰다. 둘째로 나라든 군대든 가정이든 간에 흑자를 내야 하고, 그러려면 고통을 참아나가는 인내가 필요하다는 점을 강조했다. 셋째로 경제학에서 중요시하는 소위 '실질'實質의 개념을 불어넣었다. 예컨대 임금을 아무리 올려줘봐야 물가가 더 올라버리면 실질임금이 오히려 줄어드니까 아무 소용 없다는 점을 분명히 인식시켰던 것이다. 말하자면 경제에 관한 기본교육에 주력했고, 그런 다음에 자신이 구상해온 경제운용의 '그랜드 디자인', 다시 말해 한국경제를 어떻게 살려나갈지에 대한 큰 그림과 구체적인 방법론을 자연스럽게 그려나갔다.

물론 5공시대의 경제정책이 모두 그의 뜻대로 움직여나간 것은 아니었다. 그는 다분히 이상주의자였기에 상당한 현실의 저항과 시행착오에 직면하기도 했다. 그러나 그는 한 시대의 절대권력자를 자신이 희망하는 모습의 이코노미스트로 만드는 데 성공함으로써 많은 난관들을 거침없이 극복해나갈 수 있었다.

김재익은 단순히 대통령의 경제 가정교사만은 아니었다. 그는 강렬한 개혁의지의 소유자였고 그것을 대통령의 힘을 통해 실천해나갔다. 그 첫번째가 다름 아닌 제3공화국의 정책기조를 통째로 뒤엎는 일이었다. 소위 안정화시책 추진에 본격적인 발동을 건 것이다. 한국경제를 절대빈곤에서 해방시킨 박정희 경제정책의 18년 틀에서 벗어나 국가운용의 틀을 새롭게 구축해가는 데 주도적 역할을 했던 셈이다. 어쨌거나 전두환, 김재익 두 사람의 만남은 소위 '5공시대'의 시작에서 가장 중요한 '사건' 중의 하나라고 해도 과언이 아닐 것이다.

그렇다면 이 두 사람의 만남은 어떻게 이루어진 것일까? 경제관료 사회에서 제대로 적응하지 못한 채 소외와 배척을 면치 못했던 김재익이 도대체 어떤 경로로 신군부의 최고 실력자에게 그토록 절대적인 신임을 얻게 되었을까? 김재익을 신군부에 천거한 장본인은 재무관료 출신인 박봉환朴鳳煥이었다. 박봉환은 전 대통령의 첫번째 경제 가정교사였다. 박봉환이 재무차관 자리에 앉으면서 자신의 후임 가정교사로 김재익을 천거한 것이다. 모든 경제장관들이 김재익의 말이라면 꼼짝 못하던 때에도 유독 박봉환만은 거침없이 김재익을 불러 야단을 치기까지 했던 것은 그런 배경이 있었기 때문이다.

전 대통령이 김재익에게만 의존한 것은 물론 아니었다. 그를 깊이 신임하면서도 다른 한편으로 그와 생각이 다른 쪽을 통해 교묘하게 더블 체크를 하곤 했다. 나중의 일이지만 두번째 경제부총리로 서석준을 기용한 것도 김재익 견제를 위한 것이었다.

5공경제 전체를 돌이켜보면 김재익보다도 실질적으로 더 막강한 영향력을 행사했던 경제참모는 사공일司空壹이었다고 할 것이다. 김재익에 이어 경제수석 자리에 앉은 사공일은 부처간의 중재와 갈등 해소를 비롯한 정책 실천능력이 오히려 김재익보다 뛰어났다. 그럼에도 김재익을 앞세울 수밖에 없는 것은 군인 전두환이 경제대통령으로 진화해나가는 초기 과정에서 그의 역할이 절대적이었기 때문이다. 신군부의 최고 권력자인 전두환은 김재익이 막힘없이 펼쳐보이는 갖가지 이상적인 구상들에 번번이 감동했을 뿐만 아니라 그의 수도승 같은 곧은 자세에 인간적으로도 깊은 신뢰를 일찍부터 갖게 되었던 것이다.

따라서 박정희 대통령 암살로 비롯된 심각한 정치적 혼란 속에서 정권을 거머쥔 신군부가 과연 어떤 경로로 새로운 경제정책의 기본틀을 짜나갔는가를 알아보기 위해서는 무엇보다 전두환과 김재익이라는 두 인물의 개인적 관계를 살펴볼 필요가 있다.

경제에 올인한 전두환

"한국의 전두환 대통령은 참으로 불가사의한 인물이다. 그는 재임기간에 성장·물가·국제수지라는 경제정책의 3대 목표를 한꺼번에 달성한 대통령이었다. 많은 나라의 지도자들이 1마리의 토끼도 제대로 못 잡아 절절매는 판에 그는 3마리의 토끼를 동시에 잡은 것이다. 그런데도 희한한 것은 이같이 경이로운 업적을 쌓았음에도 그만큼 국민들에게 인기 없는 대통령은 일찍이 없었다는 점이다…."

전두환정권의 5공시대가 막을 내릴 즈음 미국의 경제신문 「월스트리트 저널」에 실렸던 한국 관계 기사의 일부다. '제5공화국'이라고 구분지어지는 한 시대를 주도했던 절대권력자를 평가하면서 외국 언론이 가져봄직한 당연한 의문이기도 하다. 그에 대한 정치적 평가는 이 책의 논의에서 제외된다. 분명한 것 하나는 그의 집권기간 중에 한국경제가 괄목할 만한 발전을 기록했다는 객관적인 사실과 함께 대통령 자신이 앞장서서 경제제일주의의 통치를 일관되게 펴나갔다는 점이다. 그러나 과연 그의 이러한 노력이 한국경제에 얼마만큼 기여했는지, 유가 인하 등을 비롯한 국제경제 환경의 호전에서 덕 본 몫이 얼마나 되는지를 정확히 구분해서 따져내기란 결코 쉬운 일이 아니다.

어쨌든 대통령 전두환은 집권초기부터 경제정책에 통치의 모든 것을 걸었고, 시종일관 여기에 진력해서 특유의 리더십을 발휘해나갔다는 점은 부인할 수 없다. 특히 그는 대학의 경제학과에 입학한 신입생처럼 경제원론부터 열심히 공부해서 습득한 지식을 바탕으로 경제정책의 실천을 직접 진두지휘했으며, 나중에는 학생이 아니라 마치 권위 있는 경제학 교수 행세를 하면서 자신의 이론을 설파해나가는 것도 서슴지 않았다. 실력이 붙으면서 자신감도 생겼다. 그는 역시 독재자답게 자신의 생각과 다른 이론을 용납하지 않았다. 강력한 통치기반 위에서 정치적 시비를 차단시켰을 뿐 아니라 경제정책조차 토론의 소지를 극소화해놓고 밀어붙였다. 민주적 절차나 토론 따위는 아예 생각지 말아야 했다. 따라서 5공경제의 구도를 살펴볼 때 가장 먼저 주목해야 할 것은 대통령 전두환의 개인적인 성향이나 철학이다.

그는 어떤 사람인가.

"노태우盧泰愚 대통령이 보통사람이라고요? 천만의 말씀. 진짜 보통사람은 전두환 대통령입니다."

김재익의 부인 이순자李淳子 씨의 말이다. 이 같은 인용이 아니더라도 그가 가난하게 자랐으며 소탈한 성격을 지녔고 주위 사람들에게 정을 많이 베풀고 리더십이 강한 인물이었다는 점 등은 이제까지 여러 모로 알려져왔던 사실들이다. 지도자로서의 유별난 면모라기보다는 여느 소시민들에게서 쉽게 찾아볼 수 있는 지극히 평범한 측면을 고루 갖추고 있는 인물이었다.

호불호의 표현을 감추지 못했으며 곧잘 감동했고 다변이었다. 또한 복잡한 권모술수를 부리기보다는 의리를 소중히 여기는 직선적인 성격의 소유자였다. 어찌 보면 한 나라의 최고 통치자로서는 매우 단순한 타입의 인물이었다. 이러한 면모는 경제정책에도 그대로 투영되었고, 또한 강력하게 먹혀들었다. 뒤에서 살펴보겠지만 전임 대통령 박정희와 전두환은 똑같이 군인 출신이며 독재자요 경제제일주의의 통치자였으면서도 통치 스타일이나 성격은 전혀 달랐다. 두 사람의 비교 자체만 해도 충분한 연구거리가 될 것이다. 아무튼 전두환은 나름대로 '전두환식 통치 스타일'을 구축해나갔다.

그가 처음부터 경제전문가를 자처한 것은 물론 아니었다. 보안사령관에서 국보위 상임위원장에 이르는 동안 박봉환과 김재익 두 가정교사로부터 이론공부에 열중했고, 대통령이 된 다음에는 5차 5개년계획을 짜는 과정에서 실무자들로부터 부문별로 일일이 설명을 듣고 꼬치꼬치 물어보았다. 이것이 그의 경제공부에 큰 도움이 되었다.

그럼에도 집권 초기 1년여 동안은 시행착오가 많았다. 처음에는 브리핑을 이해하기에 급급했다. 질문도 하려고 해서 했다기보다는 그냥 한마디도 안 하기가 뭣해서 형식적으로 해두는 경우가 적지 않았다. 제일 안전한 것은 브리핑 후에 "최선을 다해주시오" 또는 "소신껏 추진하시오" 등의 격려였다.

전두환은 머리가 좋은 사람이었다. 특히 직관력이 뛰어나고 기억력이 좋았다. 시중에는 '머리가 나쁜 대통령'이라는 소재로 별의별 우스갯소리가 만들어져 유행하고 있었으나 이는 사실과 달랐다. 그는 왕성한 소화력을 발휘, 몹시 빠른 진도로 경제공부를 해나갔다.

여기에는 가정교사 격인 김재익의 영향이 컸다. 그 자신이 각종 숫자를 외우는 데 대단한 재주를 가지고 있었을 뿐 아니라 전 대통령에게 경제를 가르치면서도 통계숫자들을 십분 활용했다. 대통령이 언제 무엇을 물어도 김재익은 척척박사처럼 즉석에서 명쾌하게 대답했다. 제자인 전 대통령도 선생이 일러준 숫자를 잘 외웠다.

이렇게 길들여진 전두환은 다른 사람들도 그렇게 하기를 요구했다. 측근들이나 경제장관들은 소관업무의 통계가 깨알같이 적힌 수첩을 항상 몸에 지니고 다녀야 했다. 대통령이 한밤중에 전화를 걸어와 불시에 통계를 물어보는 바람에 머리맡에 수첩을 놓고 자는 장관들도 있었다. '최근의 수출신용장 내도액이 얼마냐'에서부터 시작해서 '작년도 강우량이 얼마였냐', '중동에 나가 있는 근로자가 몇 명에서 몇 명으로 줄었느냐'는 등 별의별 통계들을 시도 때도 없이 물어댔던 것이다.

전두환이 돌아가는 분위기를 하나하나 파악해감에 따라 아랫사람으로부터 보고를 듣는 시간보다 지시하는 시간이 점차 길어지기 시작했다.

대통령 전두환의 인간적인 면모에 대해서는 '그야말로 보통사람'이라는 말들을 많이 한다.

부하들을 모아놓고 연설하는 것을 좋아하는 편인 데다 새로 체득한 지식을 그냥 혼자 알고는 못 참는 성격이었다. 군 장성들이 청와대에 인사하러 들어왔을 때도, 외국주재 대사들이 본국 훈령을 받으러 귀국했을 때도, 그동안 익힌 경제지식을 활용해가며 자랑스레 강의하는 것을 좋아했다. 에피소드 한 토막을 소개한다.

MV=PT를 강의한 대통령

82년 이·장李·張 사채 파동[82년 5월 4일, 당시 사채시장의 큰손으로 불리던 장영자와 그의 남편 이철희가 어음사기 혐의로 검찰에 구속되면서 밝혀진 대규모 어음사기 사건. 전두환정권의 체면을 크게 구긴 비리 사건으로 뒤에서 자세히 거론된다]이 있었던 여름, 진해 휴가 중에 전 대통령은 청와대 출입기자들을 모아놓고 한바탕 경제강의를 펼쳤다. 그는 불쑥 "여러분 중에 MV=PT가 무언지 아는 사람이 있느냐"고 물었다. 기자들이 경제학 교과서에나 나오는 화폐교환 방정식을 알 리가 없었다. 아는 기자가 아무도 없음을 확인한 전 대통령은 신이 나서 설명해나갔다.

"돈이 시중에 많이 풀린 것만을 가지고 물가가 오른다고 걱정하는 것은 잘못된 것입니다. 돈이 얼마나 빨리 도느냐도 감안해야 하는 겁니다. 다시 말해 통화량M이 얼마나 풀리느냐도 중요하지만 돈이 도는 유통속도v가 어떤지도 함께 따져야 한다는 말입니다. 따라서 돈이 좀 늘어나도 돈의 회전속도가 떨어진다면 M 곱하기 V는 마찬가지가 되는 셈이라서 물가에는 별다른 영향을 미치지 않게 되는 것이라는 점을 알아야지요…."

모두가 정치부 기자들인 청와대 출입기자들로서는 대통령의 정연한 화폐금융론 강의에 그저 감탄을 금치 못할 뿐이었다. 이 같은 설명은 당시 이·장 사건으로 총통화증가율이 36%선을 넘어설 정도로 뭉칫돈을 풀 수밖에 없게 되자 경제관료들이 궁여지책으로 끌어댄 합리화 논리였고, 대통령에게도 그대로 주입되었던 것이다.

화폐교환 방정식까지 외우고 있었던 전 대통령을 어떻게 평가해야 할까. 그만큼 대통령 자신이 경제정책에 열심이었다고 보아야 할까, 아니면 대통령이 몰라도 될 이론까지 어설프게 동원해가며 미주알고주알 직접 챙기는 바람에 경제정책의 획일화를 가중시킨 부작용이 더 컸다고 보아야 할까.

아무튼 82년에 들어오면서 김재익의 품에서 벗어나 흘로서기를 해보려는 전 대통령의 시도가 부쩍 눈에 띄기 시작한다. 자신의 경제지식이나 철학의 바탕이 김재익으로부터 전수받은 것임을 부인하지는 않았으나 '김재익을 활용한 장본인은 바로 나'라는 점을 기회 있을 때마다 강조하고자 했다. 그는 때때로 김 수석과 다른 견해를 가지고 있는 경제전문가들을 개별적으로 불러 의견을 들었으며 그럴 때마다 "정책의 결정은 최종적으로 내가 알아서 한다"는 점을 분명히 하곤 했다.

어쨌든 그는 나름대로의 경제관을 가지려고 부단히 노력했다. 하루는 김 수석을 불러 메모지 몇 장을 건네주었다.

"내가 밤늦게 정리해본 것인데, 당신이 한번 읽어보고 코멘트를 해주시오."

지방을 순시할 때 물가안정의 필요성을 강조하려고 만든 강의록인데 틀린 데가 있으면 손질을 해달라는 것이었다. 전 대통령한테서 건네받은 메모지 내용을 읽어본 김 수석은 깜짝 놀랐다. 김 수석은 한 자도 고치지 말고 그대로 정서할 것을 아랫사람에게 지시했다. 틀린 내용이 없을 뿐 아니라, 그간의 학습을 충분히 소화했음을 입증하는 훌륭한 강의록이었기 때문이다.

　이처럼 이론 무장에 부단한 노력을 기울였던 전 대통령은 일단 자신이 이론을 정립했다고 생각하면 좀처럼 다른 이야기는 받아들이려 하지 않았다. 그래서 경제관료들 사이에는 "대통령은 백지나 마찬가지여서 먼저 그림을 그려넣는 사람이 임자"라는 이야기까지 공공연히 나돌 정도였다. 처음 그리는 사람은 수월하게 마음먹은 대로 그릴 수 있는 반면, 그 다음에 그리는 사람은 앞의 그림이 좀처럼 지워지지 않는 바람에 여간 애를 먹지 않았다는 것이다.

　이러한 그의 성향은 5공시대가 계속되는 동안 경제정책의 일관성 유지라는 차원에서 큰 힘을 발휘했던 원천이었으나, 한편으로는 경제정책의 경직화·획일화를 초래한 주요인이기도 했다. 전두환은 자신이 습득한 지식과 이론 등에 대해 확신을 가졌고, 그러한 지식과 이론으로 무장한 자신의 리더십에 국민들이 동의하고 일사불란하게 따라주기를 원했다.

　전 대통령의 이 같은 의지는 전 국민을 대상으로 한 '경제교육'을 통해 실현된다. 동기야 어찌 되었든 간에 최악의 상태에 빠졌던 한국경제는 그의 재임기간 중에 극적으로 호전되었으며, 따라서 그의 경제관은 더욱 정당화되고 확고하게 굳어져갔다. 그는 우직하리만치 경제정책에 골몰했으며 허약한 정권의 정통성도 그것으로써 모두 만회되리라고 여겼다.

　전두환 대통령의 인간적 면모를 제대로 분석하기 위해서는 보다 전문적이고 상세한 접근이 필요할 터이지만, 이 책에서는 어느 날 갑자기 최고 권좌에 오른 그가 어떤 자세, 어떤 방식으로 나락으로 떨어진 한국경제를 구출해냈는가 하는 문제에 초점을 맞출 것이다.

대통령의 경제과외

걷잡을 수 없는 인플레와 갈수록 깊어가는 불황의 골에서 제5공화국이 출범했다. 이즈음 당국의 거듭된 부인에도 아랑곳없이 화폐개혁과 사채 동결설이 꼬리에 꼬리를 물고 시중에 나돌았다.

5공의 출범을 기념하는 대형 아치와 플래카드가 곳곳에 나붙었지만 그것은 어디까지나 정권을 잡은 신군부 세력들만의 자축이었을 뿐, 민심은 극도로 흉흉했고 기업들은 죄다 자라목처럼 위축된 상태였다. 이런 상황에서 최고 통치자가 된 전두환이 취할 수 있는 선택은 뻔했다. 우선 그는 집권 과정에서 빚어진 정치적 부담을 경제 쪽에서 집중적으로 만회할 수밖에 없었고, 본인 또한 그럴 요량으로 짧은 기간 동안이나마 어느 분야보다도 경제공부에 열심이었다.

그러면 5공 출범 당시 전두환 대통령의 경제관은 과연 어떤 것이었으며 어떠한 정책을 구상하고 있었을까? 여기서 잠시 대통령이 되기 전 그의 경제공부 과정을 살펴볼 필요가 있다.

당시의 경제상황이나 시대적 여건을 제쳐놓고서라도 전 대통령 스스로가 원래부터 경제 쪽에 관심이 많았던 것은 사실인 것 같다. 예컨대 첫 번째 경제 과외공부를 시작한 것은 묘하게도 10·26 사건(79년 10월 26일 당시 박정희 대통령이 중앙정보부장 김재규에 의해 살해된 사건)이 터지기 이전이었기 때문이다.

첫 과외선생은 박봉환

박봉환 경제과학심의회 사무국장이 전두환 보안사령관실로 은밀히 불려간 것은 79년 여름 어느 날이었다.

"60만의 군을 지휘하다 보니 경제를 모르고서는 안 된다는 생각이 듭니다. 재무부의 이재국장도 지냈고 박 대통령의 신임도 두터운 경제관료라고 들었는데, 나한테도 경제에 관한 공부를 시켜주었으면 합니다."

이렇게 해서 전두환 보안사령관은 당시의 한국경제 현안들을 중심으로 박봉환 경제과학심의회 사무국장으로부터 본격적인 과외지도를 받게 되는 것이다.

이때만 해도 전두환 보안사령관의 경제지식이란 보잘것없는 것이었다. 오히려 정보보고들을 통해 이해하고 있는 어쭙잖은 단편적 지식들을 세척해내는 일이 선결과제였다. 예컨대 그는 경제정책의 큰 흐름을 제대로 이해하고 있는 게 아니라 경제관료가 개별 기업의 이권에 개입했다든지, 어느 재벌이 누구를 구워삶고 있다든지 하는 따위의 시각이 고작이었다.

따라서 정책 상호간에 모순과 부작용이 잔뜩 얽혀 있기 마련인 복잡한 경제정책들에 대해 정확히 이해한다는 것은 결코 쉬운 일이 아니었다.

그러나 그는 열심이었다. 그는 특히 최고
통치자로서 박정희 대통령이 어떤 경제
관을 가지고 있고 한국경제를 어떻게 인
식하고 있는지에 대해 매우 궁금해했다.

박봉환은 이런 그에게 경제정책이라는
것이 무엇인지부터 시작해서, 왜 인플레
가 나쁜지, 물가안정이 왜 중요한지에 이
르기까지 기초 하나하나를 가르쳤다. 전
두환 사령관은 일주일에 두세 차례씩 3개
월여의 과외공부를 하는 동안 처음에는
고전을 면치 못했으나 차츰 박봉환의 경제

군인 시절의 전두환

강의에 눈을 뜨기 시작했다. 이론체계야 어찌되었든 간에 '인플레는 히
틀러의 양아들'이라든가 레닌이 말한 '자본주의를 붕괴시키기 위해서는
먼저 그 나라의 통화가치를 타락시켜라'라는 식의 비유는 평생을 군복을
입고 살아온 그에게는 신선한 충격이 아닐 수 없었다.

어쨌거나 주목해야 할 사실은 전두환이라는 인물이 10 · 26 사건이 일
어나기 전에, 다시 말해 자신이 얼마 후 최고 권좌에 앉으리라는 엄두도
내지 못했을 상황이었건만 자청해서 경제공부를 시작했다는 점이다.

아무튼 그는 정변의 중심인물이었으면서도 권력구조를 결정지어나가
는 일들과는 별개로 유별나게 경제공부에 열심이었다. 강사 역할을 맡
았던 경제학자 중의 한 명이었던 김기환金基桓. 전 일해연구소장은 이렇게
말한다.

"강의할 내용의 유인물을 전날 미리 보내면 그걸 읽고 나서 다음 날 만
나는 식으로 강의가 진행되었습니다. 아무튼 배우려는 열의는 대단했다

고 기억됩니다. 미리 보내준 유인물을 전혀 보지 않고서 토론을 벌였을 정도였으니까."

김기환의 이 같은 말이 아니더라도 전 대통령에게 경제강의를 한 번이라도 해본 경험이 있는 사람들은 모두가 그의 향학열에 대해서 높은 점수를 매긴다. 박봉환, 김재익이 담임선생님이었다면 학습보완 차원에서 틈틈이 불러들인 각 분야의 단과반 강사들도 있었다. 김기환, 차수명 車秀明 그리고 군 출신으로 국민대학 교수로 있던 유갑수 劉甲壽 등이 그러한 인물들이었다.

5공이 출범하면서 이들 대통령의 경제 가정교사들은 모두 요직에 기용된다. 박봉환이 국보위시대에 이미 동자부장관에 기용된 것을 비롯해 김재익은 경제수석에, 차수명은 상공부차관보에, 김기환은 KDI원장에, 유갑수는 한국은행의 금융통화운영위원 자리에 각각 앉아 계속 힘을 발휘한다.

그러나 이처럼 '벼락공부'로 경제를 익혔으니 그렇게 습득한 지식에서 현실에 즉각 응용할 정도의 정책적 소신이나 경제철학을 기대한다는 것은 무리였다. 따라서 대통령 자리에 앉고 나서 초기의 상당 기간은 적잖은 해프닝이 벌어지기도 했다.

예컨대 같은 문제에 대해 상반되는 주장을 하는 결재서류들에 모두 사인을 하는 바람에 부처끼리 어떤 사인이 진짜냐면서 시비를 가리는 일이 심심찮게 벌어지기도 했다. 각 부처들이 저마다 그럴듯한 이유를 붙여 늘어놓는 설명에 솔깃한 나머지 제격제격 사인을 하다 보니 빚어진 일들이었다.

이 같은 일이 문제가 될 때마다 유권해석을 요청받은 청와대 비서실측은 '대통령의 결재사인은 꼭 그렇게 해야 한다는 뜻이 아니라 그러한 부처별 보고내용을 대통령이 읽어보았다는 뜻'이라는 답변으로 얼버무렸다. 관계부처의 실무자들은 실소를 금치 못할 뿐이었다. 물론 이 같은 억지소리에도 언론은 단 한 줄의 비판기사를 싣지 못했다〔이런 경우는 주로 비경제부처에서 많았는데, 나중에는 대통령이 사인을 하면서 '경제수석과 상의할 것'이라는 식의 토를 달았다〕.

이런 일도 있었다. 김재익 경제수석이 정책금융 폐지를 실천에 옮기기 위한 계획을 성안해 전 대통령이 주재하는 관계장관 회의에 올렸다. 경제수석은 물론이고 부총리, 재무장관, 한은총재까지 참석한 자리였다. 전 대통령은 회의를 주재하다가 말고 갑자기 금융정책하고는 관련도 없는 박봉환 동자부장관을 찾았다.

"잠깐, 금융은 박 장관이 잘 아니까 박 장관을 불러 물어봅시다."

관계장관들의 체면이고 행정계통이고 간에 대통령으로서는 미심쩍은 부분을 자신이 신뢰하는 전임 가정교사에게 확인해보는 게 상책이라고 여겼던 것이다. 더구나 초기에는 김재익 경제수석이 추진하는 정책들에 대해서조차 긴가민가하는 경우가 적지 않았다.

이 같은 갖가지 시행착오 속에서 전 대통령은 경제의 큰 흐름을 앞으로 어떻게 잡아갈 것인가에 서서히 눈을 뜨기 시작했다.

신병현 申秉鉉을 팀장으로 하는 첫 경제내각의 구성, 그리고 3공시대 인물이라는 핸디캡에도 불구하고 첫 총리로 남덕우南悳祐를 기용한 것은 의외였으나, 분명한 것은 전두환정권이 출발부터 경제제일주의를 천명하고 나섰다는 점이요, 구체적인 방법론에 가서는 가정교사 김재익의 입김이 가장 크게 영향력을 발휘했을 것이라는 점이다.

첫 가정교사였던 박봉환은 재무부차관에서 동자부장관으로 승진했고, 독자적인 채널로 상임위원장 시절부터 신임을 받았던 서석준 기획원차관은 상공부장관에 기용되었으며, 이승윤 李承潤 재무와 정종택 鄭宗澤 농수산이 유임되었다.

'곰바우 부총리' 신병현

경제 쪽에서 볼 때 특히 주목할 대목은 신병현의 등장이었다. 그는 한은총재 출신으로 83년 아웅산 사건 직후 이례적으로 다시 한 번 부총리를 역임했을 정도로 대통령의 신임이 두터웠는데, 도대체 어찌 된 영문인지 아는 이가 드물 정도였다. 그는 고지식한 원칙론자로서 행정경험도 없을 뿐 아니라 신군부와의 연계는 꿈도 못 꿀 인물이었기 때문이다.

"난 지금도 내가 왜 5공정부의 첫 부총리 겸 경제기획원장관이 되었는지를 몰라요. 사전에 협의받은 바도 없었고 조각을 발표하는 날 아침에야 전화 통고를 받았으니까요. 김재익 수석이 살아 있다면 한번 물어보

부총리를 두 번씩이나 지낸 신병현(왼쪽에서 세번째). 고지식함을 장기로 안정화정책의 선봉역을 해냈다.

고 싶은데…. 그러나 이왕 맡았으니 내 소신대로 해야겠다고 생각했고, 또 그렇게 했어요."

신병현의 회고처럼 그는 자신도 모르는 사이에 어느 날 아침 부총리 겸 경제기획원장관이 되었을 뿐 아니라 훗날 한차례 더 그 자리에 앉게 됨으로써 많은 사람들을 어리둥절하게 만들었다.

그러나 일반의 예상을 벗어난 신병현의 거듭된 중용은 5공정부의 경제정책 운용방향을 이해하는 데 매우 중요한 의미를 시사하는 것이었다. 그는 경제난국을 헤쳐나가는 데 있어 수완 있는 인물은 되지 못했으나, 정책의 산파였던 김재익이 내건 자율·개방·안정이라는 캐치프레이즈를 일관성 있게 추진해나가는 데는 안성맞춤인 인물이었던 것이다.

전 대통령은 성격상 복잡한 것을 좋아하지 않았다. 경제에 대한 생각도 그랬고, 사람을 기용하는 것도 정직성이나 성실성, 그리고 경제적 전문성 여부 등을 단답식으로 판단해서 결정해나가는 스타일이었다. 일의 우선순위가 늘 확실했으며, 따라서 경제정책의 최우선은 인플레 퇴치였다. 자나 깨나 물가 걱정이었고 모든 정책의 초점도 거기에 모아졌다.

경제수석으로부터 어떤 조언을 받았는지는 몰라도 대통령의 이 같은 생각은 신병현팀의 첫 작품이랄 수 있는 '9·16 경기부양조치'에서도 드러난다. 당시 한국은행의 경기전망으로는 그해80년의 경제성장률이 2% 이하로 예상되었는데도 대통령은 처음부터 경기부양대책 마련에 부정적이었다.

"보고를 하는데 대통령의 반응이 좀 신통치 않은 듯했어요. 특히 경기부양이라는 대목에 탐탁치 않은 반응을 보였습니다. 의외다 싶어 어디까지나 마이너스 성장을 면하기 위한 제한적인 부양조치일 뿐이며 물가안정에 최우선을 두어나가겠다는 점을 강조했지요. 그제야 '그렇다면 괜찮

겠군' 하며 얼굴이 펴지더군요. 대통령은 그날 보고를 받고 나서 긴말은 하지 않았으나 소신껏 하라는 말을 여러 차례 강조했던 것으로 기억합니다. 특히 정치에는 신경 쓸 것 없다는 것이었어요. 자신도 대통령을 한 번 하고 물러날 것이니만큼 정치에 구애받지 말고 소신껏 경제정책을 펴나가라고 했습니다."

신 부총리는 이날의 첫 보고로 대통령의 안정화정책에 대한 의지를 확인할 수 있었고, 이를 토대로 부실기업 지원에 관한 문제라든가 추곡수매가 인상률 시비 등에서 그야말로 소신을 발휘하게 된다.

이듬해 4월, 9,000억 원 규모의 부실기업 지원 여부를 둘러싸고 논란이 있었을 때도 그는 끝까지 '불가'를 고집했다. 사실 이 문제는 상공부 측의 설득이 받아들여져 청와대 쪽도 양해를 한 사항이었으나 그런 정황도 모른 채 신 부총리는 거듭 고개를 내저었던 것이다. 다급해진 서석준 상공장관은 이승윤 재무장관의 응원을 받아 부총리실에서 담판을 벌였으나 신 부총리는 "정 그렇다면 남덕우 총리한테 가서 각자의 의견을 말하고 결론을 내기로 하자"며 총리실로 토론장을 옮기기까지 했다. 결국 남 총리가 신 부총리의 편을 듦으로써 9,000억 원 규모의 지원계획은 무산되고 말았다. 콩 심은 데 콩 나고 팥 심은 데 팥 나는 그의 곧은 성품과 고집을 당할 재간이 없었던 것이다. 그날의 해프닝에 대해 신 부총리는 전 대통령에게 보고조차 하지 않았다.

"보고할 필요를 느끼지 않았어요. 대통령이 분명히 경제 문제는 눈치 볼 것 없이 내 소신대로 하라고 해서 소신대로 했을 뿐이었으니까요. 단지 내 판단으로는 물가안정이 시급한 마당에 부실기업들에 뒷돈 대주는 일을 더 이상 계속해서는 안 된다는 것이었습니다. 몇 달 뒤엔가 대통령과 저녁식사를 같이할 기회가 있었는데, 9,000억 원 이야기를 꺼내면서 오히려 막아줘서 고맙다는 이야기를 하더군요.”

이런 그에게 출입기자들이 붙인 별명은 ‘웅암熊巖 선생’이었다. 우직스러울 정도로 소신이 곧았던 그의 일면을 빗대어 흔히 하는 말로 ‘곰바우’라는 별명이 붙여졌던 것이다.

아무튼 전두환 대통령의 과외공부는 유별났다. 그는 벼락공부를 통해 경제에 눈을 뜨기 시작했으며, 따라서 경제정책을 총체적으로 이해하는 안목을 갖추기까지에는 상당한 시간이 걸릴 수밖에 없었다. 그럼에도 처음부터 끝까지 ‘물가안정’이라는 기본전제는 조금도 흔들리지 않았다. 그도 그럴 것이, 물가안정이 경제정책의 가장 중요한 목표이자 최고의 가치라고 과외선생님이 가르쳤던 까닭에 성실한 학생 전두환이 물가안정을 최우선시한 것은 매우 당연한 일이었다.

벼락공부로 초기의 무지를 극복하는 데 성공한 이후로도 전두환은 과외선생님들을 효과적으로 활용했다. 그는 추진하던 정책들이 딜레마에 빠지고 언론 비판이 심해지면 그때그때 자기가 필요하다고 생각하는 전임 과외선생들에게 몰래 전화를 걸어서 비밀과외를 받곤 했다. 해당 과제에 대한 리포트를 만들게 해서 읽어보거나, 직접 청와대에 들어와서 리포트를 설명하게 했다. 경제수석을 절대 신임하면서도 더블 체크 시스템을 가동했던 것이다. 사실 이런 식의 더블 체크는 경제뿐 아니라 정치, 안보, 문화 등 모든 분야에 걸쳐 이루어졌다. 집권 초기에 도움을 받았던 코치들로부터 해당 수석비서관이나 관계장관 모르게 자주 비공식적인 조언을 받는 식으로 과외선생들을 효과적으로 활용한 것 또한 전두환 특유의 용병술이라 해야 할 것이다.

김재익의 이상과 현실

앞에서도 말했듯이 김재익이라는 존재를 빼놓고는 5공시대의 경제정책에 대해 논할 수 없다 해도 과언이 아니다. 그만큼 그의 영향력이 지대했다는 말이다. 따라서 '인간 김재익'에 관해 좀 더 구체적으로 살펴볼 필요가 있다.

김재익이 얼마나 우수한 인재였느냐는 그의 이력서만 봐도 금세 알 수 있다. 경기고 2학년 때 검정고시로 서울대 정치학과에 들어갔고, 한국은행에 수석으로 입행한 이후 재직 중에 모교에서 국제정치학 석사학위를 취득했다. 스승인 이용희李用熙 교수의 총애로 한국은행 평행원의 신분임에도 서울대에서 2개 과목의 정치학 강의를 맡았을 정도로 실력이 출중하기로 평판이 났다. 원래 그는 수학에 특별히 뛰어난 학생이었고 장래 희망도 엔지니어였으나, 눈이 색약인 탓으로 어쩔 수 없이 인문계열인 정치학과에 진학했다.

그러나 한국은행 생활을 통해 그는 경제 분야에 눈을 뜨기 시작했고 본격적으로 경제학 공부를 하기 위해 유학을 결심한다. 왜 전공을 바꾸려 하느냐는 아내의 질문에 "나라가 잘살고 봐야 외교도 제대로 할 수 있다"는 것이 그의 대답이었다고 한다. 미국 하와이대학에서 경제학 석사를 한 그는 곧바로 스탠퍼드대학으로 옮겨 박사학위까지 따낸다. 이 과정에서 김재익은 자신의 일생에 결정적인 진로를 안내해준 남덕우를 처음 만나게 된다. 한국은행 행원이던 그는 64년 어느 날 서강대학으로 남덕우 교수를 찾아갔다. 미국 유학의 뜻을 품고 조언을 얻기 위해서였다. 하와이대학으로 경제학을 공부하러 떠난 것은 그로부터 2년 뒤였다.

김재익은 우수했을 뿐 아니라 노력과 집중력도 대단했다. 일단 손에 잡으면 끝까지 파고들어 완벽을 기해야 직성이 풀렸다. 유순해 보이는 외모와는 달리 그가 갈고 닦은 논리는 강철같이 단호했다.

"남편은 특히 수학을 좋아했고, 시험을 보면 어김없이 백점을 맞았지요. 그러나 이상한 것은 답안지가 언제 봐도 지우개 한 번 쓴 적 없이 너무도 깨끗했다는 점이에요. 스탠퍼드대학 교수들도 참 희한한 사람 다 보았다며 고개를 갸우뚱거리곤 했으니까요."

캠퍼스 커플이었던 부인 이순자 씨의 이야기다. 한마디로 그의 지적 욕구와 소화력은 누구보다 왕성했고, 섭취한 지식을 되삭여내는 능력 또한 탁월했다. 기획국장 시절에는 매일 점심 도시락을 싸가지고 다녔고 활달한 성격도 아니어서 주위 사람과 잘 어울리는 편이 아니었다. 반면에 하고 싶은 일은 누가 뭐래도 해냈다.

미국 유학을 떠나기 전 한국은행 조사부 시절은 그의 인생행로를 결정 짓는 데 주춧돌을 놓은 시기였다. 입행 후 6년간 왕성한 독서와 자료 정리를 통해 한국경제에 대한 나름대로의 관觀을 세울 수 있었다.

김재익은 샌님처럼 얌전했지만 업무에 관한 한 파격을 마다하지 않아 자주 주위 사람들을 놀라게 했다. 예컨대 그의 연구보고서는 형식부터가 여느 사람과 달랐다. '此際차제에' 또는 '然故연고로'와 같은 한자말을 '이번 기회에' 또는 '그런 까닭으로'로 거침없이 바꿔 쓰는가 하면, 야단을 맞아가면서도 가로쓰기를 고집했다. 세로쓰기에다 한자투성이였던 한은의 보고서 쓰기 관례를 감안하면 여간 당돌한 일이 아니었다.

"그는 모범생으로 통했으면서도 엉뚱한 기질을 지니고 있었어요. 점심 식사 후에 남산 산책을 즐겼는데 걸핏하면 하늘을 응시하면서 '오토바이를 타고 달리고 싶다'는 말을 자주 두런거리곤 했지요. 현실에 안주하지 않고 뭔가 이상향이나 색다른 세계를 추구하는 기질이 그때부터 엿보였다고 할까요."

한은조사부 금융재정과의 동료였던 김명호金明浩. 전 한국은행총재의 회고다.

그러나 습작처럼 그려대던 자신의 구상을 실천에 옮길 기회가 후일 그에게 주어지리라고는 당시에는 누구도 상상조차 못했다. 첫 직장이 당시로서는 가장 자유로운 분위기였다고 할 수 있는 한국은행 조사부였다는 것도 그의 경제관, 세계관을 형성하는 데 적지 않은 영향을 끼쳤을 것이다. 시류에 신경 쓸 필요 없이 타고난 지적 욕구를 학교 생활에 이어 단절 없이 계속 충족시켜나갈 수 있었기 때문이다.

그의 개혁의지는 정부에 들어가면서부터 날개를 펴기 시작한다. 7년간의 유학을 마치고 경제학 박사가 되어 귀국한 그는 한때 KDI로 가기를 희망했으나, 마음을 바꾸어 청와대 비서실로 들어간 것이 관료생활의 첫발이었다.

여기서부터 그는 일을 벌였다. 김용환金龍煥 경제수석 밑에서 추진한 부가가치세제 도입 작업이 그것이다. 부가세의 도입 과정은 그 자체만으

각하: 수석회의 · 82.7.5. 月. 09:00
1. 이은상 국정자문위원 문병, 실장이 할것.
2. 6.28 〉충격적인것.
   7.3
   건드리면 〈좋아하는사람 〉다 있음.
            〈싫어하는 사람

   정보보고 〉
   문제13건 〉경제수석에게 줄것.
   타당성, 필요성 이해가 필요.
   이미 취해진 조치는 긍정적 방향으로
   믿고 나가고 이해시킬것.
   비 경제 분야에서도 이해시킬것.

   큰 물줄기를 가지고 정책을 결정.
   지엽적인것은 다 만족시킬 방법은 없음.

   오로지 추진해서 성공시킬것.
3. 경제는 평생 연구해도 원안이 나오기 어려움.
   전문가 한일은 대안이 없는한 설득력
   을 갖도록 이해할것.
4. 83년부터 되는 실명거래는 혁명적인것임.
   성공하면 선진국 대열 의식구조가 됨.

각하: 수석회의 · 82.7.5. 月. 09:30
5. 선진형 경제 의식구조로 됨.
   부익부, 빈익빈 후세 바꾸는 것도 가능해짐.
   세금 내는 사회.
   ①사유재산 침해는 절대 안됨.
   보호해주면서 제도가 보완되어야 함.

6. 무좀 극복 : 예방, 모내기 7/10 까지
   더 모낼것. 98% 모내기.
   지원할것, 양장서서 해결할것.

7. 安全사고 : 장마철 피해방지 준비를
              말로만 하는것은 곤란.
   다음사고 방지도 안되는 흐지부지한 상태
   금전적 손해도 큼. 검열, 점검으로
   끝나면 안되고 사고 방지해야됨.
   다시는 안전사고 안나게 할것.

8. 하기 휴양기 : 휴양지의 바가지등 부조리를 사회
   정화 위원들이 감소시킬것. 깡패
   깡패단속필요.

9. 문제학생들 방학중에 순화 활동 할것.

전 대통령이 주재한 수석회의 내용을 김재익 수석이 자세히 기록한 메모. 회의진행 사항을 메모하면서도 30분마다 시간을 표기했을 정도로 치밀한 성격이었다.

로도 별도로 따져봐야 할 만큼 우여곡절이 많았지만, 어쨌든 김재익에게 부가세 도입의 이론적인 바탕을 마련하는 일이 맡겨졌다. 정치적인 결단과 상관없이 그는 부가세 도입이 옳다는 소신 아래 거침없이 밀어붙였다. 심지어는 직속상관인 김용환 수석이 신중한 입장을 견지하자 그를 건너뛰어 김정렴金正濂 비서실장에게 직접 보고서를 제출하기도 했다. 77년 박정희 대통령 주재로 열린 청와대 최종회의에서 김정렴 비서실장이 부가가치세를 도입하겠다는 소신을 굽히지 않고 관철시킨 배경에도 김재익의 역할이 적지 않았다. 반대에 부닥치면 상대가 누구이든 집요하게 설득작전을 폈다. 그는 청와대에 근무하면서부터 이미 자신을 좋게 보아온 남덕우 재무장관으로부터도 각별한 신임을 받았다.

　남덕우 재무장관이 부총리가 되면서 김재익은 경제기획원으로 옮긴다. 그의 능력을 높이 산 남 부총리가 일반직인 기획국장 자리를 별정직으로 고쳐가면서까지 중용한 것이다. 그는 성장위주의 관 주도 경제체제를 과감히 개혁해야 한다고 주장했고, 그 처방전으로서 안정·자율·개방이라는 캐치프레이즈를 내걸었다. 그러나 그는 성공적인 기획국장은 못 되었다. 그의 아이디어는 참신하고 순수했지만 실천에 옮겨지는 경우는 거의 없었다. 시간이 갈수록 더 자주 좌절의 고통을 겪어야 했다.

한마디로 그는 개혁을 통해 이상을 좇는 인간형이었다. 대학 동기동창인 서석준 차관조차도 경제관료로서의 김재익에 대한 평가는 매우 인색했다. 둘은 정책 문제를 놓고 자주 토론을 벌였으나 서석준은 근본적으로 김재익의 주장을 '현실로 소화할 수 없는 이상론'으로 치부하고 좀처럼 귀를 기울이려 하지 않았다.

견디다 못한 그는 결국 관료로서의 입신을 포기하고 KDI로 보내줄 것을 자청하기에 이른다. 그러나 사표를 제출하는 날, 그의 운명을 바꾸어 놓는 '국보위행' 통보를 받는다. 그날 오후로 김재익은 한국의 경제정책에 관한 한 엄청난 영향력을 발휘하는 핵심인물로 변신하게 되는 것이다.

새로이 형성되는 권력의 핵심으로 들어갔지만 아무도 그를 눈여겨보지 않았다. 처음에는 최고 실력자의 일개 경제담당 가정교사에 불과했으나 그것마저 상당한 견제를 받아야 했고, 김재익 자신도 더 이상의 욕심을 낼 처지가 아니었다. 젊은 주도세력들과 술자리에서 어울릴 때도 그는 봉변을 당하기 일쑤였다.

"당신 말이야, 허튼소리 삼가고 어른을 똑바로 모셔야 해. 실정 모르는 미국 박사가 한국경제를 뭘 안다고 그래."

술잔이 오가며 나름대로의 우국충정을 토로하는 자리에서 새 정권의 주체세력인 젊은 대령들로부터 김재익은 별의별 소리를 다 들었다. 술을 못하니 맨 정신에 고스란히 수모를 겪어야 했다.

5공의 첫 청와대 비서실 멤버들. 앞줄 왼쪽부터 이학봉, 허삼수, 허화평, 김경원 그리고 뒷줄 가운데가 김재익

그가 할 수 있는 것이라고는 무저항주의로 버티는 일뿐이었다. 나중에 누구한테 분풀이를 하는 법도 없었고, 그렇다고 소신을 굽히는 일도 없었다. 안정 · 자율 · 개방이라는 자신의 경제철학을 새 통치권자의 머릿속에 하나하나 심어나가는 일에 진력할 뿐이었다.

처음에는 신군부에 협력하는 것이 매우 불안하고 마음 내키지 않는 일이었으나, 시간이 지나면서 자신의 꿈을 펼칠 수 있는 마지막 기회로 삼게 된다. 국보위의 경제과학위원장으로서, 또한 최고 권력자인 상임위원장의 가정교사로서 이미 상당한 기반을 구축하는 데 성공한 그는 5공 출범과 함께 청와대 경제수석 자리에 앉게 되었고, 그리하여 오케스트라를 완벽하게 장악하는 막강한 지휘자로 군림하게 된 것이다.

좌절을 털고 막강한 개혁가로

　사무관에게도 깍듯한 존댓말을 쓰는 그였지만 대통령 이외에는 누구의 논리와도 타협하지 않았다. 그는 자신이 구상해온 그랜드 디자인을 거침없이 추진해나갔고 여기에 반대하는 세력은 과감하게 제거하는 일도 서슴지 않았다. 엄두조차 낼 수 없었던 예산동결을 비롯해 추곡수매가와 임금억제정책, 수입자유화, 나아가서는 금융실명제에 이르기까지의 모든 경제정책 결정 과정에서 발휘된 그의 영향력은 절대적이었다. 그는 결코 단순한 경제학자가 아니었다.

　당시 워커 미국 대사는 어느 파티 석상에서 김재익의 부인 이순자 씨에게 이런 질문을 던졌다.

　"당신의 남편을 어떤 사람이라고 생각하십니까?"

　"글쎄요, 이코노미스트라고 해야겠지요."

　"천만의 말씀, 김 박사는 결코 단순한 이코노미스트가 아니에요. 그는 오히려 '고수의 정치가' shrewd politician 라고 해야 할 겁니다."

　워커 대사의 이 같은 말은 매우 일리 있는 지적이다. 김재익의 개혁의지는 비단 경제 분야에만 국한된 것이 아니었다. 비록 핵심인물의 경제 가정교사로 출발한 군부와의 협력이었지만, 개혁의 날개를 하나하나 펼쳐나가면서 그는 5공시대를 앞장서서 열어가는 한 명의 주주 같은 존재였다.

　조용한 성품과 부드러운 대인관계, 그리고 언제

워커 대사와 환담하는 김재익

김재익은 단순한 이코노미스트가 아니었다.

나 도란도란 끌어가는 특유의 화술 등으로 미루어 그에 대한 일반의 이미지는 그저 이상만 좇는 나약한 지식인, 그것이기 십상이었다. 5공 초기, 젊은 대령 그룹들로부터 백안시당했던 것도 김재익에 대한 그러한 선입견 탓이 컸다.

그러나 천만의 말씀이었다. 군인들은 말할 것도 없고 직업관료 사회에서조차 실정 모르는 책상물림 정도로 무시당했던 그가 막상 최고 권력자로부터 힘의 지원을 얻게 되자 엄청난 영향력을 발휘해나갔던 것이다. 그는 논리만을 꼬치꼬치 따지는 고리타분한 학자가 아니었다. 사실 그는 연구하고 가르치는 일에 만족한 학자가 아니라 논리로 무장된 자신의 생각을 현실 속에 여하히 실천시켜 나갈 것인가에 전심전력했다. 처음에는 겁에 질려 거절을 못하고 어쩔 수 없이 군부에 협력하지 않을 수 없다는 식이었으나 시간이 갈수록 그의 생각이 달라져갔다. 김기환은 이렇게 회고한다.

"국보위행을 통보받고 나서 사실 그는 매우 당황했습니다. 그러나 이왕 군부에 협력을 할 수밖에 없는 상황이라면 소신껏 해보자는 쪽으로 마음의 정리를 하게 되었지요. 당시에 그와 강경식姜慶植 기획원차관보 등 셋이서 자주 만났는데, 그때 우리가 가장 걱정했던 것은 행여나 정권을 잡은 군부가 버마식의 쇄국정책으로 돌아서지 않을까 하는 것이었습니다. 다행히도 어느 정권에서보다도 오히려 개방정책을 표방하게 되는데,

이 기틀을 다지는 데 김 수석은 결정적인 역할을 해냈던 것이지요."

그는 결코 나약하지 않았다. 시간이 지나면서 그는 오히려 어떤 직업관료도 엄두를 내지 못할 일을 거침없이 해치워나갔다. 그는 매서움을 발휘할 줄도 알았고 반대파들을 조직적으로 몰아낼 줄도 알았다. 다만 자신의 특유한 스타일로 소리 없이 실천에 옮겨나갔을 뿐이다.

그가 만약 아웅산 사건으로 숨지지 않았다면 5공의 경제정책들은 또다른 차원에서 적잖이 달라졌을 것이라고들 말한다. 과연 그가 계속 살아 있었더라면 무엇이 어찌 달라졌을까.

경제전문가를 자처한 전두환

82년을 전후해서 전 대통령은 경제정책에 대해 상당한 자신감을 갖기 시작한다. 그동안의 공부로 경제적인 안목을 키웠을 뿐 아니라 무엇보다 인플레가 빠른 속도로 잡혀갔기 때문이다. 처음에는 경제용어의 기본개념조차 몰랐던 그가 자신감을 바탕으로 어느새 내로라하는 경제전문가들에게까지 가차 없는 비판을 서슴지 않게 된다. 경제학자들에게는 "학자들은 공허한 이론만 주장하지 현실이 어떻게 돌아가는 줄을 모른단 말이야"라며 "안목이 그렇게 좁아서야 어떻게 하느냐"고 훈계하는 일이 다반사였다.

전 대통령은 이제 가르치는 선생이고자 했지, 더 이상 배우기만 하는 학생이고 싶지 않았다. 최단기 코스의 학생 시절을 거친 전두환은 하루 아침에 선생으로 변신했다. 그것도 보통 선생이 아니라 많은 제자들을 거느리는 존경받는 선생님이 되기를 원했다. 그에게 지식의 습득은 어디까지나 행동을 위한 수단이었다. 자기가 옳다고 믿거나 새롭다고 느끼면 즉시 내보이거나 널리 전파하고 싶어 했다.

경제장관들도 경제강의를 들어야 했다. 선진국의 경제동향에서부터 과학기술정책의 중요성에 이르기까지…. 때로는 실력 이상으로 이야기를 너무 벌리는 바람에 듣는 사람들이 조마조마해하는 경우도 적지 않았다.

강의만 한 게 아니라 그는 정책의 구체적인 내용을 일일이 챙겼다. 대통령이 직접 '금리는 몇 %, 통화량은 얼마, 국제수지는 어떻게…' 하는 식이었으니, 설령 이견이 있어도 어느 누구도 감히 말을 꺼낼 수 없는 분위기였다.

"돈을 풀면 물가가 오르는 것은 당연한 이치인데, 이런저런 이유를 둘러대며 통화량을 늘리는 정책을 쓴다면 어떻게 되겠소. 앞으로 돈을 풀어야 하는 내용의 정책은 내게 보고할 생각도 마시오."

통화정책만이 아니었다. 환율정책 역시 한동안 거론조차 금기사항이었다. KDI가 청와대 보고에서 환율인상을 건의했다가 대통령으로부터 '경제강의'만 듣고 머쓱해진 일도 있었다. 당시84년초의 경제상황으로는 국제수지가 적자인 가운데 수입개방정책을 추진할 때였으므로 수입을 억제하고 수출을 늘리기 위해서는 환율인상이 불가피하다는 것이 KDI의 주장이었다.

이 같은 견해는 KDI뿐 아니라 경제부처 안에서도 일찍이 제기되었으나 대통령이 환율인상을 반대한다는 사실이 널리 알려져 있었기 때문에 어느 누구도 이를 공론화하는 데 앞장서려 하지 않았다. 이래서는 도저히 안 되겠다 싶어 KDI가 총대를 메고 나선 것이었다. 그러나 전 대통령은 보고자인 서상목徐相穆 부원장에게 이렇게 일장 훈시했다.

"이봐요, 서 박사. 환율인상이라는 게 그렇게 간단한 것이 아니에요. 환

율을 올린다고 수출이 장기적으로 늘어난다는 보장도 없을 뿐 아니라 물
가상승효과도 함께 따져봐야 할 게 아니오. 환율을 올리면 물가를 자극
할 게 뻔한데, 왜 그 생각은 못하는 거지? 물가가 완전히 안정될 때까지
는 내 앞에서 일체 환율 이야기는 꺼내지도 마시오."

　대통령의 이 같은 '소신'은 물론 그동안의 경제교육에서 비롯된 것이
었고 또한 그후에도 측근들로부터 계속 조언을 듣는 과정에서 형성된 것
이었겠으나, 아무튼 그는 들은 이야기를 자기의 목소리로 즉시 소화해서
확성시키는 일에 대단히 능했다. 그는 이런 면에서 박 대통령과는 매우
대조적이었다. 박 대통령은 말이 적고 신중했다. 찬반이 엇갈리는 문제
를 처리할 때는 양쪽 이야기를 충분히 듣고 나서 조용히 결심했다. 자신
이 먼저 나서는 법이 없었다. 반면에 전 대통령은 말하기를 즐겼다. 회의
를 주재할 때도 잠자코 보고를 듣는 게 아니라, 군데군데서 묻고 숫자를
챙기고 지시하기를 좋아했다.

재임기간 동안 경제정책에 가장 큰 비중을 두었던 전 대통령은 인사 면에서도 경제부처만큼은 장·차관뿐 아니라 주요 국장 자리까지 직접 챙겼다.

언론사 경제부장들에게도 경제강의를

한번은 전 대통령이 언론기관의 경제부장들을 점심에 초대했다. 세상 돌아가는 이야기도 듣고 정부의 경제정책에 대해 기탄없는 언론의 시각을 들어보겠다는 취지에서 마련한 자리였다. 참석 통고를 받은 경제부장들은 대통령이 물어볼 것에 대비해 위험수위를 넘지 않는 범위 안에서 여하히 한마디씩 할 것인가를 놓고 고심해야 했다. 그러나 그것은 부질없는 고민이었다. 경제부장들은 대통령의 말씀을 듣기에 급급했을 뿐 말할 기회가 주어지지 않았기 때문이다.

"경제에 대해서 내가 뭘 알겠습니까만은…" 하며 시작한 대통령의 경제강의는 점심식사가 끝날 때까지 이어졌다. 사단장 시절에 기름을 절약했던 일을 비롯해서 부대 막사를 지으면서 웃돈 얹어주고 시멘트를 사야 했던 이야기, 나아가서는 세계경제의 흐름에 이르기까지 그야말로 무소불통無所不通이었다.

"경제는 심리가 중요해요. 될 수 있는 일도 안 된다, 안 된다 하면 정말 안 되는가 하면, 어려운 일도 자신감을 가지고 밀어붙이면 되는 법입니다. 그러니 언론에서도 비판만 일삼을 게 아니라 정부정책을 적극적으로 홍보하는 자세가 필요하다 이겁니다."

결국 경제부장들은 일방적인 강의와 언론의 보도자세에 관한 훈계만 듣고 나왔다.

그는 이처럼 기회 있을 때마다 자신이 익힌 경제지식을 총동원해가며 경제정책을 직접 주도해나간 대통령이었으나, 사실 따지고 보면 경제도 그에게는 군사작전 대상의 하나였다.

그처럼 강조해마지않았던 물가안정이란 정책목표도 그에게는 기필코 탈환해야 하는 전장의 '고지' 같은 것이었다. 이 고지를 탈환하기 위한 당위성과 전략이 일단 세워지면 그 다음에 남는 일은 '돌격 앞으로'뿐이었다. 부작용을 따지고 시비하는 일 따위는 용납되지 않았다. 그러한 시도는 마치 전투력이나 사기를 떨어뜨리는 이적행위처럼 여겼다.

대통령은 큰소리, 비판은 모깃소리

그는 기회 있을 때마다 '하면 된다'를 강조했다. 82년의 물가가 한 자리 숫자로 잡히자 대통령의 목소리는 더욱 커졌다.

"그것 보시오. 많은 사람들이 회의적인 말들을 해왔지만 결국은 해내지 않았소. 공연히 여건 탓만 하고 어렵다고 할 게 아니라, 하면 된다는 정신으로 밀어붙이면 안 될 게 없어요."

회의에 참석한 경제관료들은 꿀 먹은 벙어리처럼 아무 소리도 못했다. 이런 일도 있었다. 경제기획원이 83년말 이듬해의 경제운용계획을 대통령에게 보고하는 자리였다. 다른 것은 별 탈 없이 잘 넘어갔으나 국제수지 문제에 이르자 대통령이 얼굴을 찌푸렸다. 84년의 경상수지적자 억제 목표를 전년의 16억 달러에서 10억 달러로 축소시키겠다는 계획이 못마땅했던 것이다.

"이것 보시오. 작년에 비해 금년의 경상수지 적자가 얼마나 줄었소. 작년의 경상수지 적자가 26억 달러였고 금년이 16억 달러였으니 10억 달러를 줄인 셈이 아니오. 그렇다면 내년에도 금년처럼 10억 달러는 줄일 수 있다는 이야기이고, 따라서 경상수지 억제 목표도 16에서 10을 뺀 6억 달러로 잡아야 옳지."

사실 경제기획원으로서는 10억 달러 억제도 힘겨운 목표라고 내부에서 비판이 적지 않았던 터인데, 이마저 신통치 않다고 몰아붙이니 난감한 일이었다 [84년의 경상수지 적자는 결과적으로 13억 6,000만 달러였다].

대통령의 이 같은 태도는 관료사회에는 경직된 분위기를, 언론 쪽에는 엄격한 관제管制를 몰고 왔다. 학계의 학술토론에서조차 정부정책에 대한 비판은 삼가야 했다. 비판은 곧 부정으로 간주되었고, 부정적인 태도는 '일을 되게 하려는 대통령의 의도'를 방해하는 것으로 규정되었기 때문에 웬만한 학술토론회까지도 모두 정보기관에 의해 파악되고 있었다. 어느 학회는 정부로부터 재정적인 원조를 받기로 약속이 되어 있었는데, 세미나에서 정부정책을 비판했다 해서 재정지원이 취소된 일도 있었다.

언론 역시 정부의 정책을 일반적으로 비판할 수는 있어도 대통령의 경제관을 비판하는 것은 허용되지 않았다. 그 스스로가 한국경제에 관한 한 최고의 전문가임을 자처하고 있었기 때문이다.

전 대통령의 경제정책에 임하는 태도는 아마도 비슷한 예를 찾아보기가 힘들 것이다. 3공시대의 박정희 대통령이 한국경제의 기틀을 다지는 데 주춧돌 역할을 해냈다고 하지만, 그런 그도 하나에서부터 열까지를 직접 나서서 챙기는 스타일은 아니었다. 어찌 보면 전 대통령의 이런 스타일 때문에 5공의 경제정책은 3공 때보다도 더 경직되게 운영되었으며, 한편으로는 더 심한 1인중심체제였다고 해야 할 것이다.

다음 정권인 6공의 노태우시대와의 대조적인 측면은 더 말할 나위도 없는 일이다. 정치민주화가 본격적으로 전개되는 상황에서 경제정책에서의 대통령 역할은 근본적으로 달라지게 된다. 그후 김영삼, 김대중, 노무현으로 이어지는 과정에서도 개인별로 차이는 있으나 대통령 자신이 절대권력을 전제로 최고의 전문가임을 자처하면서 정책을 자기 마음껏 끌고 나갔던 것은 박정희 · 전두환시대로 끝났다고 해야 할 것이다.

예비군 중대장의 경제강의

인기 없는 정부가 인기 없는 정책을 미련스러울 정도로 밀어붙였다는 점도 전두환시대의 한국경제를 돌이켜보면서 꼭 주목해야 할 점이다. 정치와의 비타협이 그 핵심이었다. 만약 전 대통령이 한국의 정치현실을 좀 아는 세련된 정치인이었다면 과연 그처럼 극단적인 안정화정책을 끝까지 고수할 수 있었을까. 어쩌면 그가 단순호방형의 전형적 군인이었기에 마치 전쟁터에서 고지를 탈환하듯 거침없이 안정화정책을 추진했는지도 모른다. 때로는 지식계층으로 하여금 실소를 자아내게 하는 무모함과 치기를 노골적으로 드러낸 경우도 적지 않았으나, 물가안정이라는 한 우물을 파는 데 총력을 기울였던 공적은 누구도 부인할 수 없다.

70년대의 고도성장에 따른 부작용들이 아무리 심각했다 하더라도 안정화정책으로의 180도 전환은 결코 쉬운 일이 아니었는데, 전두환은 이것을 해낸 것이다. 그는 우선 정치적 혼란이나 압력으로부터 경제정책을 독립시켰다. 경제관료들에게는 정치에 신경 쓸 것 없다고 독려했고, 정치인들에게는 경제정책에 간섭 말라고 기회 있을 때마다 못을 박았다.

그는 독재자로 정치와 경제를 한손에 움켜쥐고 자기 마음대로 좌지우지했지만, 부정적이든 긍정적이든 간에 정치 논리가 경제정책에 영향을 미치는 것은 전례가 없을 정도로 강력히 차단했다. 그렇지 않았더라면 집권 초반에 진행되었던 일련의 초긴축정책은 도저히 불가능했을 것이다. 마치 군사작전을 전개하는 것처럼 경제정책을 완력으로 밀고 나간 그는 우선 전 국민을 대상으로 하는 '경제교육작전'을 펼쳐나갔다. 그것은 정훈장교가 사병들을 모아놓고 전투수칙을 암기하게 하는 군대식 정신교육과 다를 바가 없었다.

그는 경제교육의 효과를 확신했다. 자신이 스스로 생각해봐도 가정교사들로부터 교육을 받고 나서 경제를 보는 시각이 크게 달라졌으니 그럴 만도 했다. 여기서 또다시 김재익의 영향력이 발휘된다. 그는 대통령 가정교사로서의 성공에 만족하지 않았다. 개인지도를 통해 자신의 경제관을 불어넣은 데 그치지 않고 한 걸음 더 나아가 대통령이 나서서 자신의 교안대로 직접 경제교육을 실행토록 도모했다. 김재익은 여태까지의 체험을 통해 아이디어만으로 정책을 추진해나가기에는 현실의 벽이 얼마나 높은가를 잘 알고 있었다. 기획국장 시절에 겪었던 숱한 좌절을 통해 '힘의 뒷받침'이 얼마나 중요한지를 충분히 깨달았고, 또한 강제력을 동원하더라도 경제정책에 대한 공감대를 형성하는 것이 불가결한 선결과제라고 믿고 있었다. 경제기획원이 중심이 되어 안정·자율·개방이라는 캐치프레이즈를 내걸기는 했지만, 정부 안에서조차 갖가지 장애와 반대에 봉착하고 있던 터였으므로, 이 모두를 '경제교육'이라는 새로운 정책수단을 동원해서 깡그리 털어내려 했던 것이다.

경제교육의 교과서가 된 김재익의 교안이 과연 타당한 것이었느냐에

경제교육 ~~Time Table~~
／시간표   1年前 対比

7/17   83년 7月 — 84/12 사이에는 임금상승1%정도로
         자제해도 대만의 3倍이므로 국제수지 개선위하여 임금안정
6/14-30 하곡가 가격 거의 못올릴 사정 호소   정부내 국회 정당 언론
7/1   〃   〃   결정 발표 수매시작   필요
7/1 — 8/15 예산 84년 증가 못할 사정. ~~교육~~ 교육   예산도
8/15   예산 규모 거의 못늘것이 확정   동결
8/15 — 10/15 ┌ 추곡수매가격 거의 못올릴사정 교육   해서
              │ ~~83년 하반기~~ 84년 년간 시간당임금, 년봉기준 1~2%   협력
              └ 이상 올리지 못할사정 교육

김재익 경제수석이 작성한 경제교육 일정. 정책 하나하나마다 교육 프로그램을 만들게 했다.

대해서는 얼마든지 비판의 여지가 있을 것이다. 그러나 부인할 수 없는
사실은 이 같은 경제교육이 요즈음 같으면 상상도 할 수 없는 강력한 임
금 억제정책이나 예산동결, 추곡수매가 억제정책 등을 가능하게 하는 데
결정적인 밑거름이 되었다는 점이다.

　경제교육이 처음부터 체계적으로 시작된 것은 아니었다. 초기에는 결
재서류마다 명기되는 대통령의 '분부말씀'이 곧 경제운용의 철칙으로 통
했고, 이것을 바탕으로 모든 것이 움직여나갔으므로 교육이고 뭐고 할
것도 없었다. 말이 좋아 국민적 합의 도출이지, 여차하면 정보기관한테
든 경찰한테든 즉각 잡혀가는 판이었으니 시키는 대로 할 뿐이었다.

　그러나 제아무리 독재권력과 경제논리로 무장했다 해도 역시 가장 다
루기 어려운 것은 농업 문제였다. 어떠한 일이 있어도 기필코 물가를 잡
겠다며 안정화정책을 강조해왔으나, 당장 극복해야 할 난관은 추곡수매
가의 인상률을 어떻게 억제하느냐는 것이었다. 당시의 경제상황으로는

재정적자가 GNP의 6% 수준에 이르렀고, 특히 적자의 최대 요인이 양곡문제에서 비롯되었던 만큼 추곡수매가 억제가 안정화정책 추진의 첫번째 타깃이었다. 당시 KDI원장이었던 김만제의 이야기를 들어보자.

"81년 가을, 그러니까 대흉년이었던 80년을 논외로 하면 5공정부로서는 첫 수매가격 결정을 해야 할 때였습니다. 신병현 부총리와 김재익 경제수석을 중심으로 수매가격 인상률을 강력히 억제해야 한다는 주장을 폈고 KDI도 이를 뒷받침했지요. 그러나 경직된 분위기 속에서 무작정 밀어붙이는 안정화정책에는 사실 많은 무리가 따랐습니다. 그래서 마침 청와대 보고 기회가 있기에 안정화정책의 부작용이 많다는 점을 조심스럽게 지적하면서 국민들의 이해를 구하는 적극적인 홍보정책이 절실하다고 말했지요. 전 대통령은 처음에는 안정화정책 추진에 비판을 하는 듯하니까 별로 안색이 안 좋더니 홍보정책의 필요성에는 머리를 끄덕이더군요. 어쨌든 이날 회의 이후로 국민을 대상으로 한 본격적인 경제교육 프로그램이 짜이기 시작했습니다."

그의 말대로 81년 11월 경제기획원 안에 대국민 경제홍보기획단이 생겼고, 이것을 다시 확대해서 1년 뒤에는 경제교육기획관실이라는 별도의 부서를 정식으로 만들게 된다. 그러나 이 신설부서는 형식적으로만 경제기획원에 있었을 뿐, 실제 업무추진은 거의가 청와대 경제수석의 지시에 따라 움직여나갔다. 경제정책의 타당성을 소개하는 갖가지 책자와 슬라이드가 만들어지고 공무원은 물론 대학교수, 초등학교 교사에 이르기까지 일방적인 경제교육이 시작되었다. 예비군 훈련을 들어가도 경제교육을 받아야 했다. 젊은 경제학 박사들도 몇 시간씩 쪼그리고 앉아 예비군 중대장의 밑도 끝도 없는 경제강의에 귀를 기울여야 했다. 경제교육도 군사작전의 일부였다. 당연히 반대의견은 용납되지 않았다.

물론 언론도 가만 놓아두지 않았다. 신문에 대해서는 규제정책을 펼치는 반면 방송은 적극적인 홍보수단으로 활용했다. 물가에 대한 기사도 내리면 크게, 오르면 작게 써야 했다. 물가오름세 심리를 자극한다는 이유에서였다. 심지어는 '몇 % 올랐다'는 표현까지 금지당했다. 예컨대 목욕요금이 100원에서 150원으로 올랐으면 그냥 '50원이 올랐다'고 써야지, '50%가 올랐다'고 써서는 안 된다는 것이었다.

이에 따라 정부부처들이 관련 제품 가격인상을 발표하는 보도자료에도 오르는 금액만 적혀 있을 뿐, 인상률은 아예 써넣지 않도록 하는 해프닝까지 벌어졌다. 그걸 모르고 인상률을 표시했던 농수산부는 뒤늦게 색연필로 지우느라 야단법석을 떨기도 했다.

경제교육이 만들어낸 스타 탄생

TV방송은 훨씬 적극적이었다. KBS와 MBC는 앞을 다투어 경제교육 프로그램을 무더기로 만들었고, 심지어는 드라마까지 정부의 홍보정책 방향에 맞춰서 제작했다. 이 과정에서 탄생한 2명의 스타가 이계익李啓益과 사공일이다. 원래 경제기자 출신인 이계익은 김재익 경제수석의 천거로 청와대 경제비서관으로 내정된 상태였으나, 경제교육의 중요성이 부각되면서 KBS 해설위원으로 들어가 '경제교육방송'이라는 새로운 영역을 개척하게 된다.

사공일의 스타 탄생은 훨씬 드라마틱하다. 당시 KDI부원장이었던 그는 경제학자로서는 이례적으로 직접 마이크를 잡고 세계적인 석학들과의 인터뷰를 통해 특집방송을 엮어낸 것이 호평을 얻어 일약 스타덤에 오른다. 유명 경제학자가 직접 방송에 출연해서 취재도 하고 인터뷰도 하고 하는 것이 당시로서는 파격적인 발상이었다〔사공일로서는 방송 출연이 처음이 아니었다. 그는 80년 강경식 기획원차관보한테 부탁을 받아 「물가의 속사정」이라는 대형 기획물로 이미 텔레비전 방송을 통한 경제교육의 길을 터놓은 장본인이었다〕.

82년 어느 날 사공일은 김재익 수석의 전화를 받고 김기환 KDI원장과 함께 청와대로 불려 들어갔다. 전두환 대통령은 점심을 먹으며 "세계경제가 다 어려운데, 왜 한국경제만 유독 어려운 것처럼 되어 있나. 이런 걸 국민들에게 정확히 알릴 방법을 찾아보라"고 지시했고, 그길로 사공일은 김재익과 상의해서 자신이 직접 세계경제의 실상을 소개하는 텔레비전 프로그램을 만들게 된 것이다.

그러나 누구보다도 경제교육에 열심이었던 사람은 다름 아닌 전 대통령 자신이었다. 경제부처 실무자들이 경제교육에 관한 홍보용 슬라이드를 만들어 오면 그는 우선 청와대의 전화교환원이나 경호실 직원들을 불러들였다. 이들로 하여금 처음부터 끝까지 보게 하고서는, 무슨 뜻인지 충분히 이해할 수 있는지 여부를 체크했다. 이들의 반응이 신통치 못하면 퇴짜였다.

그는 농촌시찰을 가서도 심심찮게 농민들을 상대로 직접 정부의 경제정책을 홍보하고 설득작전을 벌였다.

"이것들 보시오, 도회지 사람들이 약습니까, 농민들이 더 약습니까? 농민들이 수매가격을 10%나 올려달라고 야단들인데, 그러한 농민들의 요구를 그대로 받아들여서 정부가 수매가를 10% 올렸다고 칩시다. 도시 사람들이 가만있겠습니까? 무슨 수를 써서라도 자기들이 파는 물건값은 쌀값이 올랐다는 핑계로 20% 올리려 할 겁니다. 그렇게 되면 누가 손해를 보는 겁니까? 그걸 알아야지요…."

물론 반론이 봉쇄된 상황에서의 일방적인 강의이기는 했지만 나름대

로의 경제논리를 세워 정책의 타당성을 입증해나가려는 개인적인 열성
은 대단한 것이었다. 군 장성들의 진급신고를 받는 자리에서도 그는 곧
잘 경제강의를 했을 정도였다.

아무튼 5공 초기에 진행되었던 일련의 경제교육은 참으로 유례를 찾
아보기 힘들 만큼 독특한 것이었고 그 파급효과 또한 상당했다. 자본주
의 경제체제를 표방하려는 나라치고 제대로 성공한 경우가 없다고 하는
이른바 '소득정책'〔물가를 안정시키면서 경제성장을 이루기 위하여 임금상승률 등을 조
정하는 정책〕을 끝까지 밀어붙일 수 있었던 것도 잘했니 못했니 해도 이 같
은 경제교육의 힘이 크게 뒷받침되었던 것이 사실이다.

반면에 일방적인 논리의 전파는 모든 경제정책의 결정 과정을 경직시
켜놓았다. 경제정책이란 선택이요, 선택의 과정은 찬반토론을 통해 문제
점들을 충분히 걸러내야 한다는 상식이 허용되지 않았다. 아무리 훌륭한
경제전문가일지라도 대통령의 생각과 다른 이야기를 해서는 안 되었다.
대학교수의 강의내용까지 감시대상 속에 포함되는 상황이었으니까.

이 같은 경직화의 부작용은 당장이 아니라 두고두고 경제 전반에 걸쳐
깊고 넓게 배어들었다. 예컨대 '긴축은 곧 선善'이라는 고정관념을 지나
치게 강조한 나머지 재정정책에 있어 정부 스스로가 발목을 묶었는가 하
면, 말끝마다 통화긴축의 필요성을 국민들에게 강제로 주입시킨 나머지
온 국민을 통화주의자로 만들어 금융정책을 한 치도 움치고 뛸 수 없게
만들어놓은 것도 모두 지나친 경제교육이 빚어낸 부작용들이었다.

제2부

경제위기와 안정화정책

벼랑에 선 한국경제

대통령의 경제공부 이야기는 앞으로도 계속 나오겠지만, 그와 상관없이 먼저 따져봐야 할 것은 5공 경제정책의 핵심이랄 수 있는 '안정화시책'이 태동하게 된 시대적 배경에 관해서다. 그것은 결코 경제수석의 개인적인 영향력이나 대통령 한 사람의 결단력 등으로 설명될 일이 아니기 때문이다. 이른바 안정화시책이란 어찌 보면 과거의 정책들이 스스로의 모순에 의해 이미 괴멸상태에 빠져든 상황 속에서 자연스럽게 그리고 필연적으로 태동한 것이었다고 할 수 있을 것이다.

그 배경을 살펴보기 위해서는 3공 말기의 경제상황으로 거슬러올라갈 필요가 있다. 이러다가 나라경제가 결딴나겠다는 위기의식이 감돌기 시작한 것은 묘하게도 3공화국 18년 동안 첫 흑자경제국제수지를 이룩해낸 77년도였다. 중동건설 덕분으로 감격적인 흑자를 기록했지만 막상 국내경제 기반은 속절없이 무너져내리고 있었다. 총통화증가율이 40%선에 이르는 가운데 뭉칫돈이 풀려 물가는 치솟고, 부동산투기 바람이 불어닥치고, 주가는 폭등하고, 임금은 해마다 30%씩 올라가고…. 한국경제는 그야말로 골병이 들고 있었다.

"마침 KDI가 「한국경제의 15년 장기전망」이라는 장밋빛 보고서를 내 놓았는데 첫해인 78년부터 크게 틀려나가지 않겠어요? 안 되겠다 싶어 기획국 직원들을 합숙을 시켜가며 현재 한국경제가 당면하고 있는 문제 가 무엇인지를 총점검해나갔지요. 결론은 명백했습니다. 경제운용의 틀 을 지금까지와는 전혀 다른 차원에서 뜯어고치지 않으면 한국경제는 끝 장이라는 것이었습니다."

당시 경제기획원차관보로서 실무작업을 지휘했던 강경식의 회고다. 그러나 「한국경제의 당면 과제와 대책」78년 3월 이라는 이 보고서는 '내부 검토용 자료'로 그치고 만다. 남덕우 부총리 겸 경제기획원장관은 보고 를 받은 후 '좀 기다려보자'고만 할 뿐 좀체 청와대 보고 일정을 잡으려 하지 않았다.

78년이 선거의 해일 뿐 아니라, 하나에서부터 열까지 기존의 정책을 송두리째 뒤집어엎어야 한다는 내용을 대통령 박정희에게 보고할 엄두 가 안 났던 것이다.

사실 이 보고서가 담고 있는 내용은 당시의 기준으로서는 충격적인 것이었다. 물가안정만이 한국경제를 살릴 수 있는 유일한 길이라는 전 제 아래 여태까지 대통령이 직접 나서서 밀어붙여온 중화학공업 투자 확대, 수출지원, 농촌주택개량사업 등을 정면으로 공박하고 나섰기 때 문이다. 더구나 수입개방과 금융자율화까지 들먹이며 정부 간섭을 과감 히 축소해야 한다는 주장까지도 서슴지 않았다. 그러니 정부 안에서도 반발이 극심했다.

어찌 보면 강경식 차관보, 김재익 기획국장, 박유광朴有光 기획과장으

KDI정책협의회를 통해 안정화정책으로의 전환을 역설하고 있는 신현확 부총리

로 이어지는 진취적인 기획관료들의 일방적인 선전포고일 뿐이었다. 기획원 안에서조차 물가국 같은 데서는 이들을 '정신 나간 사람들'이라고 몰아붙였을 정도였다.

그러던 것이 그해 12월 신현확申鉉碻이 부총리 겸 경제기획원장관에 앉으면서 사정이 달라진다. 그동안 캐비닛 속에서 썩고 있던 안정화정책에 위험부담을 무릅쓰고 배짱 있게 사인을 해버린 것이다. 일이 그렇게 되려고 해서였던지, 공교롭게도 그는 이미 안정화정책의 필요성을 충분히 인식하고 있는 상태였기 때문이다. 다름 아니라 신현확은 부총리에 임명되기 직전 보사부장관으로서 기획원차관보 강경식과 함께 한국정부 관료로는 처음으로 소련을 2주 동안 비밀리에 방문했는데, 이때 강경식으로부터 여행 중에 틈틈이 한국경제의 당면 문제에 대해 많은 이야기를 들었던 것이다. 마침 방문한 나라가 소련이었으니 신현확으로서는 계획경제체제의 모순에 대한 비판의식을 한층 확고히 했던 셈이다.

아무튼 79년 초에 들어서면서 신현확팀은 우여곡절 끝에 어렵사리 대통령을 설득하는 데 성공, 이른바 '4·17 경제안정화대책'을 만들어내게 된다. 그러나 때마침 불어닥친 2차 오일쇼크로 인해 안정화정책은 말만 꺼내놓은 채 실제로는 한 발자국도 나아갈 수 없는 상황이 되고 만다.

이런 상황에서 10·26, 즉 박정희 대통령 시해 사건이 터졌다. 경제가 안팎으로 극도로 어려워진 상태에서 정치마저 예상치 못한 소용돌이에 빠져들게 된 것이다.

"지금 생각해봐도 10·26 이후 80년 1월까지는 엄청난 시련기였습니다. 얼마나 초조했으면 기획원 기획국에서 외환부도가 났을 경우에 우리 경제가 어떻게 망해갈지에 대한 시나리오를 만들어보기까지 했겠습니까." (박유광 당시 종합기획과장)

경제불안은 즉각 외환위기로 연결되어갔다. 신규 차관이 일체 중단되는 가운데 외국 뱅커들은 한국 관료들을 외면한 채 8군사령부와 미국대사관의 브리핑에만 전적으로 의존했다. 한국의 언론이 계엄하에서 철저하게 검열을 받고 있었으므로 믿을 바가 못 되었기 때문이다.

신현확 부총리는 27일 새벽 3시 30분 강경식 차관보에게 전화를 걸어 박 대통령 사망에 따른 긴급 경제장관회의 소집을 지시했다.

"지시를 받고 서둘러 비상체제로 돌입했지만 무슨 뾰족한 수가 있었겠습니까. 생필품 공급 확대 등 지극히 상식적인 것들이었지요. 다들 위기의식을 느껴서인지 평소에 티격태격하던 장관들도 오히려 협조적이었어요. 그러나 경제가 어쩔 수 없이 가라앉고 있다는 점을 분명히 느낄 수 있었어요. 아무리 대책회의를 매일 열어도 파워센터가 갑자기 없어져버린 진공을 어떻게 메웁니까. 마치 조종사 없는 비행기의 비행고도가 시

간이 갈수록 계속 떨어지고 있는 상황 같았습니다."(강경식 당시 기획원 차관보)

"10·26이 터지는 날에는 마침 기획원 직원들과 함께 정신문화연구원에 들어가 있을 때였습니다. 자정을 넘겨서까지 한창 토론을 벌이고 있는 중에 사태의 개략적인 내용이 급히 전해지면서 당장 대책회의를 소집하라는 것이었지요."(이형구 당시 기획원 정책조정국장)

마이너스 성장률을 플러스로 발표

정치야 어찌 되었든 간에 당장 80년 경제운용계획을 짜야 했다. 도대체 이런 상황에서 경제성장률을 얼마로 봐야 할 것인지부터가 경제기획원 실무자들의 고민이었다. 정치적 변수는 고사하고 GNP 국민총생산의 전망 방법부터가 문제였다. 여태까지 GNP 성장률 계산은 생산량을 기준으로 해왔으나 물건이 안 팔려서 창고에 재고가 쌓이는 판이니 이런 식의 GNP 전망은 아무 소용 없는 노릇이었다. 운용계획을 주도했던 강경식의 기억은 이렇다.

"안 되겠다 싶어 종래 생산량 기준의 GNP 전망 방법을 수요량 기준으로 바꿔서 계산해보았지요. 그랬더니 80년 예상 경제성장률이 마이너스 4%로 나오질 않겠습니까. 충격적인 숫자였지만 막연하게 느끼고 있던 감과 맞아떨어지는 것이었습니다."

강경식, 김재익 등 기획원 실무진들은 이 같은 전망치에 확신이 갔으나 차마 정부 입으로 '마이너스 성장' 예상을 발표할 수는 없었다. 고민 끝에 관변 연구소인 KDI에 대신 발표해줄 것을 부탁했다. 그러나 KDI 역시 난색을 표하는 등 갑론을박 끝에 예상 성장률 1%에 합의했고, KDI가 총대를 메기로 했다.

그러나 발표 창구 문제만이 아니었다. 실제 예상치보다도 5%포인트나 올려서 플러스 1%의 성장률로 발표하기로 했고 최종발표 과정에서 또다시 이것을 부풀려야 했다. 막판에 사고를 친 장본인은 최규하崔圭夏 대통령이었다. 아무리 끗발 없는 대통령이었다 해도 명색이 대통령이었던 만큼 결재 과정에서 "경제성장률이 1%가 뭐냐, 4~5%는 해야 할 것 아니냐"고 한마디 하는 바람에 결국 그 말이 '정답'으로 둔갑해버리고 만 것이다.

결과는 어찌 되었나. 공교롭게 80년 경제성장률의 확정치는 마이너스 3.7%였으니 당초 기획국이 내부적으로 예상했던 마이너스 4%는 거의 정확했던 셈이다.

정국은 12 · 12사태[79년 12월 12일 전두환 · 노태우 등이 이끌던 군부 내 사조직인 '하나회' 중심의 신군부세력이 일으킨 군사반란 사건]를 계기로 더욱 불안이 가중되었다. 정치상황은 갈수록 험악했다. 다행히 경제운용만은 오히려 전문 경제관료들에게 전적으로 의존하는 체제가 불안하게나마 지속되어갔다. 군부에서도 경제는 전문 관료에게 맡겨야 한다고 생각했다.

사실 권력의 기반을 굳히기에도 정신이 없는 판국에 경제 문제에까지 신경 쓸 겨를도 없었다.

경제 쪽에서 본 10·26

10·26사태와 당시의 경제상황과는 어떤 관계가 있었던 것일까? 우선 기존 경제정책의 대전환을 의미하는 이른바 '안정화정책'이 박정희시대의 정치적 종말을 의미하는 10·26사태를 분기점으로 본격화되었다는 사실은 많은 궁금증을 불러일으키기에 충분하다. 물론 절대권력자였던 박 대통령의 사망에 따라 정책전환에 따른 부담을 손쉽게 털어버릴 수 있었고, 권력의 진공상태에서 오히려 정책 선회를 주장하던 경제 전문 관료들의 입지가 상대적으로 더 강화되었다는 점도 부인할 수 없다.

그러나 안정화정책이 본질적으로 3공 말기의 정책 실패에 대한 반성이었다는 점에서 그것은 거스를 수 없는 대세였다. 그런 뜻에서 10·26은 안정화정책을 촉진하는 계기였다기보다는 극복해내지 못한 과거 경제정책의 실패 자체가 10·26사태의 촉발 요인의 하나로 분석될 만하다.

당시 KDI원장이었던 김만제金滿堤 박사의 진단을 들어보자.

10 · 26은 경제 실정이 빚어낸 필연?

"무리한 경제정책의 부작용들로 인해 민심이 돌아섰고, 따라서 박정희 정권의 정치적 기반이 약화된 점을 부인할 수 없습니다. 2차 오일쇼크 속에 물가는 폭등하고 중화학공업의 중복투자 후유증이 한계에 달한 상황이었으니까요. 경제정책의 근간이랄 수 있는 자원배분이 얼마나 왜곡되었느냐는 세계은행 보고서에도 잘 지적되고 있습니다. 중화학공업에 대한 은행 대출비율이 73~74년에는 30%에 불과하던 것이 75~77년 사이에는 65%로 뛰어올랐는가 하면, 섬유산업에 대한 대출은 40%에서 20%로 뚝 떨어졌다는 이야기입니다. 박 대통령도 뒤늦게나마 경제가 뭔가 크게 잘못되고 있다는 것을 감지했어요. 아마 10 · 26이 일어나지 않았더라면 박 대통령 스스로가 나서서 정책이나 사람이나 대대적으로 물갈이를 했을 겁니다."

김기환 박사는 이렇게 말하고 있다.

"10 · 26사태를 개발독재의 한계로 보는 시각도 있으나 나는 경제사적 의미도 함께 부각되어야 한다고 봅니다. 3공정권의 경제적 실패가 빚어낸, 역사적으로 필연성을 띤 사건이었다고 생각하기 때문입니다. 특히 10 · 26의 도화선이 된 부마釜馬사태[79년 10월 부산 및 마산 지역을 중심으로 벌어진, 박정희 유신독재에 반대한 시위 사건]는 박정권하의 경제정책의 한계에서 비롯된 것이었습니다. 무리한 수입대체정책을 밀어붙이며 가용자원을 중화학공업에 쓸어넣는 바람에 노동집약적인 중소기업들이 많이 몰려 있는 부산, 마산 같은 데서 그런 일이 터진 것이지요. 겉으로는 민주화를 내세웠지만, 그 이면에는 이처럼 잘못된 경제정책에 대한 저항이 깔려 있었던 것입니다."

박 대통령 자신도 비로소 사태의 심각성을 깨닫고 78년 말 신현확을 새

로이 경제팀장으로 기용함으로써 나름대로
정책기조의 대변화를 시도했다. 그러나 자
기 손으로 쌓아올린 정책들을 단숨에 뒤엎
기는 너무나도 힘들고 고통스러웠는지 신
현확 경제팀의 안정화정책 건의에 귀를 기
울이면서도 매사에 과단성 있던 그였건만
좀처럼 결단을 내리지 못했다.

박정희 대통령

박 대통령은 성장정책의 기수였던 전임
부총리 남덕우를 완전히 내치지 않고 대통령
경제특별보좌관이라는 이름으로 곁에 두었다. 경제기획원뿐 아니라
KDI, 경제과학심의회의까지 동원하며 문제 해결을 위한 새로운 처방을
구하면서도 한편으로는 기존의 성장 추진역들을 여전히 가까이 둘 수밖
에 없었다. 좋게 보면 급격한 정책전환에 따른 부작용을 막기 위한 노회
한 인사 포진이랄 수도 있었겠으나, 진짜 속사정은 대통령 스스로의 자
신감 상실에서 비롯된 것이었다.

박 대통령은 몹시 불안했다. 정책기조를 바꾸기로 결심은 했으나 여전
히 흔들리고 있었다. 부총리 신현확이 주장하는 안정화정책이란 곧 자신
의 기존 정책들을 정면으로 부인하고 공격하는 것이었기 때문이다. 박
대통령은 심지어 신 부총리의 보고를 사절하기까지 했다. 막판에는 매달
직접 불러서 자문을 구했던 김만제 KDI원장과의 독대마저 중단해버렸
다. 전면 부정을 하며 한꺼번에 뜯어고쳐야 한다는 이들의 주장보다는
'문제는 있지만 단계적으로 서서히 고쳐나가는 게 바람직하다'는 남덕우
특보나 서석준 경제수석의 조언이 더 솔깃할 수밖에 없었다. 그러나 대
통령의 이 같은 어정쩡한 태도는 정책의 조화는커녕 심각한 갈등을 증폭

시켜나갔다.

"79년에 들어서 매달 청와대에 불려가서 안정화를 역설하는 KDI의 시각을 보고했지요. 설명할 때는 열심히 고개를 끄덕거려서 '이젠 되었구나' 싶었지만 실제로는 달라지는 게 없었어요."(김만제 박사)

자연히 패가 갈라졌다. 경제기획원과 재무부, KDI, 한국은행 등이 긴축정책 강화를 주장하는 데 반해 청와대, 상공부, 농수산부 등은 '경제를 죽이려 한다'며 펄펄 뛰었다. 심지어는 경제장관들 사이에 '반란 사건'이라 불렸던 해프닝까지 벌어졌다.

안정화정책을 고수해온 신현확 부총리가 79년 6월 파리에서 열린 IECOK 대한국제경제협의체 회의에 참석차 출국한 사이에 경제장관회의가 열려 수출금융 확대정책을 발표해버린 것이다. 신 부총리의 출국을 틈타 최각규崔珏圭 상공장관이 앞장서고 남덕우 특보의 지원을 얻어 긴축정책의 한 귀퉁이를 헐어버린 것이다. 경제관료 사회의 선두주자로 한창 잘나갔던 최각규 상공장관은 이 사건에 앞장선 것 때문에 바로 장관직을 떠나게 된다. 10·26 이후 최규하 대통령이 주도하는 과도내각을 짤 때 최 대통령은 강원도 동향 출신으로 친분이 두터웠던 최각규를 상공장관에 유임시키려 했으나 신현확 총리의 강력한 반대로 포기해야 했다. 신 총리로서는 자신이 경제팀장으로서 그처럼 힘들게 추진하던 안정화정책을 자신이 잠시 자리를 비운 틈을 이용해서 뒤집어엎었던 장본인을 경제장관으로 계속 남겨둘 수는 없었기 때문이다.

정보기관까지 안정화정책 지지

경제정책을 둘러싼 대립은 경제관료들 사이에서만이 아니었다. 청와대를 둘러싼 권력의 핵심부에서도 마찬가지였다. 특히 안정화정책이 추진되면서 긴축의 고통을 감내하기 힘들어진 기업들이 이즈음에 와서 청와대를 통한 로비에 부쩍 열을 올리던 상황이었다. 기업 입장에서 행정적으로 길이 막히자 자연히 정치적으로 뚫으려 했는데, 다행히 청와대 안에는 안정화를 반대하는 그룹들이 계속 포진해 있었다.

여기서 특별히 주목을 끄는 점은 당시 중앙정보부가 앞장서서 안정화정책을 적극적으로 지지하고 나섰다는 사실이다. 정치적으로 비인기정책일 수밖에 없는 안정화정책을 왜 정보부가 지지하고 나섰을까?

물론 당시의 경제가 심각한 딜레마에 빠져들고 있다는 점은 이론의 여지가 없었고, 특히 지식계층을 중심으로 안정화정책에 대한 공감대가 폭넓게 형성되고 있기는 했다. 그러나 이 같은 경제난국이 단순한 경제정책의 실패 차원을 넘어 정권적 위기상황으로 치닫고 있는 것으로 중앙정보부는 판단했다는 것이 관계자의 증언이다.

사실 경제정책에 대한 중앙정보부의 비판적 시각은 부가가치세제 도입 때부터였다. 정치적 부담을 이유로 '실시 불가'라는 정보보고를 꾸준히 올렸다. 심지어는 KDI더러 '부가세 실시를 반대한다'는 입장을 밝혀달라고 압력을 넣기까지 했으나 KDI가 듣지 않았다.

결국 부가세는 실시되었고 그후에도 중앙정보부는 행정부의 기존 경제정책에 비판적인 입장을 유지했으며, 묘하게도 이는 곧 경제기획원이나 KDI가 앞장서는 안정화정책과 같은 노선을 취한 셈이 되었다. 따라서 정보부장 김재규金載圭의 당시 경제상황에 대한 인식이 어떠했느냐는 것은 대강 짐작이 가는 일이다. 그가 안정화정책의 논리적 타당성에 얼마나 공감했는지는 제쳐두더라도 당시의 경제정책이 민심을 떠나 있다는 점에 대해서는 충분히 확신할 수 있는 자리에 있었다고 해야 할 것이다.

　한편 정치 문제뿐 아니라 경제 문제에 대해서도 비서실장 김계원金桂元이 김재규의 편에 섰는가 하면, 경호실장 차지철車智澈과 내무장관 김치열金致烈 등이 안정화정책을 매우 못마땅하게 생각했다는 점에 주목할 필요가 있다. 정치적 이해관계를 달리하는 이들은 경제정책과 관련해서도 심각한 갈등을 표출하고 있었던 것이다. 당시 차지철은 '모든 길이 통하는 로마'의 길목을 지키며 변화를 거부하는 최고의 실력자였고, 김치열은 대통령이 명예를 걸고 벌여온 농어촌주택개량사업 등을 진두지휘하던 장본인이었다. 경제이론에 대해 아무런 조예가 없는 사람들이었으나, 경제적 난국을 둘러싼 입장 차이는 이들 사이에 벌어졌던 권력투쟁을 가열시키는 또 하나의 요인으로 작용했던 것이다.

　물론 18년 집권 통치자가 암살당한 사건인 10·26사태를 경제적 관점만으로 설명할 수는 없다. 하지만 돌이켜보면 경제정책의 실패에 대한 그 무렵의 불만이 과거 어느 때보다도 나라 전체에 넓고 깊게 깔려 있었다. 정권의 마지막 보루인 정보기관에서조차 당시의 경제정책에 대해 비판적인 입장을 취했다는 사실은 무엇을 뜻하는 것일까? 더구나 그 정보기관의 우두머리가 대통령을 향해 방아쇠를 당기지 않았는가. 아무튼 한국경제를 절대빈곤에서 해방시키고 번영의 기틀을 다졌다고 세계적 평가를 받고 있는 박정희 대통령이 정작 경제적 파탄의 벼랑에서 최측근의 총탄에 사라졌다는 것은 참으로 아이러니한 일이 아닐 수 없다.

안정화의 기수 신현확

10·26사태가 일어나지 않고 따라서 박 대통령이 계속 집권을 했더라면 과연 경제정책의 향방은 어떻게 되었을까? 당시 박 대통령의 심중이 어떠했는지는 알 길이 없으나, 79년 하반기에 들면서 그는 나름대로 모종의 단안을 결심하고 있었다.

10·26이 터지기 두 달 전쯤, 박 대통령은 오랜 측근이었으나 78년 12월 개각 때 경질했던 김용환 전 재무장관을 청와대로 은밀히 불러들였다. 그는 정부를 나와서 쉬던 끝에 곧 외국유학을 떠날 참이어서 대통령이 단순히 송별의 뜻으로 부른 줄 알았다. 그러나 그게 아니었다.

"이봐 임자, 그전에는 티격태격 소리는 났어도 일은 되어갔는데, 지금은 도무지 되는 일이 없으니…. 그동안 밖에서 보고 느낀 점을 요약해서 보고서를 내게. 그리고 외국 가는 일은 바람이나 쐬고 곧 돌아오도록 하게."

"아닙니다. 사실은 유학절차를 다 밟아놓은 상태라서 그렇게 빨리 돌아올 수 없습니다."

"여러 소리 말고 12월이 되기 전에 꼭 귀국하라구."

박 대통령은 김용환을 불러들여 자신의 답답한 심정의 일단을 이렇게 털어놓는다. 새 경제팀장으로 앉힌 신현확 부총리가 들어서서 사사건건 기존의 정책들이 잘못되었다면서 뒤집어놓고 있는데, 도무지 미덥지가 않다는 것이었다. 임명한 지 얼마 되지 않았지만 그 대신 옛날 팀을 다시 불러들여야겠다는 뜻까지 내비친 셈이다. 요컨대 '역시 믿고 맡길 수 있는 사람은 당신뿐이니 마음의 준비를 하고 있으라'는 뜻이었다.

"각하, 그렇게 급하게 생각하실 일이 아닙니다. 지금의 경제상황은 누가 맡아도 어려움을 겪을 수밖에 없습니다. 더구나 신 부총리는 맡은 지 얼마 되지 않았으므로 시간을 좀 더 주셔야 합니다."

김용환은 오랫동안 박 대통령을 모셔왔으나 그처럼 경제에 대해 초조해하고 자신 없어하는 모습을 본 적이 없었다고 술회했다.

이 같은 대화로 미루어볼 때 박 대통령은 그해가 가기 전에 김용환의 재입각을 포함한 대대적인 개각을 구상하고 있었음을 짐작할 수 있다. 박 대통령이 불과 1년 만의 개각을 통해 과연 어떠한 방향전환을 모색하려 했는지는 알 수 없다. 다만 당시의 상황으로 보아 정치권에 대한 위기처방과 함께 경제 쪽에도 한바탕 회오리바람을 일으킬 참이었던 것만은 틀림없다.

어쨌든 한 치 앞도 내다볼 수 없었던 10·26 이후의 정치 혼란 속에서도 정부의 경제정책 기조에는 이렇다 할 변화 요인은 없었다. 최소한 겉으로는 아무 문제가 없어 보였다. 오히려 안정화정책을 추진하느라 상당한 고초를 감수해야 했던 신현확 부총리 겸 경제기획원장관이 국무총리가 됨에 따라 적어도 안정화정책 자체에 대한 시비는 일단락된 셈이었다.

　최규하 대통령을 정점으로 하는 과도체제 속에서 학자 출신 이한빈李漢彬이 새 경제팀장에 앉았으나 경제를 중심으로 하는 정책결정의 실질적인 축은 여전히 신현확 총리였다. 신현확은 원래 성품부터가 호락호락한 인물이 아니었다. 찬바람이 휙휙 돌던 박 대통령의 면전에서도 서슴지 않고 반대의견을 고집했던 배짱 있는 재상이었다.

　안정화정책에 대한 그의 신념은 확고했다. 총리 지명 발표가 나기 하루 전날, 부총리로서 가진 기자회견에서도 "경기가 침체국면을 계속하고 있으나 부양책을 쓸 생각은 없다"고 잘라 말했다. 그는 한 걸음 더 나아가 "공산품의 가격현실화

78년 12월 27일, 부총리 겸 경제기획원장관이 남덕우(오른쪽)에서 신현확(왼쪽)으로 바뀌는 것을 계기로 비로소 안정화정책이 시작된다.

정책이 10·26사태로 지연되어 왔으니 이를 현실화시켜주는 것이 순리"라고 말했을 정도였다. 3공 말기에 심한 표류를 거듭했던 안정화정책은 오히려 정치적 격랑 속에서 정착의 계기를 마련하게 된 것이다.

최규하 과도정부의 경제정책

　예상치 못한 12·12사태가 일어나면서 권력의 핵이 군부로 옮겨갔으나 경제 쪽에는 별다른 영향을 주지 않았다. 이틀 후에 발표된 신현확 내

각의 명단을 봐도 김원기 재무장관이 유임되고 정재석丁渽錫 기획원차관이 상공장관으로 승진하는 등 경제팀의 컬러에는 별다른 변동을 찾아볼 수 없었다. 다만 비상이 걸린 석유외교의 중요성을 감안해 양윤세梁潤世 수출입은행장이 동력자원부장관으로 기용된 것이 눈에 띄는 정도였다.

"12·12를 계기로 전두환 보안사령관을 중심으로 하는 신군부세력이 정권의 핵심으로 진입하게 되었지만 경제 쪽에는 신경을 쓸 겨를이 없었어요. 복잡한 경제현상에 대한 전문지식도 없었을 뿐 아니라 정치적 승부에 총력을 기울이고 있던 상황이었으니까요. 이 같은 분위기는 국보위가 구성될 때까지 계속되었고, 따라서 이 기간 중의 경제정책은 전적으로 경제관료들의 판단에 맡겨진 상태였습니다."

당시 군부의 핵심에 있었던 한 인사의 설명이다. 따라서 살벌한 정치·사회적인 분위기에서도 경제정책에 대한 토론은 내부적으로 활발히 진행되었다. 특히 침체를 거듭하는 수출의 경쟁력을 끌어올리기 위해서는 환율을 대폭 올려야 한다는 주장이 거세게 일어났다. 환율결정을 자율화시켜놓은 지금이야 매일의 환율변동이 별다른 뉴스거리가 아니지만, 고정환율제인 당시로서는 환율조정이 갖는 의미는 대단한 것이었다. 금리 역시 인플레가 30~40%나 되는 상황에서 마이너스 실질금리의 부작용을 해소하기 위해서는 대폭적인 금리인상이 불가피하다는 주장들이 팽배해갔다.

사실 이 같은 논의는 10·26사태 이전부터 시작되었다. 예컨대 KDI는 79년 9월 경제동향 보고를 통해 국내저축 증대를 위해서는 은행의 기준금리를 25%로 끌어올리고 이것을 기준으로 금리자유화를 실시해야 한다고 주장했다. 이 같은 주장에 전적으로 동의하지는 않았으나 경제기획원은 실질금리 보장이라는 차원에서 KDI와 같은 편을 이루었고, 재무부와 한국은행은 금융현실을 무시한 과격한 구상이라며 반대입장을 폈다. 어떻든 간에 경기침체와 물가불안, 국제수지 악화가 갈수록 심화되는 상황이었으므로 거시정책 면에서 과단성 있는 정책처방이 불가피하다는 점에는 이론의 여지가 없었다.

문제는 금리와 환율을 조정하되 얼마나 조정하느냐 하는 것이었다. 당시 KDI가 '경제난국 극복대책'이라는 보고서를 통해 제시한 정책건의 내용은 이런 것이었다.

"현재 명목 환율은 달러당 484원인데, 국내물가의 상승을 감안한 구매력평가 환율은 646.5원이다. 따라서 환율을 적어도 630원으로 올려야 한다. 또 실질금리가 마이너스이므로 저축증대가 어렵고 대기업 좋은 일만 시킨다. 따라서 예금금리를 현행 18.6%에서 26.4%로 대폭 올려야 한다."

정부 안에서의 작업은 12월 하순에 접어들면서부터 본격화되었다. 각기 주장하는 초점이 달랐다. 기획원은 실질금리 보장을 내세워 금리의 대폭 인상을, 재무부는 국제수지 방어가 급하다며 환율인상을 주장하고 한국은행은 물가불안을 가중시킨다는 점을 내세워 환율인상 등에 소극적인 입장을 펴는 가운데 얼굴을 붉혀가며까지 토론을 거듭했다.

당초 계획으로는 그해 연말에 확정 발표키로 했으나 해를 넘겨 80년 1·12조치로 공식 발표되었다. 전날 최 대통령 주재로 열린 청와대 회의는 무려 5시간 반 동안 진행되었고, 각부 장관들은 마지막까지 격론을 벌였다.

박 대통령이 살아 있을 때였다면 생각도 못할 일이었다. 그전 같으면 감쪽같이 해치웠을 환율 문제를 가지고 그처럼 질질 끌며 토론에 부치다니…. 자연히 소문이 새어나오고 환투기가 일어나는 등 발표가 임박해서는 금융시장이 일대 혼란에 빠져들기까지 했다.

사실 이렇게 된 결정적인 계기는 최규하 대통령의 우유부단한 태도에서 비롯된 것이었다. 환율조정의 주무부처인 재무부로서는 12월 26일부터 환율을 인상키로 확정하고 이틀 전인 24일에 최 대통령에게 최종안을 가지고 들어갔다. 김원기 재무장관으로부터 보고를 듣고 난 최 대통령은 알았으니 놓고 가라는 것이었다. 황당하기 짝이 없는 일이었다. 극비의 보안을 유지해야 할 사항인 환율 문제에 대해 대통령이 그 자리에서 결심을 해주기는커녕 시간을 가지고 검토해보겠다는 식의 태도였으니…. 아니나 다를까, 재무부는 26일부터 사방에서 환율인상에 대한 확인전화에 시달렸다. 알고 보니 최 대통령이 재무장관이 보고한 환율인상계획을 자기 나름대로 종합판단을 한답시고 몇 군데에다가 검토해보라고 지시했던 것이다. 요컨대 대통령으로서의 최규하는 환율정책이라는 게 무엇이고 어떻게 해야 하는 것인지를 전혀 몰랐던 것이다.

우여곡절 끝에 해를 넘겨서 1월 12일1·12조치 환율은 74년 이후 줄곧 고수해왔던 달러당 484원에서 580원으로 19.8% 평가절하되었다. 관계부처의 협의 과정에서 이것도 부족하다는 주장이 강력히 제기되었는가 하면 재무부를 중심으로 환율결정 방식 자체를 고쳐야 한다는 이야기도 나왔다.

결국 580원으로 일단 올려놓고서 나머지 모자라는 부분은 새로 도입하는 복수통화바스켓〔자기나라와 무역이 많은 나라 돈일수록 높은 가중치를 줘서 그 나라들의 가중 평균적인 돈가치 변동에 따라 환율을 결정하는 제도. 한국으로서는 줄곧 고정환율제도만 시행해오다가 변동환율제로 바꿔나가는 첫 단계로서 이 제도를 도입한 것이다〕 방식에 의해 슬금슬금 올려나가는 방법을 쓰기로 최종 합의한 것이다.

환율인상은 비교적 원만하게 타협을 이루었으나 금리는 인상폭을 놓고 상당한 진통을 겪어야 했다. 기획원과 KDI팀의 대폭 인상 주장에 대

해 주무당국인 재무부 이재국 측이 금융현실을 모르는 소리라며 완강히
버티었기 때문이다.

이 같은 밀고 당기기를 거친 끝에 예금금리는 18.6%에서 24%로 인상하
고 수출금융 지원금리까지 9%에서 15%선으로 대폭 끌어올렸다. 기획원
과 KDI팀의 판정승이었다. 어느 쪽의 논리가 더 옳고 그르고를 떠나 당
시의 경제상황이 워낙 어려웠던 만큼 분위기가 고단위 처방 쪽으로 흘러
갔던 점도 없지 않았다. 그러나 금리의 대폭 인상은 금융시장에 상당한
충격을 안겨주었다.

이처럼 최규하 대통령의 과도정부는 신현확 총리를 중심으로 금리와
환율 등의 거시정책과 함께 유가 인상59.4% 등을 과감하게 추진해나갔으
나 사북탄광사태[80년 4월 21일부터 24일까지 국내 최대의 민영탄광인 강원도 동원탄좌
사북영업소에서 어용노조와 임금 소폭 인상에 항의해 광부들이 일으킨 유혈사태], 5 · 18민
주화운동[80년 5월 18일에서 27일까지 전라남도 및 광주 시민들이 계엄령 철폐와 전두환 퇴
진, 김대중 석방 등을 요구하여 벌인 민주화운동. 1,000명이 넘는 사상자를 내는 등 한국전쟁 이
후 가장 큰 희생과 고통의 역사로 기록되었다] 등이 잇따라 터지면서 정치 · 사회적
인 혼란은 물론이고 경제 역시 혼미를 거듭해갔다.

설상가상의 2차 석유파동

전두환시대로 넘어가는 길목에서 또 하나 짚고 넘어가야 할 것은 2차 오일쇼크이다. 그것은 박정희시대의 몰락을 재촉하는 데 결정적으로 작용했을 뿐 아니라 10·26 이후의 정치적 혼란 속에서 국내경제를 더욱 어렵게 만든 주된 원인이었기 때문이다. 『동력자원부 10년사』는 이렇게 적고 있다.

"79년 1월 13일 새해 대통령 업무보고 준비에 바쁜 김희술金熙述 석유국장에게 유공의 한 임원이 텔렉스 한 장을 들고 찾아왔다. 유공의 합작선이자 원유공급선인 걸프가 보내온 원유공급 감축 통보였다. 당장 이번 달부터 하루 5만 배럴을 감축하겠다는 내용이었다."

회교혁명으로 정권을 쥔 이란의 호메이니 정권이 78년 10월부터 원유 수출을 중단함에 따라 드디어 2차 오일쇼크가 터진 것이다. 당시 석유 수입을 담당했던 동자부의 한 고위관리의 회고다.

"한심하기 짝이 없는 상황이었습니다. 국내 소요 원유의 전부를 미국

메이저한테 의존하고 있었고, 도입선도 사우디아라비아·쿠웨이트·이란이 전부였으며, 비축은커녕 유조선 1척만 잘못 되어도 당장 정유공장 가동이 어려울 지경이었으니까요. 더구나 우리나라는 당시 한겨울이라 등유와 경유 파동이 나지 않을까 수급상황을 하루하루 챙기며 조바심하던 때였습니다. 부랴부랴 새해 업무보고 내용을 모조리 다 뜯어고치는 등 야단이 났었으나 걸프의 감산 통보는 한동안 철저히 비밀에 부쳐졌습니다. 만약 그것이 알려졌더라면 어찌 되었겠습니까?"

79년 2월 대통령의 특명으로 남덕우 경제담당특보를 단장으로 한 원유확보 교섭단이 중동에 급파되었다. 쿠웨이트와 카타르로부터는 오지 말라는데도 억지로 갔던 터라 수모는 피할 수 없었다. 요행히 사우디아라비아의 뜻밖의 호의로 하루 5만 배럴의 장기 도입계약을 체결함으로써 급한 불을 끌 수 있었다. 그러나 2차 오일쇼크는 시작에 불과한 것이었다. 중동 산유국들이 앞을 다투어 감산과 수출 중단 조치를 취했고, 이에 따라 국내에 기름을 대던 석유메이저들이 잇달아 우리 측에 공급량 감축을 통고해온 것이다. 이들의 감축량은 전체 국내수요의 20%에 이르는 수준이었다. 가격이 문제가 아니라 물량 자체를 확보하는 일이 발등의 불이었다.

이런 상황에서 10·26이 터진 것이다. 79년 12월 출범한 신현확 내각은 기획원 출신으로 영어도 잘하고 경제외교의 수완을 높이 평가받았던 양윤세 수출입은행장을 동자부장관에 앉혔다. 양 장관은 취임하자마자 기름 재고량부터 챙겼다. 겨우 7일분에 불과했다. 그는 80년 신년 벽두부터 기름 구걸을 위해 중동행 비행기를 탔다.

"말이 산유국 순방 외교지, 호텔방에 앉아서 면담신청 결과를 초조히 기다려야 하는 딱한 입장의 연속이었습니다."(수행비서관)

양 장관은 이렇게 회고한다.

"워낙 다급한 상황이라서 떠나기 전에 사전약속을 얻어내고 말고 할 겨를이 없었습니다. 바닥이 드러난 기름 재고량을 생각하면 겁이 나서 자다가도 벌떡 일어날 지경이었습니다. 걸프의 원유 공급은 3월에 끊어지도록 되어 있었으니까요. 사우디아라비아에 갔더니 마침 야마니 석유장관이 해외출장 중이라서 기다려야 했습니다. 그러나 다행히 이란, 쿠웨이트 등이 대체로 호의적인 반응을 보였고 나중에 만난 사우디아라비아의 야마니도 도와주겠다는 태도였습니다. 이것을 바탕으로 2월에 다시 찾아가서 54만 4,000배럴을 확보해준다는 약속을 받아내게 된 것입니다."

중동에서 돌아온 양 장관은 기자들의 질문공세에 "수급에는 문제가 없다"고 자신 있게 말했다. 사우디아라비아 등으로부터 어느 정도의 호의적 반응을 얻기는 했지만, 그렇다고 그처럼 자신 있게 대답할 처지는 아니었다.

"하지만 어떻게 합니까. 온 국민이 불안해하는 상황인데 주무장관 입장에서 7일분밖에 안 남았다고 말했어야 합니까?"

일단 국민들을 안심시켜놓고서 원유 확보에 총력을 다하는 것이 최선이라고 생각했다고 양 장관은 술회한다.

사실 당시의 동자부장관이라는 자리는 가시방석이었다. 중동 산유국들에 아무리 사정을 해도 확답은 안 해주고 그렇다고 그러한 내막을 솔직히 국민들에게 털어놓을 수도 없고…. 더구나 최규하 대통령은 그런 물정도 모르고 "무슨 근거로 물량 확보에 자신 있다는 이야기를 했느냐"고 다그치는 상황이니 동자부장관으로서는 난감하기 짝이 없는 형편이었다.

석유에 울고, 석유에 웃고

동자부장관실은 '석유를 가지고 오겠다'고 큰소리치는 실력자(?)들로 연일 붐볐다. 동자부장관 이름으로 자기한테 '한국정부의 대리인'이라는 사인만 해주면 얼마든지 석유를 들여오겠다는 사람들이 몰려들었다. 하도 허황된 숫자들이 오가는 바람에 이것들만 다 들여와도 하루에 300만 배럴이 훨씬 넘을 지경이었다. 그러나 이렇게 해서 성사된 것은 한 건도 없었다. 모두가 커미션을 노린 허풍선이들이었다. 이들 대부분은 저마다 끗발 있는 군부나 청와대 친인척의 배경을 동원해서 덤벼들었다. 동자부 장관으로서는 석유를 들여오는 일뿐 아니라, 들여오겠다고 설치는 이런 부류의 사람들로부터 시달리는 일 또한 여간 고통스럽지 않았다.

다급하게 물량을 확보하려니 당연히 가격 문제가 야기되었다. 찬밥 더운밥을 가릴 처지가 아닌 상황이었으므로 현물시장에서는 배럴당 최고 41달러 60센트까지 주어야 했다. 더구나 얼마 안 있어 현물시장가격이 35달러선으로 내려가는 바람에 더욱 난처해졌다. 국회상임위에서는 기네스북에 올려야 하는 최고가격이라며 비아냥거리는가 하면 한편에서는 '모 씨를 중심으로 하는 신당 창당 자금 2,000억 원을 마련하기 위해 의도적으로 국내 유가를 올리려고 한 것'이라는 루머가 퍼져나갔다. 이 같은 루머는 79년 7월 유가를 59.43% 올린 데 이어 80년 1월 29일에도 똑같은 인상률로 다시 올리자 더욱 확산되어갔다.

특히 언론들이 유가 인상률을 구성하는 내용에 의문이 있다는 기사들을 써대는 바람에 이 같은 의혹은 더욱 부풀어갔다〔이 당시만 해도 5·17 이전이라 언론검열이 느슨했다〕. 예컨대 원유의 투입비중을 계산하는 기준이라든지, 운송기간에 대한 환율적용 문제에서 인상 요인을 과대하게 계산했다는 등의 지적들이었다.

이에 대해 양 장관은 이렇게 증언하고 있다.

"정치자금 조성 운운은 말도 안 되는 이야기였습니다. 당시의 정치상황을 객관적으로 분석해보면 금방 알 수 있는 일이 아닙니까. 물론 실무적인 착오는 있을 수 있겠죠. 특히 전문인력이 부족한 당시의 동자부로서는 연일 과로에 시달려온 상황이었으니까요. 그러나 분명히 말하지만 어떠한 정치적 개입도 없었습니다. 전적으로 장관이었던 내 책임 아래 이루어졌습니다. 예컨대 실무자들이 평균 도입단가를 기준으로 인상률을 계산해왔기에 최고 도입가격 기준으로 바꾸라고 내가 지시했지요. 몇 달 안 가서 또 올리는 것을 피하기 위해서였습니다."

어쨌든 동자부로서는 환율인상 요인까지 반영시켜 당초에는 66% 인상을 계획했다가 청와대 결재 과정에서 '60%는 넘기지 말라'는 지시에 따라 또다시 59.43%를 기록하게 된 것이다. 원인이야 어찌 되었든 간에 연속적인 유가의 고율 인상은 물가상승을 비롯해 경제 전반에 결정적인 타격을 안겨주었고, 그 과정에서 유가 인상을 주도한 동자부에 비난이 쏠릴 수밖에 없었다. 결국 물량을 확보하느라 고생만 잔뜩 한 양윤세 장관은 6개월 만에 물러나고 만다.

석유 수급에 대한 불안은 후임 박봉환 장관이 들어서서도 마찬가지 형편으로 이어진다. 이처럼 석유 문제는 5공이 출범하는 시점에서 아무도 어쩔 수 없는 가장 암울한 요인이었다. 게다가 당시로서는 저명한 세계적인 경제예측 기관들이 저마다 '계속되는 유가 인상 추세'를 점치고 있었으므로, 이를 전제로 한 한국경제는 아무리 좋게 꾸미려 해야 도저히 그럴 수 없는 상황이었다. 유가가 계속 오르는 한 국제수지든 외채든 물가든 성장이든 간에 어느 것 하나 희망적인 게 없었다. 국제 고금리 추세 또한 원자재 파동과 함께 어울려 상승작용을 일으켰으니 더 말할 나위가 없었다. 따라서 5공의 출범과 함께 수립된 제5차 5개년계획82~86년의 내용에 아무리 낙관적인 청사진을 그려넣으려 해도 그럴 수 없는 처지였다.

그러나 누가 상상이나 했는가, 치솟기만 하던 유가가 82년부터 급격한 하락세로 반전될 줄 말이다. 경제예측은 모든 부문에서 '즐겁게' 틀려나갔다. 5차 5개년계획 자체가 쓸모없게 되어버린 것이다. 결국 83년에 와서 5차계획을 전면 수정하게 된 것도 계속 오를 것으로 예상했던 유가가 거꾸로 내리는 바람에 빚어진 일이었다. 이렇게 해서 5공정부는 비로소 국민들에게 장밋빛 청사진을 담은, 그전보다 훨씬 낙관적인 새로운 5개년계획을 만들어내게 된다.

돌이켜보면 5공 초기 경제를 거의 절망의 구렁텅이로 밀어넣었던 오일쇼크는 얼마 안 있어 오히려 5공시대가 한국경제의 극적인 회생을 연출하는 데 결정적으로 기여한 셈이다.

제3부

국보위시대의
경제정책

외환위기와 숙정의 회오리

군부의 실질적인 정권장악을 뜻하는 5·17〔80년 5월 17일, 신군부가 비상계엄을 전국으로 확대 실시했다〕을 계기로 정국은 급속도로 혼란의 소용돌이에 빠져들어갔다. 신현확 내각이 물러나고 광주사태가 터지고, 3김〔김영삼·김대중·김종필〕이 체포 또는 연금되었다.

수출과 외자에 의존해서 경제를 꾸려왔던 나라가 이처럼 정정政情이 어지러웠으니 당시의 경제상황이 어떠했으리라는 것은 쉽게 짐작이 가는 일이다.

국보위 상임위원회〔상임위원장 전두환〕가 새로운 권력의 심장부로 등장했으나 당시의 화급한 경제상황을 풀어나가는 데는 아무런 기능을 하지 못했다. 당장 외환부족 사태로 은행에서 신용장 개설을 하지 못하는 상황이 여기저기서 벌어지기 시작했다. 당연히 대외신용이 무사할 리 없었다. 새로 취임한 이승윤 재무장관 집무실에는 연일 외국은행 관계자들이 쇄도했다. 이쪽에서 필요해서 부른 경우도 있었지만 저쪽에서 찾아오는 경우도 적지 않았다.

서울의 지점장뿐 아니라 본점 회장들까지 날아왔다. '한국 신문도 믿을 수 없고 서울지점의 보고도 미심쩍어 한국경제를 직접 확인하러 왔다'는 것이다. 사실 그럴 만도 했다. 계엄령이 내려진 상황에서 언론에 대한 검열이 철저하게 실시되는 가운데 각종 루머만 만발했으니까.

대체 경제정책의 결정권자가 누구냐, 군인이냐 민간인이냐, 한국정부가 앞으로 사회주의경제체제를 지향하는 것은 아닌가, 김대중 내란음모 사건은 어떻게 처리될 것인가… 외국 뱅커들의 의문은 대체로 이러한 것들이었다.

"그들의 질문 공세가 워낙 거칠어서 여간 곤혹스럽지 않았습니다. 어떻든 경제정책은 어디까지나 민간인이 맡고 있으며 시장경제체제를 지향하는 것은 확고하다는 점을 목이 아프도록 강조했지요. 또한 중화학공업 등을 마무리하려면 외국의 기술과 자본 협력이 절실한 상황임을 역설했습니다."(이승윤 당시 재무장관)

그러나 외국은행들의 반응은 냉담했다. 한국에 빌려준 돈이 이미 상당한 수준이므로 더 이상 빌려주기는 어렵다는 것이었다. 한마디로 '좀 더 두고 봐야겠다'는 분위기가 서울 주재 외국은행들 사이에 확 퍼져 있었다. 다행히 그해 가을에 열린 IMF총회를 계기로 외환은행, 산업은행 등을 중심으로 어렵사리 차관을 얻어내는 데 성공했지만, 한 나라의 재무장관이 민간은행들을 일일이 찾아다니는 수모를 겪어야 했다. 이승윤의 회고를 좀 더 들어보자.

"아무리 작은 나라의 재무장관이기로서니 돈을 얻으러 은행마다 돌아다녀야 하는 신세가 되고 보니 참으로 창피스러운 생각이 들었습니다. 그러나 어떻게 합니까, 당장 한국경제가 부도를 내게 생겼으니. 뉴욕, 시카고 등의 도시를 돌아다니면서 미국의 뱅커들을 만나 통사정을 했지요. 이 같은 상황에 대해 군인들은 문제의 심각성도 몰랐고 관심도 없었어요. 외환 문제에 대해 전두환 국보위 상임위원장에게 그때그때 보고를 했으나 '난 잘 모르니 재무장관이 알아서 하라'는 식이었으니까요. 그래서 나는 '간단히 말해 외환사정이 매우 어렵다는 뜻입니다'라고 말했던 것을 기억합니다."

경제가 어려우니까 별일이 다 일어났다. 당시 부도위기에 몰렸던 H그룹의 P회장은 거래은행을 찾아와 '뉴욕의 유대인계에서 50억 달러를 대준다고 했으니 봐달라'고 떼를 쓰는가 하면 중동의 석유부자들이 한국의 실력자들에 줄을 대어 자기네 돈을 쓰라는 제의까지 해왔다. 요컨대 한국의 공신력으로는 정식으로 국제금융기관에서 돈 빌리기가 어려울 테니 사채라도 써볼 생각이 없느냐는 것이었다.

어느 날 정춘택鄭春澤 외환은행장은 전두환 보안사령관실로 불려갔다.

"요즈음 외환사정이 매우 어렵다면서요?"

"그렇습니다."

"아는 사람을 통해 오일머니 40억 달러를 연리 11%에 10년 동안 빌려주겠다는 제의가 들어왔는데 어떻습니까?"

"그건 곤란합니다. 아무리 외환사정이 어려워도 은행한테서 빌려 써야 합니다. 그런 돈은 이를테면 사채나 마찬가지인 셈인데, 만약 우리가 그런 돈을 얻어 쓴다면 국제 금융시장에 있어 한국경제의 공신력은 엉망이 되고 맙니다."

"아, 그래요? 그렇다면 없던 이야기로 합시다."

외국은행들이 이즈음의 한국경제에 대해 회의적인 태도로 바뀐 것은 당시의 국내 경제상황으로 볼 때 당연한 일이기도 했다. 기업인들은 물론이고 경제부처와 금융계에 이르기까지 도무지 갈피를 잡을 수 없는 우왕좌왕의 연속이었기 때문이다.

외환위기와 함께 숙정의 바람이 정부뿐 아니라 금융기관에까지 불어닥치자 경제 쪽의 분위기는 한층 싸늘해져갔다. 은행을 중심으로 금융기관과 국영기업체의 임원급만 따져볼 때 40%가 쫓겨났다. 특히 은행들이 집중포격을 당했다. 은행장들은 재무장관실로 불려가 숙정 대상자 명단이 든 봉투를 받았다.

"괴로운 심정이니 각자 사무실에 돌아가서 봉투를 뜯어보시오."

장관의 당부에도 불구하고 궁금증을 참지 못한 어느 은행장은 장관실을 나와 이내 재무부 화장실로 들어가서 봉투를 뜯었다. 명단의 맨 꼭대기에 쓰인 자신의 이름을 발견한 그는 행장실로 향하던 자동차를 돌려 집으로 가버렸다.

이런 형국이었으니 금융계는 쑥대밭이 될 수밖에 없었다. 당시 숙정의 기준이 과연 얼마나 공정했는지는 따져볼 길이 없다. 보안사의 은행 담당자가 써 올린 명단 한 장으로 결판이 났다. 그에게 잘 보이면 아무리 부패한 인물도 살아날 수 있었고, 반대로 잘못 보이면 끝장이었다.

"5공 시절에 들어와서 금융계는 과거 어느 때보다도 군부에 약한 행태를 보였던 게 사실입니다. 이렇게 된 배경에는 80년 대규모 숙정 때 당한 심리적인 위축감이 크게 작용했다고 봅니다. 시키는 대로 안 했다가는 언제 어떻게 목이 달아날지 모른다는 생각들이 팽배했으니까요."

어느 금융기관의 임원이 한 말이다. 한국은행의 경우에는 35명이 해직당했는데, 해직 1개월 뒤에 이들에게 재직 중의 공로를 기리는 내용의 '한은패'韓銀牌를 증정하는 해프닝이 벌어지기도 했다. 서슬 퍼런 시국 탓으로 어쩔 수 없이 무더기 해직을 단행했으되 그것이 본의가 아니었음을 표하는 것이기도 했다.

은행뿐 아니라 단자회사들에 대해서도 숙정의 회오리가 불어닥쳤다. 무조건 1개 회사당 임원급 2명씩을 숙정이라는 꼬리표를 달아 쫓아내도록 각 회사에 통고가 갔다. 단자회사 사장들은 전전긍긍했다.

그러나 재일교포가 세운 제일투자금융만큼은 가만있지 않았다. 이 회사의 회장이며 재일교포 사회의 강력한 리더인 이희건李熙健 회장이 급히 서울로 날아와 일본통으로 평소 친교를 맺어둔 허문도許文道 중앙정보부 비서실장을 통해 전두환 중앙정보부장〔국보위 상임위원장으로 대통령권한대행 및 중앙정보부장직까지 겸직했다〕을 면회했다.

"나는 일본에 돌아갈 수 없게 되었으니 어찌하면 좋겠습니까?"

"그게 무슨 말씀입니까?"

"정부에서 우리 회사도 임원 2명을 자르라고 했다는데, 만약 정부 지시대로 목을 치고 나면 나를 믿고 경영을 맡긴 교포들이 뭐라고 하겠습니까? 도대체 어찌했기에 그런 부정한 놈들을 임원에 앉혀 회사를 엉망으로 만들어놓았느냐고 몰아붙일 것 아닙니까?"

"그래서는 안 되지. 허 실장, 단자회사 임원들에 대한 숙정, 그거 재고하도록 조치하시오."

이렇게 해서 단자회사 전체가 화를 모면하게 되었던 것이다.

그러나 80년이 지나갈 때까지만 해도 군부가 경제정책 자체에 깊이 간여

한국은행이 숙정 1개월 만에 해직자 모두에게 증정한 기념패. 속절없이 목을 쳐놓고서 재직 중의 공로를 치하한다는 것이었다.

한 흔적은 찾아보기 어렵다. 예컨대 경제 분야에 대한 대대적인 숙정을 단행했지만 이에 따른 후속인사에는 거의 개입하지 않았다. 정부 입장에서는 워낙 빈자리가 많아 누굴 앉혀서 메우느냐가 고민거리였다. 심지어는 인명사전까지 들춰가며 사람을 찾아야 했다.

다시 한 번 이승윤 장관의 말을 인용해보자.

"금융기관에 대한 무더기 숙정을 통고하는 것도 고통스러웠지만, 빈자리를 누구로 메우는가 또한 고민거리였습니다. 밖에서는 당시 은행의 후속인사를 두고 여러 가지 설왕설래가 많았습니다만 사실은 그렇지 않았습니다. 정말 당시까지만 해도 군부에서는 단 한 사람의 추천도 청탁도 없었습니다. 전두환 위원장의 의중을 알아보려고 몇 차례 만났었지만 계속 재무장관이 알아서 하라는 것이었습니다. 인명사전을 찾아가며 사람을 골랐다는 풍문은 틀린 이야기가 아닙니다. 아마 그 많은 은행장 인사를 일체 외부의 압력 없이 재무장관 마음대로 한 것은 아이러니하게도 그때뿐이었을 겁니다."

이처럼 오일쇼크와 외환위기, 그리고 예년에 없던 흉작이 겹치는 가운데 숙정의 회오리까지 불어닥침에 따라 80년의 경제상황은 대내외적으로 최악의 상태에 빠져들었던 것이다.

철저한 언론통제

"사라지지 않는 노병임을 자부하던 박흥식朴興植 씨의 화신和信그룹이 400억 원의 은행 빚을 짊어진 채 주저앉고 말았다. …화신은 60여 년의 전통을 자랑하는 노포老鋪로서 우리나라 근대 기업의 산 역사였다. …최근 2개월 전부터 50억 원의 구제금융을 요청했으나 마침 불어닥친 '정화'의 서슬 속에 은행들은 냉담한 반응이었다."

"대봉산업대표 김병만이 지난 15일자로 충북은행 서울지점에서 부도를 냈다. …한편 대봉산업에 5,000만 달러의 지급보증을 서주었다가 은행 자신이 부도가 날 뻔했던 충북은행은 한국은행으로부터 300억 원의 특별 융자를 받기로 했다. … 제2의 율산栗山을 자처하며 사업을 무리하게 벌여오다 결국 도산하고 만 것이다."

이상은 80년 11월 중앙일보가 보도하려고 했다가 계엄하의 검열 때문에 삭제당한 기사들이다. 첫번째 것은 화신그룹의 부도에 대한 해설기사의 일부고, 두번째 것은 대봉산업 부도에 관한 사실보도 기사의 일부다.

두 기사 모두 계엄사령부의 검열 과정에서 빠져버린 것이다. 따라서 화신이나 대봉이 언제 어떻게 망했는지에 관한 사실보도 기사는 여태까지 국내 신문에 실린 적이 없다.

화신그룹의 경우 가전업계의 불황 속에서 삼성·금성LG의 전신·대한전선의 경쟁이 더욱 치열해지자 후발주자로서 판매 기반을 굳히지 못했던 화신이 재고누적을 견디다 못해 도산한 것으로, 당시의 경기불황을 단적으로 나타내는 '부도'였다. 더구나 한국의 기업사적인 측면에서 볼 때도 화신의 도산은 매우 중요한 뉴스였다.

대봉의 경우 앨범과 가방 등 잡화류 수출을 중심으로 불처럼 일어났다가 금융긴축과 편법수출 규제에 따라 도산한 기업이었으며, 율산 이후 당시의 거품기업 실태를 상징적으로 대변해주는 경우였다.

그러나 '경제질서의 혼란을 초래한다'는 이유로 계엄사 검열반은 단 한 줄의 보도도 허락지 않았다. 뿐만 아니라 별의별 이유를 달아서 시시콜콜한 기사들까지 규제했다. 서울시청 2층에 자리 잡은 검열반에서는 검열관들과 신문의 가인쇄假印刷된 대장을 들고 검열을 받으러 가는 기자들 사이에 잦은 충돌이 벌어졌다. 기자들이 마음대로 칼질을 하는 검열관들에게 '삭제기준이 무엇이냐'고 항의하면 검열관들은 '검열지침에 따를 뿐'이라며 간단히 묵살해버리는 경우가 비일비재했다.

이런 일도 있었다. 80년 6월 26일 부도가 난 동명목재는 이른바 악덕 기업인을 응징한다는 명분을 내세워 국보위가 칼을 빼어든 첫 경우였다.

그러나 동명목재의 합판 제조설비를 어떻게 처리하느냐가 고민이었다. 인수자가 나서주기를 기대하던 주거래 은행 측은 하는 수 없이 동남아에 이들 기계설비를 내다 팔기로 했다. 은행 측으로서는 이 같은 사실이 신문에 보도됨으로 해서 혹시나 국내의 새로운 인수 희망자가 나설지도 모른다는 기대 또한 없지 않았다. 기사로서는 1단짜리에 불과했다. 그러나 검열 과정에서 여지없이 걸려들었다. 검열관이 밝히는 삭제 이유 인즉, '국내 경제정보가 국외로 흘러나가서는 안 된다'는 것이었다. 아무리 기자가 설득을 하려 해도 소용없었다. 참으로 어처구니없는 일이었으나 군화를 신고 눈을 부라리는 검열관들의 서슬에는 아무도 대적할 수 없었다.

'한일 무역 불균형 심화' 기사도 삭제당해

보도규제 대상은 경제사건뿐이 아니었다. 일체의 비판적인 지적이나 사실보도까지 철저히 통제당했다. 경제는 악화일로를 걷고 있는데, 기사는 그저 밝은 쪽으로만 써야 했다. 심지어는 '한국과 일본의 무역구조 불균형이 심화되고 있다'는 지극히 상식적인 기사조차 삭제당했다.

이즈음에 외국 은행들이 자주 신문사 경제부에 전화를 걸어왔다. "거래기업들이 자금난과 재고누적을 호소하고 전체 경제가 뒤뚱거리고 있는 판에 한국 신문은 잘된다, 잘된다는 식으로만 쓰고 있으니 어떻게 된 셈이냐"고 다그치는 전화가 대부분이었다. 정보가 믿을 수 있어야 돈을 빌려주든지 말든지 할 터인데, 유언비어만 횡행하고 한국 신문은 쓸 건 못 쓰고 거짓 기사들만 쓰고 있다는 항의 전화였다.

은행이든 기업이든 모든 경제활동은 정확한 정보가 생명인데, 검열 과정에서 경제정보까지 이처럼 윤색당했던 것이다. 항의가 거듭됨에 따라 계엄사 검열반 안에서도 이 문제가 제기되었고, 결국 경제기사에 대한 검열은 현역군인이 손을 떼고 경제기획원 사무관이 대신 맡도록 했다.

물론 계엄하의 언론검열은 법으로 정해진 것이었고, 81년 1월 24일 계엄이 해제됨에 따라 언론검열 역시 종지부를 찍었다. 그러나 5공 출범을 전후로 한 1년 3개월 동안의 언론통제 경험은 이후 5공시대의 경제정책 추진 과정에 내내 커다란 영향을 미치게 된다.

정부는 계엄이 끝나고도 다른 분야와 마찬가지로 상당 기간 경제정보에 대해서 실질적인 통제를 계속했을 뿐 아니라, 한 걸음 더 나아가서 경제정책의 홍보 차원에서 언론을 적극 활용했다.

80년 5 · 18민주화운동을 계기로 언론에 대한 검열이 한층 강화되었고, 경제 분야 역시 예외가 아니었다. 주택 500만 호 건설계획 같은 허황된 정책을 정부가 발표했을 때도 비판기사는 일체 용납되지 않았다. 부실대출로 부도위기에 몰린 은행에 한국은행이 특별융자를 실시했던 것도 간단한 사실보도만 허용했다.

경제가 가뜩이나 어려운 마당에 부정적인 신문보도에 따른 심리적인 위축이나 혼란의 가중을 우려할 수밖에 없는 측면도 물론 있었다. 그러나 정부의 대언론정책은 그런 차원에서만이 아니었다. 정책 위주이기 마련인 경제기사를 정부 의도에 맞춰 쓰도록 해야겠다는, 보다 적극적인 의도가 깔려 있었던 것이다. 특히 국보위가 생산해내는 정책에 대해서는 언론통제가 훨씬 두드러졌다. 예컨대 관청에서 정책 발표를 할 경우 보통 출입기자들에게 브리핑을 하는 것이 전부인데도 이때는 그렇지 않았다. 사전에 국보위 관계자가 언론기관의 담당 부장들을 불러 모아놓고 별도의 설명과 함께 협조를 요청했다.

어쨌든 극도의 정치적 혼란기, 그것도 계엄하에서 정보의 수요와 공급은 심한 불균형을 나타낼 수밖에 없었고, 따라서 재계나 금융계는 시중에 도는 소문의 진위를 확인하느라 전전긍긍했다. 대기업들의 정보수집 조직이 웬만한 언론기관 뺨칠 정도로 강화된 것도 바로 이때부터였다.

더구나 계엄이 장기화되면서 정부부처들의 이해관계에 얽혀 이랬다저랬다 하는 검열기준도 정부정책에 대한 불신만 가중시켜갔다. 심지어 정국의 불안 요인과는 아무런 상관도 없는, 예컨대 특정 부처나 개인의 명백한 잘못마저도 교묘한 핑계로 검열반에 부탁해서 쓰지 못하게 하는 경우도 있었다.

참고로 80년 11월 화신그룹이 부도를 냈을 당시 필자가 썼던 해설기사 전문을 싣는다. 이 기사는 중앙일보 경제면에 게재하려다가 언론검열반에 의해서 삭제당한 것이다. 대봉산업의 부도 또한 보도되지 못했으므로 이에 대한 스트레이트 기사 역시 함께 소개한다.

화신그룹 부도 관련 해설기사

'사라지지 않는 노병'임을 자부하던 박흥식 씨의 화신이 400억 원의 은행빚을 짊어진 채 힘없이 주저앉고 말았다. 노병의 화려했던 경력도 극심한 불황을 어쩌질 못했다. 율산이나 제세의 백일몽에 비긴다면 환갑의 역사를 지닌 화신의 도산은 충격의 차원부터가 다르다. 화신은 60여 년의 전통을 자랑하는 노포로서 우리나라 근대기업의 산 역사였다.

주주인 박흥식 씨가 자수성가로 이룬 화신은 한국 최초의 백화점으로서 일제 땐 서울의 명소로 꼽혔다. 또 변변한 기업이라고는 없던 시대에 화신은 식민지 지식인이 들어갈 수 있는 몇 안 되는 기업 중의 하나였다.

일제 말기엔 비행기 회사까지 설립, 한국의 대표적인 기업이었던 화신은 해방 후에도 무역과 백화점으로 선두그룹의 위치를 유지했다. 그러나 60년대의 급속한 공업화 과정에서 화신의 노포체질이 부담이 되었다. 전력투구했던 흥한화직興韓化織, 원진레이온의 전신의 부실에 큰 타격을 받았고 시대의 흐름에 탄력적으로 대처하지 못했다. 이때부터 신흥재벌들에 밀리기 시작했다.

결정타는 유망업종이라던 전자업계에 뒤늦게 손댄 것이었다. 70년대에 들어오면서

철저한 언론통제 속에 소리 없이 도산한 화신그룹(원내는 사주였던 박흥식)

가전제품 업종에 불이 당겨지자 화신도 웨스팅하우스, 소니 등과 기술제휴 및 합작으로 화신기계와 화신전자를 세워 치열한 가전전열에 끼어들었다. 만들면 팔리는 호황 속에 화신도 TV, 냉장고, 에어컨, 선풍기 등 각종 전자제품을 생산, 가전 3사의 다크호스로 급속히 부상했다. 동남샤프의 후신 금호전자와 천우사의 일부를 흡수하는 등 노포 화신으로서는 전자산업을 주축으로 대대적인 체질개선을 단행했다.

그러나 지난해를 고비로 가전업계의 불황이 심화되면서부터 가전 3사의 경쟁은 더욱 치열해졌고 판매기반을 채 굳히지 못했던 화신은 자연 발붙일 곳을 잃어버렸다. 주종 제품인 흑백TV의 경우 시장점유율이 3%밖에 안 되는 상황에서 엄청난 재고누적만 초래했다. 물건은 안 팔리고 빚으로 빚을 갚아야 했다. 최근 2개월 전부터 50억 원의 구제금융을 요청했으나 마침 불어닥친 '정화'의 서슬 속에 은행은 냉담한 반응이었다. 정부의 한계기업 정리 방침이 또 한 번 쐐기를 박았다. 가장 자금 사정이 어렵던 화신전기가 지난 12일부터 주거래은행인 외환은행에서 실질적인 부도상태에 들어갔다. 설마 하던 화신의 도산이 가까웠다는 소문이 돌자 단자시장은 일제히 어음을 돌렸다. 봐주려 해도 더 이상 봐줄 수 없게 된 것이다.

이번 화신의 도산은 율산 때와는 전혀 다른 의미를 지닌다. 율산의 도산이 무모한 기업확장, 수출금융 악용, 지나친 차금경영 등에서 비롯된 것이라면 화신은 풍부한 경륜에도 불구하고 불황이라는 대세에 밀려난 비교적 순수한(?) 한계기업의 '케이스'라 하겠다. '타이밍'을 맞추지 못한 어설픈 체질개선이 예상치 못한 극심한 불황 속에서 화근이 된 것이다.

은행의 태도도 율산 때와는 사정이 달랐다. 화신에 적신호가 켜지자 4개 주거래은행들은 즉시 면책의 분위기로 흘렀다. 원칙대로 하겠다는 이면에는 율산사건에 휘말렸던 제2의 서울신탁은행 신세는 되지 말아야겠다는 것이다.

지난 23일 박흥식 씨가 노구를 이끌고 재무부와 은행을 돌며 마지막 구명호소를 했으나 이미 대세는 기울어진 뒤였다. 결국 60 노령의 화신도 조용히 숨을 거두면서 한 시대의 종언을 고한 것이다.

대봉 부도 관련 기사

대봉산업대표 김병만이 지난 15일자로 충북은행 서울지점에서 2,000만 원의 부도를 냈다. 이로써 지난해 여름 이후 은행 관리하에서 실질적인 영업활동을 중단해왔던 대봉그룹은 완전히 문을 닫았다.

대봉계열 기업들은 오래 전부터 부도상태에 빠져왔으나 은행 손실을 줄이기 위한 재고처분과 해외신용 등을 감안해 지금까지 부도처분을 늦춰온 것이다.

한편 대봉에 5,000만 달러어치나 지급보증을 서주었다가 대봉의 수출 불이행으로 은행 자신이 부도가 날 뻔했던 충북은행은 금년 2월 한국은행으로부터 300억 원 특별융자까지 받았고 앞으로 추가지원을 받아야 할 형편이다.

　대봉그룹의 건설산업은 지난 9월 22일 이미 3,000만 원의 부도를 낸 바 있다. 대봉은 창업주인 김병만 씨가 75년 6월 더 플라스틱사라는 수출회사로 출발, K고 동창을 중심으로 제2의 율산을 자처하며 무리하게 사업을 벌여오다 결국 도산하고 만 것이다.

　대봉은 그동안 앨범 · 가방 · 잡화류 등을 수출해 한때 놀라운 성장을 보이며 협성항공화물 · 성진냉동공업 · 대봉농수산 · 한수기계산업을 무리하게 인수하던 끝에 율산사건 이후 수출금융의 통제와 긴축에 휘말려 힘없이 주저앉고 만 것이다. 그 당시 대봉의 은행빚은 충북은행에 450억 원, 외환은행에 400억 원 등 모두 850억 원에 이르렀었다.

힘으로 밀어붙인 중화학투자조정

국보위가 경제 분야에서 손댄 가장 대표적인 일은 중화학공업에 대한 투자조정이었다. 이 문제는 3공시대부터 이월되어왔던 골칫덩이로서 외과적인 수술처방만을 기다리고 있던 처지였으므로 국보위로서는 피할 수 없는 당면과제이기도 했다. 이미 두 차례에 걸쳐 투자조정을 시도했으나 실패로 끝났던 터라 당시의 여론도 어떻게든 칼을 댈 수밖에 없다는 쪽이 지배적이었다.

워낙 문제가 복잡하게 얽혀 있었던 탓으로 군 출신 국보위 멤버들은 실무작업 일체를 경제관료들의 손에 맡길 수밖에 없었다. 말하자면 이런 식의 분위기였다.

"당신들이 전문가니 최선의 결론만 만들어내라. 밀어붙이는 것은 우리가 해낼 테니까…."

실무자들은 연일 밤샘을 하며 갖가지 투자조정 시나리오를 만들어냈지만 좀체 해결의 실마리는 찾아지지 않았다. 하나같이 엄청난 적자를 젊어지고 있으면서도 해당 기업들은 저마다의 이해관계를 내세워 저항했다. 아무리 부실기업이라 해도 정부가 개인소유 기업을 상대로 통째로 뜯었다 붙였다 하는 일이 순조롭게 진행될 리 없었다.

더구나 경제관료들 사이에도 견해와 처방이 엇갈렸다. 중화학공업을 주도해온 상공부팀이나 국보위의 김재익 경과(經科)위원장, 기획원 등은 저마다 다른 주장으로 맞섰다. 가장 첨예한 대립은 김재익과 차수명의 사이에서 벌어졌다. 상공부 출신으로 오랫동안 실물경제를 다루어온 차수명은 중화학투자를 조정할 필요성을 인정하면서도 그렇다고 해서 중화학공업을 버려서는 안 된다는 입장을 취했다. 이에 반해 김재익은 국제경쟁력도 없는 무리한 중화학투자를 차제에 대폭 축소 정리해야 한다는 주장을 굽히지 않았다.

여기서 당시 차수명이라는 인물의 역할과 영향력에 대해 잠시 살펴볼 필요가 있다. 차수명은 국보위시대는 물론 5공 초기까지도 경제운용 전반에 걸쳐 김재익과 나란히 막강한 영향력을 발휘했던 인물이다. 성격이나 철학, 살아온 인생경로 등 두 사람은 여러 면에서 아주 대조적이었다. 상공부 기계공업국장을 겸임하면서 국보위의 상공위 간사로서 중화학투자조정의 실무 책임을 맡았던 그는 산업정책을 주제로 국방대학원에 자주 출강하면서 후일 개혁주도세력으로 등장한 '젊은 대령들'의 눈에 띄게 된다. 특히 우연찮은 기회에 기술도입 관련 협의차 일본에 갔다가 허문도와 교우를 맺게 되고, 그의 득세와 함께 자연스럽게 젊은 실세들이 가장 신뢰하는 경제전문가로 등장한다.

그는 전두환으로부터도 각별한 신임을 받았다. 김재익이 탁월한 거시경제 전문가였다면 그는 현실감각이 뛰어난 미시경제 전문가였다. 김이 '미국식' 경제논리로 비교우위론을 내세워 자동차산업 자체를 GM에 넘기자고 주장할 때, 차수명은 목청을 돋우며 일본식 정부지원의 필요성을 강조했다. 결론부터 말해서 두 사람의 대결은 김의 완승으로 끝난다. 차수명은 부분적인 정책 선택에는 승리했으나 결국 김재익의 상대는 되지 못했다. 대인관계나 사교술에서 탁월한 능력을 지녔던 그였지만, 5공 출범 후 얼마 안 되어 상공부차관보 자리에서조차 밀려나고 만다.

자동차냐 발전설비냐, 현대와 대우의 대립

아무튼 정부 안에서까지도 이처럼 의견이 엇갈리는 가운데 국보위는 3개월이라는 시한부 일정 속에 중화학투자조정 문제를 마무리지어야 했다. 그러나 업계의 반발은 의외로 거셌다. 특히 자동차와 발전설비의 일원화를 둘러싼 현대와 대우의 대립은 막강한 국보위로서도 녹록찮은 문제였다. 신병현 상공장관은 하는 수 없이 김우중金宇中 대우 회장과 정주영鄭周永 현대 회장을 불러 최후통첩을 했으나 정 회장은 정부가 제시하는 단일화에 반대하는 의견을 끝내 굽히지 않았다. 신 장관은 이 자리에서 "정 그렇다면 할 수 없다. 갈 데까지 가다가 쓰러지도록 내버려두는 수밖에. 정부도 자유경쟁 원리를 배제할 생각은 없다"며 정부의 불간섭 방침을 선언했다. 일이 잘못되어서 부도가 나더라도 정부를 원망하지는 말라는 뜻이었다. 이 같은 신 장관의 발언은 공연한 으름장이 아니었다. 중앙은행 총재 출신으로서 둘째가라면 서러워할 원칙론자인 그로서는 어찌 보면 그런 식의 결론이 자신의 체질에 맞는 것이기도 했다.

그러나 국보위의 생각과 입장은 달랐다. 정권을 새로 장악하려는 판인데 기업 하나 제대로 다스리지 못한대서야 말이 안 된다며 강경한 입장을 보였다. 80년 8월 1일, 상공장관 회의실에서 정·김 양 씨를 참석시킨 가운데 진행된 국보위 상공분과위원회의 내용이 당시의 상황을 단적으로 설명해주고 있다. 회의에 참석했던 실무자의 메모를 그대로 소개한다.

- ◆ 신병현 상공장관 = 오늘은 매듭을 짓도록 하자.
- ◆ 정주영 현대 회장 = 지금까지의 정부 작업이 어느 특정인을 염두에 두고 했다는 인상이 짙어 성과가 의문이다. 경쟁체제만이 불황을 극복할 수 있다.
- ◆ 김우중 대우 회장 = 대우를 겨냥하는 말 같은데, 맹세코 말하자면 남의 기업 인수를 희망한 적이 없다.
- ◆ 신 장관 = 경쟁원칙에는 이론이 없다. 더구나 특정인에게 혜택을 줄 생각도 없다. 그러나 지금 형편에는 경쟁이 불가능하지 않은가.
- ◆ 정 회장 = 불경기 때만 경쟁을 시한부로 중지하자. 정부가 현대와 대우에 나눠준다는 인상은 주지 않아야 한다.
- ◆ 김 회장 = 옥포조선도 어쩔 수 없이 인수했다. 쓰다고 뱉고 달다고 삼키는 식으로는 기업경영을 안 했다.
- ◆ 신 장관 = 석연치 않으나 이대로 방치할 순 없다. 여태까지 기업들이 은행돈 없이 했다면 여러 말 않겠다.
- ◆ 정 회장 = 투자조정 원칙에는 찬성하나 특정인을 두고 하지 말라. 자동차업은 나라경제의 핵심이다. 장관 자신도 잘 모르겠다고 자백하면서 따라오라고만 하면 따라갈 수 없다.
- ◆ 신 장관 = (화를 벌컥 내면서) 말꼬리를 잡지 말라. 실무자들이 1년을 연구한 결과다.
- ◆ 정 회장 = 이대로는 따를 수 없다. 시간을 달라.
- ◆ 김재익 경과위원장 = 투자조정 문제가 빨리 해결 안 되면 문제가 커

● 覺　書 ●

우리 두 企業人은 一新된 決意와 姿勢로써 이번 政府가 마련한 重工業分野의 發電設備 建設重裝備 및 自動車工業分野에 對한 調整 및 統合方針에 全的으로 同意하며 다음과 같이 覺書하나이다.

다　음

1. 現代그룹은 乘用車 生産을 一元化하기 爲하여 現代自動車(株)와 새한自動車(株)를 引受統合하여 運營하며 (發電設備 및 建設重裝備 生産은 抛棄함)

　 大宇그룹은 發電設備 및 建設重裝備 生産을 一元化하기 爲하여 (株)現代洋行 昌原工場과 同 軍浦工場 그리고 大宇造船(株)를 引受 統合하여 運營하며 (自動車 生産은 抛棄함)

2. 위 統合調整에 따른 事業의 引受引繼 其他 이에 關聯되는 諸 問題의 解決에 있어서 政府의 方針에 順意하고

3. 資産評價 및 精算은 政府가 指定하는 機關의 評價結果에 異議 없이 따르겠음

4. 本人들은 위 事業의 引繼前까지는 善良한 管理者의 注意義務를 다하고 本調整 및 統合作業을 促進하는데 最善을 다하겠으며 한편 우리의 總力을 기우려 맡은 事業의 財務構造의 堅實化는 勿論 國際競爭力 있는 事業으로 育成하므로써 國家産業發展에 寄與토록 積極 努力 하겠음.

1980. 8. 13.

現代그룹　代表　鄭　周　永

大宇그룹　代表　金　宇　中

商 工 部 長 官　貴下

국보위가 강제로 중화학공업의 통폐합을 추진하는 과정에서 정주영 현대 회장과 김우중 대우 회장이 함께 서명한 각서 전문

진다. 다른 일도 안 된다.

◆ 차수명 상공위원 = 업계의 의견을 충분히 반영시키지 못해 미안하다. 그러나 중화학에 대한 정책금융, 지시금융 등이 전체 은행돈의 80%나 된다. 조속히 해결하지 않으면 중소기업들이 죽는다.

◆ 오명 상공위원 = 실망이 크다. 두 총수님의 이야기는 기대 밖이다. 시간이 더 필요하다는데, 그것은 이미 윗분이 결정한 사항이다. 전부 국가 것이 아닌가. 내 것이냐 네 것이냐는 문제 밖이다.

◆ 서석준 기획원차관 = 중복투자의 조정은 어떤 형태로든 불가피하다. 그러나 이런 분위기로는 해결이 안 된다.

◆ 신 장관 = 지체할 수도 내버려둘 수도 없다. 두 총수가 국가적 차원에서 임해달라.

◆ 정 회장 = 시간을 넉넉히 달라. 경제는 개인기업의 의사를 존중해야 한다. 최소한 2주일 정도의 여유를 달라.

◆ 금진호 상공위원장 = 결심에 필요한 시간만 남지 않았느냐. 국보위의 배경을 이해해달라. 결론을 늦출 수는 없다. 큰 줄거리라도 결정하자.

◆ 정 회장 = 자동차는 GM과의 문제를 선결해야 한다. 수출하려면 외국의 대기업이 개입해서는 안 된다. 경쟁원칙도 중요하지만 전문화의 희생을 극소화해야 한다. 일원화보다 전문화가 바람직하다.

◆ 김 회장 = 특혜의 오해를 받으니 차라리 대우가 자동차를 안 해도 좋다. 제3의 회사를 선정해도 무방하다.

◆ 서 차관 = 그건 안 된다.

◆ 신 장관 = 1주일의 시간을 주겠다.

이 같은 우여곡절 끝에 8월 20일 국보위는 중화학투자조정안을 확정 발표하게 된다. 그러나 이후 5공정부가 출범하고서도 이 문제는 계속 시빗거리로 등장하게 되고, 결과적으로 당초 국보위의 결정은 의외의 모습으로 변형될 수밖에 없었다. 군사독재나 다름없는 살벌한 분위기 속에 밀어붙여졌던 구조조정 작업이었지만, 논의과정에서의 갑론을박은 제법 진지한 측면도 있었다.

80년 여름, 8월에 접어들면서 국보위의 경제 분야 쪽은 더욱 다급해졌다. 우여곡절을 거듭해온 중화학투자조정 문제를 어떻게 해서라도 매듭을 지어야 할 판인데, 해당 기업들의 이견과 반발로 좀처럼 결론이 나지 않았기 때문이다. 가만있을 신군부가 아니었다. 기업들의 저항에 국보위는 힘으로 밀고 나왔다.

"국보위의 최종안이 거의 마무리된 때였습니다. 국보위로부터 출석하라는 통고를 받았는데, 올 때 꼭 도장을 지참하라는 것이었습니다. 나갔더니 대뜸 '이 방이 무슨 방인 줄 아느냐. 삼성그룹의 사주가 TBC를 내놓겠다고 도장을 찍은 방이다'라며 을러대는 것이었습니다. 그야말로 군대의 서슬이 퍼런 상황이었습니다."

당시 투자조정에 관련되었던 현대 이명박의 회고다. 그외에도 국보위로부터 갖가지 압력과 위협을 받았던 당사자들은 하나같이 "구체적으로 밝힐 수는 없으나 국보위로부터 별의별 위협을 다 당했다"고 말하고 있어 당시의 분위기가 어떠했는지를 충분히 짐작케 한다.

국보위가 내린 결론은 결국 발전설비와 자동차산업을 일원화한다는 것이었으나 처음부터 이런 생각이 모아진 것은 아니었다. 발전설비의 경우 4원화되었던 것을 2원화로 원칙을 바꾼 지가 불과 1년 남짓밖에 되지 않았으므로 처음에는 이것 자체에 대한 시비가 내부적으로도 상당했다.

신문에는 전혀 보도되지 않았으나 특히 경제기획원이 앞장서서 일원화를 반대하고 나섰다. 기획원이 반대하는 이유는 첫째 정책의 조령모개라는 인상을 줄 뿐 아니라 외국 금융기관으로부터의 신뢰가 실추되고, 둘째 독점우려가 있으며, 셋째 일원화 방침이 결정된다 해도 이를 추진하는 데는 장시간이 소요된다는 것 등이 그 골자였다.

한마디로 실현 가능성이 희박한 것을 무리하게 밀어붙이느니 형편을 보아가며 현실적으로 대처하자는 것이었다. 그러나 현실 타협적인 대안은 당시의 국보위 성격에 우선 어울리지 않는 것이었다. 이 같은 기획원 의견을 검토한 국보위의 결론은 '국보위가 주관해서 추진할 경우 단시일에 완결이 가능하다'는 것이었다. 한마디로 말해 국보위는 자신의 '힘'을 믿었던 것이다.

정주영, 국보위의 허를 찌르다

어쨌든 그해 7월에 들어오면서 국보위 측은 발전설비와 자동차를 일원화해 현대와 대우로 하여금 택일하게 한다는 쪽으로 단안을 내렸다. 발전설비의 경우 현대양행의 창원공장과 조선을 포함한 옥포종합기계공단을 하나로 합치는 한편, 자동차는 현대와 새한대우을 합치되 기아는 승용차 생산을 못 하도록 하겠다는 것 등이 주된 내용이었다.

이 같은 일원화작업은 결코 간단한 일이 아니었다. 해당 기업마다 갖가지 인계·인수 조건들이 맞물려 진통을 계속했다. 협의가 거듭되면서 대체적인 윤곽이 잡혀나갔다. 발전설비는 현대가, 자동차는 대우가 맡고 나머지 기업들은 추후에 보완작업을 취한다는 것이었다.

해당 기업들이 그렇게 합의한 것이 아니라 여러 가지 정황으로 봐서 양

자택일이 기정사실화된 이상 현대가 발전설비를 택할 것이고, 따라서 대우가 자동차를 맡게 될 수밖에 없다는 것이 국보위의 판단이었다. 이러한 예상에는 그럴 만한 근거가 있었다. 그동안 현대가 가장 강력히 일원화 투자조정에 반대해왔으므로 선택권을 현대 측에 먼저 줄 경우에는 당연히 발전설비를 택할 것이라고 생각했다. 현대가 발전설비 및 건설중장비 분야에 상당한 투자를 해놓고 있는 데다 이 사업을 맡을 경우 정부가 발주를 보장해주기 때문에 사업성도 자동차보다 나을 것으로 보았기 때문이다. 더구나 대우 측으로서도 현대의 선택권을 대체로 양해한 상태였다. 국보위는 이런 시나리오 속에 실무작업을 매듭짓고 정주영 현대 회장과 김우중 대우 회장을 불러 마지막 선택의 자리를 마련했다.

그러나 결과는 국보위의 예상과 정반대로 나타나고 말았다. 김 회장의 양보로 선택권을 먼저 행사하게 된 정 회장이 뜻밖에도 발전설비를 외면하고 자동차를 하겠다고 선언해버린 것이다. 황당해진 대우의 입장은 물론이고 국보위로서도 여간 난감한 일이 아니었다. 얕잡아보았던 '장사꾼'한테 뜻밖의 일격을 당한 셈이었다. 그동안 현대가 발전설비를 맡을 것이라는 전제 아래 실무작업을 벌여왔는데 정반대의 상황이 벌어져버렸으니…. 국보위 관계자들은 막후교섭을 통해 어떻게 해서라도 현대의 생각을 돌려보려고 했으나 허사였다.

그러면 왜 현대는 국보위나 일반의 예상을 깨고 자동차산업을 택했을까? 이에 대해 현대 관계자는 이렇게 밝히고 있다.

"기본적으로 자동차는 고정생산 업종인 반면, 발전설비는 주문생산 업종이 아닙니까. 또한 현대로서는 창원의 현대양행을 내놓는다 하더라도 현대중공업이 있으므로 세상이 조용해지고 나면 언제라도 다시 발전설비를 할 수 있다고 판단했습니다. 그러나 자동차는 한번 내놓으면 끝이 아닙니까. 더구나 자동차산업의 장래에 대해 많은 사람들이 코웃음을 쳤지만 현대로서는 확신이 서 있었지요."

요컨대 현대가 대우보다 한 수를 더 보았다는 이야기다.

국보위의 투자조정, 실패한 것이 천만다행?

80년 8월 말에 국보위가 해체되고 5공시대가 본격적으로 시작되면서 이 문제는 더욱 딜레마에 빠져들기 시작한다. 우선 대우가 맡기로 한 현대양행의 경우 대우 측이 요구하는 정부지원 문제를 놓고 경제각료들끼리 의견충돌을 빚은 끝에 주무장관이 해외출장을 간 사이 하루아침에 '공기업화' 결정이 내려지고 말았다. 사장에 취임했던 김우중 대우 회장은 느닷없이 찾아온 상공부 사무관으로부터 후임자 통고를 받고 사표를 쓰는 해프닝이 벌어졌다. 사연인즉 이러했다.

현대양행이 대우로 넘어가면서 한국중공업으로 이름까지 바꾸어 달았으나 결코 그것으로 끝날 일이 아니었다. 발전설비를 생산하는 쪽에서만 보면 상공부가 주무부처였지만, 그것을 사다 쓰는 쪽을 따지면 유일한 수요처가 한전뿐인지라 한전의 소관부처인 동자부 또한 무관할 수 없는 처지였다. 발전설비를 생산해서 수출을 할 수만 있다면야 문제 될 게 없겠으나 그럴 처지가 아니었던 만큼 오로지 한국중공업을 먹여 살릴 수 있는 곳은 국내에서 발전소를 짓는 한전밖에 없었던 것이다. 따라서 한전으로서는 대우에 넘어간 한국중공업이 과연 제대로 운영될 것인지 여부가 자신들의 이해에 상당한 영향을 미치게 되어 있었다.

그래서 김영준 한전 사장은 한국중공업이 대우로 넘어가는 과정에 대해 면밀한 조사를 벌였고, 그 결과 '대우가 한국중공업을 부당한 방법으로 빼먹으려 한다'는 결론을 얻어 이를 박봉환 동자부장관에게 보고했던 것이다. 이에 박 장관은 별도의 조사결과를 토대로 '다시 대우로부터 뺏어내야 한다'는 쪽으로 전 대통령을 설득시켜버린다. 국보위에서 완전히 결정되어 필요한 절차를 밟고 있는 도중에 이 같은 해프닝이 벌어진 것이다. 이것을 최종 결정하는 데 주도적인 역할을 했던 상공부나 기획원으로서는 기가 막힐 노릇이었다. 이 일에 직접 관여했던 한 실무자는 이렇게 증언한다.

"당시의 상황에 모두가 놀랐습니다. 특히 대우로서는 기가 막힌 일이었지요. 대통령도 한번 결정한 일이었으므로 다시 번복하는 것을 상당히 망설였습니다. 문제는 결국 대우가 너무 욕심을 부렸던 탓이라고 할까요. 한전의 주장대로 대우가 한국중공업을 완전히 들어먹으려고 했던 것은 아니었다 해도, 정산 과정에서 대우가 너무 무리하게 처리하려 했던 것은 분명했습니다. 부실한 중공업을 인수하는 대우의 입장에서는 어떻게 해서라도 유리한 조건에서 출발하려 했던 것이겠지만 그게 지나쳤던 것이지요. 그렇지만 않았더라면 그 이후 중공업계 판도는 엄청나게 달라졌을 겁니다."

다시 원점으로 돌아온 것은 발전설비만이 아니었다. 자동차 쪽은 GM과의 합작 문제로 한 발짝도 나아가지 못했다. 당초 김재익을 중심으로 한 국보위 주도세력들의 생각은 자동차산업 자체가 우리 능력과 여건에 맞지 않으니 GM 같은 국제적인 대메이커의 품속에 들어가야 합당하다는 것이었다. 따라서 현대가 자동차를 일원화해서 맡는다 하더라도 GM과의 합작은 당연한 귀결이라고 여겼고, 한국정부는 이 점에 대해 GM을 안심시키느라 급급한 실정이었다〔당시 서울에 온 GM 부회장을 면담하기 위해 한국의 상공장관이 갖은 수모를 다 겪어야 했을 정도로 GM의 위세는 대단했다〕. GM은 동등한 지분과 경영권 참여를 요구해왔고, 상공부는 '당사자간의 협의' 원칙을 내세우며 당사자인 현대에 공을 넘겼다. 이에 대해 현대는 어림도 없다며 버티었다.

결국 GM과의 관계는 깨어졌고 자동차산업의 일원화 원칙 자체가 얼마 못 가서 엉망이 되고 말았다. 발전설비든 자동차산업이든 간에 모두가 본래의 의도와는 완전히 빗나가버렸던 것이다.

"국보위에서 투자조정을 주도했던 군부의 실력자들이 한마디로 말해 너무 세상물정을 몰랐던 탓이었어요. 전두환정권이 막을 내리고 나서 당시 사람과 개인적으로 만나서 그때 이야기를 했더니 그들도 웃고 말아버립디다."

투자조정의 와중에 몹시 시달렸던 현대 이명박의 이야기다. 그 당시의 상황은 그로부터 6년 뒤에 있었던 부실기업 정리와는 사뭇 다르다. 그나마 86년의 부실기업 정리는 상당 기간 검토와 법적 절차를 따지면서 추진되었던 반면, 국보위시대에 밀어붙였던 투자조정은 그 당위성에도 불구하고 각서에 도장 하나 찍는 것으로 해결하려 했던, 초법적인 분위기 속에서 강행되었던 것이다. 어떤 의미에서는 97년 외환위기 이후 김대중 정권이 추진했던 '빅딜'과 유사했다 할 것이다. 어쨌거나 아이러니하게도 그처럼 서슬이 퍼런 가운데 기업들을 공포 분위기로 몰아넣고서도 국보위의 뜻대로 된 것은 아무것도 없었다. 만약 국보위의 당초 계획대로 추진되었더라면 과연 어찌 되었을까. 최소한 지금의 자동차산업은 존재하지 못했을 것이라는 점에는 많은 사람들이 동의하는 것 같다. 아마도 일본이나 미국 자동차의 조립공장 수준에 머물러 있는 대만 정도와 다를 바 없었을 것이라는 이야기다.

깜짝쇼로 끝난 '500만 호 건설'

80년 9월 23일, 신문과 방송 등 국내언론은 '주택 500만 호 건설계획' 을 일제히 대대적으로 보도했다. 국보위가 주택부족 문제를 단숨에 해결 할 수 있는 거창한 방안을 발표한 것이다. 당시 이 발표에 대해 기자들 사이에는 500만 호 주택 건설이 얼마나 비현실적인 것인가를 놓고 설왕설래가 있었으나 어떠한 비판기사도 허용되지 않았다.

500만 호 건설계획의 주역은 당시 국보위 경과위 간사를 맡고 있던 오관치吳寬治였다. 그는 육사 21기 출신으로 미국 밴더빌트대학에 유학, 경제학 박사학위를 딴 후 귀국하여 육사 교수를 거쳐 국방관리연구소국방연구원의 전신에서 근무하다 국보위에 합류한 인물이었다. 내놓을 만한 경제전문가가 없는 군부로서는 매우 자랑스러운 존재였던 그에게 경과위 간사 자리를 맡긴 것은 지극히 자연스러운 일이었다. 현역 대령이었던 오관치는 말하자면 경제관료들과 맞서서 이론적으로도 꿀림이 없이 군의 개혁의지를 펴나갈 대표선수 격이었다.

그가 단단히 마음먹고 착안한 것이 바로 주택 문제였다.

"김재익 위원장도 주택 문제에는 관심이 많았어요. 나는 그에게 안정된 사회 지지 기반을 만들려면 중산층을 키워야 하고, 그러려면 우선 주택 문제부터 해결해야 한다고 강조했습니다."

고개를 끄덕이는 김재익에게 오관치는 기발한 아이디어를 제시했다. 예나 지금이나 국민들한테 집 많이 지어준다는 정권에 누가 반대하겠는가. 문제는 집 지을 돈을 통화관리나 물가 등에 부담을 주지 않고도 효율적으로 만들어낼 수 있느냐였다. 그는 이른바 '녹지장사'로 이 문제에 접근했다.

"70년대 후반 오일달러가 쏟아져 들어오면서 이미 부동산투기 바람이 불었던 여파로 80년 당시 집 한 채를 짓는 데 드는 총비용 중에 평균 60%가 땅값이었습니다. 그래서 땅값을 어떻게 해결해야 하나 고심하다 80년 7월께 토지개발공사를 시켜 몇 군데 샘플 조사를 해보았지요. 했더니 서울만 해도 개포·수서 지구 등 당시 녹지로 묶여 있던 지역의 87%가 부재지주 소유 땅으로 나타났습니다. 옳거니, 기왕에 부재지주 땅이라면 정부가 일단 수용해서 택지로 개발한 후 분양을 하면 막대한 자금을 조성할 수 있겠구나 하고 생각했지요."

오관치의 계산은 이랬다. 예컨대 서울의 개포지역 같은 경우 녹지로 분류되는 곳의 땅값은 평당 5~7만 원선인 데 비해 인접한 택지는 최소한 평당 60만 원을 넘겨 시세가 형성되고 있었다. 정부가 우선 수용령을 내려 녹지를 얼마간 수용한 후 도로, 상하수도 등 기반시설을 갖춘 택지로 개발하는 데는 평당 15만 원선이면 족한 것으로 나타났다. 따라서 정부가 수용한 녹지를 택지로 바꿔 일반에 판다면 평당 30~35만 원이 고스란히 남는다는 계산이었다.

"당시 토개공이 조사한 전국 32개 도시 주변의 녹지는 총 2억 평 규모였습니다. 물론 지역별로 시세차가 커서 정확히 계산할 수는 없지만, 그 정도면 2억 평의 녹지 중에 일부만 수용해서 팔아도 재원은 충분히 마련할 수 있겠다 싶었습니다."

그는 500만 호를 81~91년까지 11년간에 걸쳐 건설하는 데 총 14조 원 가량이 필요할 것으로 보았다. 평당 10만 원씩 남긴다 치면 2억 평이면 돈 문제는 너끈히 해결되고도 남았다. 남는 녹지는 공공주택 건설용 택지로 쓰면 되니 일석이조가 아닐 수 없었다. 말 그대로 땅 짚고 헤엄치기 같은 이 방안에는 김재익도 솔깃했던 듯 저녁까지 한턱냈다는 게 오관치의 회고다.

"우리는 지금 혁명을 하자는 거다"

그러나 이 방안은 채택되지 않았고 결국 500만 호 건설이라는 웅대한 구상은 한 편의 해프닝으로 끝나고 말았다.

"국보위 내 소관위원회인 건설위 사람들과 건설부 관리들이 거세게 반대했고 일부 학자들까지 반대쪽에 가담했지요. 한 달여 입씨름을 벌였지만 끝내 합의가 안 되어 내 아이디어는 죽어버리고, 결국 500만 호를 짓는다는 총론적인 목표만 남은 셈이 되었어요."

반대론의 핵심은 아무리 의도와 목표가 좋다고 해도 현실적으로 불가능하다는 것이었다. 당시 오관치가 내놓은 방법론에 정면으로 맞섰던 건설부 관계자는 이렇게 말하고 있다.

"한마디로 난센스였습니다. 우선 법률적으로 무리가 있었어요. 당시 토지수용법에 따르면 공익사업의 경우에 한해 사유지 수용령을 발동할 수 있었어요. 다시 말해 공동주택을 짓는 데 필요한 땅까지는 수용할 수 있어도, 수용한 땅을 가지고 정부가 장사를 할 수는 없다는 게 우리의 판단이었지요. 사유재산인 녹지를 선별적으로 수용한다는 오 씨의 발상은 더욱 위험한 것이었지요. 누구 땅은 수용하고 누구 땅은 놔두고, 그 과정에서 빚어질 엄청난 부작용을 생각해보세요. 그래 오 씨에게 말했습니다. 꼭 녹지를 수용하려면 모든 녹지를 한꺼번에 수용해라. 그러나 수용하는 과정에서 아마 정권이 먼저 망할 거라고 했지요."

논리적으로는 밀려도 힘을 가진 오관치가 가만히 있을 리 없었다.

"그때 오 씨로부터 '혁명'이라는 말을 처음 들었어요. 그는 '우린 지금 혁명을 하려는 거다'며 화를 내더군요."

오관치도 당시 자신이 '혁명'이라는 표현을 썼던 것으로 기억하고 있다. 그로서는 관리들의 반대가 답답하기 짝이 없었던 모양이다.

"나의 아이디어야말로 지난 몇십 년간 정부가 바람직하다고는 생각하면서도 풀지 못했던 숙제를 풀어낼 수 있는 것이었습니다. 또 앞으로 민선정권이 들어서면 도저히 풀지 못할 숙제라고 보았습니다. 다시 말해 80년과 같은 시점에 혁명적 발상으로 처리하지 않으면 끝내 못할 것이라는 생각이었지요."

그러나 그가 역설한 혁명적 발상은 시간이 갈수록 빛을 잃었다. 건설부 관계자들의 집요한 설득으로 당시 건설위를 이끌던 안무혁 간사마저 오관치의 주장에 반대한 데다 김재익 위원장도 처음 오관치에게 보냈던 '전폭적인 지지'를 거두기 시작한 때문이다. 500만 호 계획의 전말을 기억하는 관리들은 대체로 김 위원장의 태도 변화가 막판에 오관치의 아이디어를 무산시키는 결정적인 역할을 했던 것으로 보고 있다. 바꿔 말하면 만약 김재익이 끝까지 밀어붙였더라면 성공이든 실패든 또 다른 상황이 전개되었을 가능성도 배제할 수 없다는 이야기다.

김 위원장이 오관치의 녹지수용 주장은 버리면서도 당초 발표했던 500만 호 건설 목표를 남겨둔 것은 다분히 전두환 대통령의 높은 '관심'을 감안한 것이었다. 새로 정권을 잡은 전 대통령으로서는 500만 호 주택이야말로 매력 있는 선물이 아닐 수 없었다. 80년 당시 전국의 주택수가 530만 호였다는 점만 보아도 방금 군복을 벗고 집권자로 바꿔 앉은 당사자로서는 여간 솔깃한 계획이 아니었다.

실제로 전 대통령은 통대〔통일주체국민회의 대의원. 통일주체국민회의는 72년 12월, 조국의 평화적 통일을 추진한다는 명목으로 유신헌법에 의해 설치된 헌법기관이자 국민적 조직체. 80년 9월 1일 전두환을 11대 대통령에 취임시키고 그해 10월 개정된 헌법에 의해 폐지되었다〕선거를 거쳐 대통령에 취임한 직후인 80년 9월 16일 500만 호 건설계획을 결재한 데 이어 직접 점퍼 차림으로 당시 7~15평짜리 공무원 아파트가 한참 들어서던 서울 강동구 둔촌동지역을 직접 둘러보기까지 했다.

그러나 5공화국이 던져준 첫번째 선물이었던 주택 500만 호는 국민들에게 잔뜩 기대감만 심어준 채 흐지부지 없어지고 만다. 그해 9월 23일에 발표된 계획 속에는 당초 계획의 핵심이었던 녹지수용 부분은 쏙 빠지고 대신 입주자 저축 및 상환을 통해서 8조 5,261억 원, 국민 주택채권 및 주택복권 판매를 통해서 1조 5,786억 원, 금융기관융자로 2조 6,903억 원을 각각 동원하는 것 등으로 짜인 재원조달계획이 포함되어 있었다.

김주남 건설장관은 이 같은 재원조달계획이 구체적 근거를 갖고 있는 것이냐는 실무진들의 질문에 '어쩔 수 없지 않느냐'는 식의 궁색한 답변으로 일관했다. 정부 스스로 꿰어맞춘 숫자임을 그는 누구보다도 잘 알고 있었다.

애당초 500만 호 건설계획은 턱도 없는 이야기였다. 오관치의 '혁명적 발상'이 사라진 대신 82년부터 86년까지 정상적으로 진행된 5차 5개년계획을 중심으로 5공정권에서 총 176만 호가량의 주택이 지어졌을 뿐이다.

5공의 전철을 밟지 않으려 고심에 고심을 거듭한 민정당이 87년 말 대통령 선거 때 최대한 짜낸 공약이 88년에서 92년까지 200만 호 건설이었고, 그 공약을 지키기 위해 신도시 건설 등으로 전국을 들썩들썩하게 만들었다는 점만 봐도 500만 호가 얼마나 터무니없는 '순진한' 발상이었는지 알 수 있다. 더구나 6공정부가 200만 호를 실제로 짓는 과정에서 겪었던 갖가지 부작용들을 생각하면 그야말로 아찔한 계획이었던 셈이다.

돌이켜보면 혁명을 하겠다는 의지만으로 경제를 풀어보려던 당시 국보위의 자세가 이 같은 해프닝을 만들어낸 것이었다. 갑자기 움켜쥔 힘을 바탕으로 한 혁명의지는 경제의 저변에 깔린 현실을 올바로 인식할 수 없었고, 결과적으로 실패로 끝나고 말았다.

물론 주택 문제, 그중에서도 서민층에 '내 집'을 지어주려고 한 동기의 순수성은 의심할 수 없을 것이다. 또한 오관치의 시도는 입법회의 시절 정부가 보다 적극적으로 사유지를 수용, 개발할 수 있도록 한 '택지개발촉진법'의 제정으로 이어지는 부분적인 성과를 거두기도 했다.

그러나 새 정부에서 상당한 영향력이 기대되던 오관치는 입법회의에도 참여하지 못하고 80년 10월께 군으로 복귀했다. 대부분의 국보위, 입법회의 참여인사들이 5공 시절 중용된 데 비해 그는 KIET산업연구원부원장을 잠시 맡았을 뿐 크게 빛을 보지는 못했다. 그의 표현대로 '좌절된 꿈' 때문이었을까?

막판에 뒤집어진
금융자율화

어느 시기, 어느 상황에서나 돈줄을 쥐고 있는 곳이 힘을 쓰게 마련이다. 그런 뜻에서 국보위시대의 재무분과위원회가 어떤 일을 했는지를 좀 더 관찰해보자.

신군부로서도 국보위를 구성하면서 재무위가 상대적으로 중요하다는 인식은 막연하게나마 하고 있었던 것 같다. 인선내용을 봐도 다른 분과위원회의 경우에는 모두 대령급으로 간사를 임명했으면서도 유독 재무위에 대해서만은 비중 있는 인물로 알려진 이춘구李春九 준장을 앉혔던 것이다.

"처음에는 이춘구 준장의 역할이 컸었지요. 전두환 상임위원장의 방을 수시로 드나들면서 어려운 일들을 직접 챙겼습니다. 그러나 얼마 안 있어 그는 매우 소극적인 입장으로 바뀌었어요. 금융자율화 등 복잡한 문제에는 가급적 개입하려고 하지 않았습니다. 따라서 처음에는 대대적인 세제개혁이나 금융제도 개편 등이 거론되기도 했으나 학계에서 참여한

서강대 김종인 교수나 재무관료들이 제기하는 신중론에 별다른 이견을
제기하지 않았습니다.”

당시 재무위에 참여했던 사람의 이야기다. 오히려 일을 주도해서 벌였
던 대표적인 인물은 재무부 출신의 박판제朴判濟 위원이었다. 5공정부가
출범한 직후 발표한 9·27조치가 대표적인 경우다. 9·27조치의 진원지
는 은행감독원이었다. 당시 보안사령부를 중심으로 뭔가 국민들로부터
지지를 받을 수 있는 ‘한 건’이 없을까 하며 찾던 중에 은행감독원 쪽에서
이 아이디어를 제공한 것이다.

은행감독원으로서는 기업의 부동산 과다보유 문제로 오랫동안 골치를
썩여왔던 터였으므로 옳다 잘되었다 싶어 이 문제를 국보위더러 해결해
보라고 던져준 것이다. 오래 전인 74년에 5·29조치라는 이름으로 재벌
의 계열그룹 정리와 비업무용 부동산 처분을 추진해왔지만 부동산 문제
는 도무지 진척을 보지 못했기 때문이다.

기업들의 부동산 보유실태가 소상히 적힌 명단이 전두환 상임위원장
에게 전해지면서 재무위는 드디어 ‘한 건’을 하게 된 것이다. 그러나 호
기 있게 밀어붙였던 9·27조치도 경기침체가 가속화되면서 힘이 떨어지
더니 얼마 못 가 흐지부지되고 만다. 내용으로 보아도 6년 전의 5·29조
치의 재판에 불과했을 뿐 아니라 행정적인 뒷받침은 무시한 채 힘으로만
밀어붙이다가 이내 용두사미로 끝나버린 셈이다. 그나마 9·27조치를
제외하고 나면 재무위가 한 일은 대부분이 일을 벌이는 쪽이 아니라 반대
로 수습하는 쪽에 가까웠다. 밖에서부터 불어닥치는 개혁의 바람을 막아
내느라 급급했던 것이다. 금융자율화 바람이 그것이다.

한국은행, 목청을 높이다

사실 군인이 정권을 잡고 정치가 꽁꽁 얼어붙은 상황에서 금융자율화의 필요성을 역설했다는 것은 아무리 생각해도 아이러니한 일이었다. 그러나 어찌 되었든 간에 국보위의 여러 관장 분야가 경과위원장 김재익에 의해 주도되어감에 따라 금융정책에서도 자율, 개방의 목소리가 점차 커져갔다.

여기에 더해 한국은행이 중앙은행의 독립성 보장을 들고 나오면서 금융자율화는 빠른 속도로 진행되어갔다. 이런 상황이었으니 자연히 금융정책을 주도해온 재무부가 도마에 오를 수밖에 없었고, 따라서 아무래도 팔이 안으로 굽게 마련인 국보위의 재무분과위원회 역시 재무부 입장에 서지 않을 수 없었던 것이다.

논쟁은 경과위와 재무위의 대립으로 발전되어갔다. 경과위 쪽에서는 김재익을 중심으로 과감한 금융자율화를 주장했고, 재무위 측은 재무부와 연합전선을 펴면서 점진적인 개선론으로 맞섰다. 팽팽한 줄다리기가 계속되자 김재익은 이기백 운영분과위원장에게 중재를 요청해 운영위 주관으로 토론회까지 열었다. 한국은행 총재 출신인 신병현 상공장관과 김진형 장기신용은행 회장이 경과위 추천으로, 이만기 한양대 교수와 이규성李揆成 재무부차관보가 재무위 추천으로, KDI의 사공일 박사가 운영위 추천으로 참석해 열띤 토론을 벌였다.

그러나 말이 토론이지 이미 대세는 '과감한 금융자율화' 쪽으로 기울고 있었다. 여러 가지 여건에서 재무행정이 수세에 몰릴 수밖에 없었을 뿐 아니라 이미 김재익의 개인적인 영향력이 눈에 띄게 발휘되기 시작했고, 새로운 실력자로 등장한 문희갑文熹甲이 운영위의 힘까지 김재익에게 몰아주었던 것이다. 혁명적인 기운이 가시기 전에 시중은행의 민영화도 한꺼번에 매듭을 짓고, 한은법을 고쳐 재무부로부터 한국은행을 완전히 독립시키자는 것 등이 금융자율화의 골자였다. 군인들 역시 화끈한 쪽이 마음에 들었다. 특히 한국은행 입장에서는 절호의 찬스였다. 가뜩이나 상전으로 군림해온 재무부에 대한 감정의 응어리가 부풀 대로 부풀어 있던 상황이었으므로 차제에 법을 고쳐 단숨에 해결해버리겠다는 굳은 의지도 있었다.

당시 신병현 총재 이름으로 국보위에 제출한 「금융자율화를 위한 건의」는 이렇게 시작하고 있다.

"소직小職이 과거 22년간 중앙은행 총재로서 봉직하면서 경험을 통해 얻은 결론은 흔히 세간에서 말하는 '한국은행은 재무부의 남대문출장소'라는 표현이 과언이 아니라는 사실입니다. …앞으로 정당정치가 구현될 경우 정치권력에 의한 금융지배를 방지할 길이 없어… 따라서 차제에 중앙은행과 일반은행을 재무부 산하에서 완전히 분리시켜 자율운영토록 하는 것이 초미의 과제라고 사료됩니다."

한은의 이 같은 호소는 당시의 분위기를 타고 상당한 설득력을 발휘했던 반면에 재무부는 안간힘을 썼지만 역부족이었다. 한은법 개정을 둘러싼 공청회를 열기로 했는데, 공청회에 참석하는 연사도 한국은행이 알아서 정하도록 했으니 대세는 이미 완전히 기울어진 것이나 다름없었다. 실세 군인들이 중앙은행의 독립을 굳게 약속하며 뒤를 밀어주고 있으니 역대 한국은행 총재들이 따로 자리를 함께해서 박수를 치며 자축하기까지 했다.

이는 그로부터 꼭 10년 후에 재현된 한은법 개정 시비와 비교해보면 참으로 묘한 대비를 이룬다. 소위 민주화 물결 속에서 제기되었던 한은법 시비는 재무부와 한국은행이 팽팽한 줄다리기 속에 공개적으로 시비를 계속했던 반면, 가장 비민주적인 상황이 전개되었던 당시에는 도리어 재무부의 일방적인 열세 속에 한은을 일방적으로 편드는 중앙은행 독립 논리가 판세를 제압했던 것이다.

이에 따라 국보위시대가 막을 내리고 5공정부가 출범하면서 국보위가 만든 금융자율화계획은 전두환 신임 대통령에게 올라가는 첫번째 결재서류가 된다. 이날 보고하는 자리에는 이기백 국보위 운영위원장, 김재익 경과위원장, 문희갑 운영위원, 그리고 주무부서 장관인 이승윤 재무장관 등 4명이 참석했다. 국보위 측 3인은 당연히 대통령이 원안대로 사인을 할 것으로 여겼다. 재무장관 이승윤으로서는 그동안 국보위가 마련한 최종안에 주무장관으로서 사인을 하면서 '시기상조'라는 사실상의 반대의사를 부전지에다 밝혀두기는 했으나, 대세는 여전히 한국은행의 승리 쪽이었다.

재무부의 막판 뒤집기

그러나 보고를 듣고 난 전 대통령은 뜻밖에도 "금융자율화처럼 중요한 문제를 서둘러서는 안 된다. 재무장관 말대로 시간을 가지고 추진해나가라"며 이승윤의 손을 들어주는 쪽으로 결론을 내려버렸다. 김재익 등은 대통령이 간단히 사인을 할 줄 알았는데 너무도 뜻밖이었다. 그동안 금융자율화계획을 확정하는 과정에서 국보위 안에서도 활발한 토론을 거쳤을 뿐 아니라 상임위원장대통령에게도 충분히 납득시켰다고 믿었기 때문이다.

그렇다면 전 대통령은 왜 갑자기 태도를 바꾼 것일까? 비록 금융자율화가 뜻하는 바를 정확히 알지는 못했다 해도, 어쨌든 간에 여러 차례 공식석상에서 중앙은행 독립의 필요성을 강조해온 데다 더구나 대통령이 되고 나서 맨 처음으로 사인하는 결재서류인 만큼 된다는 사인을 해야지, 안 된다는 사인을 할 것으로 생각한 사람은 아무도 없었다. 그럼에도 왜 전두환은 예상을 뒤엎었을까? 내용인즉 이러했다.

한국은행의 독립을 아예 헌법 조문에 넣는 것을 골자로 하는 등의 금융자율화계획이 확정단계에 이르자 한국은행은 환호성을 질렀고, 재무부는 비상이 걸렸다. 재무부로서는 설마 했던 일이 현실로 다가선 것이다. 박봉환 재무차관은 전두환 상임위원장실을 찾았다. 실무진에서는 이미 결론이 난 상황이었으므로 상임위원장을 상대로 직접 설득작전을 벌이는 수밖에 없었다. 상임위원장은 마침 「뉴스위크」와 인터뷰를 하고 있어 박 차관은 복도에서 기다려야 했는데, 마침 당시의 핵심세력이었던 김진영 대령을 만났다. 박 차관은 그의 도움으로 급히 전두환 상임위원장 방에 들어가서 자초지종을 설명했다.

"금융자율화도 좋지만 한국은행을 헌법기관으로 해서 어쩌려고 합니까? 그랬다가는 일 못 합니다… 통화신용정책의 최종적인 책임은 어디까지나 정부가 져야 하는 겁니다.…"

이미 결정된 사항이기는 했으나 자신의 첫번째 가정교사로서 깊이 신뢰하고 있던 박봉환의 간곡한 설명이었으므로 재고하지 않을 수 없었다. 특히 이 과정에서 청와대 비서관으로 있던 박철언이 무슨 소리인 줄 금방 알아듣고 한은법 개정의 방향을 다시 돌려놓는 데 결정적인 역할을 해낸다. 소위 한국은행 독립 문제에 대한 정치적 해석을 재빨리 내린 것이다. 전두환 위원장은 즉각 재검토를 지시했고, 이에 따라 박 차관은 실무진과의 상의를 통해 한국은행의 헌법기관화 부분을 제외시키게 된다. 그러나 이 같은 방향전환에 대해 한국은행은 물론이고 국보위 안에서 이를 앞장서서 추진해왔던 김재익 경과위원장도 전혀 눈치 채지 못했다.

어쨌든 급진적인 금융자율화계획은 재무부의 막판 뒤집기로 실패했으나 승부는 이것으로 끝나지 않는다. 경제수석이 된 김재익은 끊임없이 자율화를 독촉했고 그것이 여의치 않자 급기야는

첫번째 가정교사였던 박봉환은 전두환이 보안사령관일 때부터 '경제가 무엇인가'를 가르쳤다.

재무부에 대한 대대적인 물갈이 작전도 불사하기에 이른다. 재무부부터 먼저 포격을 가하지 않으면 자신이 구상한 자율화계획은 도저히 실현 불가능하다고 판단했던 것이다. 이 책의 제5부 '개혁파의 득세'에서 좀 더 구체적으로 살펴보자.

공정거래제도의 탄생

80년 12월 23일, 럭키금성LG의 전신그룹의 중견간부 이상이 모인 자리에서 강연을 하고 있던 KDI 수석연구위원 이규억 박사는 강연 말미에 쪽지를 전달받는다.

"여러분, 제가 오늘 설명드린 내용이 방금 국보위 입법회의를 통과했답니다."

다소 흥분된 이 박사의 말에 참석자들은 박수로 화답했다. 우여곡절 끝에 당시로서는 생소한 '독점규제 및 공정거래에 관한 법'이 한국에 처음 도입되는 순간이었다.

사실 국보위가 경제 분야에서 추진했던 일 중에서 가장 성공적이었다고 평가받을 수 있는 것은 단연 '공정거래제도의 도입'이라고 해야 할 것이다. 현실적인 여건 등을 따져볼 때 국보위와 같은 초법적인 힘이 뒷받침되지 않았다면 오늘날의 공정거래제도 정착은 불가능했을 것이기 때문이다. 물론 당시에도 경제기획원 물가관리실에 공정거래를 담당하는 부서가 없는 것은 아니었다. 그러나 말이 '공정거래'였지 기업들이 눈도 꿈쩍하지 않는 종이호랑이에 불과했다.

75년에 제정된 '물가안정 및 공정거래에 관한 법률'은 독과점제품 및 공공요금에 대한 가격승인, 매점매석에 대한 규제 등과 같이 어디까지나 물가안정이란 차원에서 정부의 가격규제에 역점이 두어진 것이었다. 성장 일변도의 경제정책 속에서 뿌리내린 독과점체제의 본질적인 문제들을 해소하고 명실상부한 경쟁촉진을 실현한다는 것은 사실상 엄두조차 내기 힘든 형편이었다.

독점규제법 제정의 필요성은 이미 60년대부터 제기되었다. 당시 외자도입, 금융 및 세제 지원 등을 통해 독과점업들이 나타나기 시작하면서 이를 규제하기 위한 법 제정 움직임이 수차례 있었으나, 부처간의 갈등과 규제대상이 되는 재벌들의 로비에 밀려 번번이 실패했다. 기획원 내부에서 이 문제가 다시 제기된 것은 79년 4·17경제안정화조치가 발표되면서부터였다. 강경식 기획원차관보를 중심으로 한 '체질개선론자'들이 이른바 시장경쟁체제 확립을 주장하고 나서면서 비로소 공정거래제도 도입을 위한 전담연구반반장 이양순 공정거래정책관이 만들어진 것이다.

그러나 재벌들을 중심으로 한 업계의 이해관계가 첨예하게 얽혀 있을 뿐 아니라 정부의 규제권한을 상당 부분 스스로 포기하게 만드는 이 일이 쉽게 진척될 리가 만무했다. 다른 경제부처는 물론이고 이를 추진하는 기획원 내부에서도 반대의 목소리가 만만치 않았다.

"우리 실정에서 공정거래제도를 본격적으로 도입하겠다는 것은 실정 모르는 백면서생의 주장이다. 규제수단을 총동원해도 물가 잡기가 어려운 마당에 독과점을 규제한답시고 경쟁촉진 운운하면 물가정책을 어떻게 하란 말이냐…"

반대파의 논리는 대체로 이런 것들이었다.

"하루는 술자리에서 기획원 사람들끼리 공정거래제도에 관한 별도의 법률 제정을 놓고 찬반토론이 벌어졌는데, 분위기가 험악해져 술잔이 날아가는 싸움이 벌어지기까지 했습니다."

이런 진통을 겪으면서 어쨌든 초안이 만들어지기는 했으나 결국 업계 로비에 밀려 국무회의에 상정조차 못하고 내부에서 좌초되고 만다. 실무자들의 좌절감은 이만저만이 아니었다. 전담연구반까지 만들어서 적극 추진하라고 할 때는 언제고, 일을 다 끝내놓고 나니까 장·차관들이 보고조차 받기를 꺼렸던 것이다. 실무 과장만 펄쩍 뛰었을 뿐 모두들 말로는 옳다고 하면서도 정작 아무도 앞장을 서려 하지 않았다.

결국 차관의 사인을 끝으로 이 보고서는 서랍 속으로 들어가게 된다. '내부결재'라는 단서를 첨부한 사인이었기 때문이다. 성사도 안 될 일을 외부에 밝혀 공연히 말썽을 일으키느니 당분간은 기획원 안에서만 연구했던 것으로 해두자는 것이었다.

한편 이즈음 김만제 당시 KDI원장은 이규억 박사를 자기 방으로 불렀다. 청와대 보고용으로 한국의 재벌 문제에 관해 자료를 모아보라는 주문이었다. 공정거래제도가 전공인 이 박사는 약 한 달간 준비하면서 우리나라 재벌의 문제점을 30항목 정도로 요약해 인쇄까지 다 마쳐놓았다.

"김 원장과 제가 청와대에 보고하기로 잡힌 날이 공교롭게도 10월 27일이었습니다. 10·26이 터져 하루 차이로 보고를 못한 거죠."

아무튼 10·26이 터지고 국보위가 설치되면서 상황은 오히려 유리하게 돌아간다. 지금 와서 되돌아보면 한국의 공정거래제도 도입에 실질적인 산파 역할을 해냈다고 할 수 있는 전윤철 당시 공정거래 담당관은 그때 일을 이렇게 회고한다.

"하루는 김재익 국보위 경과위
원장이 일요일인데 전화를 걸어
와 자기 집에서 식사나 하자고 초
대했습니다. 가보니 마침 그의
생일이었어요. 식사 도중 김 위
원장이 지금까지 꼭 해야겠다고
생각한 것 중에서 못 한 걸 얘기
해보라고 하더군요. 그래서 기회
는 이때다 싶어 서랍 속에서 잠자
고 있는 공정거래제도 도입을 위
한 법률제정 이야기를 했죠."

김 위원장은 실무 주역이었던
전윤철 과장의 설명에 즉각 동의
를 표했고, 공정거래제도를 국보
위의 경제 분야 주요 프로젝트에
포함시킬 것을 약속했다.

공정거래위원회는 진통 끝에 80년 5월 7일에 발족되었다. 위원장의
지위가 장관급으로 격상되기까지는 예정된 2년보다 훨씬 많은 시간
이 걸렸으나, 훗날 정부직제 개편과 함께 경제기획원으로부터 완전히
독립한 공정위는 당초 기대했던 것보다 크게 강화된 조직으로 자리
잡게 되었다. 사진은 옛 경제기획원 건물 현관에서 현판식을 한 신병
현 부총리 겸 경제기획원장관(오른쪽)과 최창낙 차관 겸 초대 공정거
래위원장(왼쪽)

국보위의 당시 분위기로서는 공정거래제도 같은 정책은 입맛에 딱 맞
는 메뉴였으므로 별다른 어려움이 없었다. 브리핑 과정에서 '정부가 한
쪽에서는 중공업 통폐합작업을 벌이고 있는데, 이것은 공정거래제도와
상충되는 것이 아닌가' 하는 질문이 나온 것이 고작이었다.

전 과장을 비롯한 기획원 실무자들은 신바람이 났다. 그동안 고생만 잔
뜩 한 채 아무 빛도 못 보고 있는 공정거래법안이, 생각지도 않게 군인들
의 지지로 급진전을 기대할 수 있게 된 것이다. 국보위에 불려간 전 과장
은 공정거래제도의 필요성을 거침없이 설명해내려갔다. 반론이 제기되

었던 중화학투자조정과 관련해서도 '정부가 지금까지 지나치게 개입해서 빚어진 부작용을 해소하기 위한 것이 바로 중공업 통폐합 작업이므로, 오히려 공정거래 정신에 부합되는 셈'이라고 받아넘겼다. 따지고 들기에 따라서는 얼마든지 시빗거리가 될 수 있는 이 같은 임기응변에 대해 아무도 이의를 달려 하지 않았다. 예컨대 개인기업을 정부가 마음대로 떼었다 붙였다 하는 행위까지도 공정경쟁을 촉진하는 정책에 부합되는 것이라고 하는 주장은 상당한 논리의 비약이었음에도 누구도 이를 따질 수 없는 분위기였다.

언론이 적극 응원

하지만 아무리 국보위의 서슬이 퍼럴 때라고 해도 가만히 팔짱만 끼고 있을 재계가 아니었다. 전경련의 K상무는 법안 작성의 실무 책임자인 전 과장을 찾아와 3시간 동안이나 언쟁을 벌였다. 서로가 자리를 걸고 "저지하겠다", "해내고야 말겠다"며 험악한 분위기였다. 공정거래제도 도입에 앞장서온 KDI의 이규억 박사는 시안 작성에 참여하고 있다는 사실이 알려지면서 한밤중에 걸려오는 협박전화에 시달리기도 했다.

어쨌든 공정거래제도의 본격적인 도입을 위한 법률제정 작업은 국보위의 힘을 배경으로 순조롭게 진행되었고, 일부 자구 수정 과정에서 재계의 입장을 다소 감안해주는 정도에서 마무리짓게 된다. 예컨대 '독점금지'라는 표현과 '경쟁촉진'이라는 표현을 두고 논쟁이 있던 끝에 중간 정도에 해당하는 '독점규제'로 낙착되었던 것이다. 법의 성격으로 봐서는 당연히 '독점금지'라는 표현이 합당하되 현실적인 저항을 생각해서 누그러뜨린 것이다.

'경제력 집중을 방지하고'라는 문구도 빠졌으나 '그건 너무 심하지 않느냐'는 반론에 부딪혀 다시 집어넣기도 했다. 어쨌든 국보위에서 기본골격이 확정된 '독점규제 및 공정거래에 관한 법률'은 5공 출범과 함께 입법회의에 넘겨져 별다른 저항 없이 통과된다. 마침 5공의 첫 경제사령탑인 신병현 부총리 겸 경제기획원장관 역시 한눈 팔 줄 모르는 원칙론자였던 까닭에 신속히 밀어붙일 수 있었던 것이다.

그러나 공정거래실이 경제기획원 아래 설치되고서도 초기에는 상당한 고전이 계속된다. 새로 시작되는 제도에 대해 관료들 자신부터 익숙해 있지 못했을 뿐 아니라 부처간의 갈등 또한 어떤 선에서 수위를 조정해나가야 할지, 업계로부터의 갖가지 로비는 어떻게 대처해나가야 할지, 심지어는 일본 책에서 그대로 베껴다 쓴 여러 가지 관계용어들을 어떻게 소화해나가야 할지 등등 고민의 연속이었다. 더구나 정부 안에서조차 문제점으로 제기했던 물가상승 현상이라도 빚어질 경우 여간 낭패가 아니었다.

사실 당시의 분위기로는 공정거래제도 도입의 필요성을 모두가 인정하면서도 현실적으로 제대로 정착될 수 있겠는가 하는 의구심이 더 지배적이었다. 언론을 통한 홍보작전만이 유일한 돌파구였다. 많은 관계자들이 달가워하지 않는 제도를 정착시켜나가는 데는 역시 언론을 통해 독과점의 모순을 집중적으로 비판하는 수밖에 없었기 때문이다. 언론 또한 적극적으로 협조했다. 당시 경제기획원 출입기자들은 "공정거래실에서 배포되는 보도자료는 최대한 크게 취급하자"며 적극적으로 나섰고, 이 같은 관과 언론의 제휴작전은 초기의 공정거래제도가 자리 잡는 데 적지 않게 기여했다. 이처럼 언론이 공정거래제도의 도입과 정착에 절대적인 응원군으로서 큰 기여를 했음에도 훗날 김대중정권 이후

노무현정권에 이르기까지 주요 언론사들이 공정거래위원회로부터 집
중적으로 시달림을 당하고 혼쭐이 난 것은 참으로 아이러니한 일이라
할 수 있을 것이다.

탄압 일변도의 노동정책

정치적 억압 속에서도 상대적으로 경제정책에 관한 한 오히려 지나치리만큼 진취적인 정책들이 새로운 주류를 이루었던 것은 5공경제의 매우 특징적인 요소로 지적될 만하다.

그러나 두드러진 예외가 있었으니 다름 아닌 노동정책이었다. 애당초 5공정권은 노동 분야를 경제정책의 대상으로 보지 않았다. 청와대 비서실의 업무분장조차 노동 문제는 경제수석 소관이 아니라 행정수석 소관으로 되어 있었던 것을 봐도 쉽게 알 수 있는 일이다[6공에 들어와서야 노동 분야가 경제수석 소관으로 바뀌었으나 다음 정권에서 다시 떨어져나갔다]. 요컨대 노동운동을 학생운동과 함께 불순세력 내지는 사회저항세력으로 낙인찍고 나섰던 것이다.

이런 인식에서 출발했으니만큼 노동 문제는 어디까지나 정치 · 사회적인 측면에서 다루어졌고, 경제관료마저 당시의 주도세력이 추진했던 임금억제정책 차원에서 기업 위주의 노사협조 문제만 강조했을 뿐 이렇다

할 관심조차 기울이지 않았던 게 사실이다.

여기서 주목할 점은 노동 문제를 경제적 관점에서 다루지 않고 정치 · 사회적 관점에서 본 것은 훗날 노무현정권에 들어와서 그러했던 것과 결과적으로 일치했다는 점이다. 다만 그 동기와 이유는 정반대였다는 점 또한 흥미롭다. 전두환정권은 사회혼란 요인을 철저하게 봉쇄하기 위해서, 그리고 기업을 중심으로 한 성장 위주의 정책을 중시하는 차원에서 노동운동 자체에 대해 탄압 일변도의 정책기조를 유지했다. 그에 반해 노무현정권은 노동운동세력을 강력한 지지기반으로 하여 집권했기에 처음부터 이들을 정치적 피해자나 사회적 약자로 간주했고, 오히려 지나칠 정도로 노조의 정치 · 사회적 영향력을 강화시키는 정책을 펼쳐나갔다.

5공의 노동정책이 과연 어떤 시각에서 다루어졌는지를 따져보기 위해서는 다시 집권 초기로 거슬러올라가야 한다. 우선 첫 시작이 노동운동에 대한 강력한 탄압조치였다. 80년 8월 국보위가 노동청을 통해 노총에 내린 '노동조합 정화지침'이 바로 그것이다. 이 지침에 따라 전국의 노총 지부 107곳이 폐쇄되고 산별 노조위원장 13명이 물러났다. 또 노조간부급 약 200명이 자진사퇴 형식으로 해고되었다. 실제로 쫓겨난 간부들 중 상당수가 삼청교육대[80년 5월 17일 비상계엄이 발령된 직후, 국가보위비상대책위원회가 사회정화정책의 일환으로 군부대 내에 설치한 기관. 81년 1월까지 총 6만 755명을 체포하여 가혹한 훈련을 실시, 전두환정권 초기 대표적 인권탄압 사례로 꼽힌다]로 끌려갔다. 노동청 건물 앞을 지나칠 때 자주 눈에 띄었던 노동자들의 항의농성 장면도 완전히 사라졌다.

10 · 26 이후에 우후죽순으로 생겨난 노동조합들이 정화라는 철퇴를 맞고 여지없이 무너진 것이다. 명분 없이 무작정 탄압을 했던 것은 아니었다.

"노조간부랍시고 자리를 차고 앉아 조합비 등을 유용하거나 착복하는 경우가 많았고, 해방 이후 아무도 손대지 않았던 노동조합의 장부를 압수해 소위 '노동귀족'들의 부정행위를 폭로해낸 겁니다."

국보위 보사위원장을 맡아 노동계 정화 조치를 지휘했던 조영길의 말이다.

"삼청교육대에 끌려가서 혼이 난 노동계 인사들 중에는 물론 억울하게 당한 사람들도 있었습니다. 그러나 당시의 노조간부들이 상당히 부패했던 건 사실이고 그 규모가 결코 작지 않았습니다."

노동청 노정국 사무관으로 당시 국보위에 소관위원회 행정실장으로 파견 나갔던 문형남의 증언도 조영길의 설명을 뒷받침해준다.

노동계에 구린 구석이 적지 않았던 것은 사실이었고, 정부는 이것을 구실로 강력한 탄압 일변도의 노동정책을 시작하게 된 것이다. 정치적으로 귀와 입을 철저하게 봉쇄했을 뿐 아니라 경제적으로도 불황이 한창 심각한 때였으므로 정부의 강경대처는 일사천리로 먹혀들었다. 특히 사북탄광사태 등의 후유증이 심각했던 만큼 시끄러우면 일단 잡아넣고 보는 분위기였다.

일사천리로 개악된 노동법

그러나 언제까지고 이처럼 초법적으로만 대처할 수는 없었으므로 입법회의가 구성되면서 노동관계법의 새로운 틀을 만드는 작업에 착수한다. 그러나 처음부터 방향은 확실히 정해져 있었다.

"당시 입법회의에 넘어오는 대부분의 정부 초안은 거의 수정이 불가능했습니다. 정부 초안이라고 하는 것이 각 부처가 주관이 되어 작성되는 것

85년 4월, 대우자동차 노사분규 현장. 5공 출범 이후 최대의 스트라이크였다.

이 아니라 청와대로 불려들어간 판검사들로 구성된 입법팀이 만들어내고, 이것을 이기백 운영위원장이 받아와서 분야별로 각 위원장에게 배분하는 식이었지요. 물론 위원회의 심의는 형식적인 절차에 불과했습니다."

국보위 보사위원장에서 입법회의 경제 제2위원회로 옮겨 앉았던 조영길의 회고다.

노동관계 입법을 맡은 이 위원회의 논의 과정을 좀 더 자세히 살펴보자. 청와대에서 넘어온 노동관계법안을 논의하기 위해 80년 12월 23일 조영길 등 5명의 초안 소위원회가 구성된다. 조영길의 말을 계속 인용한다.

"이기백 운영위원장을 통해 받아본 개정안은 독소조항이 너무 많았습니다. 그래서 소위에서는 10여 가지 항목에 대해 이의를 제기했지요. 유니언숍제도의 폐지, 노사협의회 의무설치 조항 등을 문제로 지적했던 거지요. 소위원회를 3차례 열었는데, 마지막 날 회의를 마치고 집에 왔더니 밤늦게 이 위원장으로부터 전화가 왔습니다. 내가 제기한 이의에 대해 설명을 듣고 싶다는 겁니다."

다음 날 이기백 위원장을 만난 조영길은 소위에서 집약되었던 의견들을 이야기했다. 이 내용들은 다시 이 위원장을 통해 청와대로 보고되었고, 그 다음 날 청와대 쪽에서 조영길에게 사람을 보냈다.

"이 위원장을 만난 다음 날 청와대 입법팀에 있는 검사인지 판사인지 하는 사람이 찾아와 원안대로 통과되도록 해달라고 했습니다."

다시 말해 결론은 이미 내려져 있는 상태에서 요식절차와 모양만 갖추는 데 불과했던 셈이다. 주무부처가 낸 의견 가운데 어떤 것도 노동법 개정에 반영되지 않았다. 당시 보사부 산하의 노동청장을 지낸 권중동의 증언이다.

"청와대 쪽에서 개정안을 만든다는 얘기를 듣고 몇 번 의견을 제시했으나 묵살당했습니다. 아예 노조와 노총을 없애버려야 한다고 극언하는 인사가 있는 마당이었으니 우리 의견이 먹혀들 리가 없지요."

입법회의에는 당시 노총위원장인 정한주가 참여하고 있었으나 그 역시 들러리일 수밖에 없었다. 당시 노총 사무총장을 지낸 이용준의 기억은 이러했다.

"하루는 정한주 위원장이 전화를 걸어왔습니다. 그날 입법회의 본회의에서 노동법 개정안이 통과되는데, 참석하기가 싫다는 겁니다. 그런데 불참 의사를 듣고 당시 정부 내 인사가 불쾌한 반응을 보여 참석을 안 할 수도 없다는 거예요. 그래서 내가 '참석은 하되 투표에는 참여하지 말라'고 했지요. 그래야 노동계 대표로서 그나마 저항했다는 표시라도 역사에 남을 것 아니냐는 것이었죠. 내 말이 참고가 되었는지, 나중에 들으니까 정 위원장은 회의에 참석했다가 투표할 때 슬그머니 로비로 나와버렸다고 하더군요."

노총에서도 개정안에 관한 건의서를 내기는 했으나, 그냥 가만히 있기도 뭣하니 체면상 그저 시늉을 해본 것에 지나지 않았다. 떠내려가는 노총 간판을 붙들고 있기도 힘든 상황이었던 것이다. 노동운동을 탄압했던 박정희정권이 무너지면서 그동안 억눌렸던 노동운동이 용수철처럼 일시에 솟구쳐올랐고, 그 과정에서 빚어진 사북사태와 같은 대형 분규들이 신군부로 하여금 더욱 강경한 탄압정책을 선택하게 하는 명분으로 작용했던 것이다.

그럼에도 5공정권이 차관급이 최고 책임자였던 노동청을 노동부로 승격시킨 것은 당시의 분위기로 볼 때 참으로 아이러니한 일이었다. 5공화국의 노동관계법이 해방 이후 최고의 개악이라고 주장하는 사람들마저도 노동청을 노동부로 격상시킨 것은 경위야 어찌 되었든 간에 노동정책에 있어 매우 중요한 진일보였음을 인정하고 있으니 말이다.

"국보위 보사위원장으로 있을 때 전두환 상임위원장에게 브리핑하면서 노동청을 노동부로 승격시켜야 한다고 강조했습니다. 산업화사회로 접어들면서 노동 문제가 중요해지는데, 부처의 장이 국무회의에도 참석하지 못한다는 것은 말이 안 된다는 논리였죠. 브리핑을 듣던 전 위원장도 즉각 고개를 끄덕였어요."(조영길)

초대 노동부장관을 지낸 권중동은 5공 초기의 권위적인 '밀어붙이기'가 없었다면 노동부 설치는 한동안 힘들었을 것이라고 말했다.

"사실 노동부로의 승격 문제는 박정희정권 때부터 계속 제기되어왔어요. 그러나 박 대통령의 성장우선정책과 함께 재계의 반대 로비도 한몫을 했습니다. 5공화국이 집권기반을 구축하는 데 급급한 형편이었기에 노동부 승격을 후다닥 해치웠지, 재계와의 교감이 좀 더 긴밀해진 뒤였다면 그처럼 단번에 승격되기가 힘들었을 겁니다."

여기엔 전 대통령의 정치적 포석이 크게 작용했을 것으로 그는 해석하고 있다. 예컨대 대통령 취임 후 처음 맞은 근로자의 날81년 3월 10일에 전 대통령은 세종문화회관에서 열린 리셉션에 참석, 즉석연설을 통해 노동부 승격을 밝혔다. 신임 대통령으로서 노동계에 정부의 배려와 관심이 그만큼 높다는 점을 적시에 천명했던 셈이다.

노동청은 승격, 노동운동 탄압은 강화

그러나 소관 부처만 격상되면 뭘 하는가. 국무위원이 노동정책의 총수가 되었건만 노동계에는 오히려 찬바람만 불어닥치기 시작했다. 바뀐 노동법에 따라 단위노조가 꼼짝달싹하지 못하게 되어버린 것이다. 국영기업뿐 아니라 방위산업체까지 쟁의행위가 금지되었고 냉각기간도 유신시대보다 늘어나 사실상 쟁의행위가 불가능해졌다.

'제3자 개입금지' 조항이 생겨 심지어 노총이나 산별노조조차 단위기업의 노조활동에 일체 관여하지 못하게 되었다. 게다가 행정관청에 단체협약 내용의 변경권이 주어져노동조합법 제34조 노조는 이래저래 고립무원에 빠졌다.

도대체 전두환정권의 노동정책에 대한 기본입장이 무엇이었기에 노조를 숨도 못 쉬게 몰아붙였던 것일까? 국보위 때부터 실무라인의 핵심에 있었던 문형남의 증언이 당시의 상황을 잘 요약해준다.

"노조의 부패가 심각했던 것은 사실이었으나, 정부 차원에서 이를 다스릴 제도적인 장치가 없었던 것도 아니었습니다. 법이 정하는 절차에 따라 노조를 대상으로 업무검사권을 발동해서 부패 문제를 처리하면 되는 거였지요. 그런데 당시의 신군부는 그렇지 않았습니다. 경찰이나 안기부 정보를 통해서 노조의 누구누구가 나쁜지를 뻔히 알고 있는 만큼, 그들을 제각제각 잡아넣고 삼청교육대로 보내면 될 것 아니냐는 식이었습니다. 죄가 확실한데 귀찮고 성가시게 무슨 조사나 절차가 필요하냐는 것이었습니다. 당시에는 공포분위기 속에서 어떤 반대 목소리도 용납하지 않는 가운데 신속히 밀어붙였지만, 결국 무리한 처리방식이 두고두고 심각한 후유증을 빚어냈던 것입니다."

행정 경험이 없는 군인들이 권력을 손아귀에 거머쥐고 어설픈 선의만을 앞세워 최소한의 절차도 무시한 채 마구 칼을 휘둘렀던 것이다. 문형남의 증언을 좀 더 들어보자.

"신군부는 기본적으로 노동운동이 조직화·세력화하는 것에 엄청난 거부감을 갖고 있었습니다. 심각한 정권도전세력이자 사회혼란세력이 조직화하는 것은 철저하게 봉쇄해야 한다고 판단했던 것이지요. 조직화는 막되, 그 대신 개별 노동자의 권익 신장에는 정부가 적극 지원한다는 것이었습니다. 그래서 노사협의회제도를 법까지 만들어가면서 확대시켰는가 하면 근로기준법을 강화해서 시간외 수당 같은 것을 대폭 개선해주었던 겁니다."

5공정부가 노동자의 조직화는 철저하게 봉쇄하는 대신 노동자 개인의 근로조건은 실질적으로 개선하겠다는 쪽으로 노동정책 방향을 설정하면서 노동조합에 대한 심한 탄압 속에 노조 조직률은 점점 떨어졌고, 한편으로는 노동운동세력과 민주화운동을 주도했던 학생세력들의 강력한 연계가 형성되어갔다. 강력한 탄압은 결국 노동운동의 지하화를 불러왔으며, 이 문제에 관한 한 언론도 모른 체하는 게 관례로 통했다. 기자들은 분규현장을 취재하러 갔다가 노동자들로부터 "쓰지도 못하는 주제에 뭣하러 왔느냐"고 봉변을 당하기 일쑤였다. 탄압과 감시를 강화하면 할수록 지하화 현상은 더 넓고 깊게 번져나갔다.

노동운동이 노동자들의 순수한 권익보호 차원을 벗어나 이데올로기적 투쟁 양상을 띠기 시작한 것은 박정희시대 말기인 70년대 후반에 들어오면서부터였지만, 전두환정권에 들어오면서 '탄압'이라는 자양분을 토대로 더 본격화하기 시작했다. 탄압의 강도에 비례해 그에 반발하는 용수철 효과도 컸다. 노동부 일각에서는 집권 중반에 이르러 '경제도 호전되고 하니 노동조합에 대한 탄압을 단계적으로 완화해나가야 한다'는 주장이 제기되기도 했으나 청와대의 검찰 출신, 군 출신 강경파들에 의해 묵살당해 빛을 보지 못했다.

86년에 들어오면서 경제기획원을 중심으로 강봉균 기획국장 등 실무자들 사이에서 노동법에 대한 최소한의 개정 필요성이 뒤늦게 제기되었으나, 역시 청와대 쪽의 냉담한 반응으로 간단히 무산되었다. 속으로 곪아 들어가고 있는 노동 문제의 심각성을 아무도 챙기지 않았다. 결국 그 것들이 쌓이고 쌓이면서 87년 6·29선언〔87년 6월 29일 민주정의당 대표 노태우가 국민들의 민주화와 직선제 개헌 요구를 받아들여 발표한 특별선언. 주요 내용은 대통령직선제 개헌을 통한 평화적 정권 이양, 김대중 사면복권과 시국관련사범 석방 등이었다〕 이후 엄청난 노사분규 사태를 불러오게 되는 것이다.

"노동 문제를 제대로 대처하지 못했던 것은 솔직히 아쉬운 점이 많습니다. 기본적으로 경제 쪽에서는 적극적으로 챙기기 어려웠습니다. 정치·사회적인 관점에서 다루었으니까요."

전두환 경제의 후반을 이끌었던 사공일 경제수석도 노동정책에 대해서만큼은 어쩌지 못했다. 그가 83년 10월 김재익의 후임으로 청와대에 들어갔을 때는 이미 5공정권의 노동정책 기본틀이 깊이 뿌리를 내리고 있었다. 또한 경제수석의 소관이 아니었으므로 아무리 심각한 노사분규가 터져도 손쓸 재간이 없었다. 경제장관회의를 하면 13개 부처 장관이 모이도록 되어 있었으나, 청와대 경제수석이 챙기는 부처는 2개가 빠진 11개 부처였다. 노동부와 보건복지부 등 2개 부처는 경제수석이 아니라 정무2수석 소관으로 되어 있었다. 따라서 노사 문제가 생기면 경제적으로 문제해결에 접근하는 게 아니라 어디까지나 사회안정, 정권안보 차원에서 다루었다. 청와대에서 챙기는 것도 경찰병력이 얼마나 투입되었으며, 치안 차원에서 무엇이 문제인가 하는 쪽에 초점이 맞춰져 있었다. 경제대통령을 자임했던 전두환도 노사정책에 대해서만은 경제적 시각으로 접근하지 않았던 셈이다. 복지정책도 마찬가지였다.

전두환, 노태우 두 정권에 걸쳐서 재무장관으로서 경제정책의 인수인계 역할을 맡았던 사공일은 노태우정권으로 넘어오면서 노동 문제를 경제수석 소관으로 옮기는 일부터 했다. 그랬던 것이 훗날 다시 뒤집어지고 말았다.

전경련 회장을 바꿔라

10 · 26이 터지고 난 이후 대기업을 중심으로 한 재계의 움직임은 어떠했을까.

80년 1월 4일 오전, 당시 마포에 있던 신민당사에 뜻밖의 진객珍客들이 찾아왔다. 제1야당을 찾아온 낯선 방문객들은 정주영 회장을 앞세운 전경련 회장단 일행 9명이었다. 이들을 맞은 김영삼金泳三 총재나 신민당 당직자들은 '야당 간판을 내건 후 처음으로 찾아온 재계인사들'이라며 하나같이 의아스러운 표정들이었다. 재계의 거물들이 야당 당사를 대낮에 공개적으로 찾아가는 일은 예나 지금이나 지극히 이례적인 일이다. 노태우, 김대중, 김영삼, 김종필 4인이 막판까지 예측 불허의 혼전을 펼쳤던 87년 대선 때에도 전경련 회장단이 야당 당사를 찾은 일은 없었다.

"80년 새해를 맞는 재계의 입장이 그만큼 어려웠다는 반증이지요. 79년말 전경련 회장단회의에서 새해인사 방문 대상에 신민당을 추가하자는 얘기가 나왔을 때 아무도 이견을 제시하지 않았다는 사실만 보아도 당시 재계의 분위기가 어떠했는지를 짐작할 수 있을 것입니다."

당시 전경련 한 관계자의 회고가 아니더라도 10·26과 12·12를 거쳐 80년을 맞게 된 재계의 입장은 참으로 답답한 것이었다. 우선 경제 자체가 침체 속에서 허덕이고 있었던 데다가 기업의 외부환경이 도무지 가닥을 잡을 수 없게 꼬여 있었기 때문이다. 기업의 관심은 매출이나 순익을 얼마나 올리느냐보다는 경영 외적인 문제들에 집중되어 있었다.

재계 최대의 관심사는 누가 정권을 잡느냐였다. 권력의 실체가 어디에 있으며 누구에게로 가느냐는 감을 잡기 위해 기업들은 촉각을 곤두세우고 있었다. 5·16 직후 이미 정권 변동과 기업의 운명이 갖는 함수관계를 톡톡히 경험한 기업들로서는 충분히 그럴 만도 했다.

재계의 본산인 전경련의 탄생 자체가 5·16쿠데타로 정권을 잡은 군부 인사들이 이른바 '부정축재 혐의자'로 잡아넣은 주요 기업인들에게 국가재건에 이바지할 단체를 만들라고 다그친 데서 비롯된 것이 아니었던가.

당시 재계는 세 갈래로 나뉘어 권력의 향방을 좇아야 했다. 과도정부였다고는 하지만 최규하 정부에도 신경을 쓰지 않을 수 없었고, 대권주자로 떠오른 3김의 정치무대에도 관심을 기울여야 했다. 또한 12·12를 고비로 급부상하고 있는 전두환 장군 중심의 신군부세력의 동향도 결코 무시할 수 없었다.

그러나 재계의 우왕좌왕은 얼마 가지 않아서 싱겁게 끝이 났다. 5·17이 이 같은 재계의 고민을 풀어준 셈이 되었기 때문이다. 3김이 무대에서 단숨에 사라지고 국보위 출범과 함께 권력의 실체가 분명히 드러났다. 이제 모든 고민과 문제는 신군부와의 관계 하나로 정리되었다. 권력을 장악한 군인들이 기업과 기업인을 어떻게 보고 있으며, 앞으로 경제를 어떻게 요리해나갈 것인지, 이들에게는 '자금'을 얼마나 줘야 하는지….

군부 실력자들이 기업을 보는 눈은 결코 곱지 않았다. 대학가를 뒤덮다시피 한 '재벌망국론'과 사북탄광사태를 계기로 절정에 달한 노사분규로 가뜩이나 위축되어 있던 재계에 들려오는 신군부의 기업관은 불안하기 짝이 없는 것이었다.

"특히 당시 영관급을 중심으로 한 비교적 젊은 장교들의 기업관, 경제관이 문제였어요. 전두환 장군의 측근 참모들로 구성되었다는 '20인 위원회'니 하는 젊은 장교들 모임에서 부도덕한 대기업 몇 군데를 본보기로 해체시켜야 한다는 주장이 나왔다는 얘기가 여러 경로로 재계에 전해졌거든요."(전경련 관계자)

이처럼 뒤숭숭한 판에 6월 19일 국보위가 동명목재를 단칼에 내리치자 재계는 잔뜩 겁을 집어먹지 않을 수 없었다. 더구나 7월 이후 공무원, 금융기관, 국영기업체 임직원은 물론 언론계까지를 대상으로 전개된 대대적인 '정화' 淨化작업 역시 재계를 바짝 얼게 만들었다.

80년 7월 16일, 국립극장에서 열린 '기업 풍토 쇄신을 위한 기업인 대회'는 이를테면 기업인의 정화 다짐 대회였다. 7월 초, 경제 4단체 상근 부회장 등을 삼청동 국보위 사무실로 부른 김재익 경과經科위원장이 '윗분의 뜻'이라며 '공무원도 숙정을 하는 판인데, 기업도 뭔가 반성의 빛을 보여줘야 하지 않느냐'면서 이 대회 준비를 지시한 것이다.

1,500여 명의 참석 대상 기업인들에게 '대리참석은 안 된다'는 뜻과 함께 6개항의 기업윤리강령 문안도 전달되었다. 이날 김영선金永善 당시 대한상의 회장이 대회사를 통해 "정부가 사회정화운동을 전개하면서 기업인에 대해 관용을 베푸는 것은 어려운 경제현실을 감안한 것인 만큼 기업인들은 이를 자성의 계기로 삼겠다"고 다짐했고, 박충훈朴忠勳 총리서리는 "기업인들은 이 기회에 기업 내부에 남아 있는 모든 비리와 부조리를

과감히 청산하라"고 촉구했다. 당시 재계와 권부 사이의 관계를 상징적으로 보여주는 장면이었다.

이어서 발표된 9·27조치는 이 같은 기업의 '자성'을 실천으로 옮기라는 새 정권의 강력한 메시지였다. 여기에는 단순한 엄포가 아니라 하나의 어엿한 정책을 통해 기업인들에게 본때를 보여주겠다는 의도가 다분히 내포되어 있었다. 기업 소유 부동산의 강제매각을 골자로 한 9·27조치가 나온 지 3일이 지난 9월 30일, 전두환 대통령은 취임 후 처음으로 경제단체장들을 청와대로 불렀다.

이들로부터 9·27조치를 잘 따르겠다는 요지의 결의문을 전달받는다는 명목으로 마련된 이 자리에서 전 대통령은 "기업인들에 대해 그동안 아무 조치도 취하지 않았다는 불만이 국민들 사이에도 많고 내 주변에서도 많았지만, 가급적 기업을 건드리지 않도록 내가 막았다"며 생색을 냈다. 그는 부동산 과다보유, 동종업체간 과당경쟁, 근로자들로부터의 불신, 대기업과 중소기업 간의 관계 재정립, 경제성을 무시한 적자수출 등을 기업이 고쳐야 할 문제점으로 장시간 지적하면서도 "어쨌든 우리 경제가 오늘의 발전을 이룩한 것은 기업인들의 공로라는 점을 인정한다"는 치하도 덧붙였다. 5·16 직후처럼 기업인들을 무더기로 잡아넣는 일은 없을 것이나 알아서 움직이라는 뜻이었다. 격려이자 압박이었다.

군부의 지시를 거역한 정주영 연임

9월 들어 김봉재金奉才 중소기협 회장이 경선을 통해 연임된 지 6개월 만에 스스로 '때 묻은 구시대의 유물'을 자처하며 사임한 후 유기정柳琦諪이 후임 회장에 임명된 것을 필두로 무역협회와 대한상의 회장이 김원기, 정수창鄭壽昌으로 각각 바뀐 사실 역시 재계의 자발적인 뜻과는 무관한 것이었다. 그렇다고 재계가 수수방관만 하고 있었던 것은 아니다. 정권의 주인공이 3김

신군부의 압력에도 불구하고 전경련 중진회의는 정주영 회장의 연임을 결정했다.

이 아닌 신군부라는 사실이 확인되는 과정에서 위기의식을 느낀 재계는 단결을 통해 나름대로의 자구책 모색에 부심했다. 기업들은 저마다 줄을 찾아 뛰었다. 이때부터 기업 내에서도 군부와 줄을 댈 수 있는 인물들을 여하히 확보하느냐가 매우 중요한 일로 자리 잡게 된다.

당시 군부 안에서도 의견이 엇갈렸다. 영관급 장교 쪽에서는 재계 역시 과감한 물갈이를 해야 한다는 분위기였던 반면, 장군 그룹에서는 보다 현실적인 입장을 취했다. 가뜩이나 어려운 경제상황을 극복해나가려면 기업의 협조가 불가피하다는 것이었다. 재계는 총력전으로 군부 설득에 나섰고 경제가 갈수록 심각해짐에 따라 강경파 장교들도 점차 유화적인 입장으로 돌아서기 시작했다.

이 같은 분위기의 변화를 읽은 재계는 어느 정도 안심하게 되었고, 이는 정주영 회장을 전경련 회장직에서 밀어내라는 권부의 지시를 뒤엎는 결과로 나타났다. 81년 2월 초, 서석준 상공장관이 정 회장을 대신할 후임자로 지명한 인물은 당시 경총 회장으로 있던 김용주金龍周 전방全紡 회장이었다. 그러나 2월 16일, 회장 선출 문제를 논의하기 위해 전경련에

모인 20여 명의 재계 중진들은 정 회장의 연임을 결정해버리고 말았다. 현장에 나와 있던 상공부 관리들이 깜짝 놀라 전화기로 달려가는 사이에 재계 인사들은 유유히 회의장을 빠져나갔다. 서석준 장관으로부터 받은 회장 교체 지시에 대해 전경련 회원들은 '전경련은 기업인들의 순수한 임의단체다. 정부가 전경련 회장까지 임명하려는 것은 받아들일 수 없다'는 반응을 보였고, 그 결과가 이날 나타난 것이었다.

그런데 신군부가 왜 하필이면 정주영 현대 회장을 유난히 지목해서 '안 된다'고 했을까? 그것은 정 회장이 기존 재벌회사 '오너'들의 대표격이라는 점과 현대가 3공시대에 대규모 관급공사를 독식하다시피 해온 점 등 여러 가지 요인이 복합된 결과였다. 이를테면 재계에도 새바람을 불어넣으려면 일선에서 후퇴시켜야 할 대표적인 인물로 정 회장 같은 사람이 제격이라는 게 신군부의 생각이었다. 더구나 국보위 시절의 중화학공업 통폐합작업 과정에서의 버티기 작전 때문에 현대는 더욱 미운털이 박힐 수밖에 없었다.

어쨌든 당시의 서슬 퍼런 분위기를 감안하면 전경련의 이 같은 '모반'은 이만저만한 '괘씸죄'가 아니었을 텐데도 결과적으로 무사히 넘어갔다. 재계의 한 관계자는 "그런 결과야말로 신군부와 재계 사이에 어느새 서로를 인정하는 관계가 형성되었음을 반증하는 것"이라고 설명했다. 좀 더 부연하자면 "그동안 전 대통령이 통일주체국민회의 선출 대통령에서 새 헌법에 따른 선거인단 선출 대통령으로 옷을 갈아입었고, 새 여당으로 민정당이 출범하지 않았느냐"는 우회적인 설명 속에서 재계가 새로운 정권과의 관계정립을 위해 그동안 상당한 '투자'를 했으리라는 것도 짐작할 수 있다. 중요한 것은 정 회장의 유임이 재계가 80년의 살얼음판 같던 시기를 무사히 건널 수 있음을 미리 알리고 있다는 점이었다.

국보위, 한국경제에 무엇을 남겼나

이른바 '국보위시대'라고 일컫는 80년 여름의 3개월은 박정희시대 국가재건최고회의 시절의 '전두환판'에 해당하는 것이었다. 군부의 본격적인 부상을 뜻하는 이 기간은 경제적 측면에서도 각별한 의미를 지닌다. 국보위의 출범으로 경제정책 역시 다른 분야와 마찬가지로 이원적 행정절차로 바뀌어야 했다. 주요 정책의 결정은 모두 국보위의 소관 상임위원회와 상의해야 했고, 해당 부처의 장관은 전두환 상임위원장에게 별도의 결재를 받아야 했다.

국보위가 출범했다고 해서 당장 경제정책에 영향을 주는 외견상의 변화는 별로 없었다. 교복자율화나 과외금지 등 굵직굵직한 충격 조치에 비하면 경제 관련 분과위원회의 활동은 오히려 상대적으로 미약했다고 할 수 있을 정도였다. 정권을 장악한 신군부가 국보위 구성을 통해 나름대로의 개혁을 도모했으니 경제 분야 역시 예외일 수 없었다. 그러나 의욕만 앞섰을 뿐 감당할 능력도, 여건도 갖추지 못했다. 경제 쪽의 첫 작품이랄

90년 6월 5일, 삼청동 교육공무원연수원에서 국보위 현판식을 하고 있는 전두환 상임위원장과 박충훈 총리

수 있는 동명목재 문제나 많은 논란을 거듭했던 중화학투자조정 등이 이를 반증해준다. 당시의 동명목재는 합판 경기의 불황과 무리한 시설확장에 따른 부담으로 은행의 구제금융 없이는 도저히 버텨낼 수 없는 상황이었다.

"경제관료 입장에서 보았을 때 선택의 문제였습니다. 살리려면 살릴 수 있는 명분이나 방법이 있었다는 이야기지요. 그러나 국보위로서는 우선 개혁의지를 보일 찬스를 찾던 참이었으므로 '본때를 보여야 한다'는 정치적 판단이 크게 작용했던 것이지요."(국보위에 참여했던 모 관료)

처음부터 이 문제는 재무위원회가 아니라 사회정화위원회 주도로 이루어진 '사건'이었다. 기업경영의 부실 여부가 아니라 '악덕' 여부를 조사한다며 부인과 아들까지 잡아들였던 것이다. 당시 군부의 기업관이 어떠했는지를 보여주는 한 단면이기도 했다.

앞에서 대체로 살펴보았지만 국보위가 3개월간 생산해낸 대부분의 경제정책들은 투지만 앞세운 아마추어 수준에서 벗어나지 못했다. 그러나 5공 경제에 끼친 국보위의 영향 정도는 국보위가 취한 정책의 구체적인 내용이 무엇이냐를 떠나 국보위에 참여했던 '사람'들이 그후에 얼마나 막강한 영향력을 발휘했는가에서 파악해야 할 것이다.

국보위에 적극 참여했던 인물들은 하나같이 출세했다. 김재익은 물론이고 금진호 상공, 이규효 건설, 김주호 농림수산, 박종문 농수산부장관처럼 직업관료 출신 분과위원장들은 모두 장관 자리에까지 올랐다. 이밖에도 위원장은 아니었으나 문희갑, 차수명, 박판제, 안무혁, 오명, 유갑수 등이 5공초기의 경제정책 결정에 주역 역할을 톡톡히 해낸 인물들이다.

그러나 국보위 출범이 인선 과정에서부터 순조로웠던 것은 아니다. 특히 경제관료들 사이에서는 노골적인 불만이 터져나왔고, 총리를 비롯한 장관들조차 사석에서는 '국보위 불용론'을 거론했을 정도였다. 인선에 참여했던 사람들이 입을 다물고 있어 그 과정이 어떠했는지는 확실히 알 수 없으나, 어쨌든 가급적이면 명망 있는 학자들이나 유능한 인사들을 적극적으로 참여시키려 했던 것만은 분명하다.

대표적인 경우가 조순趙淳 서울대 교수였다. 신군부는 그를 경과위원장에 앉힐 생각이었다. 그동안 정부정책에 비판적이었을 뿐 아니라 학계에서도 존경받는 인물이었으므로 국보위의 경제팀 리더로서 안성맞춤이라고 여겼다. 더구나 조순은 전두환, 노태우 장군 등의 육사 시절 은사이기도 했다. 그러나 그는 이 제의를 거절했다. 이 바람에 국보위가 출범한 이후 얼마 동안은 경과위원장 자리가 공석으로 남았다가 결국 김재익 간사가 그 자리를 대신 맡게 된 것이다. 조순 교수는 이때 군부의 요청을 거부, 국보위에 참여하지 않은 것이 화근이 되어 후일 전두환 대통령으로부터 '가장 바람직하지 못한 학자'라는 낙인이 찍혀버린다. 이 같은 감정의 응어리는 좀처럼 풀리지 않았고, 6공의 첫 조각 때 노태우 대통령이 첫 부총리 겸 경제기획원장관에 조순 교수를 기용하려 했으나 전 대통령의 '거부권 행사'에 부딪혀 무산되었다는 설도 있다.

조순 교수 말고도 자신의 의사와는 상관없이 일방적으로 국보위 참여를 통고받았던 일부 교수들도 처음에는 어정쩡한 태도를 취한 경우가 많았다. 군 쪽에서 경제 분야에 참여했던 인물들을 보면 심유선 육군소장이 재무위원장을 맡은 것을 비롯해 이춘구 준장, 안무혁 대령 등이 주축을 이루었고, 오관치 대령 등 군 내부의 경제학박사들도 참여해 구색을 갖추었다.

"염려했던 것보다 군 출신 인사들이 비교적 합리적인 태도를 취했습니다. 물론 처음에는 터무니없는 혁명적인 발상들이 제기되기도 했지요. 예컨대 말썽 많은 부가가치세를 이참에 아예 없애버리자는 이야기까지 나왔었으니까요. 그러나 경제관료들이나 학자 출신 위원들이 반대논리를 펴면 경청하는 분위기였어요. 아마도 국보위에 참여하는 군인들 사이에도 '옛날 최고 회의식으로 경제정책을 밀어붙여서는 안 된다'는 인식이 있었던 것 같았습니다. 분과위원회끼리 상충될 때면 운영위원회 등을 통해 의견 수렴 과정을 꼭 거쳤습니다. 합의가 안 되면 안 했어요."

국보위에 참여했던 모 학자의 이야기다. 분위기는 살벌하기 짝이 없었으나, 정작 경제정책의 결정 과정은 우려했던 것보다는 합리적이었다는 설명이다. 물론 우격다짐식이 없었던 것도 아니었다. 일정을 정해놓고 밀어붙인 중화학투자조정이 그랬고, 해프닝으로 끝난 주택 500만 호 건설계획 같은 것 등이 대표적인 예들이다. 그러나 이 같은 정책들은 국보위의 해산과 함께 얼마 못 가 대부분 대폭 수정되거나 유보되는 바람에 제대로 실현된 정책은 별로 없었다.

'죽었다 살아난' 부가가치세

부가가치세가 폐지될 뻔했던 과정을 살펴보자. 부가가치세를 폐지해야 한다는 이야기가 거론되기 시작한 것은 10·26이 터지기 이전부터였

다. 모 여당의원은 공개석상에서 "내가 재무장관이 되면 맨 먼저 부가가
치세를 도입한 실무자들부터 목을 날리겠다"는 말을 공공연히 해댈 정도
였다. 이런 판에 10 · 26이 터졌으니 부가세에 대한 부정적인 견해는 한
층 노골화되었고 재무부 안에서조차 부가세를 공격했다. 그동안 불만이
있어도 입을 다물고 있던 사람들이 세상이 바뀌니까 앞을 다투어 부가세
를 비난한 것이다.

심지어는 박정희정권이 부가세 때문에 무너졌다는 이야기까지 나왔
고, 이 같은 분위기는 그대로 국보위로 전달되었다. 군인들은 옳다구나
하며 부가세 문제를 본격적으로 도마 위에 올렸다. 일은 간단했다. '그처
럼 많은 사람들이 비판해온 데다 국민이 원치 않는 세금이라면 당연히 없
애야 하는 것 아니냐'는 식의 논리에 아무도 반대하지 않았다. 뭔가 국민
들의 환심을 사야 하는 군부로서는 더할 나위 없는 호재라고 여겼던 것이
다. 전두환 상임위원장이 주재하는 회의에서도 그렇게 결론이 났다. 부
가세를 만드는 데 앞장을 섰던 김재익까지도 아무 소리 없이 입을 다물고
있었다.

심유선 재무위원장은 부가세를 없애는 것을 전제로, 이것을 없앨 경우
어떤 보완책이 필요한지를 알아보기 위해 처음부터 부가세 제정을 담당
했던 재무부 세제국의 강만수姜萬洙 과장을 불렀다.

"부가세를 없애는 것은 간단합니다. 그러나 세수가 줄어드는 것은 어
찌하겠습니까. 간단히 말해 세수에 방위비 규모의 구멍이 생기게 되는
셈입니다. 국민이 원치 않는 세금을 왜 만들었느냐고 말씀하십니다만,
어떻게 세금을 국민이 원치 않는다고 해서 안 걷을 수 있습니까. 병역의
무를 부과하는 것도 같은 이치가 아니겠습니까."

실무과장의 이 같은 당돌한 반박에 심유선 재무위원장은 부가세 폐지

방침을 재검토할 수밖에 없었다. 이렇게 해서 부가세 폐지 문제는 다시 국보위 전체회의에 부쳐졌고, 여기서부터는 그동안 입을 다물고 있던 김재익도 폐지불가론을 적극적으로 펴기 시작했다.

이처럼 다 죽었던 부가세가 다시 살아나는 등 국보위는 경제정책 면에서 이렇다 할 족적을 남기지는 못했다. 오히려 주목의 대상은 국보위가 탄생시킨 '스타플레이어'들이다. 5공 출범 이후 이들이 행정부에 들어가 끼친 영향력이 지대했음은 물론, 경제를 체계적으로 공부하지 못했던 전두환 상임위원장에게 지식의 공급원으로서, 또한 충성하는 심복으로서 자리를 굳히는 때가 국보위 시절이었기 때문이다.

김재익, 차수명, 문희갑 등이 바로 그들이다. 매일 새벽 전두환의 사저인 연희동에 가서 강의를 하고 국보위 사무실에 출근하는 김재익은 경과위원장으로서 전체 경제운용의 틀을 그려나갔고, 상공부 기계국장이었던 차수명은 발등의 불인 중화학투자조정 문제에 결정적인 영향력을 행사했으며, 문희갑은 운영위원회에서 실질적인 조정자 역할을 해냈다.

그렇다고 이들이 말썽 없이 순조롭게 공조관계를 만들어간 것은 결코 아니었다. 특히 김재익과 차수명은 지독한 대립관계였다. 둘 다 전두환 위원장의 유별난 신임을 받았으면서도 경제에 대한 진단과 처방은 물론 처세술에 이르기까지 너무도 달랐다. 한쪽이 동쪽으로 가야 한다고 주장하면 다른 한쪽은 서쪽으로 가자고 주장했다. 김재익의 비교우위론에 대해 차수명은 "비교우위를 기준으로 하면 우리가 해야 할 산업은 시멘트산업뿐"이라며 맞섰다. 이 둘의 대결은 국보위가 해체되고 5공이 출범한 후에도 계속되었고, 심지어는 정치 쪽의 편싸움을 유발할 정도로 확대되기도 했다. 그러나 경제를 배워가는 대통령으로서는 선생님들이 벌이는 논쟁 속에서 오히려 효과적인 학습을 할 수 있는 기회를 버는 셈이기도 했다.

제4부

꼬리에 꼬리를 무는
경제사건들

엉터리 통계가 빚어낸 수입쌀 파동

5공이 출범한 지 1년 반쯤 지난 82년 3월 9일, AP통신을 통해 충격적인 뉴스가 날아들었다. '미국의 쌀 수출업자가 한국의 조달청 관리에게 600만 달러의 뇌물을 준 사건'이 미국 법원에 제소되었다는 내용이었다. 가뜩이나 살얼음판을 걸어온 정부로서는 여간 곤혹스러운 일이 아니었다. 당장의 걱정은 이 외신을 국내 언론이 보도하게 그냥 내버려 두느냐 마느냐였다. 청와대는 우선 관계자들을 황급히 불러모아 '정말 600만 달러의 뇌물을 미국 측으로부터 받은 사실이 있느냐'를 챙겼다.

당시로서는 계엄이 해제되었다고 해도 정부가 마음만 먹으면 얼마든지 언론을 통제할 수 있었으므로 외신보도 내용이 사실로 드러나면 국내 언론이 이 사건을 일체 보도하지 못하도록 조치할 참이었다. 이 자리에 참석한 실력자들은 '절대 그런 사실이 없다'는 상호 확인을 거친 끝에 이날 석간신문부터 이 외신의 인용보도를 허용하기로 결정했다.

이렇게 해서 시작된 외미外米 파동은 한동안 나라 안을 발칵 뒤집어놓는다. 정부로서는 관계자들이 떳떳하다는 마당에 구태여 숨길 이유가 없다고 판단했으나, 일단 신문이 연일 보도하기 시작하면서 사태는 걷잡을 수 없이 확대되어갔다. 5공정권이 출범한 이래 그동안 움츠리고만 있던 국회와 언론이 모처럼 목청을 높일 수 있는 기회였다.

처음에는 뇌물 문제에 의혹이 집중되었으나 이것을 파고드는 과정에서 80년 대흉작 때의 외미 도입 과정이 모두 드러나게 된 것이다. 당시만 해도 별것이 다 비밀사항이었다. 이를테면 쌀에 관한 것도 그랬다. 언론은 공무원들이 철저하게 함구하는 바람에 몰라서도 못 쓰고 알아도 못 쓰는 형편이었다. 80년의 쌀 수확량이 2,466만 섬이라는 사실도 그해 11월쯤에 발표해왔던 전례를 깨고 쉬쉬하는 가운데 이듬해 3월에야 발표했을 정도였다. 따라서 외미 파동의 진상을 보다 정확히 이해하기 위해서는 80년 대흉년 당시로 거슬러올라가야 한다. 과연 뇌물을 먹었느냐 먹지 않았느냐 하는 문제 이전에 당시에 빚어졌던 외미 파동은 우리 경제의 식량정책에 직간접으로 엄청난 영향을 끼쳤던 사건이기 때문이다. 특히 이때를 계기로 쌀의 과다재고 문제가 처음 시작되었다는 점에 특별히 주목해야 할 것이다.

사실 5공정부가 출범과 함께 당면한 가장 심각한 고민은 쌀 문제였다. 물가불안이다, 경기부양이다 하는 것은 그래도 시간을 가지고 대처해나갈 수 있는 문제였으나 유례없는 쌀 흉작은 당장 해결해야 하는 발등의 불이었던 것이다. 쌀 문제는 가뜩이나 흉흉해진 민심을 뿌리째 흔들고 있었으므로 단순한 경제 문제 차원이 아니었다.

"부총리에 취임하자마자 남덕우 총리로부터 '쌀과 연탄 문제를 특히 잘 챙기시오'라는 이야기를 들었어요. 그래서 정종택 농수산장관을 만날 때마다 쌀의 작황을 챙겼었는데, 물어볼 때마다 쑥쑥 내려가는 바람에 참 큰일 났다고 생각했지요. 더구나 쌀 재고량도 600만 섬밖에 없는데, 그나마 100만 섬은 밑에 깔려 있는 쌀이라 못 먹는다는 것이었습니다. 그래서 결국 외미 도입에 총력을 기울이게 된 것이지요."

당시를 회고한 신병현의 말이다.

10월에 들어오면서 청와대, 농수산부, 조달청 관계자들을 중심으로 잇따라 쌀 대책회의가 열렸으나 결국 어떻게 하면 한 톨의 외국 쌀이라도 더 확보하느냐에 초점이 맞춰졌다. 김재익 경제수석이 직접 지휘봉을 잡은 가운데 주무부서인 농수산부는 종합적인 수급대책에, 조달청은 수입을 위한 실무작업에 매달렸다. 어디서 무슨 쌀을 어떻게 사오느냐도 걱정이었으나 우선 얼마나 사와야 하는가를 결정해야 했다. 말하자면 흉작에 따른 부족량을 얼마로 산정해야 하는가부터가 문제였다.

여기서부터 청와대와 농수산부가 엇갈렸다. 청와대는 어떻게 해서라도 많이 들여와야 한다고 주장하는 반면에 농수산부는 부족한 물량만 들여오면 될 것 아니냐고 맞섰다. 주무부서인 농수산부로서는 80년 쌀 생산량을 2,700만 섬으로 추정하고, 따라서 외미 도입량은 1,160만 섬 정도면 충분하리라는 계산이었다. 그러나 청와대나 경제기획원은 이 같은 농수산통계를 믿으려 들지 않았다. 그도 그럴 것이 농수산부의 쌀 통계는 그동안의 경험으로 보아 도저히 신뢰할 수 없다는 것이었다. 사실 이유 있는 의심이었다. 특히 78년의 쌀 통계 4,025만 섬을 놓고 정부는 단군 이래 최초의 4,000만 섬 돌파라며 요란을 떨었으나, 그 이듬해에 미국과 일본으로 쌀을 사러 다니는 촌극을 벌여야 했으니….

어찌 되었거나 농수산부로서는 콩으로 메주를 쑨다고 해도 의심을 받게 되어 있던 터라 80년의 쌀 생산량을 계산할 때는 어떻게 해서라도 박하게 잡으려는 쪽으로 바뀌게 된 것이다. 농수산부는 80년 수확량이

2,700만 섬은 된다는 입장을 거듭 밝혔으나 300만 섬 정도를 더 적게 보는 청와대를 설득시키기에는 역부족이었다.

김재익은 농수산부 관계자들에게 "쌀을 많이 도입해서 남게 되면 다음 해에 먹으면 되니까 걱정할 것 없어요. 자금조달 문제도 내가 책임지고 처리할 테니 걱정 마시오"라며 대통령에게 보고하는 외미 도입계획 자체를 다시 짜올 것을 요구했다. 하는 수 없이 농수산부는 "수급상으로는 1,200만 섬 정도만 도입하면 적정하나 식량안보 차원에서 300만 섬의 추가도입이 필요하다"는 식으로 보고서 내용을 바꿨다.

이렇게 해서 필요한 수입쌀의 물량은 1,500만 섬240만t으로 확정되었다. 관계자들은 이를 채우기 위해 사방팔방으로 뛰어다녔다. 이렇게 해서 실제로 들여온 수입쌀은 도입 과정에서 미국으로부터의 압력까지 가세해 3년 사이에 모두 1,896만 섬에 이르렀다.

물론 80년대 후반 들어 풍년이 계속되고 쌀 소비량이 감소 추세를 보여왔기 때문에 과다재고 문제를 10년 전의 수입쌀 탓으로 돌리는 데는 문제가 있다. 다만 이와는 별개로 한 가지 분명한 사실은 미국 측의 압력이 없었다고 해도 80년 당시 우리 정부 스스로가 필요한 수입쌀의 도입량을 지나치게 많이 잡았다는 점이다. 그 이유는 간단하다. 엉터리 통계가 주범이었다. 지나치게 불려놓았던 과거의 생산량 통계를 기준으로 필요한 쌀의 양을 계산한 반면에 흉년이 든 80년의 수확량은 통계를 현실화하는 과정에서 전에 없이 박하게 잡았으니, 여기서 계산된 부족량필요 도입량이 실제보다 과다하게 나올 수밖에 없는 일이었다.

물론 쌀 수확량을 신발공장에서 생산해내는 운동화 숫자를 세듯 정확히 파악할 수는 없는 일이지만 과거 70년대까지의 쌀 통계는 틀려도 너무 틀렸던 것이다. 4,000만 섬을 생산했다면서도 이듬해 바로 부족현상이 생기는가 하면, 이에 아랑곳하지 않고 평년작 수준은 3,800만 섬이라는 것이 정부의 공식입장이었으니 참으로 딱한 노릇이었다. 80년의 쌀 생산 목표량을 4,200만 섬으로 잡았던 것만 봐도 통계행정이 얼마나 어처구니없었는지를 짐작할 수 있다. 따라서 쌀의 연간소비량이나 재고량이 정확히 얼마인지도 파악하기가 어려웠다. 79년의 경우 장부상의 재고와 실제 창고에 쌓인 재고가 맞지 않아 무려 650만 섬의 가공숫자를 쉬쉬해 가며 떨어내야 했다.

80년대에 들어오면서 쌀 통계는 정확성 면에서 꾸준히 개선되어왔던 것이 사실이다. 평년작 기준 자체를 3,800만 섬에서 3,500만 섬으로 내려버리는가 하면, 교수들을 중심으로 한 민간위원회의 최종심사제도까지 신설하게 된다〔이렇게 쌀 통계를 고치고 나서도 각 도별로 집계되는 소위 행정통계는 여전히 4,000만 섬을 웃도는 것으로 보고되었다〕.

그러나 문제의 80년 쌀 생산량이 정확히 얼마였는지는 누구도 모를 일이었다. 2,700만 섬을 추정했던 농수산부는 자기들이 만들어낸 확정 통계가 2,466만 섬으로 나오는 바람에 망신을 당했지만, 나중에 재고가 쌓인 걸 보면 역시 당초 추정이 들어맞은 셈이 되었다.

쌀 수입을 둘러싼 커넥션

어찌되었거나 당시의 급박한 상황으로는 남아돌아서 생기는 문제는 나중 일이고, 우선은 부족한 쌀을 어떻게 조달하느냐가 급선무였다. 그것은 경제적 선택의 문제가 아니라 최대의 정치현안이었다. 사실 전국의 쌀 창고에는 재고가 바닥난 경우가 적지 않았고, 일부 지역에서는 군량미까지 방출해야 할 정도였다.

이런 상황에서 쌀값이 폭등하고 불안심리가 가중되었음은 물론이다. 별의별 궁여지책이 다 동원되었다. 대통령의 특별지시라며 '양곡수송'이라고 써 붙인 화물트럭을 동원해 서울시내를 빙빙 돌게 하기도 했다. 원래 서울시내에는 화물트럭이 못 다니게 되어 있었으나 '쌀이 충분하다'는 것을 과시하기 위한 민심수습용 운행이었다. 지금 같으면 상상도 할 수 없는 코미디 같은 일이 실제로 벌어졌던 셈이다.

이런 일도 있었다. 수입쌀이 인천항으로 들어오니까 경기지방에서 도정을 하는 게 당연한데도 일부러 남부지방으로 보내서 도정을 한 뒤 다시 올라오게 했다. 쌀을 실은 트럭이 도처에 왔다 갔다 하는 것을 보이기 위해서였다(나중에 농수산부는 이 일로 왜 수송비를 낭비했느냐며 감사원 감사에 걸려 홍역을 치른다).

결국 당시 수입쌀의 과다도입 배경을 정리해보면, 첫째 박정희시대의 쌀 생산통계가 원초적으로 잘못되었기 때문이고, 둘째로는 정부주로 청와대가 경제적 분석보다는 정치적 위기감을 해소하는 데 급급한 나머지 안정적인 재고 확보에 치중했고, 셋째로 수입 과정에서 미국 측의 압력까지 가세했던 것이다.

80년 작황에 대한 시비가 일단 매듭지어지면서 도입해야 할 수입쌀 규모는 1,500만 섬240만t으로 확정된다. 나중에 이 일이 국회에서 문제가 되자 김재익 경제수석은 "더 이상 거론하면 대통령에 대한 불경으로 여기겠다"는 엄포를 서슴지 않았다. 평소에 말을 그처럼 신중하게 가려서 하고 학처럼 처신하던 김재익의 입에서 '불경' 운운하는 말이 나온 것은 의외였다. 청와대 측근들 사이에서도 이상한 일이라며 수군댈 정도였다.

80년 10월 21일, 대통령에게 보고된 수입쌀 도입 계약을 보면 수입하기로 계약한 것이 미국으로부터 64만t 등 74만t, 추가로 도입해야 할 것이 일본 100만t, 미국 20만t 등 166만t으로 모두 240만t이었다. 가장 중요한 과제는 일본으로부터 100만t을 여하히 수입하느냐는 것이었다. 보고 다음 날 강인희姜仁熙 농수산부차관은 즉시 유종탁劉鍾卓 농업기획관을 대동하고 일본행 비행기를 탔다. 그러나 시작부터 난관에 봉착했다. 일본은 쌀이 남아돌아 재고처리에 부심하고 있었으므로 쌀을 수입해오는 것은 지극히 쉬운 일로 여겼으나, 실제 부닥쳐보니 그게 아니었다.

"한국에 수출할 쌀은 얼마든지 있다. 그러나 미국과의 곡물협정에 따라 그만한 물량의 쌀을 한국에 팔려면 미국의 사전허락을 받게 되어 있다"며 일본 농림성차관이 난색을 표했던 것이다. 강 차관은 기가 막혔지만 강대국끼리의 약속이라니 달리 도리가 없었다. 대관절 미국과 일본 사이에 왜 이 같은 약속이 이루어졌던 것일까.

우리 입장에서 볼 때는 난센스이기만 한 미·일 곡물협정이 체결된 것은 바로 그해 4월. '일본의 쌀은 일본 정부가 보조금을 농민들에게 지급해서 생산된 것인 만큼 함부로 국제시장에 수출할 수 없다'는 FAO국제식량농업기구의 '잉여농산물협의'에 따른 것이었다. 쌀이 부족해서 식량난을 겪는 나라야 어찌 되든 간에 값을 비싸게 유지하기 위해 만든 수출국끼리의 약속이었던 것이다.

그러나 이 협정의 진짜 이유는 미국과 일본 사이의 보다 구체적인 이해관계에서 비롯된 것이었다. 당시 일본도 미국으로부터 철강, 자동차 등 주요 4개 품목에 대해 수입규제 위협을 받고 있을 때였는데, 이것을 협의하는 과정에서 '쌀 수출은 당신네 허락 없이는 안할 테니 그 대신 4개 품목에 대한 수입규제는 봐달라'고 제의했고, 그 결과가 바로 미·일 곡물협정이었다. 어쨌든 코넬을 비롯한 미국의 쌀 수출회사들은 한국의 작황을 손바닥 들여다보듯 지켜보며 군침을 삼키고 있던 참이었다. 황급히 워싱턴으로 날아간 강인희 차관에게 미 농무부차관이 요구한 내용은 '80년 캘리포니아산 쌀 100만t과 남부 쌀 20만t을, 그리고 이듬해에도 캘리포니아산 50만을 한국이 사준다면 일본 쌀 수입을 허용하겠다'는 것이었다. 강 차관은 찬밥 더운밥을 가릴 처지가 아니었으므로 미국의 요구를 그대로 받아들이고 만다. 강 차관이 벌인 미국과의 교섭을 토대로 실질적인 도입 업무는 김주호 조달청장에게 넘어갔고, 이후 외미 도입 문제는 청와대와 조달청 사이에서 이루어진다.

"처음에는 앞이 캄캄했습니다. 물량도 문제였지만 쌀의 국제가격이 톤당 580달러선을 오락가락했으니 얼마만큼 끌어내릴 수 있느냐가 고민이었습니다. 궁리 끝에 미국 쌀회사들한테 입찰안내서를 보내놓고 경쟁을 붙인 결과 다행히 449달러 90센트까지 떨어뜨릴 수 있었어요. 이 가격에 낙찰된 회사는 이름도 없는 '하저'라는 해바라기 씨앗 수출회사였습니다. 그랬더니 아니나 다를까, 야단이 나기 시작했습니다. 82년에 수입쌀 파동을 일으킨 장본인인 코넬이 즉각 압력을 가해오기 시작한 것이지요. 그동안 한국을 상대로 한 쌀수출을 마음대로 주물러왔던 코넬이 이번에는 톤당 530달러를 써넣었다가 떨어졌으니 가만히 있겠습니까."

당시 김주호 조달청장의 회고다. 해를 넘기기 전에 코넬의 로비스트인 존 브로 하원의원이 글라이스틴 대사를 마치 수행원처럼 대동하고 신병현 부총리 겸 경제기획원장관을 찾아와 따지기 시작했다. 청와대에 먼저 들렀으나 별 소득을 올리지 못한 존 브로는 신 부총리를 상대로 처음부터 고압적인 자세로 나왔다. 그는 대뜸 "한국 조달청이 계약한 가격인 톤당 449달러 90센트는 국제가격 수준인 480달러를 크게 밑도는 것일 뿐 아니라 계약 당사자인 하저는 부실회사이기 때문에 계약을 재고해야 한다. 아울러 국제적으로 신임이 높은 코넬과 다시 계약하는 게 좋겠다"고 했다. 배석했던 김주호 청장이 "도대체 국제가격의 기준이 무엇이냐? 480달러가 국제가격이라는 기준을 밝히라"고 응수하자 존 브로는 "흉년인 나라를 도와주겠다는데 이게 무슨 태도냐"며 을러댔다. 자세한 내용을 몰라 듣고만 있던 신 부총리의 고함소리가 드디어 터져나왔다. "듣자 하니 당신들 해도 너무 하지 않느냐. 우리가 계약한 하저를 믿지 말라고 주장하는데, 그런 당신의 말은 어떻게 믿느냐. 그 회사가 계약을 이행할지 못할지는 그때 가봐야 알 일이니 당신이 참견할 일이 아니다"며 쏘아붙였다.

김주호 조달청장

대통령 방미 카드로 협박까지

코넬의 2차 공세는 이듬해 2월 전두환 대통령의 미국 방문을 이용해 계속된다. 대통령 방미에 앞서 뉴욕에 도착한 신 부총리를 은밀히 찾아온 미 국무성 관리가 "워싱턴의 공기가 심상찮다. 코넬이 하원의원들 100여 명을 확보해놓고서 당신네 대통령이 워싱턴을 방문할 때 청문회를 열어 가만두지 않을 것 같다. 미리 손을 좀 써두는 것이 좋겠다"고 귀띔하는 것이었다. 워싱턴에 도착하니 김용식金溶植 대사 역시 비슷한 이야기를 하면서 '잘 대처해달라'고 부탁했다. 요컨대 코넬의 비위를 거슬렀다가는 일본 쌀 수입의 방해는 물론 자칫하면 대통령 방미가 먹칠당할 우려가 있다는 이야기였다. 결국 코넬로부터 10만t의 남부 쌀을 더 사주기로 하는 수밖에 없었다.

이러고 나서 한동안 잠잠하다가 코넬 등이 "한국 관리가 600만 달러의 뇌물을 먹고 국제시세보다 비싸게 사들였다"는 내용을 자국 법원에 제소하게 된다. 이것이 외미 파동의 주요 전말이다. 당시 소용돌이를 몰고 왔던 600만 달러 뇌물수수 여부는 우리 정부의 강력한 부인뿐 아니라 미 의회청문회에서도 밝혀내지 못하고 매듭지어졌다. 국내 언론들도 처음에는 많은 의혹을 제기하며 파고들었으나 뇌물설을 제기한 코넬의 정체가 파악되면서 태도를 바꾸게 된다.

코넬은 5대 곡물 메이저 수준에는 못 미치지만 쌀 수출로는 미국의 대표적인 회사로 김형욱金炯旭이 정보부장으로 있던 67년 이후 한국의 수입쌀 시장을 독점하다시피 해왔다. 뿐만 아니라 70년 중반부터는 박동선朴東宣을 중개인으로 채용해서 한국에 대한 쌀수출을 좌지우지해왔고, 한국에 쌀을 수출할 때마다 톤당 21달러 50센트씩의 커미션을 박동선에게 지급했다. 그 돈이 어떻게 쓰였는지에 대해서는 「워싱턴 포스트」의 기자인 댄 모건이 쓴 『대곡물상전』이라는 책에 소상히 밝혀져 있다〔이 책의 번역서가 뒤늦게 불티나게 팔렸다〕.

요컨대 코넬은 쌀이 부족한 한국에 안정적인 공급원이었던 동시에 그에 따른 독점이익은 뒷거래를 통해 한국정부와 코넬이 나눠가져 왔던 셈이다. 따라서 한국의 쌀 수입가격은 코넬이 결정하기에 달려 있었고, 계약 과정 자체도 청와대 차원에서 이루어졌다. 소관당국인 조달청은 심부름꾼에 불과했다.

"그동안 코넬한테만 의존해서 쌀을 수입해왔는데, 도대체 남아 있어야 할 계약관계 서류가 제대로 없었어요. 말이 됩니까. 그래서 무엇보다 코넬의 완력에서 벗어나는 것이 급선무라는 판단에 따라 밀어붙였던 것인데, 결과적으로 뇌물설을 뒤집어쓰게 된 것이지요."

이 같은 김주호 청장의 증언에도 불구하고 조달청에 대한 의혹이 계속 제기된 것은 조달청 스스로가 워낙 불신의 대상이었기 때문이다. 3공시대 뉴욕에 파견되었던 조달청 구매관 중에서 임기를 마치고 제대로 귀국한 사람이 드물었던 점만 봐도 짐작이 가는 일이다. 심지어 코넬의 회장실에는 조달청의 모 뉴욕 구매관이 직접 써서 증정한 '위미제방'爲米濟邦이라는 액자가 걸려 있을 정도였다. 따지고 보면 외미 파동은 흔히 이야기하는 '3공 비리'의 하나였던 셈이다.

그럼에도 5공정부가 이를 제대로 해명하지 못한 것은 원래가 쌀이건 석탄이건 간에 조달청을 통해 들여오는데, 엄청난 물량들의 수입 과정에는 늘 정치적 개입이나 정보기관의 입김이 작용해왔기 때문이다. 따라서 외미 파동의 핵심에 서 있었던 김주호 조달청장은 시종일관 자신의 청렴과 결백성을 백방으로 주장했으나, 조달행정의 역사를 좀 아는 사람 같으면 좀처럼 이를 그대로 믿어주려 하지 않았던 것이다. 그것은 김주호 청장 개인 차원의 문제가 아니라 그동안 빚어졌던 정부의 조달행정의 비리가 그만큼 심각했기 때문이다.

저질탄 사건의 진상

사실 외미 파동 이후에 또다시 문제가 되었던 저질탄 수입 사건 때에도 대통령의 친인척과 정보기관까지 관련된 복잡한 상황이 벌어져 청와대가 직접 나서서 이를 조용히 수습하느라고 진땀을 흘린 적이 있었다. 그 진상을 추가로 요약하면 다음과 같다.

저질석탄이란 수분의 함유량이 기준치보다 많은 것을 뜻한다. 물 먹인 소와 똑같은 개념이다. 그런데 국보위 시절 신군부의 실력자를 등에 업은 유 아무개라는 재미교포가 조달청과 계약을 체결하고 석탄을 수출했는데, 그것이 수분함량이 많은 저질탄으로 밝혀져서 한때 나라가 발칵 뒤집어졌었다.

그런데 여기에는 저질탄 자체보다도 또 다른 말 못할 고민이 도사리고 있었다. 비록 저질탄이기는 했으나 석탄수출업자가 한국의 조달청으로부터 수출대금을 받아가는 게 당연한데도 이 돈을 엉뚱하게 한국의 중앙정보부가 가로챘던 것이다. 이유인즉 10·26 이후 극심한 혼란기가 계속되는 가운데 미국 지역의 최 아무개라는 요원이 공작금을 챙겨 잠적해버린 사건이 있었는데, 그가 석탄수출업자 유 씨와 동업관계에 있었던 것이다. 이런 상황에서 서울의 중앙정보부는 털린 국고를 채워야겠다는 생각으로 조달청에 압력을 가해 재미교포 유 씨가 석탄을 수출하고 한국정부로부터 받을 돈을 가로챘던 것이다. 유 씨가 가만있을 리 만무했다. 그는 이 같은 사실을 외국 언론에 폭로하겠다며 한국정부를 상대로 윽박질렀고, 사실관계를 확인한 청와대 민정 쪽에서는 소문나지 않게 수습하느라 애를 먹었다. 물론 당시 언론은 이 같은 사실을 알면서도 한 줄도 쓰지 못했다. 개략적이나마 이 같은 내용이 활자화되는 것이 이 책에서가 처음일 것이다.

대통령의 동생과 소 파동

농업정책 쪽으로 넘어가보자. 결론부터 말해 5공의 농업정책은 첫째는 증산정책이요, 둘째는 가격억제정책이었다. 그러나 좀 더 엄밀히 말하자면 오로지 증산정책 하나에 집중했다 해도 과언이 아니다. 추곡수매가 억제로 대표되는 농산물 가격억제정책은 물가안정정책의 핵심이었으며, 따라서 이는 청와대와 경제기획원의 소관사항이었다. 말이 농정의 주무당국이었지 농수산부에게 맡겨진 일은 오로지 식량증산을 도모하는 일뿐이었다.

공교롭게도 정권이 출발하는 시점부터 심각한 흉년으로 호되게 시달렸던 터라 전 대통령 자신부터 '식량자급'을 절대적인 명제로 여기게 되었고, 이에 따라 역대 농수산부장관은 예외 없이 식량증산에만 매달릴 수밖에 없었다. 따라서 다른 분야에서는 이러쿵저러쿵 활발히 논의되었던 시장경쟁원리라든지 개방화 등의 논의들은 농업 분야에 관한 한 해당되지 않는 일이었다.

전 대통령은 농정에 관한 한 넥타이 매고 앉아서 일하는 장관을 싫어했다. 식량증산은 머리로 하는 것이 아니라 몸으로 하는 것이라고 생각했고, 따라서 주무장관도 현장에 나가 직접 농정을 챙길 것을 강조했다. 그 결과 5공시대에는 특히 주곡인 쌀의 증산에 힘쓴 덕에 연속적인 풍년을 기록할 수 있었고, 나중에는 오히려 쌀이 남아돌아 걱정인 상황으로 바뀌게 되었다.

그러나 증산에는 성공했으되, 마땅히 경제운용의 기초가 되어야 할 수급조절이라든지 고질적으로 낙후된 유통조직에 대한 합리적인 개선노력 등에는 신경 쓸 겨를이 없었다. 예컨대 농촌지역의 공업화정책에 따라 농공지구 선정 문제가 처음 제기되었을 때만 하더라도 농수산부 입장은 오직 대통령에게 보고한 증산 목표를 여하히 달성 또는 초과달성해내느냐만이 주된 관심사였다.

이 같은 절름발이 농정 속에서 빚어진 대표적인 부작용이 바로 '소牛 파동'이었다. 그 시말은 이러했다.

84년 5월, 미국의 한 지방신문이 "미국이 한국에 수출한 소 중의 12%가 수송 도중에 죽거나 건강이 나빠져 도착 직후 도살되었다"고 보도한 내용이 통신을 타고 국내에 알려지면서부터 일이 벌어지기 시작했다. 병든 소를 수입했다는 것도 문제였으나 여기에 그치지 않고 불똥은 새마을운동본부로까지 튀었다. 요컨대 병든 소를 들여오게 된 원인은 지나치게 많은 소를 한꺼번에 들여왔기 때문이며, 대통령의 동생인 전경환全敬煥 새마을운동본부 회장이 청와대를 업고 압력을 행사한 것이 그 배경이라는 것이었다.

'소 파동'의 진상을 정확히 알아보기 위해서는 82년으로 거슬러올라가야 한다. 소 문제를 본격적으로 들고 나온 장본인은 그해 5월 부임한 박종문 농수산부장관이었다. 나름대로 전 대통령으로부터 각별한 신임을 받고 있던 박 장관은 취임 직후 '복합영농'이라는 캐치프레이즈 아래 소 사육 확대정책을 적극적으로 밀고 나갔다. 강원도지사 시절에 농민들에게 소 사육을 장려했더니 쌀농사보다도 훨씬 수입이 좋았다며, 이를 전국적으로 확대시켜나가겠다는 것이었다.

내친김에 농수산부는 '초지조성 10개년계획'이라는 것을 만들어 발표했다. 무려 1조 원을 들여서 전국에 광활한 초지를 조성, 소 사육두수를 82년의 164만 마리에서 91년에는 269만 마리 수준으로 끌어올리겠다는 것이었다. 마치 하루아침에 한국의 농촌이 쌀농사에서 벗어나 낙농업을 위주로 하는 선진국 스타일의 부유한 농촌이 되는 것처럼 야단이었다. 이에 따라 목장을 만들기 위한 초지조성 희망자들에게는 갖가지 정책적인 지원과 규제완화조치가 취해졌다. 여느 때 같으면 재원조달 문제라든지 다른 정책과의 상충 등을 이유로 기획원이나 재무부에서 당연히 시비를 걸 만한 일이었으나 하나같이 입을 다물고 있었다. 박종문 농수산부장관이 직접 대통령으로부터 결심을 얻어낸 사항이었으므로, 속으로는 불만이면서도 겉으로는 모두가 노코멘트였다.

이런 상황에서 소값은 하루가 다르게 뛰어올랐다. 소 사육농가가 급속히 늘어갔고, 서울의 돈 많은 사람들은 목장 차릴 땅을 잡겠다고 앞을 다투었다.

"소값이 1년 사이에 배로 오르자 농민들은 몇 년 전의 하락사태는 까맣게 잊은 채 한 마리라도 더 얻어내기 위해 아우성이었습니다. 마치 서울의 아파트투기 열기가 농촌의 소 키우기 전쟁으로 옮겨진 것 같았습니다. 농민들이 상경해서 일가친척들을 동원하는가 하면 국회의원이나 도지사들도 앞장서서 소의 수입확대를 요구해올 정도였으니까요."

전경환이 87년 국회의원에 출마하기 위해 만들었던 『새마을운동과 전경환』이라는 책

당시 이 일을 맡았던 한 퇴직관료의 이야기다. 이처럼 소값이 계속 오르는 마당이니 수입소를 배정받는 일이 이권화되는 것은 당연한 결과였다. 81년의 소 수입 두수가 모두 2만 5,000마리였던 것이 82년에는 무려 3만 970마리로 급증했다. 이에 농수산부 실무자들은 83년의 소 수입 두수를 검토한 결과 3만 마리가 적정하며, 국내 검역시설과 수송능력 등을 감안할 때 최고 5만 마리를 넘어서는 안 된다는 결론을 내렸다. 그럼에도 실제로는 7만 마리를 들여왔다. 바로 이 대목에서 청와대와 새마을운동본부의 개입이 문제가 된 것이다.

새마을운동본부가 소에 눈을 돌리게 된 것은 그럴 만한 이유가 있었다. 새마을운동 자체가 3공시대에 비해 상대적으로 침체되어 있던 터였으므로 뭔가 국민들의 관심을 다시 끌어모을 수 있는 돌파구를 찾아야 하는 상황이었기 때문이다. 그러던 참에 수입소가 '황금알을 낳는 거위'로 등장한 것이다. 전경환 회장은 박창원朴昌源 경기도 지부장의 건의대로 즉각 전 대통령의 재가를 얻어냈다. 처음에는 소 수입 자체를 새마을운동본부가 맡겠다고 나섰으나 아무 소리 못하고 있던 관료들이 그것만은 안 된다고 반대했다. "새마을운동본부는 수익사업을 못 한다"는 세법 조항으로 마지노선을 편 것이다.

결국 타협책으로 나온 것이 소 수입은 계속 축협이 맡아서 하되, 새마을운동본부는 자기네들이 우수 새마을에 일정 두수를 알아서 배정한다는 것이었다. 두말할 것 없이 대통령의 친동생인 전경환 회장의 세도가 결정적으로 작용한 결과였다. 뿐만 아니라 전 대통령 자신도 그렇게 하는 것이 괜찮겠다고 생각했던 것 같다. 당시 축산국장이었던 송찬원宋燦源의 이야기는 이렇다.

"농수산부는 한 해 3만 마리 이상 들여오는 것은 힘들다고 청와대 회의에서 보고했지요. 한꺼번에 그처럼 많이 들여올 경우 규격에 맞는 소를 확보하기도 어려울 뿐 아니라 실어 나를 가축전용 수송선도 부족하고, 또한 검역시설도 모자라기 때문이라고 설명했습니다. 그랬더니 전 대통령이 직접 조목조목 반박을 하지 않겠습니까. '미국에 1억 마리의 소가 있는데 그까짓 3만 마리 정도를 못 들여오느냐. 우리나라가 조선 제1국인데 배는 만들면 된다. 검역시설이 모자라면 미국처럼 민간에 맡기면 될 것 아니냐' 하는 것이었습니다. 물론 새마을 쪽에서 미리 올린 보고서를 근거로 이야기한 것이었죠."

이렇게 해서 새마을 몫 2만 마리가 더 보태졌고, 이것이 결국 화근이 되었던 것이다. 수출국인 미국이 소가 부족해서 곤란하다는데도 한국이 사정해서 수입량을 채우느라 급급했는가 하면, 무리하게 소를 실어 나르는 과정에서 멀쩡한 소들마저 무더기로 발병하는 사태가 빚어진 것이다.

장관들도 설설 기었던 전경환

아무튼 소 수입은 이처럼 엄청나게 늘어났는데도 시중에는 쇠고기가 모자라는 기현상이 벌어졌다. 농민들이 값이 더 오를 것이라는 기대 속에서 성우成牛의 출하를 꺼렸기 때문이다. 따라서 소는 흘러넘치는데 소값과 쇠고기값 모두가 계속 오름세를 보였다. 물가당국인 경제기획원은 다급해진 나머지 쇠고기값을 끌어내리기 위해 부랴부랴 쇠고기 수입을 더 늘려나가야 했다.

처음부터 단추가 잘못 끼워졌으니 무사할 리가 없었다. 수입소가 농가에서 계속 새끼를 치고 있고 쇠고기 수입 또한 급격히 불어났으니 공급과잉 현상이 파국으로 치달을 것은 뻔한 이치였다. 결국 84년부터 소값은 내리막길을 거듭할 수밖에 없었다. 83년에 166만 원이던 암소값이 절반 수준인 82만 원으로까지 떨어지면서 또 한차례의 심각한 소 파동을 몰고 왔던 것이다.

이와 관련해 농수산부의 관련국장과 축협이사가 책임을 지고 사임했으나 따지고 보면 이들이 책임져야 할 일이 아니었다. 물가만을 생각했던 기획원, 어쭙잖게 복합영농을 표방했던 농수산부, 더구나 오르는 소값을 이용해 한 건을 도모했던 새마을운동본부, 이를 뒤에서 밀어준 대통령 등 모두가 함께 책임져야 할 일이었다.

소 파동은 농업정책의 실패 차원 이외에 대통령의 친인척 문제로서도 주목을 끈 사건이었다. 앞에서 살펴보았듯이 소 도입두수를 늘리는 과정에서 전경환의 입김이 결정적으로 작용했기 때문이다. 그의 신분은 민간단체의 장에 불과했으나 영향력은 장관급 이상이었다. 특히 새마을운동과 관련이 깊은 내무부와 농수산부로서는 그의 말 한마디가 자기네 장관들의 지시보다 더 큰 영향력을 발휘했다.

훗날 정권이 바뀐 뒤 전경환이 친인척 비리 차원에서 쇠고랑을 차게 된 것도 모두가 따지고 보면 사필귀정이었던 셈이다. 대통령의 동생이었던 그의 권세가 어떠했는지를 말해주는 참으로 어이없는 에피소드 한 토막을 소개한다.

농수산부가 초지조성 계획을 발표하고서 한때 시중의 관심은 과연 어떤 곳에다 대규모 초지를 조성할 것인가에 쏠렸다. 하루는 전경환 새마을운동본부 회장을 모시고 농수산부장관과 경제기획원의 관련국장이 헬리콥터를 타고 가 강원도의 어느 지역을 방문했다.

그곳은 새마을 측에서 초지조성에 최적지로 추천한 곳이었다. 그러나 막상 헬리콥터가 앉은 곳은 도저히 소를 키울 수 없는 비탈진 산간 지역이었다. 이런 데서 소를 키운다니 기가 막힐 노릇이었다. 그러나 농수산부장관은 이처럼 한심한 장소를 두고 "정말 기가 막힌 곳을 고르셨습니다"라며 전경환 회장에게 노골적으로 아첨을 떨었다. 문제는 그 다음이었다. 헬리콥터 조종사가 달려와서는 "이거 죄송하게 되었습니다. 제가 지도를 잘못 보고 엉뚱한 곳에 내렸습니다"라는 게 아닌가. 얼굴이 벌게진 농수산장관은 전경환 회장님을 모시고 다시 원래 추천 장소로 날아갔다. 수행원들도 아무 말이 없었다.

장영자에 먹칠당한 '정의사회'

82년 5월 6일, 주식시장에 특별한 이유 없이 오전장부터 회오리바람이 몰아쳤다. 하한가가 무더기로 쏟아져나오는 가운데 심각한 투매현상이 벌어진 것이다. '제2의 증권 파동'이라는 소리가 삽시간에 증시 주변을 뒤덮었다. 이유인즉, 그동안 증시를 지배해오던 큰손들에게 심상찮은 이상이 생겼을 뿐만 아니라 사채시장이 갑작스레 꽁꽁 얼어붙고 있다는 것이었다.

아니나 다를까, 이튿날인 7일 드디어 일이 터져나오기 시작했다. 검찰이 전직 국회의원이며 중앙정보부 차장이었던 이철희李哲熙와 그의 부인 장영자張玲子 두 사람을 외환관리법 위반 혐의로 구속했다는 것이었다. 일반인에게는 생소한 이름들이라 처음에는 무슨 영문인지 언론들도 어리둥절해했다. 그러나 증시 주변에서는 '바로 그들'이라며 술렁거렸다.

"외환관리법 위반요? 천만의 말씀, 두고 보시오. 검찰이 적당히 얼버무리려면 모를까, 제대로 수사를 한다면 분명히 우리 경제를 송두리째 뒤

흔들 엄청난 사건으로 비화될 거요. 그 사람들은 작년쯤부터 갑자기 부상한 큰손인데, 증권시장과 사채시장을 넘나들며 마음대로 주물러왔던 인물들이었습니다. 조짐이 심상찮습니다.”

당시 증권거래소 관계자가 필자에게 귀띔해주었던 이야기다. 그의 예상은 적중했다. 처음에는 대부분의 사람들이 긴가민가하는 분위기였으나 시간이 지나면서 사태는 일파만파로 확대되어갔다. 장 여인이 대통령의 처삼촌인 이규광李圭光 광업진흥공사 사장의 처제라는 사실이 확인되고, 이들이 움직였던 자금이 수천 억 원에 이른다는 사실 등이 드러나면서 걷잡을 수 없는 사태로 빠져들었다. 당시 시중은행의 자본금이 700억 원에 불과한 때였으니 그 충격은 가히 짐작이 가는 일이었다.

충격의 파장은 하루가 다르게 확대되어갔다. 공포정치 속에 너도나도 입조심이 몸에 배어 있을 때였음에도 사건의 규모나 내용이 워낙 어처구니없는 일이었던지라 정부로서도 마냥 쉬쉬하며 덮고 지나갈 수는 없었다. 눈치를 보던 신문들이 이 사건의 배후를 경쟁적으로 파헤치기 시작

하면서 사태는 걷잡을 수 없이 비화되어나갔다. 그동안 쌓여왔던 독재정권에 대한 국민적인 반감이 한꺼번에 폭발했다. 5공 수립 이후 정권적 차원의 최대 위기였다. 당황한 정부는 검찰로 하여금 중간발표까지 시켜가며 “이 사건은 단순한 어음사기 사건이며 대통령의 친인척 관련이나 정치적 배후

어음사기 사건 항소심 선고공판장에 들어가고 있는 장영자와 이철희

는 전혀 없다"고 강조하기에 급급했으나 갈수록 흉흉해지는 민심을 무마하기에는 역부족이었다. 결국 처음에는 아무 관련이 없다던 대통령 처삼촌 이규광을 비롯해 2개 은행장 등 모두 32명을 무더기 구속시키고 총리와 관계장관을 인책 사임시키는 것으로 마무리짓기는 했으나, 어떻든 간에 이 사건은 '정의사회 구현'을 내걸었던 5공정권의 정통성에 결정타를 가한 꼴이었다. 이 사건의 진상이 무엇인지는 지금도 미스터리로 남아 있는 부분이 적지 않다. 당시 검찰 발표도 물론 믿을 게 못 된다. 형식적인 마무리를 위한 것이었을 뿐, 실체적 진실을 규명한 것은 결코 아니었기 때문이다. 그러나 당시의 정황을 통해 최소한 몇 가지 기본적인 문제들을 다시 정리해볼 필요가 있다.

가뜩이나 살얼음판을 걷던 5공은 82년에 들어서면서부터 액운의 연속이었다. 다행히 물가는 눈에 띄게 잡히기 시작했으나 경기는 여전히 꿈적도 않는 가운데 연초부터 외미 파동으로 홍역을 치르더니 뒤이어 '의령 경찰관 총기난사 사건'[82년 4월 26일 경남 의령경찰서 궁유지서의 우범곤 순경이 술에 취한 상태에서 총과 수류탄 등을 들고 나와 주민들에게 무차별 난사한 사건. 주민 56명이 죽고 34명이 중상을 입었다]까지 벌어졌다.

그러던 4월 말, 검찰의 이종남李種南 중앙수사부장은 화급히 청와대로 들어갔다. 이학봉 민정수석 주재로 열린 회의에 참석한 이종남 중수부장은 이 자리에서 최근 검찰이 이러이러한 사건을 수사하고 있는데 어찌했으면 좋겠느냐고 고충을 털어놓았다. 이야기인즉, 거액의 어음사기 혐의가 있는 이·장 두 사람을 불러다 수사를 하고 있는데, 이철희가 전직 거물일 뿐 아니라 특히 장 여인이 "내가 누군 줄 알고 이러느냐, 당장 풀어주지 않으면 혼이 날 줄 알아라"며 으름장을 놓고 있다는 설명이었다.

물론 흔히 있는 금융사고나 경제사건 같으면야 검찰의 중앙수사부장이 청와대까지 올라갈 필요조차 없는 일. 그러나 장 여인이 막강한 배경을 내세우며 큰소리를 쳐대니 검찰로서는 죄질이 얼마나 무거운지를 정확히 따지기에 앞서 '윗분'의 분명한 지시를 받아야 했던 것이다.

어쨌거나 이들의 구속 문제를 놓고 청와대와 검찰이 상당한 고심을 했던 것은 사실이다. 청와대 보고 이후 구속을 결정하고 사건을 공식발표하기까지 일주일이 걸렸을 정도다. 그후에도 중간발표를 포함해 수사의 진전 과정은 일일이 청와대로부터의 지시 또는 긴밀한 협의를 거쳐 진행되어나갔다.

검찰은 이·장을 구속한 지 닷새째 되는 날인 5월 12일 중간발표를 통해 사건의 윤곽을 밝히고, 전 대통령이 청와대 대변인을 통해 '철저한 진상규명과 배후조사'를 지시했다. 중간발표 내용의 초점은 이·장 사건은 2,000억 원대에 이르는 어음사기 사건이며, 이들이 어떤 수법으로 사기를 저질러왔는가였다. 여론을 의식한 듯 검찰은 당초보다 한결 강경한 태도였다. 이 사건과 관련된 이·장의 주변인물뿐 아니라 이로 인해 부실을 초래한 조흥은행과 상업은행의 두 행장에게까지 형사책임을 묻는 쪽으로 분위기가 경화되어나갔다.

검찰은 이처럼 강경한 자세를 보이면서도 유독 대통령의 친인척 및 정치권과의 관련 부문은 단호히 부인했다. 관심의 초점이던 이규광 부분에 대해서도 "이들이 이규광 씨가 봐주는 것처럼 이름을 팔고 다녔을 뿐이지 실제로는 아무 관련이 없다"는 점을 강조했다.

당시 검찰은 사건의 진상을 밝히는 것 못지않게 어떻게 하면 대통령의 주변이 이 사건과 무관하다는 사실을 국민들로 하여금 믿게 하느냐에 총력을 기울이고 있었다. 예컨대 세간의 관심은 대통령 처삼촌의 처제인 장 여인과 그 배후에 있었으나, 검찰은 가급적이면 그의 남편인 이철희

쪽으로 사건의 초점을 모아나가려 했다. 심지어 문화공보부를 통해 언론이 이 사건을 보도하면서 장 여인을 앞세워 제목을 뽑는 일이 없도록 종용하는가 하면, 사건의 공식명칭도 '장 여인 사건'이 아니라 '이철희 씨 부부 어음사취 사건'으로 표기하게 했다. 되도록이면 사건 전체가 남편인 이철희에 의해 주도된 것이며 아내인 장영자는 남편의 일에 협조한 것으로 끌고 나가려 애썼다.

그러나 검찰의 중간발표는 시중의 의혹을 삭여주기는커녕 오히려 증폭시켜나갔다. 검찰은 당초 외환관리법위반혐의로 구속했을 때보다는 훨씬 진전된 내용을 밝혔으나 이·장이 굴렸다는 자금의 규모나 사용처 등을 규명하는 데는 엉성한 구석이 적지 않았기 때문이다. 이를테면 이들이 본격적으로 사채시장에 뛰어들기 전의 축재 과정을 비롯해 377억 원이나 날렸다는 주식투자내역 등 곰곰이 따져보면 쉽사리 납득하기 어려운 부분이 많았던 것이다. 따라서 주요 신문들은 의문이 가는 부분들을 조목조목 짚어가면서 의문을 제기하고 나섰다.

대통령 처삼촌도 구속

이러한 분위기에서 결국 검찰은 강도를 더 높일 수밖에 없었다. 5월 17일, 임재수林在琇 조흥은행장, 공덕종孔德鍾 상업은행장, 변강우 공영토건 사장, 주창균 일신제강 회장 등을 포함해 15명을 구속한 데 이어 이튿날에는 결코 관련이 없다던 대통령의 처삼촌 이규광마저 구속해버렸다. 물론 일반의 여론이야 대통령의 친인척 비리를 철저히 규명해야 한다는 것이었으나, 당시의 정부 입장을 감안할 때 이규광의 구속은 뜻밖이었다. 처음부터 검찰의 태도가 이 사건을 어떻게 해서라도 축소시키려는 의도가 완연했을 뿐 아니라 마음먹기에 따라서는 언론의 시비 따위는 얼마든지 잠재울 수 있었기 때문이다. 그렇다면 왜 대통령의 이미지에 상당한 흠집을 무릅쓰면서까지 이규광을 구속하게 된 것일까. 이 같은 의문과 관련해 당시 구속되었던 임재수 조흥은행장의 말은 많은 것을 시사해준다.

"과정이야 어찌 되었건 간에 은행장으로서 책임을 져야겠다는 생각에서 재무장관에게 사의를 표명했는데, 분위기가 심상찮게 돌아가면서 검찰에까지 불려갔습니다. 그러나 설마 구속당하리라고는 생각도 안 했습니다. 취조 과정에서 내가 관련된 사항에 대해 솔직히 대답했으나 도무지 믿으려 들지 않았습니다. 아무리 부인을 해도 검찰은 이·장과 거래를 하는 과정에서 누가 압력을 넣었느냐, 권정달 민정당 사무총장이나 이규광 광업진흥공사 사장 등과는 어떤 관계를 맺어왔느냐, 뇌물은 누구한테 얼마를 받았느냐는 등의 추궁만 되풀이하는 것이었습니다. 당시 검찰의 의도로 봐서는 나를 옭아넣으려는 것은 물론, 정치권의 관련 여부를 집중적으로 캐려는 것 같았습니다. 그러나 강경한 검찰 태도는 허 씨들의 퇴진과 함께 눈에 띄게 달라졌어요."

다시 말해 이 사건에 대한 비판적인 여론이 고조되면서 검찰의 태도가 달라진 것은 당시 실세의 핵이었던 허 씨들의 주장에 의한 것이었다는 이야기다. 청와대 관계자도 이 같은 흐름을 확인해주었다.

"청와대 안에서도 친인척 관련 문제를 놓고 난처한 입장에 빠졌었지요. 그러나 허화평, 허삼수 두 사람의 강력한 주장이 먹혀들면서 결국 이규광 씨까지 구속하게 된 것이지요."

사실 당시만 하더라도 대통령의 친인척까지 잡아넣어야 한다는 주장을 감히 펼 수 있는 사람은 오직 허 씨들뿐이었고, 검찰을 포함한 권력의 주요한 길목들도 이들이 장악하고 있던 때였다.

허화평許和平 당시 정무수석의 회고를 직접 들어보자.

"사건이 터지자 청와대 참모들 사이에는 걱정이 많았지요. 대통령의 처가가 관련된 문제이다 보니 조심스럽게 다루어야 한다는 분위기였습니다. 이종원 법무장관은 형사사범이 아니라 경제사범으로 처리하는 게 좋겠다고 말했지만 나는 반대했어요. 전원을 형사사건으로 다루어서 법대로 처리해야 한다는 입장을 견지했습니다. 대통령의 처삼촌이든 누구든 어정쩡하게 처리할 경우 5공화국은 영락없이 사기꾼 돈을 받아먹은 꼴이 될 판이었으니까요. 원칙적인 처리가 불가피하다고 판단했지요. 다른 참모들에게는 '책임은 내가 진다. 보도통제는 아예 할 생각도 말라'고 지시했습니다. 전 대통령한테는 '모두 구속해야 한다'고 보고했죠."

대통령에게 흙탕물이 튈까봐 웬만하면 사건 자체를 얼버무리려 했다가 워낙 심하게 여론이 들고 일어나자 소위 개혁주도세력의 핵심이었던 허 씨들이 나서서 대통령의 처삼촌까지 구속하기에 이른 것이다. 대통령의 심기만 살피는 분위기에서 그나마 참모들의 맏형 격인 허화평 홀로 쓴소리로 원칙적 대응을 주장하고 나선 것이다. 뒤에 나오는 금융실명제 편에서 더 자세하게 언급되겠지만, 이 같은 친인척 비리의 원칙처리 고수에 이어 실명제 추진까지 반대하는 과정에서 결국 허화평, 허삼수許三守는 5공정권을 떠나게 된다.

이처럼 검찰의 수사가 여론을 감안해서 당초 예상했던 것보다 한결 강도를 높였던 것은 사실이지만, 과연 공정했느냐 하는 것은 전혀 별개의 문제다. 예컨대 임재수 조흥은행장의 경우 장 여인으로부터 1억 5,000만 원의 뇌물을 받았다며 고등법원까지 유죄로 끌고 갔으나 대법원에서 무죄로 판결이 뒤집어졌고, 공덕종 상업은행장 역시 업무상배임 부분은 무죄로 결말이 났다. 죄가 없다는 확정판결은 나중 일이었고, 이들은 검찰발표라는 낙인 한 방으로 간단히 속죄양 신세가 되어버렸던 것이다.

임재수 행장의 증언이다.

"하루는 이철희 씨한테서 점심식사를 하자는 연락이 왔기에 롯데호텔 '벤케이'라는 일본 식당엘 갔지요. 가보니 부인인 장 여인만 나와 있었어요. 남편은 급한 일이 생겨 늦을 거라며 먼저 식사를 하자는 것이었습니다. 그런데 갑자기 제법 큰 봉투 하나를 내게 건네주면서 '은행장이 돈 써야 할 데가 많을 텐데, 보태 쓰십시오. 1억 5,000만 원입니다'라는 거예요. 그제야 왜 점심을 같이하자고 했는지를 눈치 챘지요. 어쨌든 나는 장 여인에게 '한국은행 출신들은 고지식할뿐더러 은행장 판공비로도 충분하니 그런 걱정은 안 하셔도 됩니다. 더구나 수백억 원의 예금을 우리 은행에 넣어주고 있는 대고객이신데, 인사를 하면 오히려 내가 해야 하지 않습니까'라며 거절을 했어요. 그러나 장 여인은 막무가내였습니다. 여자를 상대로 돈봉투를 갖고 이처럼 실랑이를 하는 것이 창피하기도 해서 남편인 이철희 씨를 만나 돌려주기로 마음먹고 일단 받았습니다. 그러고 나서 2주일 후에야 이 씨와 연락이 닿아 직접 그 사람의 사무실로 찾아가 돈을 돌려주었지요. 검찰 수사 과정에서 하도 뇌물 받아먹은 것을 실토하라기에 답답한 나머지 바로 이 이야기를 했어요. 그런데 그게 잘못이었어요. 뇌물을 먹고 나서 나중에 겁이 나서 돌려준 것이니만큼 쓸데없는 소리 말라고 덮어씌우는 것이었습니다. 참으로 기가 막힌 노릇이었습니다."

업무상배임죄로 1년 6개월, 뇌물수뢰죄로 1년 6개월 등 모두 3년을 선고받았던 임 행장은 일단 대법원 상고를 통해 뇌물 부분을 무죄로 한 뒤 업무상배임죄 부분도 상고하려 했으나 이미 1년 6개월의 징역을 살고 났을 때였다. 지난 79년 율산 파동〔79년 4월 3일 신선호 율산그룹 회장이 구속되고 14개 계열사가 도산한 사건〕 때 업무상배임죄를 선고받았던 홍윤섭 전 서울신탁은

행장도 87년에 와서야 무죄로 확정판결을 받았으니, 센세이셔널한 대형
경제사건의 경우 검찰수사의 한계가 어떠한지를 짐작할 수 있는 일이다.

그러한 예는 다른 데서도 찾아볼 수 있다. 정부의 공식발표에 대해 신문
들이 자꾸만 의문을 제기하자 검찰은 신경질적인 반응을 보였다. 필자가
직접 겪은 일이다. 검찰의 중간발표에 대해 미심쩍은 점이 많다는 기사를
썼다는 이유로 이종남 중앙수사부장실로 불려갔다. 이 중수부장은 대뜸
"왜 자꾸만 의혹을 제기하는 기사를 써대느냐"며 화를 벌컥 냈다. 이에 대
해 필자가 구체적인 의문점들을 하나하나 제기하자 담당검사에게로 필
자를 넘겼다. 담당검사는 다시 국세청에서 파견나온 조사관을 불러들였
다. 공인회계사이기도 한 조사관은 과거 율산 사건을 담당한 것을 비롯
해 굵직굵직한 경제사건을 전담해온 이 분야 베테랑이었다. 조사관과 필
자는 3시간 동안이나 입씨름을 벌였다. 논쟁의 초점은 주로 검찰의 중간
발표 내용 중에서 이·장이 조성한 자금을 어떻게 썼느냐 하는 부분이었
다. 조사관은 지겹다는 듯이 이렇게 타협안을 제시했다.

"더 이상 따지지 말고 절반씩 양보합시다. 당신이 주장하는 대로 주식
투자를 비롯해 몇 가지 부분에 대한 수사발표 내용에는 문제가 있음을 시
인하리다. 그러나 당신이 쓴 기사 중에서 이러이러한 것들은 공연한 오
해나 지레짐작임을 인정하시오."

"좋습니다. 검찰 측도 잘못을 인정한 부분을 수정하겠지요?"

"약속합니다. 하지만 검찰수사가 엉터리라고 비판을 하는데, 이것 하
나만은 당신도 알아줘야 합니다. 이철희나 장영자나 간에 그 많은 돈을
굴렸으면서 변변한 장부 하나 없어요. 그들이 정치적으로 어찌 되었는지
는 내가 알 바 아니고, 아무튼 내 입장에서는 아무 자료도 없이 맨손으로
그들에 관한 대차대조표와 손익계산서를 만들어내야 했단 말이오. 어쨌

거나 더 이상은 시비 걸지 말아주었으면 좋겠소."

그러나 검찰은 약속을 지키지 않았다. 그 조사관이 시인한 절반의 잘못된 부분들은 고쳐지지 않고 최종 발표내용에 그대로 실려 있었다. 정부가 얼마나 엄정하게 이 사건을 다루었는지를 국민들에게 널리 알린답시고 수사에 참여했던 검사들이 집단으로 TV에 출연하는 등 전례 없는 해프닝까지 벌였으나 이들 역시 똑같은 소리의 반복뿐이었다〔당시 검찰의 이 같은 전례 없는 TV 출연을 놓고 검찰 내부에서도 상당한 반발이 있었으나 청와대의 강력한 지시로 강행되었다고 한다〕.

한 방에 날아간 5공의 정통성

수사의 진전 과정이나 공정성 여부는 이쯤 해두고, 문제의 이·장이 어떤 식으로 이런 엄청난 사기행각을 벌였는지에 초점을 맞춰보자.

앞서 언급한 대로 이 사건에 대통령의 친인척들이 얼마나 개입되어 있었으며, 또한 여당의 정치자금줄과 어떻게 연계되었는지는 여전히 미스터리다. 그러나 분명한 것 하나는 이·장이 사사건건 자신들의 배후에 막강한 후견인이 버티고 있다는 점을 적극적으로 활용했고, 장 여인 자신이 웬만한 남자 뺨칠 정도의 대담한 수법으로 대통령과의 특수 관계를 십분 활용했으며, 당시의 사회 분위기 또한 이 같은 특수 관계를 슬쩍 비치기만 해도 앞을 다투어 '알아서 기는' 풍토였다는 사실이다. 말하자면 권력형 부조리의 극치를 보여주었던 셈이다.

이들의 사기수법은 당시에 알려졌던 대로 대화산업이라는 회사를 차려놓고 자금사정이 어려운 회사들을 대상으로 빌려준 사채에 대해 갑절이 넘는 견질어음을 받아 이것을 사채시장에서 할인한 돈으로 증권투자를 하는 식이었다.

이들은 정말 크게 놀았다. 이철희는 나웅배羅雄培 재무장관을 찾아가 중동과 합작은행을 설립하겠으니 인가해달라고 요구한 일도 있었다. 장영자는 주로 은행장만을 상대했다. 특히 거액의 예금을 미끼로 은행장들을 불러내곤 했다. 조흥은행과 관계를 맺기 전에는 당시 박동희 주택은행장을 상대로 끈질기게 교섭을 벌이기도 했고 정춘택 외환은행장을 불러내서도 해외투자에 대한 지원을 요구했다.

"이규광 씨 이야기도 꺼내면서 기백억 원의 예금을 해주겠다기에 사실 솔깃했지요. 하마터면 나도 걸려들 뻔했어요."(박 행장)

"거절하기 곤란한 사람을 통해 면담을 요청해왔기에 어쩔 수 없이 한 번 만났지요. 처음 얼굴을 대하면서 하는 첫마디가 '외환은행장이 생각했던 것보다 꽤 젊군요'라는 것이었죠. 어쨌든 말하는 내용이 하도 엉뚱해서 정중히 거절을 했더니 나더러 '은행장이 뭘 그리 소심하냐'는 식이었습니다."(정 행장)

조흥은행과의 거래 과정에 대해 임재수 행장은 이렇게 설명한다.

"하루는 반도지점장이 들어와 최근 들어 매일 20에서 30억 원씩 예금을 해주는 새 고객이 있는데 행장이 꼭 한 번 찾아가서 인사를 해달라는 것이었습니다. 나는 바빠서 송기태 상무를 대신 보냈지요. 그랬더니 상무급은 만날 필요가 없다는 것이었어요. 별 희한한 사람도 다 있다 싶어 이들의 예금실적을 챙겨보았더니 최고 700억 원까지 올라가더군요. 은행 입장에서는 하루아침에 대단한 고객을 얻게 된 셈이지요. 그래 하는 수 없이 내가 직접 찾아갔습니다. 이철희의 이야기인즉, '내가 돈을 대고 있는 기업이 공영토건과 일신제강이다. 내 신용을 믿고 이들을 도와달라'는 것이었어요. 돌아와서 공영토건 측에 확인을 해보았더니 회장이라는 직함으로 사무실까지 있다고 해, 10에서 20억 정도의 당좌대월을 해주기 시작했습니다. 그러나 4월에 들어서면서 하루 이틀 결제가 늦어지고 연체가 생기는 등 낌새가 심상찮아 이철희가 살고 있는 집까지 담보로 챙겼습니다. 그런 와중에 사건이 터져버렸던 것입니다."

공영토건이나 일신제강 등은 자금사정이 매우 어려웠던 터라 견질어음만 끊어주면 얼마든지 돈을 끌어 쓰라는 이들의 제의에 간단하게 걸려든다. 더구나 높은 데서 이들의 뒤를 봐주는 것이 틀림없어 보였으므로 망설일 이유가 없었던 것이다. 막판에 걸려든 태양금속 관계자의 말을 들어보자.

"당시로서는 엄두도 못 내던 자동차부품의 수출주문을 받아놓았는데, 심각한 자금난에 빠져 청와대 경제수석실을 통해 애로사항을 호소하고 있던 참이었습니다. 그런데 우연찮은 경로로 '젊고 유능한 기업인을 키우려는 분이 계신데, 대화산업이라는 곳으로 찾아가보라'는 말을 듣고 가보았지요. 마침 이철희의 방문이 빠끔히 열려 있었는데, 모 단자사 사장이 이·장 앞에 서서 연신 굽실거리고 있는 모습이 보였습니다. 그들을 만난 나는 잔뜩 긴장한 채 10억 원이 급히 필요하다고 했더니 장 여인은 그러지 말고 큰돈을 쓰라는 것이었습니다. 소개해주는 대로 C은행 영업부장을 찾아갔더니 싹싹하기가 이를 데 없지 않겠습니까. 그동안 아무리 사정을 해도 만나주지조차 않던 사람이 말이에요."

그러나 이·장이 태양금속 측과 접촉하기 시작했을 때는 이미 자신들의 사기행각에 문제가 드러나기 시작한 즈음이었다. 태양금속은 이·장이 빌려주겠다던 돈은 한푼도 못 받은 상태에서 담보용으로 건네준 30억 원짜리 견질어음 2장이 교환에 돌려져 기절초풍하게 되었던 것이다. 그동안은 공영토건으로부터 받은 견질어음 등으로 유지해오던

행각이 한계에 부딪히고 사정이 급해지자 태양금속의 어음까지 돌리게 된 것이다.

사실 이·장이 마지막으로 노렸던 회사는 코오롱건설이었다. 이동찬 코오롱 회장과 코오롱건설을 자기네가 인수하기로 합의하고서 주거래은행 측에 코오롱 계열회사들의 지급보증 관계를 풀어줄 것을 요청했으나 은행이 거절하는 바람에 무산되었던 것이다. 만약 이들이 코오롱건설을 인수했더라면 이야기는 또 달라졌을 것이다. 두말할 것도 없이 이들은 코오롱건설의 어음 발행을 통해 자신들의 사기행각의 폭과 깊이를 더해 갔을 것이기 때문이다.

이 문제로 골치를 썩였던 당시 민정수석비서관 이학봉은 지금도 손사래를 치면서 청와대와 장영자의 관련성을 부인한다.

"생각을 해보십시오. 우리 사회에서 처삼촌 부인의 동생이 누구인지 아는 사람이 몇이나 됩니까. 전 대통령은 장영자가 누구인지도 몰랐는데, 언론이 자꾸 무슨 비밀스러운 관계가 있는 것처럼 몰고 가는 바람에 정말 곤혹스러웠습니다…."

어떻든 '이철희·장영자 어음사기 사건'은 5공 출범 이후 정권적 차원에서도 최대의 치명타였다. 가뜩이나 허약한 정통성을 단 한 방으로 날려버린 사건이었다. 그동안은 집권 과정이 군부 쿠데타였다는 점이 세론의 비판을 받는 주요 요인이었으나, 이·장 사건은 집권 과정의 부당성뿐 아니라 정권의 도덕성까지 실추시킨 결정적 계기가 되었기 때문이다.

그러나 이 사건은 시작에 불과했다.

명성그룹을 죽이다

이·장 사건을 시작으로 연속해서 터져나왔던 크고 작은 금융사고들은 국내 금융시장을 그야말로 쑥대밭으로 만들어버렸다. 불과 두 달 만에 터진 김상기金常起 사건을 비롯해 이듬해 4월에는 증권업계의 종가로 통했던 삼보증권이 간판을 내렸고, 7월에는 명성 사건, 9월에는 영동개발진흥 사건, 11월에는 광명그룹 도산 등이 줄을 이었다. 동기야 어찌 되었건 간에 이 같은 연쇄적인 파동들은 불안스러운 경제를 더욱 혼란스러운 분위기로 몰아넣었고, 가뜩이나 허약한 5공의 정치기반에 결정적인 흠집을 만들었던 것이다. 특히 명성 사건은 정치적 배후에 대한 의혹으로 이·장 사건에 버금가는 충격을 몰고왔다.

사실 어찌 보면 명성 사건은 경제적 사건이라기보다는 정치적 사건이었다고 해도 과언이 아니다. 명성의 도산은 그 기업이 경영을 잘못해서 무너졌다든가 자금난을 극복하지 못해 부도를 냈다든가 하는 따위의 경제적 이유가 아니었기 때문이다. 오히려 명성은 다른 기업들이 불황의

김철호 명성그룹 회장(오른쪽)이 주최한 파티에 참석한 이규동(왼쪽), 이규광(가운데)

늪에서 허우적거리고 있는 데 반해 '콘도'라는 신상품을 개발해 아무도 관심을 기울이지 않고 있던 레저산업 분야에서 무섭게 뻗어나가던 신예 기업이었다.

그러나 바로 이것이 탈이었다. 경력도 대수롭지 않은 김철호라는 인물이 도대체 어떻게 해서 불황에 아랑곳없이 하루아침에 대사업가로 부상하게 되었는가에 세간의 관심이 쏠렸고, 당시의 상황으로 볼 때 그처럼 벼락부자가 된 배경에는 분명히 뭔가 있을 것이라는 추측이 항간에 무성했다. 통일교가 뒷돈을 대고 있다는 풍문이 나돌았는가 하면, 대통령의 장인인 이규동李圭東이 뒤를 봐주고 있다는 이야기도 여기저기서 흘러나왔다.

이러한 명성에 대해 국세청은 82년 5월에 정밀 세무조사를 실시, 17억 원의 탈세액을 추징했다. 하지만 이때만 해도 조용히 넘어갔다. 털어서 먼지 안 날 기업이 없는 마당에 세무조사를 당한 기업치고 그 정도의 세금 추징을 당한 것은 약과였기 때문이었다. 그러나 명성에 대한 루머는 계속 증폭되어나갔고, 이에 국세청은 83년 6월 다시 세무조사를 실시하게 된다. 매우 예외적인 일이었다.

"명성에 대한 세무조사는 전 대통령의 지시에 의한 것이었습니다. 당시 윤자중 교통부장관이 명성을 적극적으로 참여시키는 내용을 골자로 하는 레저산업 육성계획을 보고했는데, 이 보고를 받고 난 전 대통령이 직접 국세청 조사국장에게 전화를 걸어 '명성이라는 기업이 과연 그럴 만한 기업인가를 알아보라'고 지시한 데서 비롯된 것입니다."(국세청 관계자)

이·장 사건으로 혼이 난 전 대통령으로서는 정보보고를 통해 명성에 관한 의구심을 가져왔던 터라 아무래도 께름칙했던 것이다. 그러나 정작 국세청의 실무자들로서는 영 마음이 내키지 않는 일이었다. 1년 전 조사 때에도 별 뾰족한 것을 발견하지 못했으므로 실무적으로는 재조사를 할 필요가 전혀 없다는 입장이었다. 더구나 재조사를 통해 새로운 비위가 드러날 경우 1년 전의 세무조사가 엉터리였음을 스스로 입증하는 셈이 되므로 이래저래 달갑지 않은 일이었다.

사건은 83년 7월 31일에 벌어지기 시작했다. 두번째 세무조사를 받고 있던 명성의 김철호 회장이 신문광고를 통해 「강호제현에게 드리는 글」이라는 성명서를 발표한 것이다. 겉으로는 사회적 물의를 일으켜 죄송하다는 등의 사과문 형식을 갖추었으나 실제 내용은 누가 봐도 세무조사를 벌이고 있는 국세청을 정면으로 비난하는 것이었다. 감히 생각도 못할 일이었다. 일개 신흥기업이 국세청을 상대로 싸움을 걸다니. 그것도 막강한 힘을 과시하던 안무혁 청장을 상대로 말이다.

가만히 있을 국세청이 아니었다. 안무혁 국세청장은 중간발표를 하면서 흥분을 감추지 못했다. 원래 기업에 대한 세무조사라는 게 모두 끝내고서도 공식발표를 하지 않는 법인데, 조사를 끝내지도 않은 상태에서 중간발표를 한다는 것 자체가 전례 없는 일이었다. 안 청장은 "엄청난 탈세혐의로 조사를 받고 있는 기업이 자숙은커녕 또다시 국민을 오도하려 하는 저의가 한심하다"면서 조사요원을 50명에서 100명으로 늘리는 등 총력전을 선언하고 나섰다. 그러나 국세청의 중간발표는 별다른 내용이 없었다. 명성은 국세청의 발표문에 겁을 먹기는커녕 잘못되었다는 부분을 낱낱이 반박하기까지 했다.

사실 이때까지만 해도 국세청은 이렇다 할 조사 성과를 올리지 못하고 있었다. 앞에서도 언급했듯이 국세청 내부에서는 재조사를 탐탁하게 여기지 않는 분위기였으므로 베테랑급 인력을 투입하지도 않았고, 적당히 조사하는 척 흉내만 내다가 끝내버릴 심산이었다.

"김철호 회장이 국세청을 공격하는 신문광고를 내지 않았다면 이야기는 전혀 달라졌을 겁니다. 김 회장이 왜 그런 행동을 했는지 지금도 수수께끼예요. 아마 김 회장이 그런 짓만 안 했더라도 명성에 대한 세무조사는 얼마 안 가 제풀에 그만두었을 겁니다."(국세청 관계자)

그러나 상황은 바뀌어 국세청은 만사를 제쳐놓고 명성 사건에 달라붙었다. 그러던 어느 날 명성이 상업은행 혜화동지점과 거래한 예금원장 하나가 걸려들면서 드디어 그동안 명성이 동원해온 자금출처가 극적으로 밝혀지기 시작한다. 소위 수기手記통장이라는 것을 통해 이 은행의 김동겸金東謙 대리가 조성한 자금 1,066억 원을 사채 형식으로 끌어 썼다는 것이었다.

국세청이 밝혀낸 명성의 자금조달 방식은 가히 충격적인 것이었다. 일개 은행대리가 은행 안에 따로 사설은행을 차려놓고서 무려 1,000명이 넘는 전주들을 상대로 돈놀이를 해 명성에 필요한 자금을 공급해왔던 것이다. 보통 사채시장이라고 하면 전화기 한 대 놓고서 은밀하게 벌어지는 돈거래를 연상하기 마련인데, 명성 사건의 경우에는 은행직원이 아예 은행에 앉아서 기업한테 사채를 공급해주는 역할을 버젓이 해온 것이다. 말하자면 김동겸은 일개 은행대리의 신분으로 21개의 계열기업군을 이루고 있는 명성이라는 신흥재벌의 주거래 은행장 노릇을 해온 셈이었다. 요즘 식으로 말하자면 김동겸이 자기 은행 거래처들을 대상으로 사모펀드를 조성해서 명성이라는 신흥기업에 돈줄을 대준 것이라고 볼 수도 있을 것이다.

아무튼 김철호 회장이 기자회견을 통해 '명성이 쓰고 있는 은행빚은 20억 원에 불과하다'고 큰소리칠 수 있었던 것도 이처럼 엄청난 규모의 사채를 마음 놓고 끌어 쓸 수 있었기 때문이었다.

이 사건의 전모는 두 가지 점에서 충격적이었다. 첫째는 명성의 신비로웠던 경영비법이 뜻밖에도 사채자금 조성에서 비롯되었다는 점이고, 둘째는 그러한 사채자금의 조성이 은행이라는 공금융기관을 매개체로 이루어졌다는 점이었다.

"김철호는 억울하게 감옥 갔다"

그러나 이 사건을 다루는 정부의 입장은 결코 경제적 관점에 머물지 않았다. 명성이 지은 죄를 따지자면 거액의 사채자금을 써왔다는 사실, 그리고 이중적인 장부처리를 통해 상당액의 탈세를 했다는 것이었으나, 실제로 정부가 가한 명성에 대한 단죄는 훨씬 가혹한 것이었다. 결론부터 말하자면 애당초 국세청이나 검찰은 죄의 내용은 어떠하든 간에 명성이라는 기업을 망가뜨릴 생각으로 덤벼들었고, 결국 마음먹은 대로 해치웠다는 것이다.

그 이유는 무엇일까? 당시 부총리 겸 경제기획원장관을 지냈던 김준성金埈成은 정부에서 물러난 후 이렇게 잘라 말했다.

"사실 명성이 무슨 죽을죄를 지었나. 기업이 사업을 하기 위해 비싼 이자를 물어가며 사채를 쓴 게 무슨 죄인가. 내 입으로 자세히 말은 못 하겠으나 김철호가 억울하게 감옥에 갔다는 점은 분명해."

복역 중인 김철호 회장이 5공특위 청문회에서 "명성을 무너뜨린 배후 인물은 이학봉 민정수석"이라고 증언한 것은 왜일까.

이 의구심에 대한 답은 간단하다. 정부는 처음부터 경제적 동기에서 손을 댄 것이 아니었다. 기업으로서 사업이 잘되고 못되고의 문제가 아니라, 가뜩이나 국민들의 의혹을 사고 있는 명성의 성장 과정에 대통령의 친인척이 개입되어 있다는 소문이 자꾸만 꼬리를 물고 일어난 것이 문제였다. 이미 이·장 사건으로 대통령 주변에 대한 국민들의 인식은 대단히 나빠져 있었다. 이런 상황에서 명성을 둘러싸고 또다시 친인척들의 비리 문제가 공공연히 제기되고 있었기 때문에, 권력의 핵심부에서는 명성에 관련된 시중 루머에 대해 처음부터 알레르기 반응을 보이고 있었다. 그 때문에 대통령의 친인척 관리를 담당하고 있는 청와대의 민정수석비서실을 중심으로 명성과 친인척의 관계를 어느 정도 파악해왔을 뿐아니라 정보기관에서도 나름대로의 뒷조사를 해왔던 것이다. 그리고 더이상 말썽이 날 소지를 방지하기 위해서는 명성을 서둘러 없애야 한다는 결론을 내려놓고 있었다.

그렇다면 실제로 명성과 대통령 친인척의 관계는 어떠했는가. 여기서 등장하는 인물은 이·장 사건으로 구속된 이규광의 친형이자 대통령의 장인인 이규동이다. 당시 언론이 보도했던 대로 명성이 급성장하는 과정에서 김철호 회장이 이규동 노인회 회장과 자주 접촉했던 것은 사실이었다. 또한 당시의 정황이나 이 씨의 평소 처신으로 봐서 어떤 형태로건 간에 명성의 사업 확장에 도움을 주었음도 부인할 수 없을 것이다. 따지고 보면 이·장 사건 때 아우인 이규광이 했던 역할과 유사했다고 할 수 있을 것이다. 더구나 명성의 김철호 회장은 자신과 이규동의 관계를 십분 활용했다. 이·장처럼 사기행각을 벌이면서 노골적으로 티를 내지는 않았으나, 김 회장은 이런저런 기회를 통해 이규동과의 가까운 관계를 요령껏 활용해왔던 것도 사실이었다. 또한 당시 전경환 새마을운동본부 사무총장이 뒤를 받치고 있다는 소문도 파다했다.

문제는 이러한 시중의 소문이 갈수록 확대 전파되어감으로 해서 권력의 중심부에서는 먹칠당한 대통령 주변의 이미지 회복을 위해서 국민들에게 뭔가 보여줘야 한다는 일종의 강박관념에 빠져들었다는 것이다. 그렇다고 처음부터 명성을 결딴낼 생각은 아니었다. 세무조사를 통해 따끔하게 혼을 내줌으로써 대통령 친인척 관련설이 사실과 다름을 국민들에게 입증해 보이자는 것이었다. 그런데 뜻하지 않게 명성 측의 정면 반격으로 졸지에 일이 커져버린 것이다.

따라서 이왕 세간의 주목거리가 된 마당에 정부로서는 경제적인 부작용이나 충격은 어찌 되었든 명성을 완전히 까발겨서 극형에 처하는 것만이 대통령 주변의 결백을 입증하는 길이라고 판단했고, 그 방법으로 택한 것이 명성의 완전도산을 전제로 한 생체해부였다.

이렇게 해서 레저산업의 신천지를 개척하며 겁 없이 뻗어나갔던 명성을 하루아침에 무너뜨려버린 것이다. 대통령 주변의 결백을 증명하기 위해 치른 대가로서는 대단히 값비싼 대가가 아닐 수 없다. 그러나 그처럼 비싼 대가를 치렀음에도 친인척 관련 여부에 대한 의혹은 여전히 깨끗이 씻어낼 수 없었다. 국세청과 검찰은 명성에 대한 생체해부를 통해 사채를 조달하는 과정만을 밝혀냈을 뿐이며, 또한 이 점을 강조함으로써 대통령 주변과의 관련 문제에 대한 일반의 관심을 희석시키는 데 그쳤기 때문이다.

명성 사건의 수사 과정에 안기부까지 간여했다는 사실 등이 그러한 추측을 입증해주는 사례 가운데 하나라고 할 수 있다. 이를테면 김철호 회장 부부를 호텔방에다 데려다놓고 철야수사를 벌일 때 엉뚱하게도 안기부요원이 경비업무를 담당했다는 당시 국세청 관계자의 증언이 뜻하는 바는 무엇이었을까.

"국세청 실무자들이 생각해도 전혀 뜻밖의 일이었습니다. 아무리 따져봐도 안기부가 끼어들 일은 아니었거든요."

돌이켜보면 이러한 의문들이 속 시원히 풀리지 않았기 때문에 명성을 죽인 이후에도 갖가지 소문이 계속 꼬리를 물었던 것이다. 예컨대 명성을 죽이고 나니까 심지어는 '한국화약그룹에 주기 위해서 명성을 죽였다'는 제법 설득력 있는 이야기까지 나돌 정도였다. 그러나 적어도 그것은 사실과 거리가 먼 뜬소문이었다.

명성이 도산한 다음에 이를 인수하기 위해 총력을 기울인 기업은 한국화약이 아니라 한일합섬이었다. 그런데 한일합섬의 인수 노력이 거의 결실을 볼 무렵, 전혀 뜻밖의 상황이 벌어지고 만다. 때마침 국제그룹의 해체 뒤치다꺼리를 하던 정부는 한일합섬에 국제를 인수해갈 것을 통보했다. 명성을 거의 다 삼켜가고 있던 한일합섬은 졸지에 정부의 지시로 명성을 토해내고 그 대신에 부실덩어리인 국제를 인수하게 된다. 만약 당시에 한일합섬이 원래 계획대로 명성을 인수해갔더라면 어떻게 되었을까.

한편 한국화약그룹은 가만히 앉아 있는데 호박이 넝쿨째 굴러들어온 셈이었다. 설악산의 대형 콘도와 서울 근교의 골프장을 넘겨받으면서 지금의 레저산업 쪽 기반을 다지게 된 것이다.

없애려다 더 커진 지하경제

5공 초기, 앞이 깜깜하기만 하던 경제가 83년에 접어들어서는 여러 면에서 호전의 조짐이 나타나기 시작했다. 무엇보다 물가가 현저하게 안정세로 돌아서는 가운데 성장률도 느린 속도나마 회복되어갔고, 국제수지도 유가의 반전에 힘입어 적자폭이 눈에 띄게 줄어들기 시작한 것이다. 그럼에도 경제 분위기는 여전히 어지럽기 짝이 없었다. 두말할 나위없이 이·장 사건을 비롯해 잇따라 터진 대형 금융사고로 인한 충격과 이를 수습하기 위한 고단위 처방들이 뒤엉킨 데 따른 후유증이 곳곳에서 배어나왔기 때문이었다.

처음 이·장 사건이 터지고 나서는 은행장을 잡아넣는다, 금융실명제를 실시하겠다, 단자회사와 상호신용금고 설립 자유화 등을 통해 사채자금을 양성화하겠다 등 정부당국으로서 생각할 수 있는 모든 수단방법을 동원해보았다. 그러나 이를 비웃기나 하듯 새로운 수법, 희한한 양상의 대형 사건들이 꼬리에 꼬리를 물었다.

그러나 정작 국민 입장에서는 성장률이 몇 퍼센트고, 국제수지적자가 얼마냐가 문제가 아니었다. 끊일 줄 모르고 터져나오는 경제사건들을 경험하면서 나라경제가 온통 검은 손들과 사기꾼들에 의해 망가져가고 있다는 데 대한 적개심과 낭패감이 팽배하면서 전체 사회 분위기를 더욱 어둡게 하고 있는 것이 문제였다. 마치 나라 전체가 사방에서 타들어갈 대로 타들어간 시커먼 숯덩이처럼 여겨졌다.

83년 9월, 영동개발진흥 사건이 터지자 이 같은 분위기는 극에 달했다. 현찰부자로 통했던 이복례李福禮의 영동개발진흥과 12·12사태 이후 신군부세력과 내밀한 관계를 유지해왔다는 손창선孫昌善의 신한주철이라는 회사에 조흥은행 중앙지점에서 무려 1,671억 원의 지급보증을 변칙적으로 해주었다가 들통이 난 것이다. 이를테면 이들에 대한 지급보증한도는 150억 원에 불과한데도 은행지점장이 아예 도장과 어음용지까지 들고 가서 원하는 대로 지급보증을 남발해줌으로써 이들의 어처구니없는 돈놀이에 일익을 담당했던 것이다.

조흥은행이 자체 조사를 통해 이 사건의 진상을 파악한 것은 9월 15일. 그러나 검찰이 이 사건을 공식발표한 것은 그로부터 열흘이 지난 9월 26일이었다. 왜 이러한 시차를 두었던 것일까. 그것은 '이 사건을 그냥 덮고 넘어가느냐, 아니면 사실대로 발표할 것이냐'를 놓고 정부 안에서도 결심이 안 섰기 때문이었다. 덮고 넘어가자니 너무도 엄청난 사건이었고, 그렇다고 그대로 털어놓자니 쏟아질 여론의 화살 역시 두려웠던 것이다.

당시 경제팀의 총수였던 서석준 부총리 겸 경제기획원장관은 답답한 나머지 출입기자를 불러 "만약에 또다시 대형 금융사고가 일어난다고 했을 경우 솔직하게 진상을 알려야 하나, 아니면 경제적 충격을 줄이기 위해서는 쉬쉬하면서 내부적으로 수습해나가는 것이 현명한가"를 넌지시

떠보았을 정도였다. 지금 생각하면 있을 수도 없는 고민이라고 일소에 부치고 말겠지만 당시로서는 충분히 그러고도 남을 일이었다.

실제로 경제적 충격을 이유로 그냥 덮고 넘어간 경우가 없지 않았기 때문이다. 한국 제1의 증권회사인 삼보증권의 간판을 내린 것이 바로 그러한 예다. 원래 삼보증권이 200억 원의 시재금〔보유하고 있는 현금〕부족이 밝혀져 도산 위기에 빠진 것은 82년 12월 말이었다. 사건의 당사자가 증권가에서 종가로 행세해온 유명 증권회사였을 뿐만 아니라 주식시장 또한 장기 침체 국면에서 헤어나지 못하고 있을 때였으므로 삼보증권 도산은 보통 사건이 아니었다. 하지만 이·장 사건과 김상기 사건 때 언론통제를 제대로 못하는 바람에 혼이 났다고 생각했던 전두환정부는 정보기관을 동원해 언론보도를 완전히 틀어막아버렸다. 그리고 이듬해 4월에 가서 아무 배경 설명도 없이 대우계열인 동양증권이 삼보증권을 인수 합병한다고 발표했다. 그나마 개략적인 사건 개요가 알려진 것은 강경식 재무장관이 국회 재무위의 비공개회의에 참석해서 밝힌 것이 고작이었다.

요컨대 서석준 부총리가 출입기자를 비공식적으로 불러 여론의 향방을 떠보려 했던 것도 영동 사건이 경제적으로 미칠 파장이나 정부의 체면을 고려할 때 삼보증권식으로 조용히 처리하는 것이 어떻겠느냐는 의중을 슬쩍 내비친 것이었다.

정부는 삼보증권 때보다 오히려 더 난처한 형편에 놓이고 말았다. 한여름 내내 명성 사건으로 홍역을 치르며 정신을 못 차리고 있는 판에 또 다른 사건이 튀어나왔으니 말이다. 심지어는 명성을 생체해부하는 데 앞장을 섰던 안무혁 국세청장이 오히려 영동 사건에 대해서는내부적으로 조용히 수습하자는 쪽으로 돌아설 정도였다. 서슬 퍼렇게 마음껏 칼을 휘둘러보았지만 경제라는 것이 권력이나 물리적인 대응만으로는 해결될 수 없음을 절감했기 때문이다. 정부의 공식 사건화 결정이 늦어진 것은 그만큼 고민이 깊었다는 반증이다.

어쨌거나 그 사이에 이 사건의 열쇠를 쥐고 있을 것으로 짐작되던 손창선 신한주철 사장과 박종기 조흥은행 중앙지점 차장이 해외로 줄행랑을 놓은 바람에 결국 이 사건은 세간의 의혹을 제대로 풀어내지 못한 채 마무리되고 말았다.

물고 물렸던 금융사건의 파급효과

아무튼 계속되는 대형 금융사건의 와중에 경제 분위기는 말이 아니었다. 3대 사건이랄 수 있는 이·장 사채 파동과 명성 및 영동개발진흥 사건 등이 지니는 각각의 특징은 물론 다르다. 예컨대 이들이 활용한 수법은 '견질어음'과 '수기통장', 그리고 '은행지급보증' 등으로 구분할 수 있을 것이다. 하나하나가 보통사람들로서는 엄두도 못 낼, 대담하고 기발한 수법으로 저지른 일들이었다. 그러나 경제적인 측면에서 보면 예외 없이 모두가 지하경제에 자금동원의 파이프라인을 깊숙이 박아놓고서 일을 벌였다는 공통점을 가지고 있다.

따라서 사건이 터질 때마다 회오리바람이 사채시장에 몰아쳤고, 이 같은 현상은 곧바로 경제 전체에 갖가지 부작용을 초래했다. 또 한편으로는 평상시에는 제도권 금융 뒤에 꼭꼭 숨어 있던 지하경제가 이처럼 모습을 드러냄으로써 이것이 우리 경제에서 차지하고 있는 비중이 얼마나 컸는지를 역설적으로 보여준 사례이기도 했다. 경제비리가 터질 때마다 그 돈줄의 근원이 사채시장과 깊이 연결되어 있음을 재차 확인시켜주었음은 물론이고, 이것이 마비될 경우 정상적인 경제활동 자체가 심각한 타격을 받게 된다는 사실을 분명하게 인식시켜주었던 것이다.

이를 계기로 정부가 내놓았던 대표적인 대응책들이 앞에서 살펴보았던 6 · 28 금리인하와 7 · 3 실명제조치 등과 같은 파격적인 것들이었다. 결국 수포로 돌아가고 말기는 했으나 금융실명제와 같은 혁명적인 시도가 잉태하게 된 배경도 따지고 보면 이처럼 심각했던 지하경제의 파장에 대한 반작용이었던 셈이다.

그러나 분명한 것 하나는 연속되는 금융사건 발생이 옳든 그르든 간에 기존 금융정책의 일대 전환을 가져왔다는 점이다. 그 첫번째가 저금리정책이요, 두번째가 그동안 꽁꽁 묶어왔던 단자회사와 상호신용금고의 신설 · 확대 정책이었다. 다시 말해 첫번째는 금리를 대폭 내려 고리로부터 기업들을 구해내자는 것이었고, 두번째는 말썽 많은 사채시장을 때려잡으려고만 할 게 아니라 양성화해 제도권 안으로 끌어들이자는 것이었다.

이 같은 정책전환은 상당한 명분에도 불구하고 두고두고 속을 썩인다. 예컨대 자본금이 200억 원만 되면 자금출처를 묻지 않고 누구나 단자회사를 차릴 수 있게 해준 결과 무려 9개가 한꺼번에 생겨났는데, 훗날 이것이 너무 많다 하여 대폭 줄이는 작업을 벌이는가 하면, 97년 외환위기를 계기로 단자회사제도 자체가 없어지게 된다.

그래도 이런 문제들은 한참 나중에 생겨난 것들이다. 즉각적으로 나타난 부작용은 저금리정책에 따른 것이었다. 아무리 물가가 안정되고 따라서 실질금리가 보장된다 한들, 하루아침에 금리를 4%포인트나 낮춰버렸으니 돈의 흐름에 이상이 생길 수밖에 없었다. 물론 금리인하가 기업들의 금융비용을 낮추어 물가안정에 기여한 측면도 무시할 수 없을 것이나, 돈의 흐름에는 상당한 왜곡현상을 초래했다. 더구나 처음에는 실명제 실시 계획과 함께 뭉칫돈들을 부동산으로 내몰아 투기를 불질렀고, 한편으로는 돈이 공장을 짓는 투자로 가는 게 아니라 이른바 '향락산업' 쪽으로 몰려가게 했다.

정부당국은 전주들에 대한 세무사찰 강화로 사채시장 소탕작전에 나섰지만 결코 성공할 수 없었다. 도리어 저금리체제의 허점을 파고들어가 증권회사를 통한 완매채〔完賣債 : 채권거래 당사자가 일정 기간 후에 미리 약속한 가격에 환매수(매도)하는 것을 조건으로 채권을 매도(매수)하는 매매행위. 형식상으로는 채권을 사고 파는 환매채거래 방식을 빌리고 있으나 실질적인 거래내용은 채권을 매개로 자금대차가 이루어진다. 81년경부터 생성되어 시장규모가 1조 원 이상으로 비대해지자 84년 2월 3일 과세조치를 단행했으며, 완매채거래를 변형된 사채거래로 보고 단계적으로 거래를 억제, 85년 4월 1일부터 전면 금지했다〕라는 형태의 신종 사채로 둔갑해버린다.

어찌 보면 영동개발진흥 사건은 당시 금융시장의 한 단면을 설명해준다고 할 수 있을 것이다. 영동이 왜 은행의 지급보증에 매달렸느냐 하는 점이다. 그걸 밝히려면 다시 이·장 사건으로 거슬러올라가야 한다.

82년 5월 이·장 사건이 터지자 사채시장을 포함한 금융시장은 마비상태에 빠져들었고, 따라서 가뜩이나 어렵던 기업들의 자금난은 한층 악화되었다. 결국 금융공황이나 다름없는 심각한 상황에 맞닥뜨린 정부는 총통화증가율이 거의 40%에 육박할 정도로 돈을 풀 수밖에 없었고, 그 반작용으로 이듬해에는 강력한 금융긴축정책으로 돌아섰다. 그러자 은행대출이 어려워진 기업들이 자금난 타개책으로 대출 대신 지급보증을 받은 어음으로 사채시장에 나가 돈을 빌려 쓰게 된 것이다.

또한 시중자금 자체가 은행의 저금리를 외면하고 증권회사 창구를 통해 지하금융 쪽으로 흘러갔기 때문에 결과적으로 지하경제를 없애겠다고 쓴 정책이 거꾸로 심화시킨 꼴이 되고 말았다. 정부가 그토록 금융기

관에 대해 눈을 부라리고 있을 때였음에도 영동개발진흥이 변칙적인 은
행지급보증을 통해 자금을 동원한 사건도 바로 이 같은 맥락에서 벌어진
일이었다.

돌이켜보면 경제사건이란 어느 날 갑자기 아무리 기발한 제도나 아이
디어를 동원한다 해도 막을 수 없다는 점을 새삼 확인했다고나 할까. 무
슨 일이든 원인과 환경요인들이 서로 얽히고설킨 가운데 터질 만하니까
터진 것이고, 어떤 정책이건 그 효과나 부작용은 시간을 두고 어김없이
나타난다는 사실 하나만 가지고도 값비싼 교훈을 얻은 셈이라 할 수 있을
것이다.

제5부

개혁파의 득세

재무부를 점령한 기획원

예나 지금이나 돈줄을 쥐고 있는 부처가 가장 힘이 센 법이다. 김대중 정부 들어서 기획원과 재무부가 합쳐져 재정경제부가 되었지만, 역시 가장 막강한 부서는 종래의 재무부였다. 돈줄과 세금을 쥐고 있으니 무슨 정책을 세우든 재무부를 등지고서는 제대로 되는 일이 없다고 해도 과언이 아니었다. 경제기획원이라는 한국 특유의 경제총괄부서가 있어서 재무부와 함께 쌍벽을 이루어왔으나 역시 관료적인 '힘'에서는 재무부가 앞섰다. 경제기획원의 장관이 부총리급인 데다 예산권까지 갖고 있다 하더라도 금융과 세금을 쥐고 있는 재무부의 세도를 당할 수는 없었다.

그런 재무부가 제5공화국 내내 힘을 쓰지 못했다. 재무부 자체의 기능이 약화되었다기보다도, 재무부를 주름잡던 토박이 재무부 사람들이 밖으로 떨려나가거나 외부 사람들이 들어와서 안방을 차지하는 경우가 다반사로 일어났기 때문이다.

이 점은 5공시대에 어떤 인물들이 재무장관 자리에 앉았는지를 보면 금방 알 수 있다. 이승윤, 나웅배, 강경식, 김만제, 정인용鄭寅用, 사공일 등 여러 장관 가운데 정인용을 제외하고는 모두들 재무부 밖에서 들어와 장관 자리에 앉았다. 그나마 유일한 재무부 출신인 정인용은 지극히 비재무부적인 인물로 아무도 그가 장관까지 되리라고는 예상치 못했다. 오히려 그랬기에 재무장관이 되었다고 할 수 있는 경우였다.

전두환시대는 한마디로 재무부의 수난기였다. 대관절 어떤 까닭일까. 그 이유를 알아보기 위해서는 잠시 70년대 후반 3공 말기로 거슬러올라갈 필요가 있다. 이즈음에 이르러 종래의 성장위주 경제정책이 한계를 드러내면서 이에 대한 처방으로 안정화·자율화 정책의 필요성이 제기되었는데, 이 과정에서 이미 재무부가 수세에 몰리기 시작했다. 그 변화에 기획원이 앞장섰고, 결과적으로 실질적인 정책수단을 장악하고 있는 재무부가 공격의 타깃이 될 수밖에 없었다. 특히 중화학 과잉투자에 대한 반성은 관치금융의 폐해에 대한 맹렬한 비판으로 이어졌고, 따라서 그 주무당국인 재무부는 추궁을 면할 수 없었다.

더구나 3공이 막을 내린 후 새 집권세력이 개혁 차원에서 기존의 정책기조를 뿌리째 뒤엎었고, 이 과정에서 기획원을 중심으로 하는 자율론자, 개방론자들이 득세하는 바람에 보수적 기질의 재무관료들의 입지는 약화될 수밖에 없었다.

이런 흐름 속에서 금융자율화 문제가 일찌감치 주요 쟁점으로 부상했다. 강경식, 김재익, 이형구李炯九 등 기획원의 기둥세력들은 정부의 간섭을 과감하게 축소시킨다는 명분 아래 정책금융 철폐와 시중은행 민영화를 단숨에 해치워야 한다고 주장했고, 이규성, 정영의鄭永儀, 이수휴李秀烋 등 정통 재무관료들은 현실론을 내세워 여기에 맞섰다.

공세의 기획원과 수세의 재무부 사이에 피할 수 없는 한판 싸움이 벌어지기 시작했다. 기획원은 대세를 업었으나 재무부의 저항도 만만치 않았다. 기획원 측은 김재익 경제수석이 대통령 곁에 바짝 붙어 앉아 있었던 데다가 때마침 성안 중이던 5차 5개년계획의 브리핑을 이용해 강경식 차관보 등이 총력전을 폈을 뿐 아니라 KDI마저 응원을 보냈으므로 빠른 속도로 우위를 차지해나갔다.

비록 열세에 빠지기는 했으나 호락호락 물러설 재무부가 아니었다. 특히 전 대통령으로부터 두터운 신임을 받았던 박봉환 동자부장관이 엄호 사격을 통해 재무부에 든든한 뒷심이 되어주었다. 예컨대 한국은행의 독립성을 아예 헌법에 못 박아 독립시킨다든지, 정책금융을 일거에 폐지한다는 등의 과감한 개혁안들이 확정 일보 전에 뒤집어진 것도 재무부 출신인 박봉환이 버티고 있던 덕분이었다. 전 대통령의 생각 또한 처음에는 급진 개혁 쪽으로 기우는 듯했으나 "금융제도는 경제 전체에 미치는 파급 효과가 크므로 서두르지 않는 게 좋겠다"는 쪽으로 바뀌었다.

그러나 시간이 갈수록 기획원과 재무부는 사사건건 부딪쳤다. 기획원은 개혁적인 정책 전환을 주장했고, 재무부는 실정 모르는 소리 말라며 이에 맞섰다. 특히 김재익 경제수석은 기회 있을 때마다 이승윤 재무장관에게 시중은행 민영화의 필요성을 역설했다.

"장관님, 더 이상 주저하지 말고 시중은행들을 민영화시키시지요."

"김 수석, 서두르는 것은 좋지 않습니다. 내게 맡겨줘요, 단계적으로 해나갈 테니까."

"금융자율화를 위해서는 과감한 민영화가 시급합니다. 정부 보유 주식을 팔고 인사도 자율에 맡기면 될 게 아닙니까."

"정부 보유 주식을 판다고 민영화가 됩니까? 더구나 정부가 인사에 개

입하지 않는다고 섣불리 큰소리를 쳐놓고서 얼마 안 되어 다시 인사에 손
을 대야 하는 상황이 벌어지면 어떻게 할 겁니까?"

점령사령관 강경식

은행민영화가 어떤 우여곡절을 겪게 되는지는 따로 따져볼 일이다. 아
무튼 여기서 짚고 넘어가고자 하는 것은 82년에 들어오면서 재무부가 결
정적으로 밀리기 시작했다는 점이다.

정초의 개각이 그 갈림길이었다. 실력자 박봉환 동자부장관이 재무장
관으로 옮겨 앉을 것이라는 예상과는 달리 뜻밖에도 완전히 내각에서 물
러나는 것을 계기로 재무부는 시련의 길로 들어서게 되는 것이다.

강경식 기획원차관보가 재무부차관으로 승진해 자리를 옮기는 것을
신호로 '재무부 초토화작전'이 시작되었다. 뒤이어 전례 없던 기획원 관
료들의 재무부 진주進駐가 진행된다. 이진설李鎭卨 공정거래실장이 재무부
제2차관보로, 이형구 기획국장이 재무부 이재국장으로 전보되었다. 반
면에 하동선河東善 재무부차관보는 기획원차관보로, 정영의 재무부 기획
관리실장은 공정거래실 상임위원이라는 한직으로 옮겨갔다. 더욱이 재
무부의 간판 국장이랄 수 있는 이수휴 이재국장을 국제금융국의 재무협
력관으로 몰아낸 것은 재무부의 앞날이 어찌 되어갈지를 말해주는 단적
인 예였다. 이재국장의 경우 그동안 개혁파의 주장에 정면으로 맞서서
재무부 측의 논리를 대변해온 터였으니, 그의 좌천은 당시 인사의 성격
을 말해주는 상징성을 띤 것이기도 했다.

아니나 다를까, 재무부에 대한 물갈이는 빠른 속도로 진행되어나갔다.
강경식 차관과 이형구 이재국장은 공공연히 재무관료의 병폐를 비판하

기획원 출신인 강경식(오른쪽)이 재무부차관을 거쳐 장관에 취임하면서 재무부의 기존 금융정책에 상당한 수정이 가해지게 된다. 사진 왼쪽은 나웅배 전임 재무장관

고 나섰고, 이 바람에 재무부는 한동안 일이 제대로 돌아가지 않을 정도로 심각한 내부갈등을 빚었다. 그러나 그해 5월에 터진 이·장 사건은 더 이상의 시비를 필요치 않게 만들었다. 나웅배 장관이 물러나고, 진주군의 사령관격인 강경식 차관이 제자리 승진해서 장관 자리를 차고앉게 되었기 때문이다.

"강 차관이 재무장관으로 확정 발표되는 라디오 방송을 들으면서 김재익 경제수석은 그렇게 좋아할 수가 없었어요. 이젠 모든 게 수월하게 풀려나갈 것이라면서 마치 애들처럼 기뻐하는 것이었습니다."

당시 김 수석의 표정을 이렇게 기억하고 있는 한 비서관의 말에서도 알 수 있듯이 기획원팀의 재무부 진주 작전은 대통령이 김 수석의 조언을 전적으로 받아들여 취해진 조치였다.

"기획국장이 뭐가 답답해 이재국장으로 가겠습니까. 안 가겠다고 버티었지만 대통령이 직접 지시한 인사라고 하기에 하는 수 없이 옮겼지요."

이형구의 회고 역시 같은 상황을 반복 설명해준다.

강 장관은 김 수석이 기획국장 시절에 직속상관인 차관보로 모셨던 관계뿐만 아니라 개혁적인 성향이나 한국경제를 진단하는 기본적인 시각에서 많은 공통점을 지닌 인물이었다. 특히 기획원 출신으로는 서석준과 함께 쌍벽을 이루는 선두주자였다. 김재익은 이런 강경식을 재무장관에 앉힘으로써 그동안 저항을 받아왔던 일련의 개혁정책을 비로소 실현시킬 수 있다고 믿었던 것이다.

이런 맥락에서 신임 강 장관은 자기 식의 인사체제를 한층 더 강화해나간다. 기획원 출신인 김흥기金興起 전매청장을 재무차관에 앉힌 것을 비롯해 이형구 이재국장을 금융담당차관보로 승진시켰을 뿐 아니라 역시 기획원 출신인 강현욱姜賢旭 사우디재무관을 후임 이재국장에 앉혔다. 심지어는 금융정책과장까지 기획원 사람으로 바꾸어버렸다. 반면에 마지막까지 버티던 이규성 금융담당차관보는 명목상의 승진인 전매청장 자리로 나앉고 말았다.

전례 없는 인사였다. 재무부로서는 그야말로 융단폭격을 당한 셈이었고, 이로써 재무부는 기획원 출신들에게 완전히 장악당하는 신세가 되고 말았다. 이러고 나서 벌인 일들이 '6·28 금리인하' 조치와 '7·3 실명제' 추진이었던 것이다. 골수 재무부 사람들이 안방 차지를 계속하고 있었다면 도저히 채택할 수 없는 정책들이었다.

그러나 정책적인 측면 말고도 재무부 스스로가 사면초가를 자초했던 점도 짚고 넘어갈 필요가 있다. 앞에서 언급했듯이 재무부는 모든 정책수단을 장악하고 있는 힘센 부처다. 그러나 그 힘의 행사가 때로는 원성의 대상이 되곤 했다. 당연히 보수적인 입장을 견지해야 할 재무부이지만 일의 차원을 벗어나 집단이기주의의 수단으로 그 힘을 휘두르는 바람에 금융기관은 물론이고 정부부처 내에서도 비난의 대상이 되어왔던 측면도 부인할 수 없기 때문이다.

그렇다 해도 평소에는 아무 탈 없이 넘어가기 마련이다. 다른 부처들이나 금융기관들이 때때로 턱없이 억울한 일을 당하더라도 공연히 재무부에 대들었다가는 떼려던 혹을 더 붙이기 십상이다. 그러나 이런 것들이 쌓이고 쌓여오는 동안 재무부가 어려운 상황이 되고 힘이 약화되는 순간 한꺼번에 터져나오게 되는 것이다. 5공정부가 들어서면서 재무부가 대세를 업은 기획원 사람들에 의해 초토화되었지만 아무데서도 재무부를 편들어주는 응원군을 찾아보기 어려웠다. 그만큼 재무부를 못마땅해하는 분위기가 사방에 퍼져 있었다는 이야기다.

아무튼 재무부는 5공 내내 고전을 면치 못한다. 터줏대감들이 밀려나는 가운데 요직에 외부인사들이 자주 기용되는가 하면 추진하는 정책 내용도 종래와는 사뭇 달랐다. 그랬던 것이 6공 들어 재무부 토박이들이 잇따라 장관에 기용되는 등 바람의 방향은 다시 바뀌게 된다.

혁명하듯 해치운 금리인하

앞에서 살펴보았듯이 기획원 사람들의 진주로 인해 재무부의 분위기는 하루아침에 달라지게 된다. 두말할 것도 없이 이 같은 시나리오는 김재익과 강경식을 축으로 하는 경제기획원 출신의 개혁성향 인물들에 의해 주도되었다. 재무부의 아성을 깨뜨리려는 움직임은 이미 국보위 때부터 강력하게 제기되었던 문제로서, 한동안 현실적인 저항에 부딪혀 주춤하긴 했으나 마침내 실현되었던 것이다.

더구나 82년 5월에 터진 이·장 사채 파동은 금융정책을 책임지고 있는 재무부로서는 결정타를 맞은 셈이었고, 남의 집에 들어와 뿌리를 내리기 위해 고심해야 했던 개혁세력에게는 더할 나위 없는 호기였다. 문책 사임이 시간문제로 여겨졌던 나웅배 장관은 이미 공중에 붕 떠 있는 상태였고, 이·장 사건의 뒷수습을 비롯한 주요 정책들은 청와대와 친밀한 관계에 있는 기획원 출신의 실세들이 만들어나갔다.

6월 25일, 예상대로 나 장관이 물러나고 후임에 강경식 차관이 제자리 승진으로 들어섬에 따라 재무부는 기획원 출신들에 의해 완전히 장악되었다. 강경식은 어떤 인물인가. 박정희시대 끝무렵 성장일변도 정책에 제동을 걸며 안정화·자율화 정책에 앞장서왔을 뿐 아니라 불도

국회재무위에 참석한 김준성 부총리(왼쪽)와 강경식 재무장관

저 같은 추진력까지 갖춘 인물이다. 그는 처음부터 소신대로 정책을 밀어붙여나갔다. 불과 얼마 전 차관 시절에 이미 청와대 경제수석과 머리를 맞대고 마련해온 카드를 지체 없이 꺼내들고 나섰다. 취임한 지 3일 후부터 일이 벌어졌다. 탐색전 같은 단어는 애당초 어울리지 않았다.

이른바 '6·28조치'가 그 시작이었다. 은행금리를 단번에 4% 포인트나 내리고 기업들의 법인세율을 20%로 낮춘다는 것이었다. 말끝마다 안정화정책을 외쳐대던 정부가 어느 날 갑자기 태도를 바꾸어 이처럼 파격적인 경기부양대책을 들고 나왔으니 모두들 깜짝 놀랄 수밖에.

아무튼 이 6·28조치는 5공정부가 들어선 이래 경제조치로서 가장 충격적인 것이었을 뿐 아니라 여러 가지 면에서 주목을 끈 정책이었다. 웬만하면 사전에 어느 정도 짐작이라도 했을 텐데, 주무부처 사람들조차 감쪽같이 몰랐기에 더욱 충격적이었다. 따라서 이 조치가 발표되자 첫번째 관심은 도대체 누가 주도했느냐 하는 것이었다.

기자회견에서 "누가 주역이었느냐"는 질문에 김준성 부총리 겸 경제기획원장관은 "나"라고 대답했고, 강경식 재무장관은 "김 부총리와 나"라고 잘라 말했으나 둘 다 아니었다. 처음부터 끝까지 김재익 청와대 경제수석의 주도하에 치러진 일이었다. 김 부총리는 경제팀장의 위치에 있었

음에도 작업이 거의 마무리 단계에 이를 때까지도 전혀 알지 못했으며, 뒤늦게 이러한 움직임을 전해 듣고서 대단히 불쾌해했을 정도였다. 더구나 정책의 내용으로 볼 때 주무장관에 해당하는 나웅배 재무장관〔강경식 장관은 6·28조치가 공식 발표되기 3일 전에 나 장관과 교체되었으므로 이 조치는 사실상 나 장관의 재임 중에 만들어진 것이었다〕은 더더욱 모르고 있었다.

그래서 벌어진 해프닝이 나 장관이 재무장관 자리를 내놓기 이틀 전 발표한 '6·23 세제개편 계획'이었다. 나 장관 자신도 취임한 지 불과 6개월밖에 안 되었으나 이·장 사채 파동이라는 엄청난 금융사건이 터진 만큼 그만두는 것은 시간문제라고 여기고 있던 터였고, 따라서 물러나기 전에 그동안 준비해온 세제개편 계획을 자기 이름으로 발표하고 싶었던 것이다.

이 계획의 골자는 공개법인의 법인세율 33%를 비공개법인과 맞추어 36%로 통일시키겠다는 것과 무기명예금에 대해서는 세금을 무겁게 매기겠다는 것이었다. 언론들은 당연히 대서특필했다.

정부 안에서는 난리가 났다. 청와대 경제수석실에서는 "도대체 어떻게 그처럼 중요한 일을 청와대와 사전협의도 없이 정부방침으로 발표할 수 있느냐. 지금이라도 언론기관에 손을 써서 정부방침이 아니라고 취소시키라"며 불호령을 내렸다. 재무부 실무자들로서는 난감한 일이었다.

"아니, 세상에 아무리 청와대 힘이 세기로서니, 주무장관의 결정으로 정부방침을 발표해놓았는데, 이내 그게 아니라고 뒤집으라니 해도 너무하다"는 볼멘소리가 재무부 안 여기저기서 터져나왔다. 도대체 영문을 모를 일이었다.

그 이유가 며칠 뒤인 6·28 조치에서 밝혀진 것이다. 비밀리에 벌이고 있는 작업에서는 법인세율을 파격적으로 깎아 20%로 할 참인데, 그런 사정도 알지 못하고 거꾸로 법인세를 36%로 올리겠다고 주무부서에서 불쑥 발표를 해버렸으니 청와대로서는 펄펄 뛸 수밖에. 더구나 금융실명제 역시 뜨뜻미지근한 차등과세 정도가 아니라 와지끈뚝딱 단번에 해치우려는 판이었으니 당시 재무부가 발표한 세제개편안은 전혀 핀트가 맞지 않는 것이었다.

골수 재무관료들 철저히 소외시켜

6·28조치의 탄생 과정은 좀 더 자세히 살펴볼 필요가 있다. 결론부터 말해 이 일은 6월 초순에 착수했으나 애당초 극소수만을 참여시킨 가운데 정부 안에서도 철저하게 비밀에 부쳐진 가운데 진행되었다. 대통령을 설득해 결심을 얻어낸 김재익 수석의 금리인하 구상에 강경식 재무차관이 동조했고, 실무작업의 책임은 같은 계열의 이형구 이재국장에게 맡겨졌다.

요컨대 6·28조치는 기획원 출신의 개혁파 삼총사랄 수 있는 김·강·이 세 사람의 손으로 만들어진 정책이었다. 금리인하와 세율인하가 이 정책의 주요 골격이었던 만큼 일의 성격으로 봐서 당연히 재무부 사람들이 실무작업에 참여해야 했지만, 기획원에서 진주한 차관과 이재국장을 제외하고는 장관과 담당차관보를 비롯해 재무부 안에서는 아무도 이 같은 혁명적인 작업이 추진되고 있다는 것을 눈치채지 못하고 있었다.

애당초 김재익이나 이형구의 기본구상은 금리를 파격적으로 내리겠다는 것이었던 만큼, 이 같은 정책전환에 보나마나 반대할 게 뻔한 골수 재무관료들은 아예 빼버리고 일을 추진했던 것이다. 심지어 실무작업을 해야 하는 사무관조차 재무부 대신 경제기획원에서 차출했을 정도였다.

이런 식으로 일이 추진되다 보니 나웅배 장관 역시 아무 감을 못 잡고 6·28조치 불과 닷새 전에 정반대 방향의 세제개편 계획을 발표했던 것이다〔공교롭게도 6·28을 추진하던 강 차관과 이 국장 또한 자기네 장관의 세제개편 계획 발표 지시를 몰랐기에 이를 사전에 막지 못했다〕.

아무튼 보름 이상이 걸려 6·28의 기본골격이 완성될 때까지 경제기획원은 물론이고 재무부나 한국은행에서도 까맣게 모르고 있는 상태에서 막판에 가서야 협의에 부쳐졌다. 재무부야 주역의 하나였던 강 차관이 장관으로 올라앉은 데다가 깐깐하게 버텨오던 이규성 차관보가 전매청장으로 나가버리는 바람에 아무리 못마땅해도 대놓고 반대할 처지가 아니었다. 경제팀장인 김준성 부총리 역시도 실무작업이 거의 마무리 단계에 들어서기까지 모르고 있었다. 뒤늦게 이 같은 사실을 전해 들은〔그나마 정식으로 보고받은 것이 아니라〕 김 부총리로서는 대단히 불쾌했지만 이미 달리 손을 쓸 처지가 아니었다.

첫 시안에 따르면 금리의 경우 '예금금리 6%, 대출금리 10%'로 되어 있었는데, 너무 충격적이라는 지적을 감안해 '예금금리 8%, 대출금리 10%'로 바뀐 것이다. 단번에 무려 6%포인트나 떨어뜨리려고 했다가 4%포인트로 인하폭을 줄였다는 이야기다. 아무튼 그나마 유일하게 반대하고 나선 곳이 한국은행이었다. 당시 한국은행도 금리인하의 필요성을 느끼고 있었으나 1~2%포인트가 적절하다는 판단이었다. 하영기河永基 한은 총재는 재무장관에게 이 같은 입장을 밝히면서 "일시적인 대폭 인하는 금융시장에 대한 충격이 너무 크므로 반대한다"고 말했다. 관계장관들끼리 마지막 절충을 위한 모임을 갖기로 했으나 이것마저 갑자기 취소되어 버렸다. 끝까지 반대하던 한은총재는 재무장관실로 불려가 "원안대로 확정되었다"는 일방적인 통고만을 들었을 뿐이다.

"이런 식으로 해도 되는 겁니까."

"이미 대통령의 재가가 났습니다."

발표 전날인 일요일 저녁, 갑작스레 열린 금융통화운영위원회는 어안이 벙벙한 분위기였다. 하영기 한은총재는 "중앙은행 입장에서 볼 때 논리에 맞지 않는 감이 없지 않다"는 정도의 서운함을 토로하는 게 고작이었다.

이처럼 6·28조치는 그 내용이 상식을 뛰어넘는 파격적인 것이었을 뿐 아니라 결정 과정 역시 마치 혁명하듯이 밀어붙여졌던 것이다. 그러면 6·28조치의 결정 과정은 이쯤 해두고, 이 같은 정책이 나오게 된 경위를 알아볼 차례다.

우선 김재익을 비롯한 개혁론자들의 대폭적인 금리인하 시도는 "이제는 물가안정에 어느 정도 자신이 붙었다"는 판단에서 출발한다〔결과적으로 82년의 소비자 물가상승률이 7.1%를 기록, 81년의 21.6%에 비해 크게 낮아졌으므로 이 판단은 적중했던 셈이다〕. 따라서 물가를 감안한 실질금리 차원에서 따져보면 현행 금리를 한 자리 숫자로 대폭 내릴 수 있다고 생각한 것이다. 이것은 마치 지난 80년에 안정화정책에 급피치를 올리면서 "인플레를 감안한 실질금리" 운운하며 1·12조치를 통해 금리를 무려 5.5% 포인트나 올린 경우와 똑같은 논리였다.

더구나 당시의 경제상황은 침체일로를 걷고 있는 경기가 좀체 회복의 기미를 보이지 않아 보다 적극적인 부양대책의 필요성이 제기되었고, 설상가상으로 이·장 사건이 터지는 바람에 나라경제 전체가 뿌리째 흔들리는 가운데 5공정부가 들어선 이후 최대의 정치적 위기에 봉착해 있는 형국이었다. 그런 이유로 정부로서는 무언가 분위기를 일신할 수 있는 승부수로서 생각해낸 것이 금리와 세금을 대폭 깎아주는 것이었다.

어쨌든 이 조치가 가져온 경제적 파급효과는 엄청났다. 20%로 내리겠다던 법인세율 인하 방침은 나중에 국회심의 과정에서 유야무야되었으나 금리를 한꺼번에 4%포인트 내린 것은 대단한 충격을 몰고 왔다. 물론 기업들로서는 대환영이었다. 장기불황 속에 재무구조가 극도로 악화되어가던 상황이었으므로 여간 반가운 일이 아니었으나 사실 기업 쪽에서도 그처럼 파격적으로 내릴 줄은 몰랐다. 오죽했으면 당시 해외여행 중에 이 소식을 전화로 보고받은 현대그룹의 정주영 회장 같은 이는 "한국 정부가 그토록 금리를 많이 내려줄 리가 없다. 분명히 뭔가 잘못되었을 테니 다시 알아보라"고 지시했을 정도였으니까.

개혁파 안에서도 사실은 금리의 인위적인 대폭 인하는 소수의견이었다. 이들 세력의 기본철학 중의 하나가 시장경쟁원리에 충실하자는 것이었던 만큼 처음에는 김 수석의 구상에 강경식 재무차관이나 김기환 KDI 원장 등도 난색을 표했으나, 이참에 일반금리만 낮춤으로써 정책금융의 대표 격인 수출금융에 대한 오랜 특혜제도를 없앨 수 있게 된다는 점에서 찬성했다는 것이 이들의 설명이다.

물론 수출금리를 없앴다는 것 하나만으로도 당시로서는 상당한 인식 전환이었던 셈이다. 따라서 당시의 금리인하 조치는 금리의 단순한 인하 수준의 문제가 아니라 기존의 금리체계에 대한 변혁까지 함께 시도한 것이기도 했다.

그러나 시장의 실세금리를 무시한 과격한 금리인하 조치는 후일 금융시장의 심각한 왜곡현상을 몰고 온다. 실세금리와 공금리 사이의 심한 괴리는 완매채라는 신종 사채를 낳았고, 나아가서는 갖가지 크고 작은 금융사고의 원인으로까지 작용하게 되었던 것이다.

금융실명제의 좌초

급하면 격해지는 것인가. 이·장 사채 파동으로 정권 차원의 위기감에 휩싸여 있던 5공정부는 이를 커버하기 위해 금리와 세율을 대폭 내리는 이른바 6·28조치를 취한 데 이어 메가톤급의 충격적인 정책을 연이어 터뜨린다. 6·28의 충격에서 헤어나기도 전에 7·3조치로 불리게 되는 금융실명제 실시계획을 발표해 또 한차례 세상을 깜짝 놀라게 한다.

노태우정권에 들어와서도 나라 전체를 들었다 놓았다 하며 엎치락뒤치락을 거듭했던 금융실명제. 그러다가 결국은 김영삼정권에서 전격적으로 실시된 금융실명제 시비는 전두환정부로까지 거슬러올라가야 한다. 82년 7월 3일에 발표된 금융실명제 실시계획이 바로 그 원조다.

그 요지는 '1년 뒤인 83년 7월 1일부터 모든 금융거래에 대해 실명제를 실시하며, 금융소득도 종합과세하고, 실명이 아닌 3,000만 원 이상의 금융자산에 대해서는 과징금으로 5%를 내야 자금출처 조사를 면제시켜준다'는 것이었다.

실명제 실시 발표는 기존의 금융질서를 송두리째 뒤집어놓겠다는 혁명적인 시도였다. 과거의 사채동결조치만 해도 경제적인 충격에 그쳤지만, 금융실명제의 전면 실시는 정치를 포함한 모든 분야의 근본적인 개혁을 전제로 하는 것이었기 때문이다. 결과적으로 이 같은 시도는 4개월도 채 버티지 못하고 사실상 백지화되고 만다. 그러나 이 7·3조치는 5공 초기의 주요 경제정책 결정 과정이 어떠했고, 주도세력들이 어떤 생각들을 가졌으며, 또한 개혁정책을 둘러싼 정치권의 태도가 어떠한 것이었는지를 극명하게 드러낸 중대한 사건이었다.

먼저 궁금한 것은 누가 주도했는가 하는 점이다. 당시 알려지기로는 이것 역시 김재익 경제수석이 구상하고 주무장관이며 같은 개혁파였던 강경식 재무장관이 총대를 멘 것으로 짐작되었으나 사실은 그게 아니었다. 다시 말해 6·28 금리 및 법인세 인하 조치가 김 수석이 주도하고 강 장관이 보조했다면, 7·3실명제는 거꾸로 강 장관이 주도하고 김 수석이 도왔던 것이다.

"실명제에 대한 논의는 그전부터 있어왔지만 실시를 결심하고 구체적인 실무작업을 시작한 것은 내가 장관에 취임한 82년 6월 25일부터였습니다. 짧은 기간 동안이었지만 내 책임하에 모든 시나리오를 만들었고, 김 수석이 전 대통령을 설득해서 최종적으로 확정짓게 된 것이지요. 물론 김 수석과는 재무장관이 되기 전부터 실명제의 필요성에 관한 토의를 많이 해왔었습니다."

실명제의 추진 과정을 정확하게 이해하기 위해서는 강 장관의 설명을 더 들어볼 필요가 있다.

"금융실명제가 정부 안에서 처음 거론되기 시작한 것은 70년대 중반 제4차 5개년계획을 짤 때부터였습니다. 그러나 당시로서는 그저 토론거리에 불과한 것이었고, 5공정권에 들어오면서 비로소 정책화가 논의되기 시작한 것이지요. 궁극적으로 우리 경제가 가야 할 방향은 이른바 시장 경쟁체제인데, 지하경제가 계속 심화되는 가운데 제도적으로도 기업들이 은행빚이 많으면 많을수록 유리하도록 되어 있으니, 이런 식으로는 도저히 안 되겠다는 반성들이 확산되기 시작한 것이지요."

사실 이러한 생각을 가진 이는 강 장관만이 아니었다. 개혁적 성향인 기획원 관료들은 물론이고 재무부 세제국 쪽도 마찬가지였다. 특히 세제를 담당하는 사람들로서는 금융실명제란 궁극적인 소망이요, 꿈이었다. 실제로 개혁의 분위기를 타고 재무부 세제국은 81년 들어 이미 실명제 도입에 관한 실무작업을 시작했다. 그러나 이 같은 움직임이 일부 신문에 보도되자 정부 안에서 즉각 이의가 제기되었고, 당시 신병현 부총리도 실명제를 도입할 계획이 없다고 부인했다. 비록 생소한 개념이었지만 금융실명제의 도입에 관한 명분이나 필요성에 대해서는 어느 정도 공감대가 형성되기 시작한 한편, 워낙 엄청난 일이었으므로 공식적으로 정책화하는 데는 누구도 엄두를 못 내고 있는 형편이었던 것이다.

이처럼 일단 덮어졌던 실명제 논의가 다시 살아나게 된 것은 전적으로 이·장 사건 덕분이었다. 이 사건의 정치적인 배경이 어찌 되었든 간에 경제적으로는 지하경제의 폐해가 얼마나 심각한지를 단적으로 입증한 사건이었고, 또한 '경제 정의'라는 차원에서 너무나도 어처구니없는 일이었기 때문에 정부로서는 어떤 방법으로든지 이를 만회할 처방을 내놓아야 할 처지였던 것이다.

이런 맥락에서 정부가 처음으로 실명제 도입을 공식적으로 밝힌 것이 나웅배 재무장관이 퇴임 직전에 발표했던 무기명예금에 대한 차등과세 제도였다. 실명제의 첫 단계로서 무기명예금을 허용은 하되 기명예금보다 세금을 10%포인트 더 매기겠다는 것이 주요 골자였다.

당시 세제국 실무자들의 생각은 여러 가지 현실적인 한계와 장애요인들을 감안할 때 10년 정도에 걸쳐서 단계적으로 실명제를 정착시켜나가야 한다는 것이었다. 재무장관 나웅배의 생각도 바로 그러했다. 이를 두고 나중에 실명제 실시의 주역으로 몰린 김재익은 남덕우를 찾아가 "실명제를 대통령에게 가장 먼저 거론한 것은 내가 아니라 나웅배"라고 억울함을 호소하기도 했다.

그러나 앞에서 언급했듯이 엿새 후에 나온 6·28조치로 인해 이 같은 세제개편 계획은 하루아침에 휴짓조각이 되어버리고 만다. 다만 6·28조치에서도 금리와 세금의 대폭 인하 계획 말미에 '사채 양성화 방안 마련'이라는 표현이 붙어 있었을 따름이다. 이 원칙적인 표현이 바로 전면적이고도 완전한 실명제를 곧 추진하겠다는 신호탄인 줄은 아무도 몰랐다.

여기서 강 장관의 말을 다시 한 번 인용해야 저간의 흐름이 명확해진다.

"재무장관 발령을 받고 난 직후, 김재익 경제수석을 만나 그동안 준비해온 6·28조치에 관한 최종협의를 할 때였습니다. 금리인하 말고도 세제에 관한 이야기도 들어 있기에, 내가 별도로 생각하고 있는 것이 있으니 가급적 세제 문제는 구체적으로 언급하지 말아달라고 했지요. 이어서 내가 구상하고 있는 실명제 계획을 설명했습니다. 실명제의 당위성에 관해서는 오래 전부터 서로 의견의 일치를 보아왔던 터였으므로 김 수석은 내 구상에 적극적으로 찬성했습니다."

이렇게 해서 무기명예금에 대한 차등과세정책 따위는 간단히 백지화해버리고, 강경식 재무장관의 진두지휘 아래 무기명에 대해서는 예금이나 증권투자까지도 완전히 금지하는 내용을 골자로 하는 실무작업이 일사천리로 진행되었다.

"실명제의 근본 취지나 명분에 대해 누군들 반대하겠습니까. 그러나 모든 경제행태와 인식을 뿌리부터 둘러엎어야 하는 일인데, 얼마나 현실적인 부작용과 저항이 많겠습니까. 그래서 세제국으로서는 차등과세 제도부터 시작하겠다는 점진책을 택한 것이었는데, 장관이 바뀌면서 졸지에 초강경책으로 선회하게 된 것이지요."

당시 이 일에 참여했던 실무자의 회고처럼 세제국 실무자들은 전면적인 실명제 실시에는 상당한 문제가 있다고 생각했으면서도 배짱 좋게 밀어붙이는 장관의 기세에 눌려 아무 소리 못 하고 끌려갈 수밖에 없었다. 강경식은 세제행정 경험은 없었지만 그 특유의 추진력과 갖가지 기발한 아이디어를 동원해가며 실무자들을 몰아붙였다. 그의 주장은 세제 전문가의 상식을 뛰어넘는 것이었다. 그는 '혁명'을 하자는 것이었다.

그는 이번 기회에 검은돈을 모조리 실명화하겠다고 마음먹었고, 어떠한 예외도 인정하지 않겠다는 것이었다. 지하경제에서 재미를 보아온 돈들을 강제적으로 모두 끌어낼 뿐 아니라, 이른바 '도강세' 渡江稅라는 세금을 매기기로 했다. 아울러 비실명 자산에 대한 자금출처 조사도 금액의 제한을 두지 않으려 했다. 그나마 실무자들이 반대해서 '도강세' 대신 5%의 과징금을 물리기로 하고, 자금출처도 3,000만 원 이하에 대해서는 면제해주기로 완화했을 뿐이다.

모든 계획이 쥐도 새도 모르게 추진되었다. 다른 경제장관들은 물론 여당인 민정당의 수뇌부도 몰랐다.

D-1인 7월 2일 밤늦은 시간, 실무팀장인 이형구 차관보는 실무작업을 모두 끝내놓고서 재무장관실에서 강 장관과 마주 앉았다. 이 차관보는 내용의 충격 정도를 떠나 워낙 엄청난 일을 불과 일주일 사이에 해치웠기에 실무적으로 아무래도 찜찜한 구석이 적지 않았고, 때문에 발표일자를

일주일만 연기시키는 것이 어떻겠느냐고 장관의 의향을 타진하고 있었다. 마침 청와대로부터 장관실로 전화가 걸려왔다. "실명제 실시에 관한 대통령의 최종 결심을 얻어냈다"고 김재익 수석으로부터 연락이 온 것이다. 강 장관은 실무적으로 좀 더 보완할 시간을 달라는 이 차관보의 요청에 마음이 다소 흔들리던 참에 때마침 걸려온 이 전화 한 통으로 모든 게 확정되어버린 셈이었다.

"실명제 반대는 이적행위"

지금까지 살펴본 것은 7·3 실명제 조치가 어떤 과정을 거쳐 태동하게 되었는지에 관한 것이었다. 이제는 그 이후의 정책추진 과정, 그리고 그처럼 강력히 밀어붙였던 실명제가 도대체 어떤 식으로 도중하차하게 되었는지 그 이유와 배경을 정리해보기로 한다.

82년 7월 3일, 금융실명제의 청사진이 드디어 밝혀진다. 여론 수렴을 위한 공청회조차 건너뛴 이날의 발표는 어느 날 아침 갑자기 터진 폭탄처럼 엄청난 충격을 몰고 왔다. 정치권은 여야를 가릴 것 없이 어리둥절해했고, 언론에서도 전혀 눈치 채지 못했다. 얼마나 보안에 철저했던지 장관의 발표문조차 인쇄나 프린트 대신 실무자가 직접 쓰도록 했다. 화폐개혁을 방불케 하는 식이었다.

강경식 재무장관은 자신감 넘치는 태도로 기자회견에 임했다. "지하경제에 대해선 모든 정책수단을 동원해 박멸하겠다"면서 "금융실명제를 실시하는 데는 예외도 수정도 없다"고 강조했다.

이 조치가 발표되면서 문화공보부는 일체의 비판기사를 허용치 않는다는 내용을 각 언론사에 통보했다. 한술 더 떠서 정부의 실명제 추진이 올바른 방향임을 잘 홍보해달라는 주문과 함께. 따라서 실명제 실시가 옳고 그르고를 떠나 당시의 신문에는 어떠한 비판기사도 실리지 않았다. 그저 충격적인 조치에 대한 우려만 간접적으로 표현했을 뿐이다.

강 장관은 각 신문과의 인터뷰를 통해 자신의 소신을 단호하게 밝혀나갔다. "이·장 사건은 실명제 실시로 전화위복이 될 수 있다. …정당한 대가를 보호하고 불로소득을 봉쇄하자는 것이다. …전혀 충격이랄 게 없다. 국민들에게 혜택을 주자는 것이다. … 실명제를 피해 금을 사재는 것은 바보 같은 일이라는 걸 알게 될 것이다. …부동산투기는 절대 용납하지 않겠다. …공청회의 토론도 어디까지나 정부의 기본방향에 맞아야 한다. 실명제 자체를 부정해서는 안 된다…."

그는 실명제가 충격을 주고 있다는 사실 자체를 부인했는가 하면, 공청회조차 요식절차에 불과한 것임을 분명히 한 것이다. 개혁의지를 앞세운 그는 기세등등했다. 언론도 별도의 탄압이 필요치 않았다. 방송은 경쟁적으로 홍보성 프로그램을 열심히 급조해댔고, 신문도 스스로 알아서 비판의 뜻을 접었다.

재계를 대표하는 전경련까지도 실명제에 찬성한다는 성명을 발표했다. 공포 분위기 속에서 반대한다는 것은 생각도 못할 일이었고, 오히려 적극적인 지지의사 표명을 강요받았던 것이다. 강 장관은 마치 탱크처럼 밀어붙였다. 수십 명의 시민들을 참석시킨 TV 토론에 나간 그는 열변을 토했다. 어느 시민이 실명제 추진에 대해 다소 부정적인 질문을 하자 그는 "실명제를 반대하는 것은 마치 이적행위나 같은 것"이라며 홍분을 감추지 못했다. 이런 그에게 한 신문은 강경식姜慶植 장관의 이름을 두고 '강경식'強硬式 장관이라는 별명을 붙이며 비꼬았다.

강 장관이 이처럼 마음껏 소신을 발휘할 수 있었던 것은 대통령의 절대적인 지지가 뒷받침되고 있었기 때문이다. 그렇다면 전 대통령은 왜 실명제 추진을 결심하게 되었을까.

첫째는 신임했던 김 수석의 설득이 주효했다. 이·장 사건으로 엉망이 되어버린 정권의 체면을 일거에 회복시킬 수 있는 승부수로서뿐만 아니라, 실명제가 지니는 장점이 얼마나 지대한지를 김 수석 특유의 명쾌한 설명을 통해 단숨에 자기 철학으로 소화해버린 것이다.

전 대통령의 한 측근은 다른 측면으로도 해석한다.

"대통령이 여당의 정치적 반발에도 불구하고 실명제를 끝까지 관철하려 했던 것은 그의 성격과도 상당한 연관성이 있다고 봅니다. 주위에서 들 어렵다고 자꾸 말리면 도리어 반발하는, 일종의 무인武人 근성이 작용했다고 할까요."

그러나 그의 성격적인 면만으로는 실명제 실시 결심의 배경을 설명하기에는 충분하지 않다. 그보다는 역시 실명제가 제공하는 명분론, 다시 말해서 지하경제를 척결하고 '정의사회'를 구현할 수 있다는 대의명분이 그의 마음을 움직인 결정적인 요인이었다고 해야 할 것이다.

아무튼 전 대통령은 처음부터 실명제 추진에 적극적이었고, 기본적인 방향 설정과 구체적인 실무작업은 재무장관과 경제수석에게 전적으로 믿고 맡겼다. 실명제 실시 계획이 발표되고 나서 처음 열린 7월 5일의 청와대 수석회의에 참석한 전 대통령의 지시는 이런 내용이었다.

"83년부터 실시되는 실명거래제는 혁명적인 것이다. 이것이 성공하면 선진국 대열의 의식구조를 갖추게 된다. 7·3조치에 따른 충격을 최소화할 수 있도록 각종 정보보고와 도출되는 문제점들은 경제수석에게 주어라. 이미 취해진 조치는 긍정적으로 이해시켜야 하며, 오로지 추진해서 성공시켜야 한다…."

한편 대통령의 결심을 끌어낸 김재익의 생각이야 더 말할 나위가 없는 일이었다. 심지어 그는 수석회의에서 "5%의 과징금만 내면 검은돈이 지상으로 올라올 수 있으므로 오히려 돈 있는 사람들이 좋아할 정책"이라는 논리까지 폈다.

사활을 건 반대파의 저항

그러나 시간이 지나면서 형세는 차츰 역전의 조짐을 드러내기 시작한다. 처음 얼마 동안은 언론들이 눈치를 봐가며 실무적인 허점들을 조심스럽게 지적했다. 실명제의 명분이 아무리 절대적인 설득력을 지녔다 해도 워낙 서둘러 만들어냈기에 자세히 들여다보면 볼수록 실무적인 문제점들이 여기저기에 널려 있었던 것이다. 예컨대 주식투자에 대한 종합과세를 기술적으로 어떻게 할 것인지, 실명제를 뒷받침해야 할 전산화에는 문제가 없는지 등등〔그러나 당시의 언론도 엄격히 말해 금융실명제 실시에 관한 정리된 주견이 없었다. 정부의 언론통제 때문에 마음대로 쓰지 못했던 것은 사실이지만 신문마다 논조 자체가 왔다 갔다 했던 점도 부인할 수 없다〕.

정부당국이 총력을 기울여 홍보하고 엄포를 놓았는데도 은행에서는 뭉칫돈이 빠져나가는가 하면, 주식을 팔아 부동산으로 옮겨가는 현상이 시간이 갈수록 두드러졌다.

드디어 정치권에서부터 일이 벌어졌다. 사실 여당인 민정당으로서는 아무런 사전협의를 하지 못했기 때문에 실명제라는 것이 정치·경제적으로 어떤 의미를 갖는지조차 제대로 이해하지 못하고 있는 상태였다. 더구나 전 대통령의 최종 결심으로 이루어진 일인 만큼 누구도 함부로 시비를 걸 처지가 아니었다. 따라서 조치가 발표되던 날 아침 7시에 열린 당정협의회는 말이 협의회지 그저 정부 측의 일방적인 설명을 듣는 자리에 불과했다. 그러나 차츰 시간이 지나면서 실명제 실시가 얼마나 혁명적인 조치인가를 깨닫게 되자 정치권에서는 반대 분위기가 확산되기 시작했다.

재무위 의원들을 중심으로 반대의견이 집약되어나갔고 권익현權翊鉉 사무총장과 이종찬李鍾贊 원내총무, 그리고 진의종陳懿鍾 정책위의장 등이 이에 앞장섰다. 반대논리를 이론적으로 뒷받침한 인물은 김종인 의원이었다. 그는 개인적으로는 김재익과 가까운 사이였으나 스타일이나 생각하는 바는 많이 달랐다. 박정희정권 말기 때부터 정부정책 평가교수단의 일원으로 특히 부가가치세 도입 과정에 재정학자로서 깊이 간여했던 김종인은 김재익과 자주 부딪쳤다. 전두환정권에 들어와서는 정치에 입문, 여당의원이 되었는데도 김재익식 경제정책에 대해 정면으로 비판하는 몇 안 되는 인물 중의 하나였다. 드디어 실명제를 놓고 두 사람은 제대로 붙었다.

권익현 사무총장이 처음 총대를 메고 나섰다. 정부안이 발표된 지 열이틀이 지난 7월 15일, 권 총장은 "보완할 필요가 있다"는 조심스러운 표현으로 실명제 실시에 이의를 달기 시작한 것이다.

"당시 대통령의 의지가 워낙 강해 당에서 어떻게 번복시킨다는 것은 엄두도 못 내던 분위기였습니다. 그러나 이재형李載灐 대표위원을 중심으로 수없이 의견을 수렴한 끝에 도저히 안 되겠다는 결론에 도달하게 되었지요. 이 문제로 전 대통령을 만나 장시간의 토론을 여러 차례 했습니다. 아무튼 실명제 실시를 통해 지하경제를 척결하겠다는 대통령의 의지는 대단했습니다. 실명제 실시의 문제점을 한참 설명하는 내 이야기에 열심히 고개를 끄덕이다가도 또 다른 명분론을 들고 나오면서 그래도 해야 하

지 않겠느냐는 식이었지요. 아무튼 정부의 기습적인 발표 이후 법안이
처리되기까지 약 5개월 동안 정부와 당은 살벌한 분위기 속에서 일종의
전쟁을 치른 셈이었습니다."

권익현의 회고다.

김종인의 증언도 들어봐야 한다.

"진의종 정책위의장의 부탁을 받고 실명제에 대한 입장을 논리적으로
정리하게 되었더랬습니다. 당시 당에서는 대통령이 적극적으로 추진하
는 실명제인 만큼 누구 하나 이것을 논리적으로 따져볼 엄두도 안 내는
분위기였으니까요. 내가 반대했던 이유는 간단해요. 공연히 해내지도 못
할 일을 왜 떠벌리려 하느냐는 것이었지요. 예컨대 70만 명의 부가가치
세 납세자도 제대로 관리 못하는 우리의 국세행정 수준을 가지고는 납세
자로 따져서 그 열 배가 넘는 종합소득세를 제대로 관리한다는 것은 도저
히 불가능하다는 이야기였습니다."

당黨만이 아니었다. 실명제를 진짜 내놓고 반대한 핵심세력은 대통령
의 최측근인 허화평 정무수석과 허삼수 사정수석 등 이른바 '허 씨' 들이
었다. 이들은 애당초 갖가지 개혁적인 아이디어로 대통령을 사로잡고 있
는 김재익 경제수석에 대해 언제 무슨 일을 저지를지 모를 위험인물로
여기고 있던 터였으므로 처음부터 건건이 반대입장을 취했다. 더욱이 이
들이야말로 대통령에게 어떠한 직언도 서슴지 않았던 위치에 있었기에
실명제 추진을 결심한 대통령으로서는 가장 짐스러운 인물들이었다.

이들은 대통령 앞에서도 실명제 추진세력들을 가차 없이 몰아세웠다.
하루는 대통령이 주재하는 수석회의에 관계장관들을 참석시켜놓고 시비
를 따졌다. 허화평 정무수석은 불쾌한 어조로 "대체 실명제를 하자고 발
상한 사람이 누구요"라고 따졌고, 강경식 재무장관은 "내용이 중요하지

누가 발상했는지가 무슨 상관입니까"라고 맞섰다. 강경식의 회고를 들어
보자.

"어느 날 청와대 실세보좌관들이 주재하는 자리에 불려가서 혼이 났습
니다. 하도 나를 심하게 몰아붙이기에 '실명제 실시를 그토록 반대하려
면 당신네 말 잘 듣는 사람으로 재무장관을 바꾸면 될 것 아니냐'고 맞섰
었지요."

허 씨들은 노태우 내무장관을 찾아가 실명제를 막는 데 힘을 합치자는
움직임까지 벌인다. 금융실명제에 관한 한 노태우 장관도 편을 가르자면
반대파였다. 허 씨들은 자칫 실명제를 실천에 옮기려 하다가는 목숨을
걸고 잡은 정권마저 위태로울 수 있다고 판단했다. 이 같은 움직임을 보
고받은 전 대통령은 연희동 노 장관의 집으로 직접 찾아가 술잔을 기울이
면서 '그럴 수 있느냐'며 담판을 벌였다고 한다.

과연 허화평은 어떤 생각으로 전 대통령이 그처럼 기어이 실시하려 했
던 실명제를 맹렬히 반대했던 것일까? 당초 신군부 실세 사이에 흘렀던
개혁적인 기류로 볼 때는 실명제 실시 같은 화끈한 메뉴가 딱 어울리는
데도 말이다. 사실 집권 초기에 실명제 문제가 일부에서 거론되곤 했을
때 군부 실세들은 대부분 절대 찬성이었다. 그랬던 것이 정작 구체적으
로 정책화되는 과정에서 현실적인 어려움을 깨닫고 생각을 달리하게 되
었던 것이다. 허화평은 20여 년이 지난 지금 당시의 상황을 이렇게 회고
했다.

"실명제는 한국경제 실정을 감안한다면 혁명적인 발상이었습니다. 사
전에 충분한 논의가 있었어야지요. 그런데 정무수석인 나는 대통령이 결
재하고 나서야 실명제 실시를 알았습니다. 당과 언론을 설득시켜야 하는
데 참으로 난감했습니다. 당의 협조를 구해서 국회의 입법 과정을 거쳐

야 하는 일이니 정치참모와도 당연히 상의했어야지요. 대통령이 아무리 비밀추진을 강조했기로서니 비밀로 할 사람이 따로 있지….”

실명제 실시는 정치적 중대 승부

허화평은 사전협의 대상에서 제외된 것을 대단히 서운하게 여겼으나 단순히 그런 이유만으로 실명제를 반대한 것은 아니었다. 근본적이고도 확실한 이유로 실명제 실시를 강력히 반대했던 것이다. 그의 회고를 계속 들어보자.

“내가 실명제를 반대한 것을 놓고서 반개혁적으로 보기도 했습니다. 그러나 실상은 그게 아니에요. 실명제가 5공화국이 추구하는 ‘정의사회 구현’에 딱 들어맞는 것 같아 보이지만 사실은 그 반대입니다. 여당의 정치자금은 빼고 실명제를 실시하겠다는 것은 결국 권력 없는 사람들만을 대상으로 실명제를 하겠다는 것 아니겠습니까. 기업의 경우도 은행거래를 마음대로 하는 대기업엔 영향이 덜하고 사금융이나 가족금융에 의존하는 중소기업이 직격탄을 맞게 됩니다. 나는 실명제 실시가 박정희시대의 부가가치세와 비슷하다고 생각했어요. 가게마다 금전출납기만 설치하면 금세 지하경제가 없어질 것으로 여겼던 것처럼 말입니다. 그러한 문제의 실명제를 김재익이 청와대 다른 참모들을 따돌리고 대통령과의 직거래를 통해 실시한다는 것은 결코 받아들일 수 없었던 겁니다.”

허화평은 단순히 일개 경제정책에 대해 반대한 것이 아니었다. 실명제 자체가 경제정책의 선을 넘어서 중대한 정치적 승부라고 여겼던 것이다. 그는 전 대통령과 함께 목숨 걸고 차지한 정권의 안위를 염두에 두고 강력히 반대했던 것이다. 다시 말해서 실명제의 명분이야 좋지만 현실적으

1982년 10월 29일, 금융실명제의 유보를 결정한 중앙청 후생회의를 마치고 노태우, 이종찬, 권익현(앞줄 왼쪽부터) 등이 걸어나오고 있다.

로 그걸 밀어붙이다가는 정치자금 동원 문제 등을 비롯해 자신들의 권력 기반 쪽부터 감당해낼 수 없다는 확고한 판단 때문이었다.

어떻든 전 대통령은 반대에 시달리다 못해 크게 흔들린 적도 있었으나 그때마다 김재익 수석의 설득으로 '문제가 있다면 당초 계획을 완화는 하되 반드시 하겠다'고 다시 마음을 고쳐먹곤 했다.

그러나 공이 정치권에 넘어오면서부터 급제동이 걸리기 시작했다. 처음에는 단계적 실시를 주장하던 당이 정작 법률제정 작업에 들어가면서 전면 연기 또는 백지화로 선회해버린다. 설상가상으로 야당까지 맞장구를 치며 정부를 더욱 궁지로 몰아넣었다.

때를 기다렸다는 듯이 정부 안에서도 분위기가 바뀌기 시작했다. 애당초 실명제 작업에서 제외되었음에도 경제팀장이라는 위치 때문에 난처한 입장이었던 김준성 부총리 겸 경제기획원장관이 적극적으로 반대의

사를 표명하기 시작했고, 노태우 내무장관도 여기에 동조했다. 이미 대세는 돌아서고 있었다. 국회에서의 시비가 극에 달한 상황에서 전 대통령에게 불려간 김준성 부총리는 "도저히 안 되겠습니다"라며 불가의 뜻을 밝혔다.

전 대통령은 김준성이 돌아간 저녁 6시쯤, 경제수석 사무실로 전화를 걸었다. 짧은 몇 마디에 김재익의 안색은 금세 창백하게 변했다. 결심을 번복할 수밖에 없다는 대통령의 마지막 통고였던 것이다. 침통한 김재익은 최종결정 내용을 즉시 강경식 장관에게 알렸다. 강 장관은 다음 날 새벽 청와대로 들어가 전 대통령을 만났다. 정 그렇다면 법만은 살려달라고 간청했고 그것은 받아들여졌다.

서슬 퍼렇게 시작했던 실명제 추진 작업은 이렇게 해서 도중하차하고 만다. '금융실명 거래에 관한 법률'이라는 법을 만들기는 했으나 그 실시 시기를 빼버린 것이다. 그 이후로 금융실명제에 관한 이야기는 정권이 막을 내릴 때까지 누구도 다시 거론하지 않았다. 전 대통령 자신부터 실명제 이야기를 입에 올리는 것조차 꺼렸다.

절반의 성공, 절반의 실패

금융실명제 실시 계획은 우여곡절 끝에 수포로 돌아가고 말았다. 그에 앞서 내놓았던 6·28조치 또한 금리인하는 실천에 옮겼으나 다른 반쪽인 법인세 인하 계획이 좌절되었으므로 결국 이것 역시 온전한 성공이었다고는 말하기 어렵다.

그렇다면 당국자들 스스로 '경제혁명'이라고 했던 이 두 정책이 제대로 꽃을 피우지 못하고 부작용만 잔뜩 초래한 채 실패하고 만 이유는 무엇인가. 언론의 비판 봉쇄에도 불구하고 과연 경제정책에는 본질적으로 혁명적 시도가 성공할 수 없는 것일까. 이에 관한 대답에 앞서 이런 시도들이 있게 된 배경부터 정리해볼 필요가 있다.

우선 6·28조치와 7·3조치의 상관관계부터 살펴보자. 전자는 김재익 경제수석, 후자는 강경식 재무장관이 각각 주도했으나 이 두 조치는 하나의 연결성을 띠고 있는 정책들이었다. 이를테면 이·장 사건의 수습책의 일환으로 금리와 법인세를 대폭 인하하여 경제적 충격을 달래는 한편 엄격한 실명제 도입으로 지하경제를 원천봉쇄하자는 것이었다. 그것도 혁명적인 방법으로 일거에 해치움으로써 그동안의 실점을 단숨에 만회해 보이겠다는 것이었다.

두 정책의 실무책임을 맡았던 이형구는 이렇게 말하고 있다.

"내용이나 절차 면에서 매우 파격적이었던 것은 사실이었습니다. 그러나 이 정책들의 근본적인 의도는, 다소 무리가 따르더라도 악순환의 고리를 한번 과감하게 끊어보자는 것이었습니다. 결과적으로는 이 같은 순수한 의도가 현실적인 저항과 한계를 극복하지 못하고 좌절된 거지요."

그는 여기에 어떤 정치적 복선이 깔려 있었다기보다는 오히려 경제관료들의 순수한 개혁의지에서 시작되었음을 강조했다.

여기서 주목할 것은 현실적인 어려움 등에 대한 충분한 검토 없이 이상에 치우쳐 혁명적인 변화를 밀어붙이려던 주도세력들이 과격한 군부세력이 아니라 경제관료 쪽이었다는 점이다. 오히려 경제정책의 현실성을 놓고 반대한 측은 신군부의 주축이었던 허화평 등이었다는 것이 아이러니다.

아무튼 이 같은 혁명적 시도가 극소수의 주도하에 밀실에서 추진되었던 만큼, 관심의 초점을 이에 앞장섰던 김재익과 강경식에 집중적으로 맞춰볼 필요가 있다. 어찌해서 뛰어난 경제전문가인 그들이 경제를 잘 모르는 군인들한테서까지 '실정 모르는 사람들'이라는 모욕적인 말을 들을 정도로 무모했던 것일까.

강경식은 당시 상황을 이렇게 회고했다.

"신군부가 집권하고 5공이 탄생하는 과정에서 평소 생각을 같이하던 김재익 수석과 김기환 박사 등 세 사람이 모여 우리 자신들의 입장을 정리할 겸해서 이런 이야기를 한 적이 있었습니다. '아무리 군인이 정권을 잡더라도 시장경제와 자유민주주의는 동전의 양면이다. 시장경쟁체제가 발전되어가면 독재가 지속될 수 없다. 따라서 경제를 맡고 있는 우리들로서는 어떻게 해서든지 경제가 시장원리에 의해 움직일 수 있도록 해야 한다'는 점에 의견일치를 보았지요."

말하자면 경제관료로서 군사정권에 협력하는 명분과 방향을 정리, 확인하는 자리였던 셈이다. 군사독재에 자발적으로 찬성할 수는 없으나, 이왕 피할 수 없는 상황인 바에는 오히려 적극적으로 나서서 자유민주주의의 기틀을 다지는 쪽으로 기회를 활용하자는 것이었다.

"이 · 장 사건 같은 일이 일어나리라는 것을 누가 짐작이나 했겠습니까. 경제적으로도 엄청난 충격을 몰고 왔지만 그 정치적 타격은 치명적이었다 해도 과언이 아니었습니다. 전두환정권이 출범하면서 내건 캐치프레이즈가 '정의사회 구현'이었는데, 이건 먹칠을 해도 이만저만한 먹칠이 아니었습니다. 한마디로 말해 이 · 장 사건이 터진 이후로는 정부가 정의사회 구현 운운하면 웃기는 소리 말라는 분위기 아니었습니까. 이것은 정상적인 방법으로는 도저히 회복이 불가능한 위기상황이었습니다. 그래서 전면적인 금융실명제 실시를 결심하게 된 것입니다."

강경식의 이 같은 설명은 요컨대 7 · 3실명제를 추진키로 결심한 결정적인 계기는 경제적 동기가 아니라 정치적 동기에서 비롯되었다는 이야기였다. 그 다음 말이 더 주목을 끈다.

"그 당시 실명제를 추진했던 것이 옳았다는 소신에는 지금도 변함이 없습니다. 다만 한 가지 후회되는 것은 추진하는 방법이 잘못되었다는 점입니다. 우리 경제상황에서 실명제를 하자는 것은 일종의 혁명을 하는 것인데, 그 혁명을 토론에 부쳐가며 하자고 했기 때문에 실패했던 것이에요. 혁명이란 어느 날 새벽에 갑자기 해치워야 하는 것인데도 내가 너무 순진했던 탓이었지요. 정말 아쉬움이 남습니다."

정상적인 법률제정 절차를 거치려 할 게 아니라 대통령 긴급조치 같은 것으로 반대토론의 기회를 아예 봉쇄한 채 확 밀어붙였어야 했다는 이야기다.

극복하지 못한 개혁의 한계

한편 강경식과 함께 이들 정책 수립의 축을 이루었던 김재익의 증언을 얻지는 못했으나 그 또한 누구 못지않은 개혁론자였음은 의문의 여지가 없다. 그는 이상론자였으나 결코 허약한 책상물림 지식인이 아니었다. 나름의 완벽한 이론체계를 바탕으로 자신의 생각을 하나하나 실천에 옮겨나갔던 인물이다. 군인들은 그를 너무 과소평가했다. 따지고 보면 6·28이나 7·3 조치 등도 모두 그가 평소 그려온 그림에 포함되어 있는 내용들이었다. 그가 처음부터 끝까지 주관했던 6·28조치가 발표되자 세상 사람들은 그럴 수가 있느냐며 깜짝 놀랐지만 김 수석으로서는 아주 오래 전부터 궁리해왔던 일련의 정책구상 중의 하나였다.

"당시에 금리를 4%포인트나 내리자 사람들은 이·장 사건을 무마하기 위해서 나온 정책이라고 단정지어버렸습니다만, 꼭 그렇게만 봐서는 곤란합니다. 김재익이 금리인하를 결심한 것은 이·장 사건이 일어나기 훨씬 전입니다. 1·12조치로 금리는 안정화정책의 일환으로 24%까지 올려놓았는데, 물가는 81년 하반기부터 잡히기 시작하지 않았습니까. 그래서 기업들의 실질금리 부담이 크게 늘어나 여러 차례 금리인하를 시도하려 했으나, 국제적인 고금리 현상 때문에 손을 대지 못했습니다. 결국 인하시기가 늦어진 만큼 인하폭이 커졌던 셈이지요. 그는 근본적으로 많은

릴 수 있다고 확신했던 것입니다."

결과적으로는 충격을 몰고 온 정책이었으나 그 탄생 과정을 보면 결코 어느 날 갑자기 하늘에서 뚝 떨어진 것이 아니었다는 것이 그와 함께 일했던 박유광의 증언이다.

사실 김재익이라는 사람이 추진했던 정책을 곰곰이 되새겨보면 당시 기준으로 보았을 때 거의가 개혁적인 내용을 담고 있어 상당한 충격을 몰고 왔던 반면, 독특한 논리체계를 통해 지극히 당연한 정책적 선택임을 뒷받침하는 설득력을 지녔다. 바꿔 말하면 그는 당시 기준으로는 첨단의 이상론자였던 동시에 뛰어난 이론가였던 셈이다. 이러한 일면은 6·28 조치를 통해 법인세를 36%에서 단번에 20%로 끌어내리겠다는 데서도 드러난다.

이것 역시 발상이 파격적이었을 뿐 그가 오랫동안 주장해온 것의 하나다. 그는 과거 기획원 기획국장 시절부터 우리나라의 기존 세제에 극단적인 비판을 서슴지 않았다. 그는 공식적인 토론석상에서 "법인세를 아예 없애야 한다"는 요지의 주장을 폈다가 '실정도 모르는 돈키호테 같은 인물'로 낙인찍히기까지 했다. 물론 그 당시에는 힘도 없는 처지에 그런 극단적인 주장을 폈으니 주위의 냉소만 자초하는 꼴이었다. 그러나 이제 힘을 얻자 그는 평소의 소신대로 법인세를 도마에 올려놓고 칼을 치켜들었던 것이다.

세금에 대한 그의 이론은 간단 명쾌했다. 이른바 3세론이었다. 공연히 잡다하게 갖가지 세금을 걸으려 할 게 아니라 소득이 발생하는 단계에서 소득세, 소비하는 단계에서 소비세부가가치세, 보유재산에 대해서 재산세

상속·증여세 포함 등을 각각 매기면 세금 문제는 모두 해결된다, 따라서 법인세나 관세 같은 것은 부가가치세에 흡수시켜 부가세율만 다소 올리면 된다는 주장이었다.

"법인세와 관세를 없애야 한다니, 저런 정신 나간 친구가 있나."

당시 재무부를 중심으로 조세행정 담당자들은 일고의 가치도 없는 몽상이라고 그를 몰아세웠다. 학자의 이론으로서는 일리가 있는 이야기이지만 정책당국자의 입장에서 어찌 그런 비현실적인 주장을 할 수 있느냐는 것이었다.

김재익의 경제관이 이렇고 보면 6·28을 통해 법인세의 대폭 인하라는 정책을 선택한 것은 쉽사리 이해가 가는 일이다. 그리고 세력을 얻고 난 이후 그는 이·장 사건이라는 계기를 통해 하고 싶었던 일을 실천에 옮긴 것이다. 김재익은 기회 있을 때마다 "세율은 낮춰야 하고, 세금은 다 걷어야 한다"고 강조했고, 이것은 고스란히 전 대통령의 경제철학 중의 하나로 각인되었다. 금융실명제에 대한 전 대통령의 결심은 바로 이런 맥락에서 잉태되었던 것이다.

어쨌든 법인세 인하뿐 아니라 금융실명제 역시 실패하고 말았으므로 개혁에 앞장섰던 김재익 경제수석이나 강경식 재무장관의 구상은 아무리 바람직한 것이었다 하더라도 결과적으로는 비현실적이었던 셈이다. 이들의 시도가 매우 혁명적이었던 만큼 좌절 역시도 상당한 후유증을 남겼다. 정치적으로는 실명제 반대 과정에서 더욱 노골화된 충돌이 허 씨들의 퇴진을 앞당기는 결정적인 계기가 되었고, 경제적으로는 부동산투기와 자금의 부동화 등 각 부문에 걸쳐 심각한 단층현상을 초래했다.

그러나 이 과정에서 간과할 수 없는 또 하나의 중요한 사실은 당시의 금융실명제가 성공 여부와 무관하게 '금융실명제=사회정의' 라는 등식을 국민의 뇌리에 깊이 새겨놓았다는 점이다. 결국 실명제의 당위성을 한껏 고양시킨 반면, 실명제를 현실적으로 추진하는 데 따른 부담 역시 잔뜩 키워놓은 셈이었다. 따지고 보면 금융실명제란 본질적으로 세제의 문제이며 관행의 정착을 통해 실질적으로 해결해나가야 할 문제인데도, 엄청난 갈등을 무릅쓰고라도 일격에 밀어붙여야 하는 혁명적 명제처럼 인식되게 만들었기 때문이다.

결국 이러한 연장선상에서 노태우정권 들어 부활되었던 금융실명제 추진은 또다시 갖가지 부작용만 남긴 채 유보되고 만다. '절반의 성공, 절반의 실패'라고나 해야 할까. 그랬던 것이 설마하니 김영삼 대통령이 일거에 밀어붙일 줄 누가 상상이나 했겠는가.

부실기업 정리와
정치적 의혹

부실 정리 총대 멘 김만제

김만제는 사공일과 함께 5공경제의 후반기를 이끌어가는 또 한 명의 새로운 중추인물이었다. 그는 10년이나 KDI원장을 지내면서 박정희시대의 경제운용에 깊숙이 간여했고, 70년대 후반에는 '안정화'로의 정책전환을 앞장서 주장한 인물이다. 그러나 전두환정권에 들어와서는 KDI원장직에서 물러나는 등 당시 주체세력들로부터 별다른 주목을 받지 못했다.

그는 김재익과는 매우 대조적인 사람이었다. 경제를 보는 시각이며 대인관계, 성격 면에서도 크게 달랐다. 바로 그러한 일면이 김 수석 중심으로 짜여진 5공 초기의 판도에서 그가 제외되었던 중요한 이유이기도 했다.

공교롭게도 그의 본격적인 등장은 김재익의 퇴장과 때를 같이한다. 아웅산 사건을 계기로 재무장관에 취임하고 이어 부총리 겸 경제기획원장관으로 옮겨 앉으면서 흑자경제를 구가하는 데 있어 사공일 경제수석과 콤비를 이루면서 구심점 역할을 해내게 되는 것이다.

같은 때 상공부장관을 지냈던 금진호는 그를 두고 이렇게 평한 적이 있다.

"김만제 장관은 참 희한한 사람입니다. 나로서는 도저히 당해낼 도리가 없어요. 우선 경제학자 출신이니 경제지식으로 따지면 당연히 상대가 안 되지요, 게다가 정치력은 국회의원들을 뺨치지요, 관료들 다루는 솜씨 또한 직업 공무원 출신인 나보다도 능수능란하니 무얼로 그를 당하겠습니까."

확실히 그는 학자적인 이미지와는 걸맞지 않게 요소요소에서 과감성을 발휘해나갔는가 하면, 원만한 대인관계를 통해 자신의 정책구상을 집요하게 끌어가는 묘한 힘을 지니고 있었다.

그가 전 대통령이나 신군부와 특별한 인연을 맺을 기회는 별로 없었다. 따라서 KDI원장에서 물러났을 때도 학교서강대로 돌아갈 생각이었고, 주위 사람들에게 잊혀져가는 박정희시대 인물 중의 하나였다. 그러나 사실은 그게 아니었다. 그가 학교로 돌아갈 준비를 하고 있을 때 전 대통령은 김재익을 통해 "실물경제를 좀 익혀보라"는 지시와 함께 한미은행장의 자리를 주었던 것이다. 말하자면 전 대통령의 머릿속에는 언젠가 그를 중용할 생각이 있었다는 이야기다.

재무장관에 취임했을 당시의 경제상황을 김만제는 이렇게 회고하고 있다.

"장기불황에 허덕여온 경제를 살려내야겠는데, 참 앞이 막막했습니다. 돈을 푸는 것은 대통령이 절대 안 된다고 하니 엄두를 낼 처지가 아니었고, 그렇다고 금리는 더 내릴 수 없을 만큼 이미 내려져 있었습니다.

더구나 외채가 엄청나게 불어나고 있는 상황이었으므로 정책 선택의 여지는 매우 제한될 수밖에 없는 처지였습니다. 그러나 당장 발등의 불은 부실기업 문제였습니다. 가뜩이나 어려운 상황인데 밑 빠진 독에 물 붓기 식으로 계속하고 있는 부실기업에 대한 금융지원 때문에 멀쩡한 기업들까지 망하는 형국이었습니다."

이렇게 해서 취임초부터 그에게 부과된 짐은 다름 아닌 부실기업 정리 문제였다. 원래 금융학자인 그는 부실기업 문제를 더 이상 방치했다가는 금융시장이 결딴나겠다는 판단에 어떻게 해서든지 이 문제에 손을 대야 한다고 생각했다.

김만제의 뒤에는 KDI 시절 원장과 부원장의 관계였던 경제수석 사공일이 있었다. 앞에서도 언급했듯이 사공일은 김재익과 궤를 같이하는 시장주의 경제학자였으면서도, 현실적 여건과 정책의 순서를 중시하는 현실론자였다. 금융자율화 역시 그것이 제대로 효과를 보려면 어려움이 있더라도 부실기업 정리가 선결요건이라는 확신을 가지고 있었다. 다시 말해서 부실기업을 정리해야 금융자율화가 가능해지고, 금융자율화가 제대로 되어야 비로소 그 다음 단계인 대외개방정책을 펼 수 있다는 '정책 순서론'이 그의 지론이었다. 그러했기에 사공일은 김만제가 재무장관에서 부총리 겸 경제기획원장관에 이르기까지 부실기업들을 처리하는 과정에서 강력한 후원자 역할을 해주었고, 대통령의 최측근으로서 그러한 지원이 없었더라면 부실기업 정리는 일개 장관의 힘으로는 불가능한 일이었다.

그러나 김 장관이 취임할 때만 해도 무더기로 불거지는 기업들의 부실화 문제에 대해 어떤 종합적인 정책들을 구상할 처지가 아니었다. 앞에서 살펴본 것처럼 잇따라 터져나오는 대형 금융사고들의 뒤치다꺼리에 정신이 없었기 때문에, 부실화하고 있는 기업이나 산업에 대해 별도의 대책을 미리 강구한다는 것은 엄두도 내지 못할 일이었다. 예컨대 83년 11월에 부도를 내고 도산한 대구 지역의 신흥기업인 광명그룹의 경우나 84년 5월에 실시한 해운산업 통폐합조치 등도 이미 그가 재무장관에 취임하기 이전에 벌어진 일들이었다.

그랬던 것이 84년 7월 경남기업을 대우에 인수시키는 것을 시작으로 해서 85년 2월의 국제그룹 해체로 이어지더니, 86년에 들어서면서는 급기야 해외 건설업체와 해운회사들을 대상으로 하는 무더기 정리조치를 단행하게 되는 것이다.

물론 그 전에도 부실기업에 대한 정리 작업이 없었던 것은 아니다. 국보위 시절 단칼에 베어버린 동명목재를 비롯해 부실 해외건설회사의 도산 제1호랄 수 있는 신승기업, 그리고 금융사고와 맞물린 공영토건과 영동개발진흥 등이 그러한 예들이다.

이때까지만 해도 이들의 경우 부실기업 정리는 하나하나 개별적으로 처리해 넘어간 것들이었다. 명성그룹 같은 경우는 일시에 공중분해시키기는 했어도 그것은 정치적 괘씸죄로 해서 빚어진 일이었지 기업경영 자체가 부실했기 때문은 아니었다.

정작 심각한 것은 무더기로 곪아 들어가는 해외건설업체의 부실 문제였다. 신승기업의 경우에서 보았듯이 지급보증의 부담을 잔뜩 안고 있는 은행들로서는 거래하는 해외건설업체가 하나만 넘어져도 은행이 일순간에 넘어지게 되어 있는 상황이었기 때문이다. 신승기업의 빚이 1,000억 원을 넘었는데, 주거래은행인 제일은행의 당시 납입자본금은 500억 원에 불과했다. 결국 한국은행의 특별금융조치로 제일은행은 부도를 내지 않고 무사히 넘어갈 수 있었다.

부실기업 정리현황(86~88년)

합리화 지정 기업

구 분	정리대상 업체	인수 업체
1차 정리(86. 5. 9)	대한중기	기아산업
	풍만제지	계성제지
2차 정리 (86. 5. 31)	아세아제지(구 국제제지)	아세아시멘트공업
	국제방직(주)	(주)동방
	한주통산(구 조광무역)	서우산업
	동우산업	대양물산
	성창섬유	동양고무산업
	(주)삼호, 삼호개발, (주)삼호유통, 동광기업	대림산업
3차 정리 (86. 6. 27)	국제상사(건설부문)	극동건설
	연합철강	동국제강
	원풍산업, 국제기술개발	우성건설
4차 정리 (86. 9. 22)	국제상사(무역부문), 남주개발, 신남개발, 원효개발, 연합물산	한일합섬그룹
	국제종합기계, 국제통운	동국제강
	경남기업, 경남금속	대우그룹
	남광토건	쌍용건설
	대한준설공사	한진그룹
	한양유통	한국화약그룹
	한양해운	(청산정리)
	삼익가구	거성산업
	동양고속(우창건설)	우성건설
	대성목재	유원건설
	미진금속	해태상사
	영흥철강	동양철관
	남선방직, 보성섬유, 남선직물	삼일염직
	(주)정아레저타운, 정아건설, 정아관광, 정아컨트리크럽, (주)명성, (주)서울교통공사	한국화약그룹
	반도목재, 성창임원개발	성창기업과 합병
5차 정리(88. 2. 16)	덕수종합개발	동산토건

합리화기업 지정 없이 제3자 인수

정리대상 업체	인수 업체	정리대상 업체	인수 업체
경남은행	마산상공인	동해투자	부산상공인
신한투자	제일은행	동서증권	극동건설
국제상선	서주해운	한일상공	진로

※ 청산정리 : 성신토건, 국제토건

　그런데도 누구 하나 내놓고 문제제기를 하는 사람이 없었다. 공연히 나섰다가는 사회혼란을 일으키려는 불순한 저의가 있다고 의심 받는 분위기였다. 담당부처인 건설부에서는 해외건설사업 실태에 관련된 자료를 엄중한 비밀로 다루었고, 언론 역시 부실 내용을 잘 알기도 어려웠지만, 설령 안다 해도 취재한 내용을 기사로 썼다가는 크게 혼이 나는 판이었다.

　따라서 해외건설업체들의 문제는 안으로만 곪아들고 있었다. 공교롭게도 부동산투기 바람을 타고 반짝했던 83년 언저리의 국내 건설경기 덕분에 해외건설업체 부실 문제는 한동안 더 감춰질 수 있었다. 그러나 결과적으로 이것이 문제를 더욱 어렵게 만든 셈이 되었다. 하루라도 서둘러 대수술을 해도 될까 말까 한 형편에 해열제만 먹고 병이 나은 것처럼 여긴 것이나 다름없는 격이었다.

　결국 부실기업 정리 문제는 진작 손을 쓰지 않은 탓에 호미로 막을 것을 가래로도 막기 벅찬 사태로까지 확대되었다. 물론 해외건설업체들의 부실 원인을 따진다면야 3공시대로까지 거슬러올라가야 한다. 기업들의 무모한 경쟁은 말할 것도 없거니와 정부 역시 해외건설촉진법 같은 것을 만들어 은행들이 무조건 지급보증을 해주도록 했으니 제도적으로 부실을 조장한 것이나 다름없었다. 여기에다 5공 들어 한술 더 뜬 것이 사태

국회 재무위에서 김만제 재무장관(가운데)이 답변자료를 검토하고 있다. 왼쪽은 이춘구 내무장관

를 한층 어렵게 만들었다. 이미 골병이 들기 시작한 해외건설업체들에
대해 정부가 서둘러 손을 써도 시원찮을 마당에 5공의 권력층들은 일부
건설업체들을 상대로 적극적으로 지원까지 했던 것이다.

이렇듯 문제가 심각해진 배경을 살펴보면 신군부세력들의 기업관과도
관련이 깊다. 신군부는 집권 초기부터 기존의 재벌들에 대해 좋지 않은
선입견을 가지고 있어 참신한 신흥기업들을 키워내야 한다는 생각을 하
고 있었고, 그런 맥락에서 정부의 관급공사를 통해 몇몇 신흥 건설업체
들을 집중적으로 지원했다. 5공 들어 급신장을 계속했던 한양주택을 비
롯해 라이프주택, 정우개발, 공영토건 등이 그러한 예들이다. 물론 각종
특혜를 받은 이들 기업이 신군부세력들과 좋은 관계를 유지했으리라는
것은 충분히 짐작이 가는 일이다.

이런 기막힌 일도 있었다. LNG저장탱크 공사 입찰에서 현대와 한양주
택이 붙었다. 어차피 국내기술로는 불가능한 공사였으므로 현대는 프랑
스와, 한양주택은 일본과 각각 합작으로 응찰한 결과 현대에 낙찰되었

다. 현대의 입찰가격이 더 낮았고 합작선의 기술력도 객관적으로 프랑스가 일본보다 나았기 때문에 업계에서도 당연한 결과로 받아들였다. 그러나 어이없는 일이 벌어졌다. 현대 이명박 사장이 청와대로 불려들어가 "공사를 포기하라"고 종용을 받은 것이다. 현대가 공사를 포기하고 합작 파트너였던 프랑스 회사를 경쟁자였던 한양에 넘겨주라는 것이었다. 국제 상거래상 도저히 있을 수 없는 일을 정부가 나서서 벌이다니 이 얼마나 어이없는 일인가. 결국 현대는 이 공사를 한양주택에 빼앗기고 말았다.

아무튼 신군부의 지원을 받고 급부상한 이들 신흥기업은 대부분 무리한 경영으로 부실의 길을 걸었고, 그 바람에 가뜩이나 곪아들어가고 있는 부실기업 정리 문제를 더욱 어렵게 만들었다. 다시 말해 애당초 3공 때부터 부실의 싹이 자라기 시작한 데다가 5공 들어와서도 신흥기업을 키워낸답시고 또 다른 부실을 쌓아올린 것이다.

결국 부실기업들은 더 이상 견뎌내지 못하고 84년에 접어들면서 사건이 터져나오게 된다. 그 시작이 84년 7월의 경남기업이었다. 물론 그 이전인 5월에 해운회사 63개를 17개로 통폐합시키는 조치가 취해지기는 했으나, 이것은 어디까지나 불황에 빠져든 세계 해운경기의 사이클이 다시 소생할 것이라는 전제 아래 취해진 대응조치였다〔그러나 이것 역시 또 한차례의 홍역을 치르게 된다〕.

김만제 뒤에는 사공일 경제수석이

아무튼 김만제는 재무장관으로서 그리고 뒤이어 경제부총리로서 무려 57개의 부실기업을 정리하는 총사령탑 역할을 해내게 된다. 그는 무슨 생각으로 이 엄청난 골칫거리 해결에 주저 없이 팔을 걷어붙이고 나섰던 것일까.

앞에서 언급했듯이 김 장관은 KDI원장 시절부터 부실기업은 과감하게 정리해야 한다고 주장해온 터였으므로 부실기업 문제에 관한 한 입장이 단호했다. 요컨대 부실기업의 정리는 누가 해도 할 일이요, 그러니 한시라도 빨리 해야 피해를 줄일 수 있으며, 그러려면 원칙이나 법만으로는 해법을 찾을 수 없다고 생각해왔다.

그런 그가 재무장관 자리에 앉게 되었으니 당시 한국경제가 처한 상황으로서는 안성맞춤의 인사였다. 그는 무엇보다도 부실 금융을 잔뜩 안고 있는 은행의 부실화를 막는 것이 정책의 최우선과제라고 판단했다. 결국 경제운용의 심장에 해당하는 은행을 정상화하기 위해 부실기업들을 과감히 정리하겠다는 결심 아래 칼을 뽑아들고 하나하나 수술에 나서게 된다.

장관의 소신이 아무리 강하다 해도 혼자서 밀어붙인다고 될 일은 아니고 대통령의 전적인 지원과 결심이 전제되어야 했다. 이는 경제수석의 몫이었다. 사공일 경제수석은 김만제와 KDI에서 오래 손발을 맞춰온 사이로 부실기업 문제에 관한 한 똑같은 생각이었다. 더구나 금융자율화를 실천해나가려면 무엇보다도 은행들이 안고 있는 부실기업 문제를 정부가 해결해주지 않으면 안 된다고 주장해왔던 그다. 따라서 사공일은 청와대에서 대통령의 결심을 끌어내는 일에서부터 부처간의 이해조정에 이르기까지 김만제를 뒤에서 적극 도왔다.

전두환 대통령이 평소에 기업인을 어떻게 생각했는지 잠시 짚어보자. 그는 기업들과의 사사로운 금전수수 관계가 적지 않았음에도 불구하고 부실기업 문제에 관한 한 매우 단호한 입장을 취했다. 개인적인 의리나 인간관계를 잘 챙기는 타입이라서 신세진 기업들을 화통하게 봐주는 것도 잘하지만, 반면 잘못이 드러나는 경우에는 강경한 처벌을 불사했다. 보통사람들 같으면 도덕적으로 자신이 엄격하지 않으면 아무래도 단호하게 처신하기 어려운 법인데, 전 대통령은 아무 거리낌 없이 이런 문제를 이중적인 잣대로 수완 좋게 처리해나갔다. 이것도 전두환 특유의 리더십이요, 타고난 능력이라고 해야 할까. 아무튼 정보보고를 통해 어느 기업주가 문제가 있음을 알아차리면 "형사처벌을 해서라도 당장 혼쭐을 내라"며 내놓고 노여워했다.

전 대통령의 이런 점을 전적으로 뒷받침한 대표적인 인물이 안무혁 국세청장이었다. 경남기업만 해도 부실의 내용이 밝혀지자 이들의 생각은 당장 형사처벌을 통해 본때를 보여야 한다는 것이었다.

정작 난처한 입장에 빠진 사람은 부실기업 정리를 실무적으로 감당해내야 할 재무장관이었다. 경제적 파장이나 충격에 구애받지 않고 부실기업을 엄단하라면 모를까, 그러한 고려 없이 부실 자체만 부각시켜 엄정한 처벌을 명령하니 뒷감당을 해야 할 재무장관으로서는 답답한 노릇이 아닐 수 없었다.

전 대통령이 김만제를 재무장관에 앉힐 때도 부실기업 정리를 염두에 둔 것은 아니었다. 그러나 부실기업 문제가 더 이상 방치할 수 없을 만큼 곪을 대로 곪아서 터지고 있는 상황이었으므로 김만제는 재무장관으로서 당장 수술작업에 뛰어들지 않을 수 없었다. 그대로 놓아두었다가는 은행들이 죄다 망할 형국이었기 때문이다. 여기서 결국 김만제식의 부실기업 정리 방안이 등장하게 된다. 부실을 정리하되 경제에는 충격을 덜주는 방법, 다시 말해 '부실기업의 제3자 인수방식' 이 줄을 잇게 되는 것이다.

부실기업의 3자 인수 전략

부실기업을 정리하는 과정에서 5공정부는 어떠한 제도적 장치를 사전에 강구했을까. 결론부터 말하자면 정부는 85년 김만제 재무장관의 진두지휘 아래 조세감면규제법을 고치고 한국은행의 특별금융을 부활시키는 등의 조치를 통해 계획했던 부실기업 정리 작업을 추진해나간다. 특히 조세감면규제법의 개정은 부실기업 정리의 기본전략이었던 제3자 인수 방식과 관련해 결정적인 역할을 해낸다.

그러나 우리 경제에서 기업의 부실화 문제가 어제오늘의 일이 아니었던 만큼 제도적 장치에 관한 검토 또한 이 당시만의 일은 아니었다. 언제나 그랬듯이 기업의 부실화 배경에는 정부의 개입이나 특혜적인 요소가 항상 개입되어 있었기에 아예 정부의 산업정책 자체를 뿌리째 뜯어고치자는 주장이 80년 언저리부터 경제기획원을 중심으로 제기되어왔던 터였다. 이제는 정부의 개입도 줄었고 지원도 줄었으니 흥하든 망하든 시장경쟁원리에 충실하게 하는 쪽으로 기존의 산업지원정책에 일대 혁신을 가하자는 이야기였다.

이 당시의 선두인물로는 강경식 기획원차관보를 꼽아야 할 것이다. 안정화정책의 기치 아래 우리 경제의 체질개선론을 강력히 주창해왔던 그는 기획원 투자심사국정책조정국의 전신을 중심으로 1년 반에 걸쳐 이른바 '산업지원법'의 제정을 시도한다. 관이 주도하는 경제체제를 시장경제체제로 이행시켜나가기 위해서는 정부 스스로가 환골탈태해야 한다고 역설했던 그는 오지랖 넓게 벌여놓은 각종 기업 지원을 대폭 축소해나가야 한다는 입장이었다.

요컨대 특혜를 조장하는 조세감면규제법을 없애고, 그 대신 시장경제체제에 초점을 맞춘 산업지원법을 새로 만들자는 것이었다. 김재익 경제수석은 강 차관보의 이러한 구상에 적극 동조하고, 이를 실천에 옮기기 위해 틈만 나면 전 대통령을 상대로 집요하게 설득작전을 폈다. 전 대통령도 고개를 끄덕였다. 그러나 정부 스스로 손발을 잘라내겠다는 이 계획에 해당부처들이 즉각 강력히 반발하고 나섰다. 신병현 부총리 주재로 몇 차례에 걸쳐 관계장관회의가 열렸으나 이승윤 재무장관과 서석준 상공장관은 '실정을 모르는 소리'라며 맞섰다. 실무 책임자였던 신윤재 투자심사국장은 그야말로 죽을 맛이었다.

"가장 힘센 두 부처의 한쪽 팔을 잘라내는 일을 일거에 추진하려니 아무리 명분이 훌륭하다 할지라도 실행에 옮기기까지는 이만저만 어렵질 않았습니다."

우여곡절 끝에 KDI가 중재 역할을 맡았다. 조세감면규제법을 그대로 두되, 대신 부총리를 위원장으로 하는 '산업정책심의회'를 만들어 조세감면 혜택을 부여할 때 이 기구의 결정을 거치도록 하자는 것이었다. 어찌 보면 기획원 측이 주장한 이상론과 재무부 및 상공부가 주장한 현실론이 타협한 결과였던 셈이다〔이렇게 생긴 산업정책심의회가 노태우정권에 들어서서 법적 지위 문제와 관련해 시빗거리가 되었고 결국 없어지고 만다〕.

산업지원법의 제정은 좌절되기는 했으나 기업활동에 대한 정부의 개입을 축소하고 공정한 룰에 따라 경제를 운영해나가야 한다는 논리는 상당한 설득력을 발휘했다. 그러나 우리의 경제현실이 이 같은 이상론을 수용할 자격을 여전히 못 갖추고 있었다고 해야 할까, 부실기업들의 실체가 무더기로 드러나기 시작하자 정부 개입의 축소는커녕 정반대의 상황으로 치달았다.

기업부실 문제가 더 이상 덮어둘 수 없는 지경에 이르면서 청와대와 기획원, 재무부는 급기야 대대적인 부실정리 작업이 불가피하다는 점에 합의하고 김만제 재무장관을 중심으로 그 방법을 찾기 시작한다. 그의 회고는 이렇다.

"별의별 아이디어가 다 검토되었습니다. 그중에도 제법 깊이 따져본 것을 든다면 각 은행들이 안고 있던 부실채권을 산업은행 한 군데로 몰아버리는 방안이었습니다. 국내학계와 세계은행 측에서도 그런 식으로 해보는 게 어떻겠느냐는 분위기였지요. 30년대 금융공황이 일어나 기업의 연쇄부도 사태에 직면했을 때 이탈리아와 스페인에서 부실회사를 떠안은 지주회사를 설립했는데, 우리도 그런 식으로 해보자는 것이었어요. 이론적으로는 매우 그럴싸한 제도라고 생각했습니다. 시중은행들에 흩어져 있는 부실을 산업은행에다 죄다 몰아줄 경우 시중은행들을 구출해주는 것은 물론이고 다시는 부실요인이 생겨나지 않도록 책임도 엄격히 물을 수 있게 되지 않겠습니까. 그러나 곰곰이 따져보니 이것도 현실적인 문제가 너무 많았습니다. 더구나 부실전담은행을 제도적으로 만들어 운영할 경우 부실의 처리 자체가 당연시될 우려도 배제할 수 없었으니까

요. 이탈리아의 경우에도 이것이 너무 비대해져서 두고두고 문제가 되었
었습니다."

이렇게 해서 설계된 부실기업의 기본골격은 첫째 부실기업의 빚을 유
예시켜 제3자에게 인수시키는 것을 원칙으로 하되, 둘째 은행의 손실을
메워주기 위해 한국은행으로 하여금 연 3%의 저리 특별융자를 실시하게
하며, 셋째 인수기업의 세금부담을 덜어주기 위해 조세감면규제법을 고
친다는 것이었다.

한은특융의 부활이나 조세감면의 확대를 골자로 하는 정부의 이러한
방침은 사실 72년 8 · 3조치에 이은 또 하나의 극약처방이었다. 따라서
특혜의 결과로 빚어진 부실을 처리하기 위해 또 다른 특혜조치를 동원하
는 것이라는 비난을 감수할 수밖에 없었다. 정부는 문제의 해외건설이나
해운산업뿐만 아니라 계속되는 불황으로 신발 · 섬유 · 조선 산업까지
허덕이는 상황이었으므로 달리 방법이 없지 않느냐는 불가피론을 펴나
갔다. 명분상으로 조세감면을 확대하는 것이 문제가 없는 것은 아니겠으
나, 그렇다고 종래에 해온 것처럼 법과는 상관없이 대통령의 사인 하나
로 그때그때 세금을 깎아주는 것보다는 낫지 않느냐는 것이었다.

조감법 개정, 결국 날치기 통과

그런데 당연히 도와주리라 믿었던 여당에서 반기를 들고 나섰다. 민정
당의 몇몇 의원들이 "선거도 앞두고 있는 마당에 왜 골치 아픈 법을 만들
어 표를 깎으려 하느냐"며 제동을 걸었고, 청와대에서는 허문도 정무수
석이 맞장구를 치며 전 대통령의 마음을 움직였다. 세정의 총책인 안무
혁 국세청장도 강력히 반대했다.

결국 전 대통령은 김만제 재무장관으로부터 보고를 받는 자리에서 "당에서도 반대하고 하니, 이번 국회에서는 조감법 개정안을 상정시키지 않도록 하지"라는 말로 간단히 결론을 내려버렸다.

이렇게 되니 김 장관으로서는 여간 난감한 일이 아니었다. 조감법 개정을 전제로 부실정리의 모든 골격을 짜놓았는데, 이것이 안 된다니 낭패였다. 그렇다고 여태 벌여놓은 일을 그만둘 수는 없었다. 김 장관은 하는 수 없이 반대하는 여당의 마음을 돌리기 위해 노태우 대표위원을 설득할 수밖에 없다고 판단하고, 그와 친분이 두터운 인물들을 통해 조감법 개정의 불가피성을 역설했다.

간신히 여당의 태도를 돌려놓은 김 장관은 야당 설득작전에 나섰다. 그는 이민우 신민당 총재를 비롯해 야당의 실력자들을 일일이 찾아다닌 결과, 찬성은 할 수 없지만 여당의 단독통과 정도로 양해하겠다는 언질을 받아낸다. 그러나 뜻하지 않게 야당 측의 개헌특위구성 요구가 제기되면서 여야의 협조 무드가 깨져버렸고, 따라서 조감법 개정안85년 12월 1일도 날치기통과로 처리되고 만다. 이처럼 조감법의 개정작업은 대단히 볼썽사납게 마무리되기는 했으나 어떻든 부실기업 정리에 필요한 제도적인 발판은 일단 마련된 셈이었다.

또 하나의 고민은 한은특융이었다. 조감법이야 내야 할 세금을 면제해주는 것이지만, 그것과 관계없이 부실에 몰린 은행들은 주주들에 대한 배당은커녕 당장 부도를 내야 할 상황이었기 때문이다. 김 장관은 이렇게 당시의 상황을 설명했다.

"한은특융을 부활시킨다는 것은 사실 법적으로 무리가 없었던 것은 아니었습니다. 그러나 달리 방법이 없으니 어쩌겠습니까. 솔직히 말해 특융을 실시하면서도 어느 세월에 부실은행들을 정상화시킬 수 있을까 아득한 생각이 들었습니다. 다행히 3저호황이 닥치면서 은행의 수지가 급속히 호전되는 바람에 기대했던 것보다 훨씬 빠른 속도로 부실의 흠집들이 사그라지게 된 것이지요."

이렇게 해서 부실기업 정리는 금융과 세제 면에서 틀을 갖춘 다음, 이듬해인 86년 5월부터 88년 2월까지 다섯 차례에 걸쳐 점진적으로 작업을 해나가게 되었다.

한편 여기서 아울러 살펴봐야 할 것은 상공부가 이 시기에 만들었던 공업발전법이다. 사실 이 부분은 산업정책적인 차원에서 별도로 살펴봐야 할 만한 사항이다. 재무부가 조감법 개정을 통해 개별 기업 차원에서 정부가 직접 나서서 하나하나 문제를 풀어나가야 한다는 입장이었던 데 반해, 상공부는 전반적인 산업정책 차원에서 자율화와 구조개선에 초점을 맞춘 별도의 경제정책을 주장하고 나섰던 것이다. 또한 기획원은 기획원대로 산업합리화법이라는 것을 준비하면서 자기네들이 주도권을 쥐어야 한다고 주장했다.

이 줄다리기에서는 결국 기획원은 물러서고 재무부와 상공부가 서로 타협하는 선에서 매듭이 지어진다. 발등의 불인 부실기업 문제는 재무부의 뜻대로 조감법 개정을 통해 풀어나가되, 상공부도 독자적으로 추진해오던 공업발전법을 제정하기로 한 것이다.

그러나 법의 이름이 어떻든, 부처끼리의 갈등이 어찌 되었든 간에 여기서 특기할 점은 공업발전법 같은 법이 이 시기에 만들어졌다는 것이다. 그것도 상공부가 만들었다니 기특한 노릇이었다. 공업발전법이란 섬유산업육성법 등 소위 6개 '악법'을 없애고 이를 한 개의 법으로 통폐합시킨 것이다. 다시 말해 상공부로서는 지금까지 기업들을 틀어쥐고 끗발을 행세해왔던 원천 법들을 스스로 폐기처분한 것이요, 권세를 부려온 손발

을 스스로 잘라낸 셈
이었다. 이 법안을 만
드는 과정에서부터
상공부 내부에서 불
만과 반발이 없을 리
없었다. 명분이야 그
럴듯하지만 내용적으
로는 누가 봐도 관청

공업발전심의회 현판식에서 포즈를 취한 금진호 상공부장관(왼쪽)

으로서의 상공부의 힘을 약화시키는 법이었기 때문이다. 이 법의 개정에
는 실무를 주도했던 산업정책과장 한덕수의 역할이 컸다. 사실 이 안은
한덕수 자신이 경제기획원 출신이었기에 앞장설 수 있었지, 만약 상공부
토박이였다면 엄두도 못 냈을 일이다. 그러나 정작 이 법 제정의 1등공신
은 금진호 상공부장관이었다. 금 장관의 '끗발'은 다른 역대 상공부장관
들과 차원이 달랐다. 신군부와 특수 관계에 있었던 금진호는 경제부처의
전통적인 서열과 상관없이 막강한 실력을 행세했는데, 그 덕분에 현실적
으로 경제기획원과 재무부의 시비를 잠재우고 상공부가 주도하는 공업
발전법을 제정하는 데 성공할 수 있었던 것이다.

　당시 공업발전법의 제정을 둘러싼 시비는 명분상의 이유도 중요했지
만 누가 산업정책의 중심에 서는가 하는, 부처간 주도권 다툼의 성격이
강했다. 금진호는 공업발전법을 통과시킴으로써 상공부가 비로소 산업
정책의 주무부서가 될 수 있다고 믿었기에 유감없이 실력발휘를 해보였
고, 이런 점에서 그는 자신이 실세임을 유감없이 증명해 보였던 것이다.
어쨌든 공업발전법을 제정한 것은 상공부로서는 대단한 개혁이었음이
틀림없다.

국제의 도산, 과연 정치적 타살이었나

한국의 기업 역사에서 이른바 '대마불사'는 오랫동안 부인할 수 없는 현실로 받아들여져왔다. 특히 재벌 순위 10위 안의 대기업이 하루아침에 망한다는 것은 상상할 수 없는 일이었다. 그런 마당에 85년 초의 국제그룹 도산은 그야말로 충격이었다. 과연 어찌해서 그리 되었을까.

부실기업 정리의 당위성이 아무리 명백하다 하더라도 그 집행 과정이 합당하지 못했다면 시비를 면할 길이 없다. 인수기업의 선정 과정이 철저한 비공개로 진행되었고, 더구나 정치적 통제 아래 고위층의 입김이 서린 흔적이 여기저기서 드러났다는 점에서 여태까지도 의혹의 앙금이 가시지 않고 있는 것이다. 요컨대 부실기업 정리 자체의 불가피성은 충분히 인정한다고 해도, 경제논리를 떠나 정치적 이유나 특정 개인의 이해와 관련해 어느 기업을 살리고 죽였다면 당초의 불가피성은 설득력을 완전히 잃을 것이기 때문이다.

첫번째 시비는 부실기업 정리를 왜 비공개로 했느냐는 점이다. 이 점에 대해 사공일 경제수석은 이렇게 말했다.

"공개리에 하면 뒷말도 없을 것이라는 점을 누가 모르겠습니까. 그러나 어디 정리대상 기업이 한두 개라야지요. 공개리에 했다고 한번 가정해 봅시다. 당장 해외건설업체들이 중동현장에서 발이 묶이고 배를 빼앗기는 등의 난리가 날 뿐 아니라 은행은 은행대로 해외차입에 문제가 생길 텐데, 그 일 감당을 어떻게 해냅니까. 더구나 소문 다 내고 할 경우 해당기업의 부채나 재고 등을 정확히 파악한다는 것은 도저히 불가능한 것 아니겠습니까."

정부 안에서도 부실기업 정리를 공개적으로 해야 한다는 주장이 없지 않았으나 소수였다. 당시로서는 부실기업의 공개적 처리가 빚어낼 부작용은 분석이나 고민의 대상조차 되지 못했다. 그것은 경제적인 측면만이 아니라 정치적으로도 마찬가지였다. 본격적으로 시비를 따지는 정치인도 없었다.

아무튼 당시의 부실기업 정리를 평가함에 있어 공개였느냐 비공개였느냐를 평가의 결정적인 기준으로 삼기는 어렵다. 본격적인 평가는 전문가들의 별도 작업에 맡기고, 여기서는 주요 부실기업의 개별적인 사례를 통해 과연 어떤 과정과 어떤 요인에 의해 진행되었는지의 사실관계 정리에 초점을 맞추기로 한다.

85년 2월, 선거가 막 끝난 다음에 터져나온 국제그룹의 공중분해는 아무도 예상치 못했다. 설마하니 재벌 순위 7위였던 국제가 넘어지리라는 것은 상상도 못했기 때문이다.

음모적 시나리오의 존재 여부를 가리기 전에 당시 국제그룹의 기업 형편을 일별해보자. 기본적으로 매우 어려웠다는 점은 국제 측도 부인하지 못한다. 특히 자금사정이 좋지 않고 다른 기업에 비해 부채비율이 높은 것은 물론이고 단자회사에서 빌려 쓰고 있는 급전의 비중이 지나치게 컸다. 부채비율이 무려 964%요, 단자회사빚은 5,500억 원에 달했다. 더구나 일종의 신종 사채로서 증권회사가 취급했던 완매채라는 것을 통해 빌려 쓰고 있던 돈이 800억 원에 이르렀는데, 정부가 이것을 규제하자 국제의 자금난은 빠르게 악화되기 시작했다. 물론 당시의 경제상황이 강력한 긴축기조였고 국제그룹 산하 업종들의 대부분이 심각한 불황에 허덕이고 있었다는 점에도 이론의 여지가 없다.

따라서 5공시대에 정치적 도산의 대표적인 사례로 꼽을 수 있는 명성그룹과는 분명히 구별되는 경우다. 그럼에도 국제 측은 '정치적 타살'이라고 주장한다. 양정모 회장이 정치성금 등과 관련해 전 대통령에게 개인적으로 잘못 보였기 때문에 고의로 도산시켰다는 이야기다. 국제그룹의 경영이 어려웠던 것은 사실이나, 은행에서 자금지원을 계속해주었더라면 충분히 회사를 끌고 나갈 수 있었다는 것이다. 또한 아무리 국제에 문제가 있었다 해도 자구노력을 통해 일부 기업이라도 살릴 수 있었을 텐데 통째로 빼앗아버린 것은 정치적 탄압 의도가 깔려 있었기 때문이라는 것이다.

과연 대재벌의 운명이 대통령의 말 한마디로 결정될 수 있는 것일까. 이 질문에 관한 상식적인 대답은 두말할 나위 없이 '아니다'일 것이다. 그럼에도 이러한 의문이 계속 꼬리를 물었던 데는 그만한 이유가 있다.

전 대통령이 스스로 밝히지 않는 한 그가 왜 국제를 도산시키기로 결정했는지를 정확히 알 수는 없다. 그러나 분명한 것 한 가지는 기업의 대소를 불문하고 도산 여부의 결정 과정에서 경제논리를 떠나 정치적 배려나 심지어는 권력 주변 세력들의 입김에 좌지우지되었던 경우가 허다했다는 사실이다. 어떤 실무적인 기준이나 일관된 원칙에 따라 기업을 살리고 죽이고를 결정했다기보다는 고위층이 어떻게 결심하느냐에 더 직접적인 영향을 받아왔던 점을 부인할 수 없기 때문이다. 결국 일처리에 확실한 원칙이 없었기에 빚어진 의혹들이 적지 않았던 것이 당시의 현실이었다.

유수한 재벌 가운데 하나인 D그룹도 하마터면 전 대통령의 말 한마디로 끝장이 날 뻔했다. 당시 고위직에 있었던 모씨에 따르면 내용인즉 이러했다.

"전 대통령은 가끔 연희동 사저에서 이원조李源祚 씨를 비롯해 측근들을 불러 술자리를 갖곤 했는데, 여기서 한번 도마에 오른 기업은 낭패를 면하기 어려웠어요.

국제그룹은 이 거대한 사옥을 짓는 과정에서 무너지고 말았다.

당시 불황에 허덕이던 D그룹의 경우 그렇지 않아도 어려운 상황이었는데, 마침 이 모임에서 P회장의 사생활이 거론되면서 '그런 기업인은 당장 혼을 내야 한다'는 이야기가 나왔다는 거예요. 아니나 다를까, 그 다음 날 즉시 청와대 지시로 불호령이 떨어졌고, 그 바람에 D그룹은 정말 완전히 결딴날 뻔했지요."

이처럼 전 대통령은 소관 행정부처의 공식적인 건의나 판단뿐 아니라 개인적인 채널로 입수한 정보를 토대로 주요 정책을 결정하곤 했다는 이야기다. 그렇다고 해서 국제그룹의 도산도 그런 경우로 확단하기는 어렵다. 당시 실무처리를 맡았던 사무관은 이렇게 설명한다.

"국제그룹이 정치적으로 어떻게 되었는지는 모르겠습니다. 그러나 실무자 입장에서 볼 때 정치적으로 어찌 되었건 간에 국제의 경영상태는 도 저히 소생이 불가능하다는 판단이었습니다. 국제 측의 항변은 왜 구제금 융을 해주지 않았느냐는 것인데, 밑 빠진 독에 물 붓기 식 구제금융을 어 떻게 무한정 계속하겠습니까."

도산 결정을 주도했던 김만제 재무장관의 말은 이렇다.

"처음부터 국제를 공중분해할 생각은 없었습니다. 구제금융을 해서라 도 살릴 수 있는 방도를 찾았습니다. 그러나 분명한 것 한 가지는 양정모 씨를 믿고 뒷돈을 대줄 수는 없었다는 점이었습니다. 그래서 전문경영인 인 손상모 사장한테 국제를 맡아달라고 부탁을 했지요. 그 사람의 경영 능력 같으면 국제그룹의 부실을 대폭 정리하면서 기업을 살려나갈 수 있 을 것으로 기대했기 때문이었지요. 그러나 손 씨는 한사코 사양했습니 다. 자신이 나서서 될 일이 아니라는 것이었어요. 아무튼 재무부의 입장 이 이처럼 완강하다는 것을 알아차린 국제 측에서도 가만있지 않았어요. 구체적으로 이름을 밝힐 수는 없으나 요로요로의 힘 있는 사람들을 동원 해서 구제금융을 해주라는 압력을 가해오기도 했습니다. 어쨌든 손상모 씨가 사양하는 바람에 그 다음 사람으로 고른 것이 연합철강의 전 사주인 권철현 씨였습니다. 85년 2월 4일, 차관보를 보내 연합철강을 포함해 국 제계열의 10개 회사를 인수해줄 것을 제의했고 줄다리기 끝에 응낙을 받 아냈습니다."

여기서도 알 수 있듯이 국제의 도산방침이 정부 안에서는 이미 확정되 어 있는 상태였다. 전 대통령의 마지막 결재는 2월 7일이었다. 이날 김 장 관이 마련해 보고한 서류에는 1안으로 국제상사만 남기고 정리하는 방 안, 2안으로 모두 제3자에게 인수시키는 방안 등이 있었다. 최종적으로 2안을 선택한 것은 누구일까. 김 장관의 국회 증언에 따르면 "자신이 청와대 보고 때 2안을 건의했고 전 대통령이 결정했다"고 한다.

곰은 잡았는데 웅담은 어디 갔지?

전 대통령이 직접 국제의 도산을 결정했다는 것을 시비할 수는 없다. 누가 결정을 했든 그것이 옳은 선택이라면 문제 될 게 없다. 더욱이 그것이 부실기업 정리 차원에서 오히려 원칙에 충실한 불가피한 조치였다면 더 말할 여지가 없는 일이다. 그러나 국제의 도산 결정이 아무리 옳은 선택이었다고 해도 그 이후가 문제였다. 다름 아니라 무너뜨린 국제그룹을 제3자에게 인수시키는 과정에서 생겨난 의혹들 때문이었다. 물론 부실기업을 떠맡을 제3자를 찾는다는 것은 결코 쉬운 일이 아니었다. 너도나도 등을 돌리는 바람에 정부가 강제로 떠맡기는 경우도 적지 않았다.

국제그룹 회사 가운데 가장 덩치가 큰 곳을 인수한 한일합섬의 경우도 그랬다. 한일합섬으로서는 당시 명성그룹을 인수하기로 작정하고 만반의 준비를 끝낸 상태였는데, 엉뚱하게도 국제를 맡으라는 종용을 받았던 것이다. 국제상사의 건설 부문과 동서증권을 인수해간 극동건설의 경우도 마찬가지였다. 국제상사가 중동에서 벌여놓은 작업을 마무리할 건설회사를 물색하던 끝에 극동건설을 선정했으나 극동건설이 순순히 응할 리 만무한 일이었다. 하는 수 없이 극동이 요구하는 골프장 건설 허가를 내주기로 했다가 이것이 여의치 않게 되자 결국 동서증권을 끼워주게 되었던 것이다. 따라서 인수받은 회사가 잘되어서 결과적으로 특혜가 되었다고 할 수는 있어도, 인수자 선정 자체에 어떤 복선이 깔려 있었던 것은 아니었다.

그러나 국제그룹의 제일 노른자위 회사랄 수 있는 연합철강이 문제였다. 실무자의 말을 들어보자.

"김 장관의 생각대로 연합철강을 전 사주인 권철현 씨에게 인수시키기만 했어도 별문제가 없었을 겁니다. 그런데 그것이 청와대 보고 과정에서 전 대통령의 지시로 동국제강으로 바뀐 것이 문제였습니다. 동국제강이 당시 힘 있던 사람들과의 관계가 어떠했는지는 다 아는 사실 아닙니까."

권철현은 이렇게 말한다.

"재무장관이 실무책임자를 보내 나더러 빼앗긴 연합철강을 다시 인수할 것을 제의하리라고는 꿈도 못 꿀 이야기였습니다. 그러나 결과는 어찌 되었습니까. 기가 막혀서 말이 안 나왔습니다."

물론 동국제강이라고 해서 연합철강을 인수 못할 이유는 없다. 그러나 직업관료들이 실무적으로 추진한 내용이 대통령의 결재 과정에서 막판에 뒤집어졌다는 사실이 의혹의 시작이었다. 더구나 동국제강의 장상태 회장이 이즈음에 새세대심장재단 등에 67억 원이라는 거액의 성금을 냈다는 사실이 이 같은 의혹을 증폭시키기에 충분했다. 88년 12월에 있었던 국회 5공비리 특위에서도 이 부분을 집중적으로 추궁했으나 장 회장은 궁색한 답변으로 일관했다.

이런 비유를 해보면 어떨까. 밤이면 마을에 내려와 인명을 해치고 행패를 부리던 곰 한 마리가 있었다. 피해를 줄이기 위해서는 하루빨리 그 곰을 죽여야 한다는 여론에 따라 힘들여 곰을 잡았다. 여기까지는 별문제가 없었다. 그러나 다음이 문제였다. 잡은 곰의 웅담이 석연찮은 경로로 엉뚱한 사람에게 돌아갔기 때문이다. 국제라는 거대한 곰을 처치하는 데까지는 문제가 없었는데, 그룹 내의 알짜배기 기업인 연합철강의 처리 과정에서 결정적인 의혹을 사게 되었다면 국제그룹 문제 전체에 대한 의혹은 한층 증폭될 수밖에 없다는 말이다.

아무튼 국제그룹의 도산은 사주였던 양정모가 정권이 바뀐 뒤에 그 부당성을 강력히 제기하고 나서면서 당시의 석연찮은 부분이 다시 불거져 나오게 된다. 그렇게 된 배경에는 또 다른 이유가 있다. 여기에 깊숙이 개입했던 정부의 한 관계자는 이렇게 말했다.

"아무리 부실경영을 했다고 해도 그 큰 기업을 송두리째 빼앗겼으니 그 자신으로서는 매우 억울하다고 여겼겠지요. 그래서 정부나 은행으로서는 최대 인수업체인 한일합섬이 40억 원 정도를 어떤 형태로든 양 씨에게 건네주기로 이야기가 되었더랬습니다. 그런데 5공 말기에 6·29선언이다 뭐다 정신이 없는 가운데 그 문제가 공중에 붕 떠버리고 말았던 겁니다. 그 돈만 약속대로 전해졌더라도 양 씨가 그처럼 목청을 높이지는 않았을 겁니다."

워낙 얽히고설킨 일이라 겉으로 드러나지는 않지만 당사자끼리 양해 또는 묵계 속에 진행된 일도 적지 않았을 것이다. 모든 일을 법대로 원칙대로 처리했더라면, 예컨대 부도를 낼 것은 그때그때 부도를 내고 일체의 정치적 입김이 개입되지 않았더라면 이런 양해나 묵계도 필요치 않았을 것이다. 그러나 당시의 부실기업 정리는 원칙을 엄격하게 적용하는 것이 불가능한 현실에서 이루어져야 했기 때문에 그 이면에는 늘 이런 식의 개운치 않은 뒷이야기들이 따라다니기 마련이었다.

해운산업 부실과 비자금

경제가 정치환경에 크게 영향을 받는다는 것은 상식이다. 그러나 구체적인 사안을 놓고 따질 때 어디까지가 경제적 동기이고 어디부터가 비경제적 동기인가를 구분해내기란 결코 쉬운 일이 아니다. 부실기업 정리 문제 역시 마찬가지다. 앞서 국제의 경우에서도 살펴보았듯이 아무리 실무적으로 옳다고 해서 추진했던 정책도 그것이 부분적으로라도 정치권으로부터 영향을 받음으로 해서 졸지에 어지러워지고 마는 것이다.

그런 면에서 또 하나의 대표적인 사례가 해운산업의 부실 정리 작업이었다. 애당초 해운산업의 부실은 그야말로 순수하게 경제적인 측면에서 정부와 은행, 그리고 해운회사들이 합작으로 저지른 어처구니없는 일이었다. 그랬던 것이 막판에 대한선주가 한진에 넘어가고 범양의 박건석 사장이 자살하는 소동 등이 벌어지면서 해외건설 못지않은 분란을 일으킨 경우다. 특히 대한선주의 경우 기업 자체의 부실에다 집권층으로부터 미움을 산 감정적 요인까지 더해 상승작용을 일으키면서 넘어지게 된 경우였다.

　지내놓고 보면 전두환정권을 단죄하기 위해 한창 기세를 올렸던 5공청문회가 한진의 대한선주 문제를 파고들면서 무턱대고 특혜 여부에 초점을 맞추었는데, 이것은 엇나가도 완전히 엇나간 경우였다. 문제의 대한선주는 누가 봐도 부실한 기업임이 분명했지만, 이 회사의 장래를 어떻게 평가하느냐에 따라 금융지원 규모를 비롯한 인수조건 등이 얼마든지 달라질 수 있었기 때문이다. 따라서 이 문제에서는 대한선주라는 부실 해운회사가 누구한테 넘어갔느냐가 아니라, 대한선주가 어떤 배경과 과정을 통해 무너졌느냐 하는 점이 중요하다. 우선 해운산업 전반의 상황을 살펴보자.

　84년 5월, 정부가 해운산업 통폐합조치를 발표하기 전까지 해운회사들이 그처럼 골칫거리일 줄은 주요 경제부처의 당국자들도 몰랐다. 그랬던 것이 어느 날 갑자기 해외건설에 버금가는 엄청난 부실더미라는, 해운산업의 실체가 여지없이 드러난다.

　이들의 은행빚은 무려 4조 원. 당시 여건으로는 어느 회사고 가릴 것 없이 부채상환 능력이 마비된 상태였던 것이다. 도대체 어쩌다가 이 지경에까지 이르게 된 것인가.

　70년대 후반 한때는 해운업이 신흥 유망업종으로 지목되기도 했다. 업종 자체의 수지가 좋았을 뿐 아니라 '자국선 적취율'을 높이라는 박정희 대통령의 특별지시에 따라 기업마다 앞을 다투어 배를 사들였다. 은행들도 지급보증을 서주고 수수료를 챙겨 먹는 데 눈이 어두워 뱃값의 90%나 되는 거액의 보증을 앞뒤 안 가리고 남발했다. 세계적으로 해운경기가 하강곡선을 그리면서 중고선박 가격이 내리막일 때였는데도 한국의 해운회사들이 경쟁적으로 배를 사들이는 바람에 한때 세계적으로 뱃값이 오름세를 보이는 기현상을 초래하기까지 했다.

해운업자들은 자고 나면 떼돈을 벌었다. 운임수입이 늘어나서가 아니라 가지고 있는 뱃값이 뛰는 바람에 부동산투기처럼 가만히 앉아서 횡재를 하는 격이었다. 은행들은 불같이 일어나는 해운회사들과 거래관계를 맺기 위해서 앞을 다투었다.

이처럼 흥청거리는 가운데 이들이 해외로 돈을 빼돌리는 일은 식은 죽 먹기였다. 이런 식이었다. 국내 선주가 800만 달러짜리 배를 사면서 1,000만 달러에 사는 것으로 거짓 계약서를 꾸민다. 계약서를 근거로 뱃값의 10%인 100만 달러만 자기가 부담하고 나머지 900만 달러는 은행에서 대출을 받는다. 어디까지나 합법적이다. 부풀린 뱃값의 차액은 배를 판 외국 선주의 도움으로 해외 비밀구좌로 들어가는 것이다.

이런데도 아무도 몰랐다. 드디어 국제 중고선값이 폭락을 거듭하는 가운데 국내 해운회사들이 과당경쟁으로 더 이상 견딜 수 없게 되자 비로소 정부도 심상찮은 사태가 벌어지고 있음을 알아차리기 시작했다.

하지만 이미 때는 늦었다. 은행들이 해운회사들한테 물려들 대로 물려든 상황이었다. 그래서 나온 것이 '해운산업 통폐합'조치였다. 63개 해운회사를 17개로 통폐합시키면서 부채상환을 연기해주는 것 등이 그 골자였다. 세계의 해운경기가 곧 회복될 것이므로 해운수입이 늘어나 연간 1,000억 원에 이르는 적자가 88년에 가면 1,000억 원의 흑자로 돌아설 것이라는 낙관적인 전망을 전제로 하고 있었다. 그나마 사태의 심각성을 뒤늦게 보고받은 청와대의 특별지시로 재무부가 만들어낸 수습방안이었다.

그러나 턱도 없는 이야기였다. 이 방안은 해운경기의 사이클이 종전의 주기를 반복할 것이라는 전제 아래 일본의 해운정책을 그대로 베껴온 것

이었으나, 우리 해운업계나 주무관청인 해운항만청이라는 곳이 일본과
는 기본적으로 너무나 다르다는 점을 간과하고 있었다. 특히 이때까지
해운정책을 주도해왔던 항만청 자체가 국내 해운산업을 이 지경으로 만
든 장본인 중의 하나인데, 이들을 중심으로 한 수습을 기대한 것이 잘못
이었다.

대한선주를 포함해 비자금 여부로 세간의 관심을 집중시켰던 범양까
지, 모두가 누구한테 잘못을 전가할 처지가 아니었다. 정부의 해운정책
에도 문제가 있지만 그와 별개로 해운회사 자체의 과오가 더 근본적인 부
실의 원인이었다는 이야기다. 따라서 만약 원래 사주들한테 계속 경영을
맡기고 금융지원을 했더라면 아마도 차후 엄청난 특혜시비를 면치 못했
을 것이다. 여기까지는 경제논리로 설명이 가능하다. 그럼에도 두고두고
의혹이 제기되고 있는 것은 이 경우 역시 정당했든 부당했든 간에 비경제
적인 요인들이 개입된 탓이다.

부실 경영에 '정치적 괘씸죄' 겹친 대한선주

범양과 함께 국내 해운업계의 선두를 유지해왔던 대한선주는 경영이
부실했을 뿐 아니라 정부로부터 미움을 받았던 대표적인 기업이었다. 물
론 그들은 그들대로 군데군데 영향력 있는 인사들을 상대로 끈끈한 관계
를 유지해왔다. 원래 이들은 과학적인 경영보다는 이런 쪽에 더 능력을
발휘하며 성장해온 기업이었다.

미움을 사게 된 계기는 84년의 해운산업 통폐합조치 때였다. 이 조치는
범양의 주도하에 이루어진 것이기도 했으나 대한선주 측은 노골적으로
반기를 들었다. 당시의 해운 불황은 원자재 등을 운반하는 벌크화물선박

을 중심으로 심화된 것으로 컨테이너 화물 비중이 컸던 대한선주로서는 상대적으로 형편이 괜찮았고, 따라서 항만청이 만들어낸 통폐합조치 자체가 자신들에게는 불리하다고 판단했기 때문이다. 대한선주 측은 한술 더 떠서 불황타개책의 일환으로 항만청이 정해놓은 운항노선을 무시하고 자기네 배를 일방적으로 집어넣기까지 했다. 이처럼 대한선주는 가뜩이나 어지러운 상황에서 당국의 눈 밖에 나는 일도 서슴지 않았다.

그러나 얼마 안 있어 대한선주는 국세청으로부터 대대적인 세무조사를 받는다. 그렇지 않아도 어려운 판에 세무조사까지 받게 된 대한선주는 결정적으로 휘청거리기 시작했다. 대한선주 문제는 안무혁 국세청장이 직접 지휘봉을 잡았다. 단순히 세무조사 차원이 아니라 "이런 기업은 가만 놓아둘 수 없다"며 거래은행들까지 동원해서 샅샅이 들춰내기 시작했다.

물론 대한선주를 상대로 국세청이 세무조사를 편다고 해서 이상할 것은 없다. 그러나 왜 하필이면 이 시기에 그처럼 강력한 세무조사를 편 것일까? 첫째 이유는 우선 대한선주가 매우 부실한 상태였고, 기업행태도 좋지 않은 쪽으로 이미 소문이 나 있었다. 둘째로는 좀 더 개인적인 이유를 들 수 있을 것이다. 대한선주는 당시 국민당 부총재로 있던 윤석민이 회장, 그의 동생인 윤석조가 사장으로 실질적인 경영을 해왔는데, 이들 모두가 개인적으로 전 대통령의 눈 밖에 난 인물이었던 것이다. 이를테면 애당초 해운공사_{대한선주의 전신}가 윤 씨에게 넘어간 것부터 달갑지 않게 여겼던 터였는 데다가, 때마침 터진 투서사건_{정래혁 민정당 대표위원 사퇴}으로 여당을 궁지로 몰아넣었던 문형태가 이들과 인척관계를 맺고 있었다는 점도 괘씸죄 단죄에 크게 작용했다는 이야기다.

이러한 맥락 속에서 대한선주는 회생불능의 상태에 빠져들었고, 이어

정부가 부랴부랴 해운산업에 대한 추가지원조치와 함께 대한선주를 한진에 인수시키기로 한 것이다. 결국 기업 자체의 부실이 가속화함과 동시에 고위층의 반감까지 가세되면서 절차상의 무리를 무릅쓰고 서둘러 제3자 인수를 실천에 옮겨나갔던 것이다.

범양의 경우는 좀 달랐다. 87년 4월, 박건석 회장의 자살로 떠들썩하게 사회 문제로까지 비화되었는데, 처음에는 전문경영인이었던 한상연 사장과의 불화에 초점이 맞춰지더니 나중에는 비자금 문제로 세상을 시끄럽게 했다.

이 사건의 배경은 오히려 단순했다. 박 회장은 유서에서 한 사장을 파렴치한 인물로 묘사했고 당시의 언론들도 덩달아 그렇게 몰아세웠으나 회사의 경영과는 아무 연관이 없는 이야기였다.

회사가 부실하기는 해도 한 사장은 당시 해운업계에서 자타가 인정하는 전문경영인으로서 그나마 쓰러져가는 회사를 버텨나가던 구심점이었던 반면, 오너인 박 회장은 전적으로 겉돌고 있었다. 더구나 정부가 추가지원책을 마련하면서 한 사장을 파트너로 삼아 일을 추진해나가자 박 회장은 심한 소외감을 느낄 수밖에 없었다.

이런 과정에서 양측으로 갈라져 내분이 심화되어가면서 회사는 더욱 어려운 상태로 빠져들었다. 이 시점에서 국세청의 내사가 시작되는데, 그 동기는 지극히 실무적인 것이었다. 범양 내부의 갈등, 다시 말해 박 회장파와 한 사장파가 서로의 약점을 퍼뜨리는 것이 국세청의 조사망에 걸려들면서 내사가 시작된 것이다.

박 회장 자살 사건이 터지자 안무혁 국세청장은 "국세청이 박 회장을 조사한 일은 없다"고 언론에 밝혔으나 이것은 새빨간 거짓말이었다. 국세청은 박 회장이 자살하기 직전까지 불러다가 밀도 높은 조사를 통해 외

화도피 등을 밝혀냈고, 자살 당일에도 범양의 장래를 놓고 박 회장으로
부터 마지막 결심을 얻어내기로 예정되어 있었다.

국세청으로서는 정부의 해운산업 지원정책과는 별도로 '범양을 살리기
위해서는 우선 박 회장부터 물러나게 해야 한다'는 결론을 내리고 전 대통
령에게 보고했다. 전 대통령은 해운산업의 부실이 워낙 심각한 만큼 기업
은 살리는 쪽으로 처리하도록 지시했고, 따라서 국세청은 박 회장에게 최
후통고를 해놓고 있던 상태였다. 요컨대 경제형편을 생각해서 되도록 조
용히 해결하려는 생각이었다. 그런 판에 박 회장이 자살하면서 일이 커지
고 범양이 그동안 사용한 비자금 문제로까지 비화되었던 것이다.

당시 의혹만 제기되고 결국 덮이고 말았던 비자금 문제에 대해 한 관계
자는 이렇게 말하고 있다.

"물론 범양과 관련된 비자금에 대해 철저히 조사했습니다. 처음에는
전 대통령도 완전히 그 내용을 까발려서 형사처벌까지 하도록 방침을 정
했으나, 그렇게 되면 워낙 일이 커진다는 주위의 권고에 따라 덮기로 한
것이었지요. 비자금 전체 규모는 짐작했던 것보다는 작았고, 또한 비자
금 사용은 대부분 박 회장에 의해 이루어졌습니다. 그러나 정치적인 압
력이 들어간 흔적은 없었고, 다만 해운산업에 대한 정부의 지원이 이루
어지도록 하기 위한 로비 차원의 문제였습니다."

실제로 전 대통령은 당시 범양으로부터 돈을 받은 고위관계자 10명의
명단을 가지고 있었으나 그냥 덮고 넘어갔다.

정치자금은 가장 확실한 투자

5공시대의 경제사건들은 터질 때마다 정치 문제로까지 비화되었다. 굵직굵직한 기업의 흥망성쇠에는 정도의 차이는 있을지언정 대부분의 경우 정치권과 연계가 있었다. 정치인과 기업 사이의 단순한 정치자금 수수관계였다면 금액의 다과에 관계없이 문제는 훨씬 수월했을 것이다. 하지만 시도 때도 없이 대통령의 친인척들이 끼어드는 바람에 정치와 경제의 유착관계는 더욱 지저분하게 얽혀들어갔다.

여기서 의도하는 바는 정치자금을 둘러싼 정경유착의 내막을 낱낱이 파헤치자는 게 아니다. 유착의 내용이 도덕적으로, 윤리적으로 어떠했느냐를 떠나서 한 시대의 경제 움직임과 정치자금의 조달이 어떠한 관계에 있었는가를 살펴보자는 것이다.

우선 누구도 부인할 수 없는 것은 박정희시대에도, 전두환시대에도, 그리고 그 이후에 전개된 민주화시대에 와서까지도 정치인들이 필요로 하는 돈, 이른바 정치자금의 대부분은 기업으로부터 조달되어왔다는 점이다. 아마도 이것은 개발독재를 통해 국가를 통치해온 어느 나라에서나 적용되는 공통점이라고 해야 할 것이다.

정치자금을 둘러싼 정경유착 관계를 부패의 척도만으로 가늠하기는 어렵다. 예컨대 박정희시대에 비해 전두환시대에 와서 경제사건들이 더 자주, 더 심하게 스캔들로 비화하여 사람들의 입에 오르내렸던 이유를 따질 때, 두 시대의 부패 정도나 지도자의 청렴성만으로는 평가하기 곤란하다는 말이다. 여기에 덧붙여 생각해야 할 것은 대통령의 주변 관리나 국가운영 기술과 리더십이다. 설사 더 부패한 정치를 했더라도 집권 중심세력들이 좀 더 노련하게, 세련되게 정치자금 문제를 해결했더라면 그에 따른 부작용을 훨씬 줄일 수 있었다는 이야기다.

어떻든 전두환은 박정희에 비해 돈 다루는 솜씨가 뒤졌던 것 같다. 전임자가 저지른 시행착오를 철저하게 참고하고, 자신은 그런 과오를 범하지 않으려고 무던히 애를 썼음에도 불구하고 결국 권좌에서 물러나자 감옥까지 가고 말았으니 말이다.

시작은 거창했다. 5공화국 정부가 출범하면서 신군부는 정권 장악의 정당성을 입증해 보이기 위해서라도 과거 정부에 비해 더 깨끗하고 도덕적인 정치를 보여주어야 했다. 박정희시대의 정경유착을 말끔히 걷어낼 것을 약속했고, 자신들은 결코 과거 정부의 부정부패나 정치적 비리를 되풀이하지 않겠다고 맹세했다. 새 정권의 캐치프레이즈가 '정의사회 구현'이었던 것도 그런 맥락에서였다.

초기에는 '청렴'을 장담했으나…

집권 초기의 군부는 이슬 같은 청렴정치를 장담했다. 사회정화위원회를 만들어 부정 일소에 나섰고 일벌백계를 다짐했다. 그러나 세간의 사람들은 아무도 신군부의 청렴정치 약속을 믿지 않았다. 한 발짝을 움직여도 돈이 든다는 한국정치의 현실을 신군부의 중심인물들은 이미 잘 알고 있었으며, 이들 스스로가 한국 군대의 부패 역사 속에 성장해온 인물들이었다.

청와대가 되었든 총리실이 되었든 정상적인 경비만으로는 그 많은 씀씀이를 해결할 수 없다는 사실을 신군부가 깨닫는 데도 별로 오래 걸리지 않았다. 정치자금이 되었든, 아니면 뇌물이 되었든, 또는 외상 술값의 영수증 처리를 해주는 방식이 되었든 간에 근본적인 경비조달 방법은 박정희시대와 별로 다를 바가 없었다. 개혁작업의 감시 역할을 맡은 정보기관 자신부터가 한국사회 부패구조의 한복판에 서 있어왔는데, 어떻게 근본적인 변화를 기대할 수 있었겠는가.

전두환 국보위원장이 중앙정보부장과 보안사령관을 겸하고 있을 때였다. 그를 찾아가 금일봉을 주었던 어느 기업인의 증언은 이렇다.

"나라를 끌어나가시려면 얼마나 어려운 점이 많으시겠습니까. 이거 5,000만 원밖에 안 됩니다만, 성의로 알고 보태 쓰십시오"라고 했더니, "어려움을 이해해주시니 참으로 고맙습니다. 요긴하게 쓰겠습니다. 사실 여기저기 돈 들어가는 일이 너무 많아요. 말이 났으니 말이지, 모두가 나라를 위해서 하는 일인데 오히려 재벌들은 아주 짭니다. 우리나라 재벌들, 정말 문제가 많습니다"라고 하더라는 것이다.

물론 이 기업인이 그냥 5,000만 원을 갖다 바쳤을 리 없다. 얼마 안 있어 모종의 부탁이 당연한 듯 뒤따랐고, 전 장군은 이를 흔쾌히 들어주었다. 이는 물론 숨겨진 비사에 해당하는 이야기이고, 5공정권 초기의 분위기는 정의사회 구현이라는 캐치프레이즈 아래 말끝마다 '청렴정치'가 강조되곤 했다.

전 대통령 스스로가 대통령에 취임한 이후 정치자금과 관련된 정경유착 현상에 대해 여러 차례 경계심을 표명했다. 불행한 최후를 마친 전임 대통령이 도덕적으로 매도당했던 것에 대한 반사적인 태도이기도 했다. 18년 동안의 장기집권 과정에서 누적되어온 부패의 실상을 오히려 공개적으로 드러내놓고 도려내는 작업 자체가 새 집권자로서는 국민들로부터 지지를 끌어모을 수 있는 한 방편이라고 판단했던 것이다. 집권 초기 청와대에서 근무했던 기획원 출신 모 비서관은 이렇게 말했다.

"대통령을 찾아오는 재벌 총수의 동향을 통해서나 아니면 업계의 이해관계가 첨예하게 얽힌 주요 사업이 어떻게 추진되는지 등을 보면 정권과 재계의 관계를 대체로 짐작할 수 있는 법입니다. 그런데 5공 초기에는 그야말로 지나칠 정도로 깨끗했습니다. 물론 주요 재벌로부터 의례적인 정치자금이야 받았었겠지요. 그러나 청와대 살림을 꾸려가는 것을 본다든지, 정책을 펴는 분위기로 봐서는 도대체 저런 식으로 하면서 다가오는 선거를 어떻게 치르겠다는 것인지가 의심스러울 정도였습니다."

또 다른 비서관의 말은 이렇다.

"공식예산으로는 도저히 일을 꾸려나갈 수 없기에 하루는 직접 전 대통령에게 개인적으로라도 좀 대책을 강구해달라고 부탁을 드렸지요. 그랬더니 전 대통령의 말인즉, '당신들이 앞장서서 정치자금을 동원할 소지를 없애놓고서 나보고 돈을 달라면 어떻게 하느냐. 그러나 돈 문제는 내가 해결해줄 테니 절대 딴 데다가는 손 벌리지 말아야 한다'는 것이었습니다."

그러나 이런 분위기는 어디까지나 정권 초기까지만이었다. 세월이 흐를수록 정치를 한다는 것이 생각보다 훨씬 복잡하며 또한 상당한 돈이 필

전두환 대통령과 원로 경제인의 오찬

요하다는 것도 터득했다. 그리고 그러한 돈은 가만히 앉아 있어도 기업들이 앞을 다투어 가져온다는 사실도 깨닫게 된다. 다만 전 대통령은 박정희 때와는 달리 정치자금의 창구를 자신한테로 일원화시켜, 소위 떡고물이 여기저기 흩어져서 생기는 부작용을 최소화하는 방편을 택했을 뿐이었다.

과연 전 대통령이 그동안 얼마만큼의 정치자금을 거두어 썼는지는 알 수 없는 일이다. 훗날 재판 과정에서 얼마라고 드러나는 숫자가 있기는 하지만 실제 규모가 얼마였는지 누가 알겠는가. 본인도 모르지 않을까.

현대 정주영, 30억 들고 청와대 내왕

여기서는 기업행위와 관련해서 어떤 형태로 정치자금이 오고 갔는가에 초점을 맞춰보자. 돈이 필요할 때 권력의 핵심들은 어떤 식으로 조달했으며, 또 기업 입장에선 어떤 채널을 통해 전달했고, 그에 대한 반대급부는 어떻게 챙겼을까. 5공정권에서 재무장관과 경제부총리를 지냈던 김만제의 회고가 많은 점을 짐작케 한다.

"3공시대에는 경제장관들도 자리에 따라 정치자금 조달에 직접 일익을 담당하기도 했지만 5공에 들어와서는 그렇지 못했습니다. 정치자금에 관한 한 청와대가 직접 챙겼고, 여당인 민정당 차원에서 움직이는 돈에 관해서는 더더욱 몰랐습니다. 물론 대강의 흐름이야 짐작할 수 있었지요. 예컨대 시기적으로 본다면 84년 선거 준비를 계기로 5공정권의 청렴도는 눈에 띄게 약화되기 시작했다든지, 또는 기업들간의 이해가 첨예하게 얽혀 있는 문제가 결말이 나는 과정을 통해 어떤 기업이 어떤 루트를 뚫었구나 하는 정도의 짐작을 할 수는 있었다는 이야기입니다."

이 같은 이야기로 미루어 우선 알 수 있는 것은 정치자금이 오가는 과정에서 관료들의 직접 개입이 비교적 적었다는 사실이다. 물론 관료사회 역시 금전 문제와 관련해 결코 깨끗하지 못했다. 기업 입장에서는 청와대에 정치자금이라는 명목으로 돈을 갖다 바쳐야 어려운 매듭이 풀리는 것이나, 관료들에게 떡값이라는 이름으로 뇌물을 주어야 일이 순조롭게 진행되는 것이나 무엇이 다르겠는가. 다만 청와대로 향하는 돈은 단위가 달랐는데, 그럴 수밖에 없는 것이 청와대에서 한번 승부를 내버리면 나머지 대부분의 과정은 일사천리로 진행되는 경우가 많았기 때문이다. 또 다른 전직 장관의 증언은 더욱 구체적이다.

"기업들이 로비를 해오는 유형을 보통 두 가지로 나눌 수 있습니다. 첫째 유형은 현대그룹이나 한진그룹처럼 대번에 청와대를 구워삶아서 위에서부터 찍어 누르는 스타일이 있는가 하면, 대우그룹이나 삼성그룹처럼 정부의 실무자급에서부터 시작해서 올라가는 식이 있었습니다. 특히 현대그룹 정주영 회장의 수법은 알아줘야 했습니다. 어느 날 내 방에 찾아온 그는 대뜸 내게 하는 말이 청와대에 정치자금을 갖다 내고 오는 길이라는 것이었어요. 30억 원이라는 금액까지 스스럼없이 밝히면서 잘 봐달라는 것이었어요. 그러더니 훌쩍 가버리더군요. 기가 막혔습니다. 이 정도의 거액을 청와대에 갖다 바쳤으니 장관도 공연히 더 이상 트집 잡지 말고 협조하라는, 일종의 시위가 아니고 뭐겠습니까. 한진그룹 역시 평소에 씀씀이가 짜기로 소문이 나 있었지만 결정적인 순간에 돈 쓰는 것을 보면 과감하게 승부수를 던지곤 했습니다."

높은 데서 꼭 돈을 가지고 오라고 해서 기업이 돈을 가지고 가는 것은 아니다. 기업이 분위기를 봐서 알아서 내는 경우도 있고, 기업들 스스로가 자기네의 필요에 의해 자발적으로 갖다 바치는 경우도 적지 않다. 부실경영으로 결국은 쫓겨난 대한선주의 윤석조 사장은 막판에 50억 원을 싸들고 청와대로 들어가 영부인을 만났다. 성금을 내면 알아서 봐줄 것이라고 판단해서다.

"그 정도 성금을 가지고 가면 특별히 생각해줄 것으로 기대했는데, 천만의 말씀이었습니다. 그저 고맙다는 인사말과 함께 비서를 시켜 써주는 영수증 한 장만 달랑 받아가지고 나왔으니까요."

생돈 50억 원만 날리고 아무 소득도 올리지 못한 윤 사장의 넋두리였다.

그렇다면 정치자금이 오가는 채널은 무엇이었는가. 가장 주된 채널은 역시 전 대통령이 재벌 오너들과 독대하는 자리라고 봐야 할 것이다. 보안도 잘 유지될 뿐 아니라 모양도 괜찮았다. 어떤 특정한 사안이 있어서이기도 하겠지만 최고 통치자와 재벌 총수가 만나서 경제가 어떻게 돌아가는지를 서로 이야기하는 것은 매우 자연스럽게 비칠 수 있었기 때문이다.

물론 대기업들이 내는 정치자금이라는 것도 여러 종류다. 대통령이나 영부인 또는 거물 정치인이 자기 주머닛돈처럼 마음대로 쓸 수 있는 돈이 있는가 하면, 어떤 돈은 정치적 목적하에 공개적인 자금으로 집행되는 경우도 적지 않다. 이른바 각종 성금 형태로 내는 것이 후자의 경우다. 말이 좋아 성금이지 기업 입장에서는 세금이나 똑같다. 사실상 정부가 배정을 하면 기업은 내지 않고는 못 배긴다. 대표적인 것이 새마을성금이나 새세대심장재단에 대한 기부금 등이다. 특히 국회 청문회에서도 드러났지만, 일해재단 설립 과정에서 당초 의도와는 전혀 엉뚱한 방향으로 기업들한테서 돈을 긁어모은 것은 5공정부의 대기업관이 어떠한 것이었는지를 극명하게 보여준 예이다. 근본적으로 전 대통령을 비롯한 5공의 핵심세력들은 기업, 특히 재벌들에 대해 일종의 원죄적 굴레를 씌워놓고 자금지원을 요구했다.

"당신들이 그동안 어떻게 벌었느냐. 더구나 앞으로도 우리의 도움 없이는 돈벌이를 할 수 없는 것 아니냐. 그러니 필요한 돈, 그것도 사회적으로 명분이 서는 사업에 돈 좀 내라는 것은 당연한 것 아니냐"는 식이었다.

아무리 억울해도 기업을 포기하지 않는 다음에야 이를 거스를 사람은 없었다. 정부가 어떤 요구를 하든 간에 흔쾌히 받아들이고, 대신 그에 대한 반대급부를 최대한 보장받는 편이 기업으로서는 그야말로 현명한 '전략'이었다.

먹으면 확실하게 봐주었던 전두환

일반인이 가장 궁금해하는 것은 역시 기업이 '정상적으로 안 되는 일'을 되게 해달라거나, 아니면 치열한 경쟁에서 자기네를 특별히 봐달라며 뒷구멍으로 몰래 갖다 주는 돈일 것이다. 이런 일은 전 대통령이 신임했던 지극히 제한된 비밀 채널을 통해 이루어졌다. 때로는 친인척도 한몫을 했다. 부실기업 정리 과정에서 주요 기업을 거의 인수할 뻔했다가 실패한 K씨의 말이다.

"실의에 빠져 있는데 평소에 알고 지내던 이규동 씨한테서 연락이 와서 만났습니다. 그의 말인즉, 억울한 사정을 들어서 잘 알고 있다면서 자기가 적극적으로 나서서 기업을 찾아줄 터이니 그 대신 정치자금은 섭섭지 않게 준비하라고 하더군요. 그 말에 나는 '여부가 있겠습니까' 하며 흔쾌히 응낙했지요. 그러나 일이 제대로 안 되었습니다. 답답한 나머지 전기환 씨를 만났었습니다. 저간의 사정을 이야기하고 도움을 청했더니 그 역시 알았다면서 정치자금에 관한 이야기를 꺼내지 않겠습니까."

이 경우는 일이 제대로 성사되지 않았기에 정치자금의 수수도 이루어지지 않았다. 그러나 이 같은 식의 '거래'는 얼마든지 있었으리라는 것을 추측할 수 있다.

정치자금의 수수는 원래가 암거래로 이루어지는 것이다. 지하경제라는 것이 그 규모나 내용이 파악되면 이미 지하경제라고 할 수 없듯이, 정치자금의 내막 역시 정확히 알아내기란 불가능한 일이다. 또한 그것이 본질적으로는 정치적 산물인 까닭에 이 책에서 더 깊이 다루기에는 한계가 있다. 이 책에서는 다만 5공의 경제 쪽과 관련된 면에서 정치자금이 어떤 식으로 문제가 되었는지를 훑어보았을 뿐이다. 다만 한 가지, 정치자금이란 정치인들에게만 좋은 것은 결코 아니었다는 점에 주목할 필요가 있다. 6공에 들어와 5공비리에 관한 청문회가 열리면서 증인으로 불려나온 기업인들은 하나같이 정치자금을 억울하게 갹출당한 피해자라며 과거의 역사에 돌을 던졌으나, 정치자금이란 바로 그들에게도 매우 유익

하고 편리한 존재였음은 부인할 수 없을 것이다.

정치자금이란 기업들 입장에서는 반대급부가 가장 확실한 투자였다. 특히 정치적으로 불안할수록 정치자금은 가장 믿을 수 있는 안전판이었다. 5공시대에는 이런 점에서 계산이 분명했다. 정치자금을 내서 정권에 도움을 준 회사에는 꼭 응분의 보상이 뒤따랐으니까. 따라서 기업은 돈이 들어서 그렇지, 장래를 예측할 수 있는 상황에서 사업을 꾸려나갈 수 있었던 것이다. 특히 뒤이은 노태우정권에 들어서 기업들이 겪어야 했던 여러 가지 불확실성은 전두환시대와 비교해서 정치자금의 실체를 더욱 명확하게 해주었다고 할 수 있을 것이다.

세 마리의 토끼를 잡다

드디어 물가를 잡다

금융사건의 회오리바람과 실명제 실시 유보에 따른 정부당국의 체면 손상에도 불구하고 83년 정월의 청와대는 어느 때보다 밝은 분위기였다. 82년 물가상승률이 한 자리 숫자로 뚝 떨어졌기 때문이었다. 만성적인 인플레가 오랫동안 몸에 배어온 한국경제로서는 감히 꿈도 못 꾸던 일이었다.

경제기획원의 신년 업무보고 자리 역시 지금까지의 침울함을 떨쳐버리고 모처럼 활기가 돌았다. 김준성 부총리는 특유의 여유를 보이며 보고 도중에 즉흥 농담까지 섞었다.

"최수병崔洙秉 물가정책국장의 이름이 물가 수洙에 잡을 병秉입니다. 그러니 물가가 안 잡히겠습니까."

보고를 받던 전 대통령을 포함해 모두를 즐겁게 하는 재치 넘치는 비유였다. 돌이켜보면 5공 경제의 초반기라고 할 수 있는 82년에서 83년은 앞에서 살펴본 것처럼 갖가지 금융사건들을 비롯해 집권세력으로서는 창피하고 곤혹스러운 일들의 연속이었으나, 아이러니하게도 안정화정책의 기틀을 본격적으로 다진 것 또한 바로 이 시기였다.

물론 불황에서 벗어나기 위해 양도소득세를 면제하는 등의 부분적인 경기부양책도 썼고, 이·장 사건 때처럼 금융 마비현상을 해소하기 위해 한때 뭉칫돈을 풀기도 했으나, 물가안정을 정책의 최우선으로 하는 전체적인 경제운용의 기본골격은 그대로 유지했던 덕분이었다.

누가 뭐라고 해도 소비자물가 상승률_{연말기준}이 82년 2.4%, 83년 마이너스 0.8%였다는 것은 엄두도 낼 수 없던 숫자였다. 물가당국인 경제기획원도 마찬가지였다. 원래 81년 말에 짰던 82년의 물가억제 목표는 소비자물가 기준으로 10~14%였다. 당시의 판단으로는 이 정도만 되어도 아주 성공적으로 물가를 수습하는 것이라고 생각했다.

물가가 이처럼 기대 이상으로 안정된 원인이 무엇이었느냐는 경제학자들이 체계적 연구를 통해 차근차근 정리해낼 일이다. 대체로 돌이켜본다면 5공 집권 이후 전 대통령 자신의 물가안정에 대한 집념이나 김재익 경제수석의 정교한 정책실천도 큰 영향을 미쳤겠지만, 시야를 더 넓혀 생각하면 70년대 후반부터 경제기획원을 중심으로 경제 전반의 구조적 체질개선을 외치며 추진해온 안정화정책의 결실이라 해야 할 것이다. 박정희시대 말기부터 시작된 과감한 물가현실화 조치를 시발점으로 해서 경제체질 자체를 종래의 성장지향에서 안정지향 쪽으로 전환시켜놓음으로써 얻어낸 값진 결과가 아닐 수 없는 것이다.

말이 쉽지 엉터리 통계를 현실화시켜 바로잡는 것이 얼마나 어려운 일인가. 박정희 정부는 말기에 이르러서나마 이것을 시작했다. 요컨대 행정력으로 억누른 관제가격을 포기하고 시장에서 실제 거래되는 가격을 통계에 잡기로 한 것이다. 이중가격을 없애고 유가도 오른 대로 눈 딱 감고 현실화시켜버렸다. 결과는 충격적이었다. 2차 오일쇼크까지 겹치자 80년의 도매물가 상승률은 무려 42.3%에 이르렀고, 이 바람에 기획원 물가실(물가국의 전신)은 감사원으로부터 대규모 특별감사를 당하는 수모를 겪기까지 했다. 결국 정책 선택에 따라 빚어진 물가상승을 이유로 실무자들에 대한 무더기 인사조치가 취해졌던 것이다.

김인호 당시 물가총괄과장의 회고를 들어보자.

"81년의 물가억제 목표는 20%선으로 잡고 있었습니다. 당시의 형편으로서는 그 정도만 되어도 감지덕지할 때였습니다. 그런데 어느 날 청와대의 김재익 수석이 회의를 소집해 조경식 예산실장과 진념 신임 물가국장을 모시고 들어갔어요. 김 수석의 말을 정확히 기억할 수는 없습니다만, 요컨대 물가를 한 자리 숫자로 안정시키라는 것이었습니다. 이러한 지시에 대해 현실적인 어려움을 설명했으나 막무가내였어요. 그가 화를 내는 것을 처음 보았습니다. 특유의 이론을 전개하면서 '그런 자세로는 물가를 못 잡는다'며 발상의 전환부터 촉구하는 것이었습니다. 아무튼 부처간의 충돌도 많았고 부작용도 있었습니다만, 결과적으로 도매 11.3%, 소비자 13.8%로 물가가 안정된 것은 정말 기대 이상이었습니다."

가장 넘기 어려운 벽은 추곡수매가 인상률을 얼마로 결정하는가였다. 기획원 내부에서는 강경식 차관보를 중심으로 한 실무진들이 추곡수매가 인상률을 10%로 해야 한다는 결론을 내려놓고 있었고, KDI 역시 같은 입장이었다. 정치권에서는 당연히 반발했다. 야당인 민한당이 45.6%의 인상을 주장하고 나선 것은 그렇다 치고, 여당인 민정당까지 기획원의 방침에 펄쩍 뛰었다. 여기에다 농수산부조차 수매가 인상률을 최소한 24%로 해야 하며, 수매량도 기획원이 주장하는 600만 섬보다 300만 섬이 더 많은 900만 섬으로 늘려야 한다는 것이었다.

役割

物価安定 { 1. 國際競爭力強化
　　　　　　経済의 安定的成長
　　　　　2. 國民生活의 安定 (實所得)
　　　　　3. 國際收支改善 (우리金融에
　　　　　　　　　　　　　수출증가)

物価는　3가지 要因에 依해서 左右.
　　(내가보는 한가지)

　첫째: 対外要因　　1. 原油, 原資材
　　　　　　　　　　2. 國際商金利

　둘째: 対内要因
　　　　　　　1. 品質, 生産性向上
　　　　　　　　(原価節減, 口際競爭)
　　　　　　　2. 労賃單価安定
　　　　　　　3. 通貨安定維持
　　　　　※ 換率安定 (韓 口状況)

　세번째: 心理的影響
　　　　政府나 企業, 근로자 等 全國民이
　　　　理解하고 協助하며 自身感
　　　　가져야 함.　努力해야한다.

物価安定되면
[國際收支改善]
　○ 輸出을通해서 經常收支에서改善
　　└ 잘되기 爲해서
　　　　　1. 물건값이 싸야함 (物価安)
　　　2. 品質 좋아야함 → 技術(開發
　　　　　　　　　　　　　技術革新)
　　　3. 生産性이높아야함 → 原価節減

　○ 物価安定 바탕위에 經済의安定的成長
　　　1. 實質所得 增大.
　　　2. 저축이 增大
　　　3. 口內 여신 增大 (빚채 갚는)
　　　4. 自然 内需 가늘이 는것임

物価安定 됨으로써   不満을 가지는 者있다.
例如 쇼주도 물가오르면 단 時日에
莫大한 利益.

2. 不動産. 땅. 집 가진사람.
價格引上에 희망에 차 와 있다.
그러나 物価安定 큰 利益이 있다

3. 農民들도 땅값 오르는데 満足했다.
이것 또한 安定되니까 不満

크게 착각하고 있다.
땅값. 집값. 自己 것만 상승 하지않고
모―든 国民것이 다 상승. (돈의 価値)

實質所得은 → 反対로 격감된다
※ 이꽃을 알아야 한다

전두환 대통령이 직접 만든 물가안정에 관한 자신의 강의록. 전 대통령은 이것을 밤새 정리해서 다음 날 아침 김재익 경제수석에게 교정을 의뢰했으나 김 수석은 한 자도 고치지 않고 정서시켰다고 한다.

드디어 국회에서 한판 싸움이 벌어졌다. 10월 23일, 국회의 경과經科·농수산위 연석회의는 신병현 부총리 겸 기획원장관과 고건高建 농수산장관을 함께 불러놓고 정부의 추곡수매정책을 따졌다. 고 장관은 "영농비용의 상승과 농촌경제 실정을 반영하는 선에서 수매가격이 결정되어야 한다"는 식으로 얼버무리면서 넘어갔으나 신 부총리는 한 발자국도 물러나지 않고 소신을 밝혔다.

"모두가 고통을 분담하는 차원에서 수매가 인상률은 10%로 해야 합니다. 20%선으로 인상할 경우 통화증발을 감당할 재간이 없습니다. … 양곡적자를 줄여나가기 위해서는 수매가격보다 정부의 방출가격을 높여나가야 합니다. …농민의 최저소득제는 엄두도 낼 수 없는 실정입니다."

의원들은 갖가지 비난과 야유를 퍼부어댔으나 신 부총리는 꿈적도 않고 시종일관 같은 말을 반복하며 버텨나갔다. 오후 3시부터 다음 날 새벽 3시 50분까지 마라톤회의가 이어졌다. 여당의원들까지 '살농殺農정책'이라며 부총리를 몰아세웠고, 야당의원들은 "여당의 의견도 무시하는 장관은 훼방꾼"이라며 공박했으나 그는 10% 인상 방침의 불가피성만 줄기차게 되풀이했다.

앞에서도 잠시 살펴보았듯이 신 부총리라는 인물에 주목할 필요가 있다. 한은총재 시절, 79년 한창 금융긴축정책을 펴면서 총통화증가율을 전년도의 35%에서 24.6%로 끌어내렸던 장본인이 바로 신 부총리다. 세상물정을 잘 모르고 성격도 고지식하다는 그의 단점은 오히려 모든 경제주체들에게 고통을 강요하게 마련인 긴축정책을 펴나가기에는 안성맞춤이요, 결정적인 장점으로 작용했다.

다급해진 민정당은 당정협의를 통해 최소한 15~17%는 올려야 한다고 요구했으나 이에 대해 기획원 측은 12%까지는 양보하겠다고 통보했다. 결국 우여곡절 끝에 전 대통령의 정치적 배려 몫으로 2%를 더 붙여 14%로 최종 확정된 것이다.

이처럼 추곡수매가 인상률이 당초 정부가 계획했던 10%보다 4% 포인트 높아지기는 했으나 이 정도만으로도 정부의 물가정책에 관한 한 중요한 분수령이 되기에 충분했다.

한자리 물가, 운도 따랐다

추곡수매가 인상률 억제가 전체 경제정책의 운용 면에서 과연 타당한 정책 선택이었느냐는 문제 하나만 해도 충분한 토론거리다. 그러나 앞서 살펴본 것처럼 당시 정부와 여당이 상당한 정치적인 부담까지 무릅쓰고 수매가격을 최대한 억제키로 단안을 내렸다는 점은 크게 주목할 일이었고, 또한 인플레 퇴치에 대한 정부의 의지를 시험한 결정적인 계기였다고 할 수 있을 것이다.

과거의 추세로 볼 때 한 자리 숫자의 물가안정 성취란 꿈같은 이야기였다. 청와대를 중심으로 '한 자리 숫자'에 관한 정책의지가 간헐적으로 흘러나왔지만, 경제부처 안에서조차 현실성 없는 '웃기는 소리' 정도로 여겼고 언론 역시 냉소적으로 반응했다. 정부가 장악한 텔레비전과 라디오 매체들만이 권력의 나팔수로서 물가안정정책의 일방적인 홍보에 열을 올렸을 뿐이다. 그러나 82년에 접어들면서 물가는 의외로 빠른 속도로 잡혀갔다.

사실 정부의 경제운용 실상은 매우 좋지 않았다. 인플레 퇴치에 강력한 의지를 보였던 것은 사실이지만, 잇따라 터지는 금융 사건의 후유증 등으로 정부정책은 여기저기 땜질하느라 정신 차릴 틈이 없었다. 예컨대 통화정책 면에서는 총통화증가율을 20~22%로 억제하겠다는 계획이었으나 실제로는 이보다 훨씬 높은 27.4%에 이르렀고, 금리도 대폭 내리는 등 총수요관리 측면에서는 오히려 위기관리 성격의 부양정책을 썼던 것이다.

그럼에도 물가가 기대 이상으로 안정될 수 있었던 데에는 운도 따랐다고 할 수 있다. 결정적인 것은 국제원자재 가격 하락이었다. 치솟던 국제원유 가격이 내림세로 돌아서면서 원유 도입단가가 82년에 들어서는 4.5%나 떨어졌고, 다른 주요 원자재 가격도 큰 폭으로 내리는 바람에 전체 수입물가가 5.3%나 떨어졌던 것이다. 여기에다 각종 공공요금 인상을 힘으로 틀어막았고, 경기 자체가 여전히 가라앉아 있던 터라 인플레 요인이 제풀에 꺾인 결과이기도 했다.

이처럼 82년의 한 자릿수 물가상승률 성취의 배경에는 정책적인 노력도 무시할 수는 없겠으나 대외적인 요인 또한 크게 기여했던 셈이다. 그러나 한 자릿수 상승률의 달성이 비록 해외 요인의 덕분이었다 해도 그 의미나 중요성이 퇴색될 일은 결코 아니었다. 동기야 어찌 되었든 간에 한 자리 숫자로 물가를 잡았다는 것 자체가 만성화된 인플레 마인드를 걷어내리는 결정적인 계기가 될 수 있었기 때문이다. 특히 집권 이후 무엇보다도 우선해서 물가정책에 집념을 보여온 전 대통령에게는 대단한 자신감을 안겨주었다. 당시까지만 해도 복잡한 경제현상을 파악하느라 구체적인 정책의 선택에서 긴가민가하는 처지였던 그에게 '하면 된다'는 자신감을 안겨준 것이다.

이러한 자신감을 바탕으로 한 '물가 잡기' 작전은 83년에 들어서면서 더욱 본격화된다. 세출예산을 동결하는 전무후무한 정책을 펴는가 하면, 임금이건 배당이건 무조건 한 자릿수로 옭아매는 식으로 밀어붙였던 것이다.

설마 했던 예산동결

"물가를 크게 안정시키라는 것은 내가 지시한 것입니다. 작년에는 의외로 물가가 안정되었습니다만 금년은 아주 좋습니다. 최근 원유 가격까지 내린다고 하니 더욱 합심하면 일본 수준으로 갈 수 있습니다. 금년 물가가 5% 안으로 잡히면 인플레 심리가 없어져 부동산투기도 없어질 것입니다."

83년 2월, 언론사 경제부장들과 점심을 하면서 전 대통령이 한 이야기다. 이날 그는 시종일관 거의 혼자서 최근의 경제상황에 대해 설명을 해나갔고, 거침없이 자신의 소신을 피력했다. 특히 물가 문제에 대해서는 신문 이름까지 들먹이며 보도 태도를 나무랐다.

"얼마 전에 동아일보에서는 국제원자재 가격이 크게 오른다는 기사가 났는데, 그렇게 쓰면 국민들에게 나쁜 영향을 줄 우려가 있어요. 그런가 하면 원가인하 요인이 생겨났음에도 불구하고 시치미를 떼고 값을 안 내리는 기업들이 있는데, 이런 것들은 언론이 지적해서 혼을 내야 합니다."

경제부장들은 2시간여에 걸친 점심시간 동안 아무 소리 못하고 대통령의 일방적인 경제강의를 들어야 했다. 원래가 듣기보다는 말하기를 좋아했지만, 이제는 경제 전반에 걸쳐 나름대로의 안목과 소신을 갖추게 된 그였다. 집권 초기부터 전적으로 의존해왔던 가정교사요, 측근이었던 김재익 경제수석으로부터 서서히 벗어나 웬만한 경제정책들을 독자적으로 판단할 수 있게끔 된 것이다. 한걸음 더 나아가서 그는 김재익의 가르침만으로 만족하지 않았다. 때때로 김 수석과 전혀 다른 생각을 가지고 있는 전문가들을 청와대로 불러 자기 생각을 점검해보는가 하면, 경제각료들의 인사도 83년에 들어와서는 기존의 팀 컬러에 변화를 가져올 만한 인물을 기용하기 시작했다.

전 대통령은 그러나 물가를 안정시키는 것이 최우선 과제라는 생각에는 조금도 변함이 없었으며, 이에 대한 처방 역시 기본골격은 '김재익식'을 그대로 유지하고 있었다.

물가안정을 위해 김재익 수석이 마련했던 마지막 처방전은 다름 아닌 예산동결정책이었고, 그는 문희갑이라는 박력 있는 야전군 사령관과 콤비를 이루면서 결행에 옮겼다.

예산동결에 대해 다시 한 번 돌이켜보자. 지금 와서 생각하면 '아, 그런 일도 있었지' 하고 넘어갈 사람들도 있겠지만, 따지고 보면 감히 엄두도 못 낼 일이었다. 독재정권, 철저한 언론통제, 그리고 최고 통치권자의 지독한 결심이 아니면 도저히 해낼 수 없는 일을 김 수석이 밀어붙였던 것이다. 어찌 보면 자본주의 경제를 한다는 나라로서는 통화개혁보다 더 힘들고 과격한 조치라고도 할 수 있을 것이다.

예산동결 이야기가 나오자 여느 부처는 물론이고 예산당국인 경제기획원조차 반대하고 나섰고, 정치권에서야 두말할 나위 없이 '터무니없는 발상'이라며 가로막았다. 그런데도 해낸 것을 보면 경제정책의 선택 과정과 전제정치는 참으로 어려운 함수관계를 지니고 있음을 깨닫게 된다. 이 문제는 학자들이 두고두고 풀어나가야 할 연구거리로 넘기기로 하고, 아무튼 어떻게 해서 이처럼 혁명적인 정책 선택이 탄생하게 되었는지를 정리해보자.

김재익과 문희갑의 합작품

김 수석이 3공 시절부터 한국경제의 고질적인 두통거리로 지목해온 것은 쌀의 이중곡가제에서 비롯된 양특적자〔糧特赤字 : 양곡관리 특별회계 적자. 정부가 쌀과 보리를 수매함에 따라 발생하는 적자를 말한다〕 문제였다. 김 수석뿐만 아니라 당시 경제기획원 기획국 쪽도 공통된 생각을 가지고 있었다. 양특적자는 갈수록 커져가고, 따라서 이를 메우기 위해 한국은행으로부터 차입한 돈이 자꾸만 불어나, 이것이 물가를 불안하게 만드는 통화증발의 주범이라고 판단했던 것이다. 그래서 김 수석은 국보위의 경과위원장에 앉자마자 이 문제에 칼을 대겠다고 마음먹었고, 그 방법으로서 '아예 정부의 중앙은행 차입행위 자체를 금지시키는 조항을 헌법에 신설하자'는 주장을 폈다.

물론 이러한 극단적인 구상은 받아들여지지 않았다. 그러나 그는 포기하지 않았다. 그래서 차선책으로 생각해낸 것이 예산동결정책이었다. 세출예산을 늘리지 않고 동결해버리면 세입은 경제규모가 커지고 물가가 오른 만큼 늘어날 테니까, 그 잉여금으로 한국은행의 차입금을 갚도록 하겠다는 것이었다.

김 수석은 82년에 이 구상을 실천에 옮기려 했으나 여의치 않았고, 1년 뒤인 83년에 와서 마침내 대통령의 결심을 얻어내는 데 성공한다.

대통령의 결심이 확고하다는 신호가 잡히는 순간, 그동안 예산동결에 반대입장을 견지해왔던 예산실 쪽도 즉각 방향을 틀었다. 82년부터 제로 베이스 예산편성 등 기존의 방만했던 재정운용에 대해 나름대로 파격적인 노력을 기울였던 예산실은 그래도 예산동결만은 너무 지나치다는 입장을 취해왔으나, 대통령의 뜻이 무엇인지를 알아차리자 더 이상의 고집은 무의미하다고 판단했던 것이다.

민정당은 당연히 완강하게 저항했다. 83년에 벌였던 예산동결 작업은 84년 예산을 대상으로 한 것이었는데, 그 이듬해인 85년에 총선을 치르도록 되어 있는 만큼 여당 입장에서 예산동결은 정치적으로 스스로 무덤을 파는 것이라고 여겼다. 일반의 여론도 '말이 예산동결이지 바람만 잡다가 말겠지' 하는 식이었다.

그러나 전 대통령의 태도는 의외로 단호했다. 그는 예산동결을 반대하는 당 간부들에게 "물가를 잡기 위해 정부가 앞장서서 허리띠를 졸라매겠다는데, 민정당이 반대하면 어떻게 하느냐. 예산동결 때문에 선거에 진다면 그런 선거는 져도 좋다"며 언성을 높이기까지 했다.

이 무렵의 모든 정책이 그랬듯이 일단 대통령이 결심한 이상 일사천리였다. 예산을 신청하는 각 부처들은 죽을 맛이었으나 예산실의 칼질에 아무 소리 못하고 순응할 수밖에 없었다.

우여곡절 끝에 84년도 예산은 세출을 동결시켜 5,500억 원의 재정흑자를 내도록 편성되었고, 흑자의 대부분을 정부가 지고 있는 빚을 갚는 데 쓰게 했다. 기술적으로 중앙정부의 씀씀이를 지방자치단체나 민간기업들에 미루는 등 갖가지 편법들을 동원하기는 했으나, 이 같은 예산동결 정책은 그동안의 방만했던 재정운용을 생각하면 그야말로 획기적인 전환이었던 셈이다.

이 과정에서 살펴봐야 할 사람은 예산실장 문희갑이다. 예산동결의 그림은 김재익 수석에 의해서 그려졌으나, 이를 실천으로 옮겨나간 장본인은 문희갑 예산실장이었기 때문이다. 그는 국보위 시절부터 전 대통령의 총애를 받았던 또 한 명의 경제관료였다. 3공 시절까지는 아무도 그를 주목하지 않았다. 그러나 국보위 운영위에서의 활약으로 하루아침에 스타덤에 오르게 된다. 직선적인 성격에 누구에게나 직언을 서슴지 않는 태도가 오히려 상당한 설득력을 발휘했던 것이다. 전 대통령은 부이사관이었던 그를 예산실장 자리에 앉히기 위해 취임한 지 몇 달 안 되는 조경식 예산실장을 농수산부차관보로 보내버리는 무리한 인사까지도 불사했다.

그는 예산동결정책을 불도저처럼 밀어붙였다. 다른 장관들과의 심한 충돌도 마다하지 않았다. 특유의 배짱과 입심에다 대통령의 각별한 신임까지 얻고 있는 터였으므로 거리낄 게 없었다. 제아무리 김재익 경제수석이 치밀하게 예산동결계획을 짰다고 해도 문희갑이라는 예산실장이 없었더라면 어찌 되었을까. 아마도 전혀 불가능했거나, 했더라도 훨씬 더 심한 우여곡절을 겪었을 것이다.

문희갑은 83년의 예산동결 작업뿐 아니라 그 이후에도 3차례에 걸쳐 예산편성을 주도하면서 체질개선을 시도하는 여러 가지 개혁 작업을 주도했다. 설령 대통령이 공개적으로 약속한 재정지출이라 하더라도 옳지 않다고 생각되면 직접 청와대로 찾아가 뒤집어놓았다.

군인들과의 충돌에도 물러서지 않았다. 85년도 예산안을 편성할 때였다. 이때도 동결예산에 이어 긴축구조 속에 예산을 짜고 있었는데, 뜻하지 않은 고민이 생겨났다. 방위비 문제였다. 방위비는 원래부터 예산부처 관료들이 마음대로 손댈 수 없는 성역이었는 데다가 79년 미국의 카터 대통령과 박정희 대통령이 방위비 규모를 GNP의 6% 수준으로 유지하기로 약속한 사항이었다. 그런데 문제는 5년마다 기준연도를 개편하는 과정에서 GNP 규모 자체가 손 대지 않아도 늘어난다는 사실이었다. 예컨대 VTR 등 그전에는 잡히지 않던 신제품들이 GNP산정에 추가됨으로써 어느 해부터는 갑자기 통계상의 GNP가 커질 수밖에 없게 되었기 때문이다. 따라서 과거의 관례대로 국방비를 GNP의 6%로 편성할 경우 85년의 국방예산은 엄청나게 늘어날 수밖에 없게 되어 있었고, 그렇게 할 경우 방위비 하나만 해도 7,000억 원 이상이 늘어나 정상적인 예산편성이 도저히 불가능했다. 이런 상황에서 예산실장 문희갑은 어렵사리 대통령을 설득해서 ‘GNP 6%’라는 방위비 산정기준에 너무 얽매이지 않아도 된다는 허락을 얻어내게 된다. 상식적으로는 이러한 변화가 당연한 것이었으나 현실은 그렇지 않았다. 군이 힘을 쓰는 세상인데, 그들이 쓰는 예산에 시비를 거는 일에 누가 감히 앞장서겠는가. 이것만 보아도 문희갑 개인의 배짱과 소신에 상당한 점수를 주어야 할 것이다.

현역 장성이 예산실장에 행패

정부 예산안이 확정 발표된 지 얼마 안 되어 문희갑 예산실장 방에서 뜻하지 않은 소동이 벌어졌다. 합참의 육군 준장 2명이 예산실장을 찾아와 국방비 문제로 고함을 지르며 문 실장과 한바탕 싸움이 벌어진 것이다.

"당신이 대한민국 군을 무얼로 알고 GNP 6%로 되어 있는 방위비 편성기준을 함부로 깨뜨린단 말이오. 김일성이 쳐내려와서 빨갱이 세상이 되면 당신이 책임지겠소?"

"말 다 했소? 나라 걱정은 군인들만 하는 줄 아시오? 정부예산을 국방비에만 다 쏟아붓고 국민들의 복지정책 같은 것에 소홀하게 되면 그야말로 빨갱이들이 판을 치는 세상이 된다는 것도 알아야 될 것 아니오!"

양쪽의 고함소리는 복도까지 들릴 정도였다. 논리적으로 궁지에 몰린 모 준장은 별의별 소리를 다 했다.

"대한민국 군대가 왜 이 모양 이 꼴이 된 줄 알아? 모두가 박정희와 전두환이가 제 마음대로 했던 탓이야.… 김일성이를 쳐부수기 전에 내가 먼저 해야 할 일이 있어. 대학의 학생회장들을 모두 때려잡아야겠어…"

횡설수설하는 장성들의 주장에 문 실장은 오히려 그들보다 목청을 높여 맞상대했다. 여비서는 문 밖에서 겁에 질려 안절부절못했다.

이 소동은 즉각 청와대로 보고되었고, 그 결과 예산실장과 언쟁을 벌였던 두 장군은 즉각 한직으로 좌천되었다. 반면에 문희갑에게는 "예산실장으로서 겪고 있는 어려움을 다 알고 있으니 더욱 소신껏 하라"는 대통령의 격려가 비서실장을 통해 전해졌다.

물론 이 당시 취해졌던 예산동결정책에 대해 여러 가지 시비가 있을 수 있다. 정부가 외형적인 동결정책에 지나치게 집착한 나머지 정부예산은 깎아놓고서 당연히 정부예산으로 해야 할 사업을 민간기업들에 강제로 떠안겼다든지, 각종 준조세적인 부담을 급격히 늘려나갔다든지 하는 따위의 부작용 등이 지적될 수 있을 것이다. 더구나 동결의 논리를 강력히 홍보해온 결과로 '긴축은 곧 선'이라는 족쇄에 스스로 묶

예산동결의 마지막 손질을 하고 있는 국회 계수조정소위에 참석한 실무주역 문희갑 예산실장(오른쪽)과 신병현 부총리

여 재정의 올바른 역할에 상당한 장애를 야기했다는 점 등 얼마든지 비판
의 여지가 있을 수 있다.

그러나 정치적 반대를 무릅쓰고 무모하리만큼 예산동결정책을 줄기차
게 추진해나갔다는 사실만은 높이 평가받아 마땅하다. 정책 선택의 타당
성을 따지기에 앞서, 경제정책에 관한 한 5공정부가 어떠한 태도와 인식
을 고수했는가를 보여주는 가장 상징적인 예가 예산동결정책이기 때문
이다.

속 태운 불황 탈출

83년의 실질 경제성장률이 9.5%였던 것에서 알 수 있듯이 경제는 그제 야 장기불황의 터널을 뚫고 나오나 싶었다. 더구나 84년 1/4분기 성장률 이 무려 12.5%였던 만큼 모두들 한숨을 돌릴 만도 했다. 5공이 시작된 이 래 물가 잡는 데는 일단 성공했으나 경기는 좀처럼 회복의 기미를 보이지 않고 있었으므로 청와대는 물론이요, 특히 민정당을 중심으로 한 정치권 으로서도 여간 다행스러운 일이 아닐 수 없었다.

그러나 안도는 잠시뿐, 84년에 들어오면서 경기는 다시 식어가기 시작 했고, 이러한 추세는 85년까지 이어진다. 아마도 이즈음이 전 대통령으 로서는 경제 문제에 대해 가장 어렵게 느끼고 개인적인 고민도 심했을 때 가 아닌가 싶다. 대통령 자신이 아무리 물가안정을 강조했다 하더라도 계속되는 불황에 따른 정치적 부담을 더 이상 버텨내는 데는 한계가 있었 기 때문이다.

물론 전 대통령도 그동안 이것저것 나름대로의 경기부양 처방을 펴왔다. 여러 차례에 걸쳐 양도세 인하와 부동산규제완화 조치가 거듭되었고, 경제팀장인 부총리 겸 경제기획원장관 자리가 신병현, 김준성, 서석준으로 바뀌어가는 과정도 경제라는 것이 물가안정만으로는 해결될 수 없는 것임을 단적으로 설명해주는 예들이다.

경기를 살려내기 위해서 거시적인 정책수단만 동원한 것이 아니었다. 국민에게 위화감을 조성할 수 있다는 이유로 계속 불허해오던 컬러 TV의 방영을 허용하기로 정부방침을 바꾼 것은 국내 전자업계를 살려내기 위한 정책이었고, 공무원들의 자가운전제도 도입은 자동차산업의 불황을 타개해주기 위한 조치였다. 지금 와서 생각하면 '아, 그런 일이 있었나'할 정도로 오랜 규제의 폐지나 새로운 제도의 도입이 갖가지 이유에 따라 없어지고 생겨나고 했던 것이다.

이런 상황에서 경기 동향을 나타내는 지표들을 생산하는 기획원 통계국과 한국은행 조사부, 그리고 이를 토대로 경기전망 자료를 만들어내야 하는 기획원 기획국은 항상 가시방석이었다. 경기가 조금이라도 호전될 기미가 보이면 '특보사항'으로 청와대에 보고하느라 부산을 떨다가도 그 반대일 경우는 무슨 죄나 지은 것처럼 전전긍긍했다.

학수고대했던 경기회복 조짐이 드디어 83년 하반기부터 나타나기 시작하자 실무자들도 신이 났다. 내리막길만 걷던 각종 통계들이 모처럼 오름세로 돌아섰기 때문이다. 더구나 12.5%라는 84년 1/4분기의 경제성장률은 너무 뜻밖이었다. 어쨌든 그토록 애를 태우던 불황탈출을 단숨에 해냈다는 분위기였다.

그러나 기획원 실무자들은 내심으로는 여간 찜찜한 것이 아니었다. 당시 자기들이 앞장서서 경기가 회복된다며 큰소리쳤던 통계의 실체가 무엇인지를 뒤늦게나마 스스로 깨닫게 되었기 때문이다.

침체에 빠졌던 수출이 다소 회복세를 보이고 있는 것은 매우 반가운 일이었으나, 경기의 주된 회복세는 건설경기에 의존하고 있었던 것이다. 당연한 결과였다. 경기가 하도 꿈쩍을 않고 있는 상황이라 정부 스스로가 건설경기라도 부추기려는 정책들을 연거푸 써왔던 까닭이다. 게다가 금융실명제 추진으로 시중의 유동자금이 무더기로 부동산 쪽으로 몰려갔고, 나아가 심각한 투기현상으로까지 번져가게 되었다.

'향락산업'이 건축경기 주도해

예컨대 건축허가면적의 경우 84년 4월 중에 135만 평으로 당시까지로는 사상 최고 수준을 기록했고, 이 통계수치는 경기동향을 파악하는 선행지표로서 상당한 영향력을 행사한 게 사실이었다.

기획원 실무자들도 미심쩍어했던 것이 바로 이 부분이었다. 경기부양 대책이 다급한 나머지 건축 부문을 중심으로 정책을 썼던 것인데, 그 결과로 부동산투기를 불러일으킬 정도로 건축 부문에 불을 붙이는 데는 일단 성공했으나, 이 불길이 좀처럼 제조업으로까지 옮겨 붙지 않을 것 같았기 때문이다.

더구나 5공 출범 이후 계속되어온 정치적 변혁과 경직될 대로 경직된 행정풍토 속에서 기업의 투자 마인드는 극도로 위축되어 있었다. 이런 상황에서 경기가 급작스레 달아오른다는 것은 오히려 걱정해야 할 징조였던 것이다.

기획원은 서울시를 통해 '도대체 최근에 건축허가를 받고 있는 사람들이 어떤 사람들인가'를 챙겼다. 통계상으로 경기를 주도하고 있는 건축열기의 실체가 무엇인지를 알아보기 위해서였다.

서울시가 통보해온 내용은 기가 막힌 것이었다. 내용인즉, '서울지역의 경우 최근 2년82~83년 사이에 여관 332개가 새로 지어진 것을 비롯해, 안마시술소가 100개, 사우나탕이 81개나 늘어났다'는 것이었다. 신축주택의 평균규모도 78년에는 17.6평에 불과했던 것이 83년에는 29.1평으로 대폭 늘어난 것으로 나타났다.

기획국의 젊은 사무관들은 '회복된다고 반가워했던 경기의 실체가 겨우 이런 것이었나' 하는 생각에 허탈해하기도 했다. 이유와 동기야 어찌되었든 간에 기업들의 투자의욕은 땅에 떨어지고, 돈 있는 사람들은 골치 아픈 사업을 피해 먹고 마시고 대낮부터 사우나탕이나 찾는 풍조가 이때쯤부터 전에 없이 성행하기 시작했다.

문제의 심각성은 단순한 소비의 증가 또는 과소비의 차원이 아니라 소비 내용 자체를 몹시 불건전하게 유도하는 쪽으로 돈의 흐름이 쏠리고 있다는 점이었으며, 그것이 일과성을 띤 임시피난처가 아니라 빠른 속도로 뻗어나가는 하나의 '뉴 비즈니스'로 자리 잡고 있다는 점이었다.

그래서 이 뉴 비즈니스를 두고 필자가 붙인 이름이 이른바 '향락산업'이었다. 회복된다고 좋아했던 경기의 실체를 상징적으로 보여주지 않는가[향락산업이라는 말은 이때부터 공식용어로 사용되기 시작했다].

우려했던 대로 경기는 갈수록 내리막이었다. 분기별 경제성장률이 84년 1/4분기의 12.5%를 고비로 4/4분기에는 4.1%까지 떨어졌다. 85년에 들어서도 좀체 회복될 기미를 보이지 않았다. 근본원인은 역시 수출 부진이었다. 가뜩이나 기업들의 투자 마인드가 위축되어 있는 판에 미국을 비롯한 선진국들의 경기가 뒷걸음질을 치고 있었기 때문이다.

83년의 수출목표는 300억 달러였다. 전 대통령은 금진호 상공장관에게 다짐하듯 챙겼다.

"금 장관, 올해 수출목표인 300억 달러는 되는 거지요?"

"예, 최선을 다하고 있습니다."

그러나 주무부서인 상공부로서는 현실적으로 목표달성이 도저히 불가능하다는 것을 누구보다도 잘 알고 있었다. 아무리 기를 쓰고 끌어올려봐야 260억~270억 달러가 고작이었다. 그러나 대통령이 이처럼 직접 챙기고 있으니 손 놓고 있을 수는 없는 노릇 아닌가. 편법을 동원하는 수밖에 없었다.

통계조작으로 300억 달러 수출 달성

묘방은 수출통계를 건드리는 일이었다. 다름 아니라 박정희시대부터 해오던 대로 수리선박 통계를 이용하는 것이었다. 외국 배가 우리나라 조선소에 수리하러 들어오면 배를 수리하고 받은 돈만 용역 수입으로 쳐야 하는 것을, 그 배의 값을 수입통계로 잡고 선박값에다가 수리비를 얹은 금액을 수출실적으로 계산하는 것이다. 예컨대 5,000만 달러짜리 배를 고쳐주고 10만 달러를 받았다면 5,010만 달러를 수출실적으로 계산했다. 허수통계로 수입도 늘리고 수출도 늘려잡는 것이다.

이 같은 방식이 문제가 있다 해서 뒤늦게나마 상공부 스스로 그해부터는 수리선박의 뱃값은 수출실적에서 제외시키겠다고 발표해 언론으로부터 '모처럼 잘했다'는 칭찬을 받기까지 했다. 그러나 수출목표 300억 달러를 달성한 듯 보이려면 옛날 식으로 돌아가는 수밖에 없었다. 상공부의 담당 사무관은 조용히 조선회사들을 불렀다.

"수리선박을 수출통계에서 제외시키겠다고 밝혔던 지난번 정부 입장은 강제력이 없는 것임을 알려드립니다. 업계가 자율적으로 알아서 해주기 바랍니다."

해당업체들이 정부의 속셈이 무엇인지 모를 리 없었다. 현대, 대우, 삼성 등 조선회사들은 경쟁적으로 수리선박 수주경쟁에 나섰다. 심지어는 일본의 고베 항에 정박해 있는 멀쩡한 배를 한국 조선소에 끌어다 놓고 선장 이하 선원들에게 술대접을 해주면서 이들의 뱃값을 수출실적에 올린 사례도 있었다. 덕분에 85년의 수출실적은 간신히 300억 달러를 넘길 수 있었다. 명백한 통계조작이었다.

권위주의 통치하에서의 행정 메커니즘이 얼마나 경직되고 전근대적이었던가를 보여주는 단적인 예이기도 하지만, 한편으로는 정부가 경기침체에서 벗어나기 위해 얼마나 전전긍긍했는가를 말해주는 것이기도 하다.

이렇게 해서 정부는 85년 중반기에 들어서면서부터 더욱 강도 높은 투자확대정책을 펴게 된다. 그러나 분명한 것은 전 대통령의 물가안정에 대한 집념이었다. 그는 경기침체에 대해 고심을 하면서도 공들여 다져놓은 물가안정을 깨뜨릴 수 없다는 생각이 확고했다. 이러한 그의 태도는 신병현 부총리에 대한 계속적인 신임을 통해서도 그대로 나타난다. 재계와 언론에서 고집스럽게 안정을 주장하는 신 부총리를 그토록 몰아세웠는데도 아웅산 사건 이후 경제팀장으로 재기용한 그를 좀체 바꾸려 하지 않았던 것이다.

부총리는 누가 뭐라고 해도 '경기는 회복 중'이라고 주장하면서 부양책을 써야 한다는 주장을 받아들이지 않았다. 전 대통령은 그런 그를 두 번씩이나 부총리에, 그것도 2년 3개월 동안이나 앉혔던 것이다.

환율정책도 대표적인 예였다. 수출이 죽을 쑤고 있는 데다가 수입개방정책을 펴나가는 판이었으니 환율을 인상하는 것은 당연히 검토 대상이었음에도 불구하고 대통령이 직접 쐐기를 박아놓은 탓으로 아무도 말을 못 꺼내고 있었다. 환율을 올릴 경우 수출이 늘어나는 것은 둘째 치고 물가상승 요인으로 작용한다는 대통령의 논리에 밀려 환율정책은 타이밍을 놓쳐버렸던 것이다.

무역협회 전무였던 임동승은 이렇게 회고한다.

"한번은 전 대통령에게 불려가 3시간가량 경제현안에 대한 토론을 가졌습니다. 주로 산업정책과 국제수지적자에 관한 이야기를 했지요. 그날 나는 환율인상의 필요성에 대해서 강조했는데, 전 대통령은 다른 이야기에는 전적으로 수긍하면서도 환율인상에 대해서만은 매우 부정적이었어요. 환율을 올린다고 해서 수출이 크게 늘어나는 것도 아니고 공연히 물가만 자극한다는 것이었어요."

아무튼 사방에서 경기가 가라앉아 큰일이라고 야단인데도 전 대통령의 정책우선순위는 여전히 물가안정이었다. 그런 가운데 '3저低시대'가 시작되었다.

'단군 이래'의 최대 호황

"국제수지가 적자의 굴레를 벗어나 86년에는 드디어 균형을 이룰 것이
다."

정부의 이 발표를 그대로 믿는 사람은 아무도 없었다. 경제운용계획을
짠 실무자들조차 다그쳐 물으면, "정부의 의지표현 정도로 이해해달라"
며 얼버무리곤 했다. 85년 9월, G5 정상회담을 계기로 국제금리와 달러
값, 유가가 함께 떨어지기 시작한 이른바 '3저시대'가 열리기 시작했는
데도 국내 경제는 여전히 외채누증과 경기침체의 고민에서 헤어나지 못
하고 있었다.

85년말 현재 총외채는 무려 467억 달러. 여기저기서 외채망국론이 팽
배했다. 경제학자들은 신문기고를 통해 맹렬한 비판을 가했고, 국회는
여야를 가릴 것 없이 경제정책의 실패를 공격했다. "지금 이 순간 태어나
는 갓난아이가 짊어져야 하는 외채가 얼마인 줄 아느냐"는 식의 비판이
한창 유행했던 것이 바로 이때였다〔외채망국론에 앞장섰던 이 모 교수를 비롯한 국내

의 저명한 경제학자들은 국제수지 흑자가 계속되면서 일체 입을 다물었다).

그러나 당시 경제를 끌어가고 있던 사공일 경제수석이나 신병현 부총리, 그리고 김만제 재무장관 등은 하나같이 낙관적인 입장을 견지했다. 낙관적인 말만 되풀이하는 신 부총리가 하도 딱해서 출입기자들이 비공식적으로 찾아가서 이렇게 말했다.

"모두가 외채 걱정인데, 경제팀장으로서 너무 낙관론만 펴는 것은 곤란하지 않습니까."

"사실이 그런데 나더러 거짓말을 하라는 겁니까. 정작 걱정을 해야 할 사람인 외국 은행들은 괜찮다며 서로 돈을 빌려주겠다는 판인데, 왜들 그러는지 모르겠어요. 참 딱합니다."

"딱한 쪽은 부총리이십니다. 우리 능력에 비해 외채가 너무 많은 것이 사실이고, 따라서 경제팀을 이끌어나가는 부총리 입장에서 국민한테 제스처로라도 걱정하는 모습을 보여줘야 할 것 아닙니까."

"그런 제스처는 난 못 합니다. 마음에도 없는 행동을 일부러 해 보이라는 겁니까."

그의 고집스러운 소신은 외채 문제뿐 아니라 경기에 대해서도 마찬가지였다. 대부분의 사람이 침체를 우려하는데도 그는 언제나 경기 이야기만 나오면 호주머니 속에 넣고 다니는 통계 메모를 꺼내들고는 '상향성 안정세' 운운하며 판에 박은 낙관론을 되풀이하곤 했다.

경기 문제에 관한 한 사공일 경제수석이나 김만제 재무장관의 생각은 좀 달랐다. 두 사람은 물가안정은 어느 정도 되었으니 이제는 경기 쪽에도 신경을 써야 한다고 판단하고 있었다. 김 장관은 총통화증가율을 한 자리 숫자로까지 낮추는 것은 무리라는 생각이었고, 따라서 실무자에게 "돈 푸는 방법을 강구하라"고 지시할 정도였다.

이렇게 해서 사공 수석과 김 장관이 합작으로 만들어낸 것이 수출관련 설비투자에 자금지원을 확대하고 환율을 절하하는 작업이었다. 사공 수석은 당시의 상황을 이렇게 설명한다.

"85년에 들어오면서 세계경제에 대한 전망은 낙관론과 비관론이 서로 엇갈렸습니다. WEFA 같은 세계적인 경제전망기관에서도 비관적인 전망을 했으니까요. 그러나 유가 하락과 교역량 증가 조짐이 뚜렷해지면서 낙관적인 생각을 굳히게 되었지요. 따라서 우리도 오름세를 보일 세계경기의 파도를 탈 준비를 해야겠다는 판단이 섰고, 그 대응책으로 시설자금을 확대하고 환율을 인상하는 정책을 선택했습니다. 그해 5월부터 환율을 인상하기 시작했는데, 당시 묘했던 것은 IMF의 태도였습니다. IMF는 계속 환율인상을 촉구했고, 우리 정부가 환율을 상당히 올린 86년에 가서도 더 인상하라고 보챘었다는 점입니다. 나중에 와서 미국과 함께 우리더러 환율을 내리라고 했던 것과는 정반대였던 셈이지요. 만약 당시에 IMF의 권고대로 계속 환율을 올렸더라면 어떻게 될 뻔했습니까."

정책변화를 주도한 사공일

아무튼 정책의 기조는 5공 출범 이후 계속되어왔던 안정 일변도의 정책에서 일대전환을 도모하게 된다. 전 대통령 역시 이즈음에 와서는 경제수석 사공일의 조언에 따라 '이젠 물가안정은 어느 정도 되었으나 경기가 걱정'이라는 쪽으로 생각이 바뀌어가고 있었다.

86년 1월, 전 대통령은 안정론자의 트레이드 마크였던 신병현 부총리를 물러나게 하고 후임에 김만제 재무장관을 기용했다. 사공일의 천거에 의해서였다. 사공일은 경제에 활기를 불어넣으려면 활달하고 적극적인 김만제가 경제부총리로는 적임자라고 판단했던 것이다. 전 대통령 자신도 그해 국정연설에서 고정 메뉴인 물가안정에 대한 이야기를 빼고 이례적으로 "투자 활성화를 통해 일자리를 늘려나가겠다"고 밝혔다.

새 경제사령탑인 김만제는 판단과 행동이 빠른 사람이었다.

"부총리에 취임하고 나서 가장 신경을 써야 할 주요 당면과제는 부실기업을 하루빨리 정리해나가는 일과 3저현상의 호기를 살릴 수 있도록 설비투자를 늘려나가는 일이었습니다. 부실기업 정리야 재무부에 있으면서 대강 골격을 잡아놓았으므로, 문제는 투자확대정책을 여하히 펴나가느냐는 것이었습니다. 그래서 이 문제에 대해 청와대에 가서 보고를 했지요. 그런데 보고를 듣고 난 전 대통령은 매우 마땅찮아하는 반응이었어요. 한마디로 애써 구축해놓은 안정기조를 왜 허물어뜨리려 하느냐는 것이었어요. 다시 말해 전 대통령은 여전히 물가안정에 집착하고 있었던 것이지요. …돌이켜보면 내가 재무장관과 부총리를 지내는 동안 몇 가지 아쉬웠던 점이 있습니다. 금리정책을 마음먹은 대로 못했던 것과 환율정책의 타이밍을 놓쳤던 것을 대표적인 예로 꼽을 수 있습니다. 특히 환율의 경우 1, 2년 정도 전부터 절하 쪽으로 움직여야 했는데 엄두를 못 냈던 것입니다. 분위기가 너무 경직되어 있던 탓도 있었고, 내 자신 재무장관을 지내면서 사실 부실기업 정리라는 엄청난 일에 신경을 쓰다 보니 환율 문제를 제대로 챙길 겨를이 없었던 탓도 있습니다."

그러나 어떠한 정책 시비도 닥쳐오는 3저시대의 개막 속에 모두 묻혀버리고 만다. 만사가 그런 법인가, 경제가 잘 안 풀리는 동안에는 조그만 잘못도 서로 책임을 전가하느라 바쁘던 분위기는 86년에 들어오면서 하루아침에 싹 바뀌었다. 오르기만 하던 국제금리와 유가가 대체로 내림세로 돌아설 것이라는 전망을 하기는 했어도 이토록 급속히, 그것도 큰 폭으로 떨어지리라고는 아무도 기대하지 못하던 일이었다.

한마디로 경제는 순풍에 돛을 단 격이었다. 유가를 올릴 때는 발표를 서로 미루려던 경제기획원과 동력자원부는 이제 유가 인하에 생색내기 경쟁을 벌이기도 했다. 한때 배럴당 40달러를 넘나들던 유가가 86년 7월에는 5달러까지 폭락했고, 국제금리 역시 20%선에서 한 자리 숫자로 내려갔으니 이런 상상을 누가 할 수 있었겠는가.

갖가지 경제전망들은 기분 좋게 틀려나갔다. 국제수지고 성장목표고 간에 과연 가능할까 싶었던 정부의 전망치들은 그해 상반기가 채 지나기도 전에 어김없이 빗나갔다.

정책방향의 대세는 '3저의 호기를 놓쳐서는 안 된다. 그러기 위해서는 기업들의 투자를 더욱 활성화시켜야 한다'는 것이었다. 주마가편이었다. 원래 85년 6월부터 86년 6월까지 실시하기로 했던 투자세액공제제도를 6개월 더 연장하기로 한 것 등이 대표적인 예다.

이렇게 해서 86년부터 88년 사이에 연달아 12%의 높은 성장률을 기록하고 경상수지는 3년 사이에 무려 286억 달러의 흑자를 기록했다. 더구나 이 사이에 아시안게임과 역사적인 올림픽도 성공적으로 치러낼 수 있었으니, 5공 후반기의 한국경제는 그야말로 '단군 이래의 최대 호황'을 구가한 셈이 되었다.

묘하게도 이 무렵의 정치상황은 극도의 혼미를 거듭하고 있었다. 개헌문제를 둘러싸고 여야가 첨예한 대립을 계속하고 있는 가운데 박종철 군 고문치사 사건을 계기로 한 치 앞도 내다보기 어려운 상황으로 치달았다. 그러나 경제는 아랑곳없었다. 호황은 5공시대가 막을 내리고 6공시대로 이어지는 과정까지 계속된다.

지독히도 어려운 상황에서 출발한 5공시대의 경제는 마지막 3년에 와서 이처럼 기대 이상의 호경기를 맞이했다. 정책을 잘해서이든 3저 덕분이든 간에 분명한 것은 성장·물가·국제수지라는 이른바 '3마리의 토끼'를 한꺼번에 잡았다는 사실이다.

이 시기라고 해서 정책을 둘러싼 논쟁이 없었던 것은 아니었다. 한쪽에서는 흑자기반을 굳힐 수 있는 절호의 찬스를 놓쳐서는 안 된다며 투자확대정책을 계속 밀어붙일 것을 주장했고, 다른 한쪽에서는 수출증대에 따른 통화증발을 우려하며 통화긴축과 수입자유화 확대정책의 필요성을 제기했다. 그러나 대세는 역시 전자 쪽으로 기울었다. 이형구 당시 재무부차관보는 자신의 저서 『한국경제론』에서 이같이 밝히고 있다.

"77년의 전철을 밟지 않기 위해서는 경상수지 흑자규모를 적절하게 조정하는 작업이 86년 상반기 중에 이루어져야 한다고 주장했다. 그러나 이 같은 견해는 소수의견에 불과했고, …그저 흑자만 되면 좋은 것으로 생각하고 있었지, 흑자의 어려움은 모르고 있어 심지어 정부 안에서조차 흑자규모의 축소 노력에 내심 싫어하는 등 의식전환이 되어 있지 않았다. 흑자는 많을수록, 수입은 적을수록 좋은 것이라는 고정관념이 아직도 남아 있어…."

정부가 흑자관리대책이라는 것을 처음 내놓은 것은 87년 4월. 갈수록 국제수지 흑자가 예상치를 크게 웃돌고, 이 바람에 통화관리에 문제가 쌓이기 시작하자 비로소 정부도 "흑자도 너무 많으면 좋지 않다"는 입장을 밝히게 된 것이다.

이때까지만 해도 기대 이상의 흑자와 높은 성장, 그리고 여전히 안정된 물가에 들뜬 분위기가 지배하고 있어서, 흑자경제의 문제점을 아무리 역설해봐야 제대로 먹혀들지 않았다. 뒤늦게나마 흑자관리라는 말을 쓰기는 했으나 관료든 기업이든 일반 시민이든 적자경제에 익숙해져온 탓에 도무지 실감할 수가 없는 말이었다. 갖가지 경제지표들이 초과 달성되는 마당에 모두가 들뜬 가운데 '좋아졌네'만을 연발하는 분위기였다.

그러나 6·29선언을 기점으로 정치상황이 전혀 상상조차 못했던 방향으로 급진전되면서 탄탄대로를 달리고 있는 것으로 여겨졌던 경제는 삽시간에 뒤뚱거리기 시작했다. 민주화의 대변혁 속에 점화된 노사분규와 보상욕구의 분출, 정권을 거머쥐기 위해 죽기 살기로 치달았던 선거열풍 속에서 빚어졌던 부작용들이 그토록 심각하게 닥쳐올 줄은 상상도 못했던 것이다.

"선거에 지면 당신도 모가지야"

87년 12월 10일, 청와대에서는 '5공 경제치적 평가회의'라는 것이 열렸다. 정인용 부총리 겸 경제기획원장관을 비롯한 경제장관들이 모두 참석한 가운데 전 대통령에게 5공시대에 이룩한 경제치적을 총정리해서 보고하는 자리였다. 객관적인 평가작업의 결과를 보고하는 것이라기보다는 일종의 자축연 같은 것이었다.

"…획기적인 물가안정을 이룩하고 흑자 기조를 정착시켰으며, 1인당 GNP를 3,000달러 수준으로 끌어올렸고…."

정 부총리의 이 같은 보고에 이어 97명의 유공자에 대한 표창식 등 5공을 마감하는 그럴듯한 잔치였다. 정치적으로야 막판에 와서 코너에 몰려 곤혹스러움을 면치 못하고 있으나, 그래도 경제 분야에서만은 누가 뭐라고 해도 괄목할 만한 업적을 쌓지 않았느냐 하는 점을 스스로 확인하는 자리이기도 했다.

그러나 당시는 아이러니하게도 자찬의 분위기와는 너무도 어울리지 않게 경제가 휘청거리기 시작한 때였다. 6·29 이후 전국적으로 확산되어간 노사분규는 과거의 기준으로는 상상도 할 수 없을 정도로 심화되어갔고, 모든 것에 우선되었던 경제논리는 하루아침에 정치논리 앞에 사그라져버리는 상황으로 뒤바뀐 것이다. 서슬 퍼렇던 공권력도, 굳건하던 안정화의 명분론도 전혀 맥을 추지 못하는 형국으로 변해버렸다. 정책의 공백상태가 빚어지기 시작한 것이다.

정권의 향방과 정치권력의 기본구도에 대변혁이 일어나고 있는 상황이었으므로 총통화증가율이 어떠니, 산업정책이 어떠니 하는 따위의 논의는 아예 씨도 먹히지 않았다. 경제관료들도 도대체 어찌해야 할지 갈피를 잡지 못했다. 심지어 매년 12월이면 발표하던 이듬해 경제운용계획조차 87년에는 만들지 못했다. 실무자들의 말인즉, "세상이 어떻게 바뀔지 알아야 계획도 짤 것 아니냐"는 것이었다.

꼭 나쁜 조짐만 일어나고 있는 것은 아니었다. 정치적으로는 무정부적인 혼란의 기미가 완연한 가운데 언론자유의 신장이나 전제정권하에서의 여러 가지 경직된 문제들이 풀려나가는 현상 또한 이때부터 두드러지게 나타나기 시작했던 것이다.

관료들 사이에서도 '경제민주화'라는 말이 공공연히 나돌았다. 박성상 한은총재는 국회 답변에서 "중앙은행의 독립성이 보장되지 않으면 통화신용정책이 정치적으로 이용당할 가능성이 높다"는 이야기까지 서슴지 않았다. 지금 같으면 지극히 평범한 이야기에 지나지 않겠으나, 당시로서는 대단히 과감한 뜻밖의 발언이었다. 경제 5단체장들도 공동성명을 통해 '정부간섭 축소'를 요구하고 나섰다. 그동안 가두어두었던 변화의 바람이 한번에 터져나오는 듯했다. 급격한 정치민주화 과정에서 경제가 어떠한 영향을 받았고, 또한 상호간에 어떠한 교호작용을 주고받았는지의 문제는 학문적으로도 매우 흥미로운 관심거리가 될 것이다. 5공정부는 이즈음에 실제로 어떤 정책을 폈는가.

먼저 87년 5월에 단행한 경제팀에 대한 마지막 개각에 주목할 필요가 있다. 전 대통령은 정인용 재무부장관을 부총리에, 사공일 경제수석을 재무장관에, 박영철 KDI원장을 경제수석에, 그리고 안무혁 국세청장을 안기부장에 각각 앉혔다.

전 대통령의 생각은 경제정책에 관한 한 지금까지 펼쳐온 정책의 일관성을 그대로 유지하겠다는 것이었다. 바꾸어 말하면, 정치적으로는 어떤 변화가 일어난다 해도 경제정책은 불변이며, 또 그래야 한다고 믿었다.

"선거에 지면 경제수석이 책임질 거요?"

그러나 이 같은 생각은 완전히 빗나갔다. 종래의 정책기조를 유지해나가기는커녕 목숨을 건 선거에서 이기기 위해서는 대통령 스스로가 정반대 방향의 정책을 지시해야 하는 상황으로 반전되었기 때문이다.

대통령 선거전이 치열해짐에 따라 정부와 여당의 대립이 갈수록 심해졌다. 노태우체제로 전환시킨 민정당은 표를 모을 수 있는 방안을 주로 경제정책에서 찾으려 했고, 정부 쪽에서는 어떻게 해서든 저지하기 위해 안간힘을 썼다. 개인적으로 가장 난처한 입장에 빠졌던 사람은 박영철 경제수석이었다. 엊그제까지 학자였던 그로서는 선거용 경제정책들이 생리에 맞을 턱이 없었고, 따라서 이를 막기 위해 안간힘을 썼으나 역부족이었다. 그는 당정회의 때마다 당의 요구와는 정반대의 입장을 펼 수밖에 없었다.

"선거에 지면 무슨 수로 경제수석이 책임을 질 거요? 말끝마다 인플레,

박영철 경제수석

인플레 하는데, 설령 인플레가 300%면 어떻소. 선거에 이기고 나서 3%로 잡으면 될 것 아니오. 선거에 지면 경제수석 당신도 모가지란 말이야!"

당이 이렇게 공박하면 박영철 경제수석은 "인플레가 300%가 되면 당신이나 내 모가지가 날아가는 게 문제가 아니라 나라 전체가 날아간다는 것을 왜 모릅니까"라며 맞섰다. 하지만 역부족이었다. 선거를 치러야 하는 정권 말기의 경제수석이라니, 참으로 죽을 지경이었다.

사실 전 대통령은 초반에는 초연한 입장을 취하려고 무진 애를 썼다. 선거와 관련해 당 쪽에서 건의해오는 무리한 정책들에 대해 경제수석이나 경제부처들이 반대하면 당의 건의를 물리치고 경제참모들의 의견을 따랐다. 선거에 이기는 것도 중요하지만 그동안 쌓아올린 경제치적을 막판에 와서 허물어버리려고 하느냐는 경제막료들의 충고에 더 귀를 기울였다. 그러나 시간이 흐를수록 무너져갔다. 한 측근은 이렇게 말했다.

"아침 생각 다르고, 저녁 생각 달랐습니다. 아침에는 어떤 일이 있더라도 경제의 안정기조를 깨는 일은 않겠다고 분명히 다짐해놓고서, 당 관계자들과 선거전략을 논의하고 난 저녁에는 역시 어쩔 수 없다는 쪽으로 돌아서는 것이었습니다."

선거일자가 임박할수록 경제정책은 노골적으로 당이 주도해나갔다. 추곡수매가 인상률 결정이 그 시발이었다. 정부 입장에서는 처음에는 7~8%를 주장하다가 10%선까지 후퇴했으나, 결국 당 쪽의 주장이 먹혀들어 14%로 확정되고 말았다. 이 정도는 약과였다. 선거유세가 거듭될수록 민정당은 각종 개발사업을 선거공약으로 내세웠다. 도저히 무리라고 이미 결론이 난 전라북도의 새만금간척사업(당시의 추정 소요경비 3조 6,000억 원) 계획이 다시 살아나는가 하면 국제공항이다, 서해안 고속도로다, 고속전철사업이다 하는 따위의 굵직굵직한 신규사업들도 이때 선을 보였던 것이다. 허황된 선거공약은 야당이라고 해서 나을 바가 없었다. 오히려 한술 더 떴다. 농어촌 부채 탕감 같은 경우 민정당은 그래도 조심스러운 입장이었지만 평민당은 4조 원에 달하는 부채를 완전히 탕감해주겠다는 식이었다. 그린벨트 문제에서도 여당과 야당이 서로 뒤질세라 '국민이 원하면 풀어야 한다'는 쪽으로 분위기를 몰아갔다. 막판에 가서는 몇몇 장관들까지 충성 경쟁을 벌였다. 무슨 수를 써서든지 간에 선거에 이겨야 한다는 명제 앞에서 5공정권이 일관되게 펴왔던 안정화정책은 완전히 숨을 거두게 된다.

공무원의 봉급 인상률 발표만 해도 그랬다. 예년 같으면 인플레 심리를 자극한다 하여 호봉승급분이나 수당 같은 것은 제외하고 일부러 인상률을 낮춰서 발표하는 것이 보통이었으나 이제는 정반대였다. 총무처는 경제기획원의 반대를 무릅쓰고 호봉승급분 2.6%까지 포함시켜 13.6%를 올렸다고 생색을 냈다. 공무원 표를 의식한 얄팍한 꾀였다(그러나 이것이 빌미가 되어 추곡수매가 인상률이 14%까지 올라가게 된다).

이처럼 공들여 쌓아온 물가안정을 뿌리째 흔드는 선택까지도 자초했다. 한동안 잠잠했던 부동산이 꿈틀거리기 시작하는데도 아랑곳하지 않았다. 가뜩이나 흑자경제로 돌아서면서 기름돈이 시중에 흘러넘치고 있는 형편에 정치판이 때맞춰 불개발공약을 질러댔으니, 전국의 땅값이 요동을 치고 물가가 오르기 시작한 것은 지극히 당연한 경제현상이었다.

정책의 고삐는 노태우에게

증권시장정책 또한 예외가 아니었다. 경제가 좋아서 주가가 뛰어오르는 거라면야 무슨 문제이겠는가. 87년 8월의 종합주가지수는 드디어 500선을 돌파했다. 그해 상반기의 경제성장률이 15.3%에 달했으니 결코 이상한 일은 아니었다. 다만 너무 급속히 주식값이 뛰는 데 따른 부작용을 우려해 재무부 실무자들은 진정책을 강구하고 있었다. 그러나 당시의 분위기로는 눈치 없는 짓이었다. 주가를 올리는 정책을 써도 시원찮은 마당에 오히려 주가를 끌어내리려는 정책을 쓰겠다고 엄두를 냈으니 말이다.

아니나 다를까, 노사분규가 심해지고 정국이 혼미를 거듭하니 주가가 떨어지기 시작했다. 정부는 곧 부양책을 폈다. 그것도 재무부가 발표하는 것이 아니라 전례 없이 당정협의 결과로 발표되었다. 민정당이 주식 투자자들을 위해 이처럼 적극적으로 애를 쓰고 있다는 것을 보여주겠다는 의도에서였다.

국민주정책도 또 하나의 예다. 실무작업은 재무부가 하고, 발표는 아예 민정당이 기자회견을 통해 당 차원에서 만들어낸 획기적인 구상인 것처럼 생색을 냈다. 내용인즉, 7개 공기업의 주식 5조 원어치를 500만 가구의 서민들에게 국민주로 보급하겠다는 것이었다. 당시 실무자의 이야기를 옮겨보자.

"재무부로서도 그동안 국민주 보급 방안을 연구해왔던 것은 사실이었으나 문제점이 많이 발견되어 선뜻 엄두를 못 내고 있던 참이었습니다. 그런데 갑자기 민정당 쪽에서 서둘러 발표자료를 만들어내라는 것이었습니다. 나중에 그 사연을 알아본즉, 야당에서 국민주 보급 계획을 선거 공약에 포함시킬 예정이라는 정보를 사전에 알아내고서 선수를 빼앗기지 않기 위해 그토록 서둘렀다는 것이었어요."

국민주는 이처럼 정략적 차원에서 태어난 것이었다.

선거일자가 코앞에 다가올수록 이 같은 현상은 더해갔다. 정상적인 행정은 죄다 정지 상태였다. 정책의 고삐는 거의가 6·29선언의 주인공이요 여당 후보인 노태우 민정당대표에게 돌아갔다. 막판에 가서는 전 대통령도 친구이자 여당 대통령 후보의 승리를 위해 올인하지 않을 수 없었던 것이다.

금호한테 준 제2민항은 정치적 결정

이러한 상황에서 전 대통령은 그 나름대로 몇 가지 개인적인 결정을 내린다. 일종의 신변정리라고나 할까, 아니면 대통령을 그만두면서 마지막으로 선심을 썼다고 할까. 다름 아니라 한국중공업을 현대그룹에 넘겨주라는 것과 금호그룹에 제2민항을 준 것 등이 바로 그것이다.

한국중공업은 앞에서 언급했듯이 80년 중화학투자조정 과정에서 우여곡절을 벌였던 문제의 기업이다. 현대 측은 그 한국중공업에 끈질기게 뜸을 들여오고 있다가 88년 1월 마침내 정주영 회장이 전 대통령과의 단독면담을 통해 "한국중공업은 현대에 넘겨주라"는 지시를 얻어냈다. 인도네시아의 국제회의에 참석하고 있던 나웅배 상공장관을 급히 불러들여가면서까지 긴급지시를 내린 것이다. 이것은 정부의 공식 의사결정 과정을 전혀 밟지 않은 채, 보다 정확히 말하면 주무부서인 상공부 실무자들의 생각 따위는 아랑곳없이 이루어진, 대통령 혼자의 결정사항이었던 것이다. 이 일은 그러나 이미 레임덕 현상이 벌어지고 있는 상황에서 상공부 측이 시간 벌기 작전을 쓰는 바람에 수포로 돌아가고 만다. 대통령의 지시사항은 그의 퇴임과 함께 없어져버리고 말았고, 현대로서는 입에 거의 다 집어넣었다가 도로 토해낸 꼴이 되었다.

제2민항의 경우는 달랐다. 전 대통령은 세상이 한창 어수선한 정권의 막바지에서 어느 날 갑자기 또 하나의 민간항공회사 설립권을 금호그룹에 주라는 지시를 내렸다. 이 지시는 정부의 공식정책으로 바로 주무부서인 교통부를 통해 발표되었다. 이렇게 해서 아시아나항공이 태어나게 된 것이다. 아시아나항공의 탄생 배경에 대해 그후 어디에서든 명백한 설명을 들을 수 없었다. 민정수석을 지냈던 이학봉은 이렇게 말했다.

"나도 정확히는 모릅니다. 그러나 무슨 흑막이 있는 것처럼 소문이 무성했는데, 절대 그런 차원의 문제는 아니었습니다. 상식선에서 짐작할 수 있듯이 호남지역에 대해 전 대통령 나름대로의 마지막 배려 차원에서 내린 결정이었다고 생각합니다."

결과적으로 하나는 불발로 끝나고 또 다른 하나는 의도대로 이루어졌으나, 성사 여부에 상관없이 대통령이 마치 떡 나눠주듯이 자의적으로 결정, 지시해버렸다는 점이 문제였다. 금호가 제2민항을 하지 말라는 법은 없다. 한국중공업 역시 현대가 차지할 수도 있는 일이다. 그러나 한국중공업 문제든 제2민항 문제든, 그것이 의혹의 대상이 되는 것은 그 과정이 일체의 공개적인 검토 절차를 거치지 않은 채 최고 권력자가 독단적으로 결정한 일이었기 때문이다. 정권이양을 앞둔 시점에서 대통령이 투명성 제로인 방법으로 자기 마음대로 거대한 이권의 향방을 결정했기 때문이다. 좋게 말하면 전적으로 '정치적' 결정이었던 것이다.

5공의 막바지에 와서 벌어진 어처구니없는 해프닝의 예는 얼마든지 찾아볼 수 있다. 어렵사리 지탱해왔던 원칙이나 룰들은 선거라는 특수상황, 좀 더 구체적으로 말해 '선거에 지면 우리는 모두 끝장'이라는 위기의식 앞에서 하루아침에 허물어졌다.

　아무튼 선거를 치러내면서 정부가 꼭 지켜내야 할 몇 가지 사항이 있었다. 첫째 물가엄밀히 말해 물가통계를 올리지 말아야 하고, 둘째 주가를 선거가 끝날 때까지 계속 끌어올려야 하며, 셋째 대미 통상협상에서 한국정부가 굴욕적으로 지고 들어가는 것 같은 인상을 주지 않도록 하는 것 등이었다.

　오로지 선거 승리라는 사생결단의 정치적 승부 앞에서 경제정책의 일관성 시비 따위는 너무도 순진하고 한가로운 이야기였다. 이렇게 해서 5공의 경제정책은 6공으로 넘어오기 전부터 이미 정상궤도를 이탈하기 시작했다.

제8부

주요 정책의 내막

정책이 만들어낸 부동산투기

82년 11월 8일, 경제기획원에서는 급작스레 김준성 부총리 주재로 경제장관회의가 열렸다. 부동산투기에 관한 긴급 대책회의였다. 진작부터 항간에서는 부동산값 상승을 우려하는 이야기가 여기저기서 나돌았으나, 그때마다 정부는 아니라고 딱 잡아떼오다가 도저히 안 되겠다 싶었던지 부랴부랴 장관회의를 소집해 지각대책을 내놓기에 이른 것이다. 그도 그럴 것이 그즈음에 와서 집값, 땅값이 다락같이 오르게 된 배경을 따지고 들면, 이 문제들이 바로 정부의 의도적인 정책의 결과로서 벌어진 현상이었기 때문이다. 78년 이래 시작된 4년여에 걸친 지긋지긋한 불황의 터널을 빠져나오기 위해 정부가 앞장서서 부동산경기를 자극하는 정책을 펴왔던 당연한 결과였다. 좀처럼 꿈쩍도 않는 경기의 찌를 움직여보려고 정부는 기회 있을 때마다 양도소득세를 내리거나 각종 건축규제를 완화해왔던 것이다.

여기에다 82년 들어 이·장 사채 파동을 감당하기 위해 뭉칫돈이 한꺼번에 집중적으로 풀렸고, 설상가상으로 금융실명제까지 실시하겠다고 바람을 잡는 바람에 시중의 돈이 땅으로 몰려들었다. 여기에 농수산부까지 한술 더 떠서 그린벨트에서도 목장을 할 수 있도록 한다는 내용의 초지조성 계획〔10년 동안 1조 원을 들여 20만 정보의 초지를 조성하겠다는 것이었으나 이내 백지화되어버렸다〕을 발표하는 바람에 오랫동안 잠잠하던 부동산경기에 일시에 불이 붙었던 것이다.

사실 부동산의 과거 사이클을 보면 언제나 전반적인 경기 사이클과 움직임을 같이해왔다. 경기가 호황국면에 들어가야 집값, 땅값도 오르고 부동산투기도 극성을 부렸다. 그런데 이번에는 경기는 여전히 바닥에서 허우적거리는데 전에 없이 부동산투기가 벌어지고 있었고, 그 배경을 들여다보면 지금까지 살펴본 것처럼 정부가 취한 정책이 사실상 주도적 역할을 했던 것이다.

투기바람 불어도 일부러 외면

따라서 정부로서는 어떻게 해서라도 부동산투기가 다시 일어나고 있다는 사실 자체를 강력히 부인하려 했다. 이를 인정하는 것은 바로 정책의 과오를 시인하는 셈이기 때문이었다. 더구나 부동산 문제에 관련된 부처나 기관 모두가 부동산경기가 되살아나야 좋았다. 그러므로 부동산투기를 경계한 나머지 섣불리 진정책을 썼다가 부동산경기가 찬물을 뒤집어쓰는 날이면 모두가 난처해질 수밖에 없는 입장이었던 것이다.

왜 그랬을까. 거시경제를 꾸려가는 경제기획원의 젊은 관료들 사이에서는 부동산투기 조짐에 대해 내부적으로 문제의 심각성을 제기하기도 했다. 하지만 경기회복 우선론이 지배하고 있었기 때문에 누구 하나 적극적인 투기억제 대책을 들고 나설 분위기가 아니었다. 경제기획원이 이러니 건설부는 더 말할 나위도 없었다. 자나 깨나 건설경기 회복대책을 노래해왔으니 부동산 진정책 따위는 애당초 턱도 없는 이야기였다. 서울시도 마찬가지였다. 경기침체로 팔리지 않아 속을 썩이던 체비지가 속시원히 팔려나가 신이 났고, 대한주택공사 역시 그동안 애를 먹이던 미분양 아파트들이 프리미엄까지 붙어 투기의 대상이 되는 바람에 심각했던 자금난이 일시에 풀렸다. 오히려 건축경기 회복을 위해서는 어느 정도의 투기현상은 불가피하다는 이야기가 정부 안에서 공공연히 나돌 정도였다. 걸핏하면 칼을 빼들고 겁을 주는 국세청은 어떤가. 당시 부동산 투기 억제대책을 주도했던 실무 담당자의 말을 인용해본다.

"투기조짐이 명백한데도 어느 장관 하나 이에 대한 본격적인 정책 대응을 제기하지 않았어요. 그러다가 신문에서 대서특필하기 시작하니까 비로소 대책 마련에 착수하게 되었던 것입니다. 어떻든 간에 우선 급한 불을 꺼야겠다는 차원에서 국세청으로 하여금 투기지역 아파트 전매행위자를 색출해서 세금을 매기도록 한 것이었습니다. 그러나 정책을 발표한 지 2주일이 지나도 국세청으로부터 아무 소식이 없었어요. 하도 답답해서 사정을 알아보았더니 그때까지 단 한 명의 조사요원도 현장엘 나가지 않았다지 뭡니까. 그것은 국세청이 투기꾼을 잡겠다는 것이 아니라 투기꾼들이 충분한 시간 여유를 갖고 도망가도록 한 것이나 다름없었습니다."

정부 내부에서 돌아가는 상황이 대충 이러했으니 부동산투기가 일지 않으면 오히려 이상한 일이었다. 부동산대책이 '정책의 실패'에서 기인한 것인 만큼, 그 대응책도 정부 스스로가 이 점을 시인하는 데서부터 출발할 수밖에 없었다. 그런 뜻에서 김준성 부총리가 "부동산투기의 발단은 실명제 추진 탓"이라 한 것은 당시로서는 매우 파격적인 발언이었다. 금융실명제를 무리하게 밀어붙이는 과정에서 돈이 부동산으로 몰려서 부동산투기를 더 부채질했다는 뜻이었다. 실명제 자체의 실패를 거론하기도 어려웠지만, 경제총수가 정부의 실정을 비로소 시인한 의미 있는 발언이었다.

어떻든 뒤늦게나마 경제기획원을 중심으로 고단위의 투기 진정책을 편 덕분에 84년 가을에 들어서면서부터는 다시 부동산업계에 찬바람이 불게 된다. 부동산업계의 거물로 알려졌던 여의도백화점의 김희수, 한일상공의 정철신, 오대양건설의 강정룡 등이 도산한 것도 이때였다. 계속 뻗어날 줄 알았던 부동산경기가 정부의 대응으로 의외로 빨리 가라앉았기 때문이다.

지내놓고 보면 5공 집권 7년 동안 심각했던 부동산투기 현상은 이때뿐이었다. 83년부터 84년에 걸쳐 한차례 소용돌이를 일으켰던 부동산경기는 그 이후로도 별문제가 없었다. 물론 지역에 따라 개발사업과 관련된 지역의 땅값이 크게 뛴 경우가 없지 않았으나, 서울지역을 중심으로 한 아파트가격은 비교적 안정세를 지속했다. 왜 그랬을까. 청와대에서 이 분야를 오래 담당했던 홍철 박사의 진단을 들어보자.

"5공시대의 부동산정책이 만족스러울 정도라고 말할 수는 없겠지요. 그러나 집값을 비교적 안정시킬 수 있었던 것은 역시 집을 꾸준히 지었고, 또한 그렇게 집을 지을 수 있는 땅이 뒷받침되었기 때문입니다. 비록 초기에 500만 호 건설계획 같은 무리한 구상이 수포로 돌아가긴 했습니다만, 기본적으로는 주택공급을 꾸준히 늘려나가야 한다는 것이 김재익 수석의 생각이었습니다. 다행스러운 것은 서울지역에 집을 지을 땅이 있었다는 점이었습니다. 맨 처음 들고 나선 것이 개포지역 개발사업이었습니다[이때 비로소 종래의 구획정리방식을 버리고 처음으로 정부수용을 통한 공영개발방식을 채택했으나 업계의 반발에 부딪혀 절충식으로 하게 된다]. 또한 개포에 이어서 고덕지구를 100% 공영개발로 착수했으며, 그걸 끝내고서 또 다른 대단위 개발지역을 찾다가 나온 것이 목동지구였습니다. 이것은 서울시가 주도했는데, 한편으로는 주택공사가 중심이 되어서 상계동 개발 작업이 추진되었습니다. 이것으로서 서울지역에 집을 지을 땅은 다 소진되었던 거죠."

문제도 없지 않았다. 상계단지 개발의 경우 교통이나 환경 조건에 대한 고려 없이 추진하는 바람에 두고두고 말썽을 빚었다. 당시 박영수 주택공사 사장이 주도했던 것인데, 상당한 문제점이 제기되었음에도 불구하고 그가 바로 대통령 비서실장이라는 막강한 자리에 옮겨앉는 바람에 아무도 시비를 걸지 못했던 것이다. 그러나 어쨌거나 신규단지가 추가로 만들어지고, 그것도 비교적 시차를 두고 순차적으로 이루어진 덕에 그나마 집값이 안정될 수 있었고 그 결과로 한참 동안이나 미분양 매물이 남아돌아 그동안 묶였던 각종 규제 조치를 풀어야 했다.

이러고 보면 정권이 시작된 지 얼마 안 되어 집값이 엄청나게 뛰어오른 6공의 부동산정책에 비하면 5공의 정책은 상대적으로 잘되었다고도 할 수 있을 것이다.

신도시 건설, 미리 준비했어야

그러나 6공 들어서 부동산가격 상승이 언제 어디서부터 시발되었는가를 따져보면 이야기는 달라진다. 두말할 나위 없이 전반적인 부동산가격 상승현상은 3저호황의 흑자경제 속에 소득이 급격히 높아지고 시중 돈이 흘러넘치기 시작한 데서 비롯된 것이다. 게다가 두 차례에 걸친 선거 과정에서 여야를 가릴 것 없이 남발해대는 개발공약 경쟁이 겹치면서 결정적으로 투기바람을 부추긴 것이다.

아파트값의 폭등현상은 한결 구체적인 이유에서 비롯되었다. 5공시대의 아파트값 안정이 전반기 동안의 꾸준한 택지공급 덕분이었다면, 후반기에 들어서는 택지의 신규 공급이 딱 끊어져버렸던 점에 유의해야 한다. 당연한 귀결이기도 했다. 개발할 만한 곳은 이미 죄다 개발한 탓에 더 이상 집 지을 땅이 없었던 것이다. 정부 당국자들조차 집 지을 땅이 없다는 말을 서슴없이 하고 다녔다. 그 결과가 얼마나 무서운 것인가는 생각지도 않았다.

그린벨트를 제외하고는 서울지역 안에서 더 이상 집 지을 땅이 없다고 하니 기존 집값이 폭등할 것은 당연한 이치였다. 5공 후반에도 택지 개발을 꾸준히 했더라면 노태우정권 들어서 그처럼 심각한 집값 폭등은 없었을 것이다.

당시 정부 안에서도 후속적인 택지개발의 필요성이 제기되었다. 예컨대 목동의 대규모단지 개발을 마치고 나서 실무자들 사이에서는 평촌과 산본에 신도시 건설을 통해 신규 택지를 미리미리 개발해나가야 한다는 주장이 제기되었으나 전혀 먹혀들지 않았다. 소위 남단녹지로 묶여 있던 분당도 85년 무렵부터 신도시 건설 이야기가 나왔다. 서울에는 더 이상 집 지을 땅이 없으니 남은 방법은 근교에 신도시를 건설하는 수밖에 없는데, 신도시를 제대로 건설하려면 4~5년은 걸리니만큼 지금부터 시작하면 부동산값이 오를 즈음에 가서 주택공급이 딱 맞아떨어진다는 계산이었으나 이것도 묵살당했다. 당시 건설부의 고위당국자들은 "당장 미분양 아파트가 골칫거리인 판에 무슨 헛소리냐"며 차가운 반응이었다.

만약 5공정부가 분당이나 평촌, 산본 등지에 이때부터 신도시 건설을 추진했더라면 노태우정권에 들어와서 대형 아파트를 중심으로 겪었던 심각한 부동산투기 현상은 미리 막을 수 있었을 것이다. 결국 대형 아파트의 공급부족은 가격 폭등을 부르고야 말았다. 그리고 나서야 이를 해결하기 위해 앞서 거론되었던 분당·평촌·산본 등의 지역에 서둘러 신도시를 건설하게 되었던 것이다.

수입자유화를 둘러싼 논쟁

83년 2월 하순에 접어들면서 경제부처 안에서는 뜻하지 않은 소동이 벌어졌다. 다름 아닌 수입개방 논쟁이었다.

재무부가 수입 장벽을 과감하게 트고 관세율을 대폭 낮추자고 주장하자, 상공부가 실정도 모르는 돈키호테 같은 발상이라며 맞받아치고 나온 것이다. 싸움은 연구기관 사이의 대리전쟁으로 시작되었다. 자유화를 주장하는 KDI가 언론계를 상대로 한 세미나를 통해 '87년까지 주곡을 제외한 전 품목의 수입을 완전자유화하고 관세도 대폭 내려야 한다'는 요지의 발표문을 읽자, 같은 국책연구기관으로서 라이벌 관계에 있던 KIET가 '국제수지가 적자인 상황에서 수입개방을 서두르면 안 된다'는 주장을 펴며 즉각 반대하고 나섰다.

초반의 싸움은 개방론자들이 기선을 제압해나갔다. KDI가 주관하는 이 세미나에는 개방론의 기수로 알려져 있던 강경식 장관과 이진설李鎭卨, 이형구 차관보 등 재무부의 고위층들이 모두 참석했다. 말이 세미나지 실상은 강 장관이 주동이 되어 언론계 인사들을 모아놓고 수입개방의 타당성을 납득시키자는 것이었다.

강 장관의 배짱은 알아줄 만했다. 그는 일단 싸움이 붙자 직접 나섰다. 마침 과천 중앙공무원교육원에서 경제부처직원 합동연수회가 있었는데, 강 장관이 여기에 참석해 "수입자유화 정책이 절실하다"고 강조했다. 사실은 경제부처 공무원들에 대한 합숙연수계획 자체가 강 장관이 주도한 것이었다. 상공부도 가만히 있을 수 없었다. 마침 다음 날 같은 장소, 같은 시간에 강연이 예정되어 있던 김동휘 상공장관은 "성급한 수입자유화는 국내산업을 그르친다"며 반격에 나섰다.

이 논쟁은 승패를 떠나 우리나라의 수입자유화정책이 본격적으로 거론되기 시작한 '첫번째 정부 내 공식 논쟁'으로 기록되어야 할 것이다. 이것은 재무부와 상공부 간의 단순한 부처 싸움이 아니었다. 당시는 재무부라고 해봐야 기획원 출신의 자유주의자들이 포진하고 있었고, 수입자유화를 들고 나선 것도 바로 이들이었으므로 따지고 보면 5공의 경제정책을 이끌어가던 개혁세력들이 주도해서 벌인 일이었다. 김재익 경제수석·강경식 재무장관·김기환 KDI원장으로 이어지는 개혁파들의 작품이었다. 이들의 공통된 팀 컬러 중의 대표적인 것이 바로 시장의 경쟁원리에 충실하자는 것이요, 대외적으로는 적극적인 개방정책을 펴나가자는 것이었다.

수입개방은 당시로서는 대단히 충격적인 주장이었다. 지금 와서 보면 별것 아닌 것으로 여겨질 내용이었으나, 신문들은 '미제 홍수', '수입품 봇물 터져' 같은 자극적인 제목을 달아서 일제히 보호주의적인 입장에서 개방론을 공격했다. 이러한 여론을 등에 업고 반격에 나선 상공부는 "개방을 안 하겠다는 것이 아니다. 개방예시제를 통해 점진적으로 해나가겠다는 것이다"라며 개방론자들의 예봉을 막았다.

"한국경제, 개방이 살길이다"

그러나 대세는 힘을 등에 엎고 있던 개방론자들의 편으로 기울고 있었
다. 선봉장은 역시 재무장관 강경식이었다. 그는 타 부처와의 싸움도 싸
움이었지만 자신이 몸담고 있는 재무부 직원들의 의식구조부터 바꿔놓
아야겠다고 마음먹었다. 그는 수입개방과 자유경쟁시장의 장점을 역설
한 『이코노믹 폴리시』라는 책을 과장급 이상의 직원들에게 나눠주면서
두 번 이상씩 읽으라고 다그치기까지 했다. 강 장관은 수입개방과 관련,
재무장관으로서 처리해야 할 첫번째 과제는 '관세제도' 라고 생각했다.

그는 각종 관세제도를 완전 철폐하고 현행 관세율을 대폭 내릴 뿐 아니
라 모든 산업에 대해 균등한 세율을 적용하자는 이른바 플랫 택스flat tax
를 들고 나왔다. 관세국에 작업 지시를 해놓고 나서 보고를 받을 때마다
이야기를 듣는 게 아니라 일방적이다시피 한 강의를 통해 일관되게 자신
의 개방철학을 주입시켰다.

"국내시장만 파먹는 내수전용산업은 더 이상 보호해선 안 된다. 개방
을 통해 외국기업과 경쟁을 시켜야 하며, 내수시장에 안주하는 기업은
경쟁 과정에서 도태되어도 할 수 없다."

그는 관세율을 84년부터 88년까지 5년간 단계적으로 인하하는 이른바
예시제를 기어이 법으로 규정하고야 말았다. 이를 계기로 기존의 관세정
책은 개방시대로 가는 첫발을 내딛게 되었다.

강 장관은 재무장관으로 취임한 이후 금융실명제와 은행자율화 등 여
러 정책들로 바람을 일으켰으나, 결과적으로 보아 그가 남긴 가장 뚜렷

한 족적은 바로 이 관세제도의 개혁을 통한 개방정책이었다. 그가 시도한 개방정책의 동기는 지금처럼 외국으로부터의 압력에 의해서라든가, 80년대 후반기처럼 국제수지의 과도한 흑자누적에 따른 대응책 따위와는 전혀 성질이 달랐다. 개방압력은 거론되지도 않을 때였을뿐더러 국제수지는 오히려 적자더미 속에서 외채망국론을 불러일으킬 만큼 심각한 상황이었다.

따라서 이런 가운데에서도 개방정책을 들고 나섰던 것은 한마디로 말해서 5공초부터 경제정책의 주도권을 잡았던 개혁파들의 '기존의 산업구조와 체질을 근본적으로 뜯어고치겠다'는 의도에서였다.

물론 개방정책의 추진은 정부 안에서도 상당한 저항을 불렀다. 그러나여기서 다시 한 번 주목해야 할 것은 전 대통령을 비롯한 군부세력들의 개방정책에 대한 인식이 어떠했느냐 하는 점이다. 군부의 성향으로 봐서도 어떠한 이유를 달아서건 이들이 수입개방정책을 반대하고 나설 가능성은 충분했다. 또 그들이 반대했더라면 말도 못 꺼낼 일이었다.

"정권이 바뀌면서 가장 염려스러웠던 것은 혹시 신군부가 버마처럼 나라 문을 걸어 잠그는 쪽으로 정책을 펴나가지 않을까 하는 것이었습니다. 그래서 5공 초부터 김재익 수석이나 강경식 재무장관 등과 함께 전 대통령을 만날 때마다 쇄국정책은 절대 안 된다고 강조를 했지요. 다행히 전 대통령은 흔쾌히 개방정책의 필요성에 동의했고, 오히려 주위의 반대를 적극적으로 막아주는 역할까지 해주었습니다."

김만제 후임으로 KDI원장으로 발탁되었던 김기환의 이야기다. 대통령의 결심으로 오히려 개방화정책이 과감히 추진될 수 있었다는 것이다.

김기환 자신도 당시 개방정책을 펴나간 또 한 명의 중심인물이었다. 경제학자로서 79년부터 부총리 겸 경제기획원장관의 자문관을 지냈던 그는 처음에는 별다른 주목을 받지 못했다. 그러나 김재익 수석과 같은 노선을 걸으면서 KDI원장 자리에 앉았고, 그후 특히 수입자유화의 기수라는 이미지로 굳어질 만큼 일련의 개방정책에 앞장을 섰던 인물이었다. 특히 아웅산 사건으로 김 수석이 변을 당하고 강 장관이 경제팀에서 물러난 후로는 크고 작은 자유화의 바람은 거의가 그의 손에서부터 발동이 걸리기 시작했다고 해도 과언이 아닐 정도였다.

그의 진가가 발휘되기 시작한 것은 83년 10월 상공부차관으로 행정부에 들어오면서부터였다. 신병현 부총리의 이야기를 들어보자.

"나 역시 개방정책을 서둘러야 한다는 생각을 하고 있었는데, 관계 부처에서 좀처럼 움직여주지 않았습니다. 그랬던 것이 김기환 KDI원장이 상공부차관 자리에 앉으면서부터 달라지기 시작했습니다."

김기환 신임 상공부차관은 예상했던 대로 즉각 바람을 일으키기 시작했다. 그전 같으면 김기환 같은 철저한 개방론자가 상공부차관 자리에 앉는다는 것 자체가 상상도 못할 일이었다. 더구나 소신이 강하고 비타협적 스타일인 그가 개방정책에 대해 가장 부정적인 상공부에 들어갔으니 조용히 넘어갈 리 만무한 일이었다. 당시 상공부로서는 개방론자들의 공격에 대응하느라 예시제를 통한 점진적인 수입개방정책을 표방하고는 있었으나 실제로는 말뿐이었다. 할 마음도 없었거니와 구체적인 작업도 진척되지 않았다. 예시제라는 말을 앞세워 일단 시간을 끌고 보자는 게 상공부의 심산이었다.

김기환은 이것부터 챙겼다. 예시제를 통해 수입을 개방하겠다고 했으니 예시할 연도별 개방계획을 만들어야 하지 않느냐고 몰아붙였다. 보통 차관 같으면 조용히 앉아서 장관의 뒤치다꺼리 혹은 집안일이나 챙기는데, 그는 상공부가 가장 싫어하는 자유화정책을 장관보다 더 앞장서서

추진해나갔다. 다행히 뒤에는 사공일 경제수석
이 대통령 측근에서 버텨주고 있었다.

"참, 처음에는 기가 막혔습니다. 명색이 차관
인데 아무리 시켜도 직원들이 말을 듣지 않더군
요. 자유화 예시계획을 보자고 국장들에게 여러
차례 이야기를 했으나 준비가 덜 되었다면서 차
일피일 미루는가 하면, 사람을 찾으면 아예 방에
오지도 않았습니다. 명색이 내가 차관인데 말입
니다. 그러던 끝에 하루는 국장들이 집단으로 찾

개방정책으로 혹독한 비판을 받았던 김기환
상공부차관

아와서는 상공부를 죽이려고 이러느냐며 항의하는 일까지 있었습니다.
그래서 하는 수 없이 수입품목들을 전부 늘어놓고서 내가 직접 줄을 긋기
시작했지요. 정말 어려웠습니다."

언론은 늘 개방정책 비판해

그러다 83년 말에 접어들면서 미국으로부터 수입개방 압력이 시작되
자 상황은 달라졌다. 여태까지는 국내산업의 경쟁력 강화와 체질개선 차
원에서 수입개방정책이 추진되어왔으나, 이제는 우리 사정과는 상관없
이 외부로부터의 압력 때문에 개방 문제를 논의할 수밖에 없는 쪽으로 상
황이 바뀐 것이다. 한국경제가 여전히 국제수지 적자와 불황의 늪에서
허우적거리고 있을 때, 미국경제가 일본에 깨지면서 한국에 대해서까지
반덤핑 등의 수입개방 압력을 가해오기 시작한 것이다.

사공일 경제수석은 이래서는 안 되겠다고 판단, 김기환 상공부차관을
해외협력위원회의 기획단장으로 보냈다. 대미통상은 여러 부처의 이해

가 얽혀 있기 때문에 김 차관을 부총리 직속기구로 되어 있는 이 자리에 앉혀 적극적인 역할을 하게 한 것이다.

그는 새 자리로 옮기자마자 개방전략에 관한 종합보고서를 만들어냈다. 장기계획이었으나 당시로서는 과감한 개방을 전제로 하는 파격적인 내용을 담고 있었고, 따라서 여론의 혹독한 비판을 받았다. 심지어 그를 두고 정부 안에서까지 "저 사람, 미 CIA 앞잡이 아니냐"는 인신공격을 공공연히 해댈 정도였다. 언론들도 "20년이나 미국에서 살았으니 한국 실정을 알 턱이 있겠느냐"는 식으로 매도했다. 미국 기업들을 끌어들여서 한국 기업들을 모두 망하게 하는 매국노라고 부르기까지 했다. 자신에 대한 이런 비판에 대해서 김기환은 이렇게 맞받았다.

"한국을 오래 떠나 있었다고 해서 날더러 한국 실정을 잘 모른다고 하는데, 그렇다고 칩시다. 그렇다면 미국 실정이나 미국 사람들의 속셈이 무엇일지에 대해서는 미국에 오래 살았던 내가 한국 안에서만 살아온 사람들보다 더 잘 알 것 아니오. 그건 인정해줘야 할 것 아닙니까."

맞는 말이었다. 적어도 한국의 언론들은 돌이켜보면 개방정책에 관한 한 변명의 여지가 없다. 5공시대뿐 아니라 그 이후에도 정부의 개방정책에 대해 줄곧 비판적인 태도로만 일관했을 뿐, 객관적인 판단기준을 제시한다든지 마땅한 대안도 없이 그때그때 시류나 분위기에 따라 감정적인 보도에 치우쳤던 경우가 적지 않았기 때문이다.

5공시대의 개방정책 추진 세력들은 언론의 비판에 서운하고 불편해하면서도 꾸준히 자기들의 생각을 실천에 옮겨나갔다고 해야 할 것이다. 군인 출신들이 개방정책 지지에 앞장서는데 민간 지식인들이 반대한 격이라고 하면 과언일까.

5공 최대의 업적 '통신혁명'

5공 시절, 아니 80년대 전체를 통틀어 통신 분야의 발전상은 한마디로 혁명적 변화라고 할 만하다.

80년 초까지만 해도 청색전화니 백색전화니 해가며 전화 한 대 놓는 데 프리미엄이 붙는 것은 물론, 신청하고 나서 몇 달이 걸려야 했던 것이 언제부터인가 오전에 신청하면 그날 오후에 제꺽 전화를 놓아주게 되었으니 말이다. 더구나 지금의 인터넷 세상을 생각하면 당시 전두환정권이 이룩해낸 통신 분야의 혁명적 변화는 아무리 칭찬을 받아도 지나치지 않다. 이 때문에 통신 분야의 비약적인 발전은 5공의 경제적 공과를 따질 때 가장 구체적인 업적의 하나로 꼽히고 있는 것이다.

"뭐니 뭐니 해도 적극적인 투자가 이루어진 덕택입니다. 81년 전기통신사업법을 고쳐 모든 통신사업자는 수입의 3% 이상을 의무적으로 연구개발비에 쓰도록 법제화했어요. 대략 연간 700에서 800억 원 이상이 꾸준히 투자된 셈이지요."

80년대 우리나라 통신사업을 주관해온 오명 전 체신장관의 말이다. 80년대초 통신 분야에 집중적인 투자가 이루어진 데는 당시의 상황과 통신정책 입안자들의 구상이 절묘하게 맞아떨어진 것이 결정적이었다.

"한마디로 타이밍이 좋았어요. 청와대 경제비서실팀이 기본구상을 마련해서 추진하면 거칠 것이 없었던 때였지요."

홍성원 당시 청와대 경제과학비서관의 설명이다.

80년대 통신정책의 기본구상은 한 경제학도와 공학도의 만남에서 시작된다. 80년 9월 어느 날, 김재익 청와대 경제수석은 국보위 상공자원분과위에서 안면이 있던 오명을 불러 저녁을 함께했다. 이 자리에서 경기고등학교 선후배 사이인 두 사람은 기술개발 분야에 관해 허심탄회한 논의를 시작, 전자 · 반도체 · 통신 등이 미래의 산업을 주도할 것이며, 우리도 서둘러 시작해야 한다는 점에 곧장 의기가 투합했다.

오명은 육사 교수 출신의 공학박사. 김재익 또한 이코노미스트이지만 원래는 공학도를 지망했던 사람일 뿐 아니라 평소에도 웬만한 가전제품이나 자동차 고장은 스스로 수리할 정도로 이 분야에 관심이 깊었다. 여기에 군대 시절부터 전 대통령의 보좌관 생활을 해왔던 또 한 사람의 공학박사 홍성원이 가세한다. 이 세 사람이 청와대 비서실에 모이면서 기존 정부 부처 안의 어느 누구도 엄두를 못 내던 통신혁명 작업을 벌여나가기 시작한다.

김 수석으로서는 기획원 국장 시절 통신적체 해소대책을 마련하는 등 3공 시절부터 통신 분야의 개혁을 주장했으나 먹혀들지 않아 몹시 좌절해 있던 참이었다. 오히려 기계식 전화를 전자식으로 바꾸는 작업을 추진하다가 관련업계의 이해가 엇갈려 갖가지 구설수에 오르는 바람에 사실상 포기한 거나 다름없는 상태였다.

전 대통령 역시 공고 출신이었던 탓인지 과학기술에
관한 이야기만 나오면 더욱 말이 길어졌다는 것이 당
시 비서관들의 이야기다. 홍성원 씨의 이야기를 들어
보자.

"81년 신정 연휴에 경제비서관들을 처음으로 불러
모았는데, 이때도 일반적인 경제정책 문제들은 제쳐
놓고 주로 군대 시절에 겪었던 불편한 통신망에 관한
이야기를 하더군요. 산에 올라가면 전화선과 전신주
로 온통 뒤덮여 보기 싫기 짝이 없는데 이런 것 좀 어

80년대 통신사업을 주관한 오명
체신부장관

떻게 개선할 수 없나, 책상 위에 갖가지 전화기가 수두룩하게 자리를 차
지하고 있는데 간단하게 한 대로 해결하는 방안이 있을 텐데, 하는 식이
었어요. 아무튼 전문지식은 없지만 통신에 대한 일반적인 관심은 컸던
것으로 기억됩니다."

아무튼 정치·경제적으로 한 치 앞도 내다보기 어려운 상황에서 어찌
보면 아무도 주목하지 않은 가운데 통신혁명은 일찌감치 그 첫발을 떼기
시작한다. 이들은 80년 말 경제, 과학 부처 실무과장과 학계, 업계의 실무
엘리트 20명으로 전자산업 육성대책반을 구성, 3개월 만에 80년대 전자
산업의 청사진과 구체적인 실현방안을 담은 '전자산업 육성방안'을 만
들어낸다.

청와대팀의 기본구상은 반도체·컴퓨터·전자교환기 부문을 3대 전략
산업으로 정하고, 5년 안에 전자 부문의 생산 및 수출을 2.5배로 늘리겠다
는 야심찬 것이었다. 당시 정부관료를 포함한 많은 사람들이 이 보고서를
보고 '말도 안 되는 소리'라며 코웃음을 칠 만큼 대담한 계획이었다.

그러나 5년이 지난 86년 말에는 전자산업 생산이 기계를 앞질러 우리

나라의 최대 주력산업으로 자리 잡는다. 80년 당시 우리나라의 양대 주력산업인 기계와 전자를 놓고 볼 때 기계 분야의 가동률이 70%를 밑돌고 있었던 데 반해 전자는 100%가 넘었다. 그만큼 전자 쪽의 투자효율이 높았다는 이야기다. 그러나 전자산업은 가전이 중심이었고, 기술축적과 각 산업 분야에 파급효과가 큰 산업전자 쪽은 불모지나 다름없었다. 따라서 전자산업 육성전략의 초점은 자연히 산업전자에 맞춰지게 되었고, 산업전자의 핵심인 통신장비 개발에 눈을 돌리게 된 것이다.

통신 분야 육성에 관한 청와대 경제팀의 구상은 81년 5월 김재익 수석의 권유로 오명 박사가 체신부차관으로 가면서 본격적으로 모습을 드러내게 된다. 80년대 통신혁명의 가장 상징적인 사건은 전전자식全電子式 교환기TDX 개발이었다. 어차피 선진국에 비해 기술 차이가 현격한 마당에 통신장비 한 분야에서라도 가장 복잡하고 만들기 어려운 것부터 손대서 한꺼번에 기술 격차를 없애자는 것이었다.

기계식 교환기에서 전자식 교환기로

처음에 이 계획을 세웠을 때는 우리의 반도체, 통신 기술로는 불가능하다는 게 관련 엔지니어들의 공통된 의견이었다. 게다가 엄청난 연구개발비를 무슨 수로 조달하느냐는 반론도 만만치 않았다. 예컨대 연구개발을 맡게 될 전자통신연구소에서는 적어도 100억은 들 거라며 고개를 가로저었다. 실제로 10억짜리 연구 프로젝트도 없었던 당시로서는 100억은 그야말로 엄청난 돈이었다.

그러나 한술 더 떠서 개발계획이 확정된 후 연구소가 산출한 소요자금은 240억으로 불어났다. 사상 최대의 연구개발 프로젝트가 시작된 것이다.

"연구소 쪽에서 500억을 요구해왔더라도 받아들일 생각이었어요."

오명의 회고다.

"240억 정도의 연구개발비는 선진국에 비하면 10분의 1에 불과한 수준이고, 설사 실용화되지 않더라도 기술축적에 따른 파급효과를 생각하면 경제적으로 손해 볼 게 없다는 계산이었지요."

최소한 개발 과정에서 얻은 노하우로 외국에서 교환기를 사오는 값을 깎아 투자한 만큼은 건질 수 있다는 이야기다.

"성공하면 10배 장사는 된다고 보고했더니 김 수석이 운을 걸고 도전해볼 만한 일이라며 적극 지원을 약속했어요."

사실 체신부가 이만한 자금을 연구개발에 쏟아부을 수 있었던 데는 국보위 시절 통신산업 예산을 독립회계로 바꾼 것이 결정적인 역할을 했다. 그전에는 체신 수익을 철도사업 적자를 메우는 데 돌려쓰는 바람에 재투자의 엄두를 못 냈으나 80년대에는 통신사업 수입을 그대로 연구개발에 투입할 수 있었던 것이다.

TDX 개발 계획은 경제기획원의 반대에도 불구하고 청와대의 전폭적인 지원으로 시행에 옮겨졌다. 국산 TDX는 86년 2월에 드디어 개통, 한국은 세계에서 10번째로 자체 개발에 성공한 나라가 되었고, 그후 수출까지 하게 된다.

TDX 국산화의 성공으로 이제 이야기는 완전히 달라지게 된다. 전화가설이 손쉬워진 것은 물론이고 그만큼 추가적인 통신 투자비용을 획기적으로 낮출 수 있는 바탕이 마련되었기 때문이다. 그뿐 아니었다. 전화를 놓으려면 전화국에서 지정하는 전화기만을 가설할 수 있었던 것을, 누구든지 원하는 전화기를 시장에서 마음대로 사서 쓸 수 있게 된 것이다.

이로 말미암아 전화기 제조업체의 경쟁을 유발, 기술발전을 가져왔고,

한국이 전화기 수출 세계 1위로 발돋움하는 계기가 되었다. 이후 전화선을 팩시밀리와 컴퓨터에 연결, 정보통신이 가능해진 것도 이 때문이다. 당시로서는 획기적인 기술발전이었다.

이러한 과정에서 만년 3등 부처로 치부되어왔던 체신부는 막대한 투자와 정치적인 뒷받침을 통해 소기의 통신혁명을 이루어냄으로써 일약 '막강 부처'로 변신하게 된다. 오명이 7년 7개월이나 체신부의 장·차관으로 재임했던 것만 봐도 통신혁명에 관한 한 5공정부가 얼마나 일관성 있는 정책을 추진했는가를 짐작할 수 있다.

대통령 전두환은 물론이고 김재익, 오명까지도 지금의 디지털, 인터넷 세상을 그때부터 예상하고 전자교환기 사업을 추진하지는 않았을 것이다. 그러나 동기야 어찌 되었든 간에 한국이 인터넷을 중심으로 한 지금의 디지털 인프라를 세계적 수준으로 구축하게 된 배경에는 80년대 전두환 정부의 결단에 의한 통신혁명이 있었다. 이것이 없었다면 오늘날의 IT강국은 불가능했을 것이라는 점에서 그에 상응하는 역사적 평가를 받아야 마땅하다.

일본과 비교하면 그의 업적이 얼마나 지대한지가 금방 드러난다. 전자를 비롯해 모든 제조업 분야에서 한국과는 비교할 수 없을 정도로 앞선 경쟁력을 자랑하는 일본이 NTT를 중심으로 한 정부주도 통신사업 체제를 구태의연하게 유지했던 반면, 80년대 한국의 통신산업은 정부주도의 과감한 투자와 민영화를 통해 일본을 제친 것은 물론이고 미래산업의 결정적인 새 젖줄이랄 수 있는 인터넷 환경을 세계 최고 수준으로 만들어갈 수 있게 했다.

'철밥통' 공기업을 개혁하라

정부가 경영을 이래라저래라 직접 나서는 기업을 통칭 국영기업이라 불러왔다. 사회주의 국가의 기업이야 모조리 국영이지만, 자본주의 국가 경우에는 후진국일수록 국영기업이 판치기 마련이다. 언제부터인지 한국에서는 '공기업' 또는 공식문서에서는 '정부투자기관'이라고 불러왔다. 일반인들한테야 그 말이 그 말이다.

어쨌든 공기업이라 함은 국영기업과 민간기업의 중간쯤 되는 존재로 인식되어왔다. 직원들 스스로도 준공무원으로 생각해왔다. 민간기업처럼 죽기 살기로 생산성 향상을 도모한다든지, 잘잘못을 따져서 봉급에 차등을 둔다든지 하는 것은 상상도 못할 일이었다. 이러한 공기업 풍토에 개혁의 바람을 일으킨 것도 전두환정권이 내세울 만한 또 하나의 업적이랄 수 있다.

발단은 79년 대부분의 공기업들이 뭉텅이 적자를 기록했는데도 한국전력 혼자 무려 1,300억 원의 흑자를 낸 데서 비롯되었다. 한전의 경영진으로서는 이익을 많이 냈으니 직원들에게 어떤 형태로든지 특별보너스를 지급하려 했다. 그러나 이를 허락해야 할 정부로서는 선례도, 기준도 없었다. 청와대로 이 문제가 올라가자 전두환 대통령은 해결방안을 찾아보라고 KDI에 숙제를 주었다. 이왕이면 다른 공기업들도 본받을 수 있도록 그럴듯한 효율화 방안을 만들어보라는 것이었다.

훗날 전두환 경제 후반부의 주역을 맡게 되는 사공일이 대통령 전두환을 처음 대면하게 된 것은 사실 이 일로 인해서였다. 그는 당시를 이렇게 회고했다.

"KDI에서는 내가 중심이 되어서 이미 70년대 중반서부터 한국을 포함한 개발도상국의 공기업 문제를 본격적으로 연구하고 있던 참이었습니다. 그러던 차에 청와대로부터 주문을 받았으니 안성맞춤이었지요."

김재익 경제수석으로부터 연락을 받은 사공일 박사는 한전뿐 아니라 공기업 전체의 경영체제에 대한 개혁방안 마련에 착수했다. 사공일은 KDI 연구진들을 중심으로 경제기획원 예산실과 공기업 임직원 등 실무자들을 끌어 모아서 전담 추진반을 만들었다. 학자들도 경제학, 행정학, 경영학 등 다양한 부문에서 차출했다. 사공일의 말을 더 들어보자.

"후진국일수록 국영기업들의 생산성이 낮고 경영이 방만한 법 아닙니까. 그래서 오래 전부터 개선책을 찾아왔지요. 공기업에 손을 대는 것이 지금 생각하면 별것 아닌 것처럼 여길지 모르지만 당시로서는 대단히 획기적인 시도였습니다. 공기업의 가장 중요한 문제는 주인의식이 없는 무주공산이라는 점이었는데, 그렇게 된 가장 심각한 원인은 정부에서 낙하산 인사를 해왔기 때문이었습니다. 따라서 정치권이나 정부 고위층으로부터의 낙하산 인사 압력을 어떻게 막아내는가가 문제의 핵심이었습니다. 엉뚱한 인물을 CEO로 발령 내는 일이 비일비재했는데, 이것만 막아

쥐도 공기업 개혁은 절반의 성공이라고 생각했지요. 그래서 경영에 참여하지 않는 이사장 자리를 새로 만들어 이 문제를 해결할 수 있도록 한 것입니다. 이러한 아이디어는 대만의 공기업들이 고문이라는 이름으로 상당수의 외부인사를 활용하고 있는 데서 힌트를 얻었던 겁니다. 또한 지금까지 계속되고 있는 정부투자기관 경영평가도 당시 실무팀이 대만에 출장 가서 그곳의 공기업 평가단 활동을 보고 배워온 것입니다."

낙하산 인사를 막기 위한 '이사장제도'

83년, 이 제도는 당초 의도가 충분히 전달되지 못한 채 전격적으로 출발했다. '정부투자기관 기본법'이 만들어지고, 그 주요내용이 경제기획원을 통해 발표되자 사방에서 비판의 소리가 날아들었다. 물론 당사자인 공기업들의 반발은 예상하고 있었다. 독재정권시대인 만큼 내놓고 반대는 못 해도 여기저기 살벌한 분위기 속에서 볼멘소리가 쏟아져나왔다. 경쟁이니 효율이니 하면서 경영실적에 따라서 점수를 매기겠다고 하니, 경쟁 없는 세상에서 월급 잘 받아가며 편안하게 잘 지내온 공기업들이 순순히 받아들일 리 만무했다. 웬 골치 아픈 소리냐는 것이었다.

언론도 곱게 보지 않았다. 이사회라는 것도 형식적으로 있으나 마나 한판에 이사장이라는 자리까지 만들어 예산을 축내는 것은 전두환정권이 주변 사람들을 갖다 앉히기 위해 쓸데없이 만드는 옥상옥이라고 비판했다. 일리 있는 지적이었다. 새로 만들어진 이사장 자리에 앉은 사람들의 면면을 보면 그런 비판이 충분히 나올 만했다. 예컨대 경찰청장 출신을 은행 이사장 자리에 앉히니 누가 봐도 욕먹기 십상인 인사요, 제도였다. 물론 해당 공기업과 관련된 경험과 식견을 갖춘 사람들도 있기는 했으나, 그렇지 않은 경우가 더 많았다. 하지만 궁극적으로는 공기업의 이사장제도가 당시로서는 매우 지혜로운 권력형 인사청탁 소화제도였던 셈이다.

우여곡절 끝에 탄생한 공기업 경영개선 방안이 비로소 가동되기 시작했다. 이사장에게는 체면 유지에 필요한 수준의 봉급이 지급되었고, 기사 딸린 자동차, 그리고 널찍한 사무실과 비서가 제공되었다. 이사회라는 제도가 어차피 형식에 불과하니 이사장이 되었든 사외이사가 되었든, 기업의 경영과는 아무 상관이 없었다. 제도 자체가 상관을 못 하도록 만든 것이니 당연한 결과였다.

이사장제도 운영에 들어가는 각종 경비나 봉급은 경영의 효율화를 위한 최소한의 사회적 비용이었던 셈이다. 대만의 장제스 정부가 퇴역장성 등 어차피 정부가 봐줘야 할 사람들한테 적당한 자리를 주고 생활비를 지급하되 경영에는 간섭하지 못 하도록 한 것을, KDI의 사공일팀이 벤치마킹해 한국형으로 변형시킨 것이다.

또 하나의 중요한 조치가 뒤따랐다. 그전에는 공기업 임원들의 인사권이 주무부처 장관한테 있었는데, 이것을 사장의 권한으로 바꿔버린 것이다. 물론 당장 바뀌는 것은 없었다. 오랜 관행 탓에 당시로서는 별 차이가 없었다. 법이 바뀌었다 해서 어느 물색없는 공기업 사장이 임원 인사권을 제 마음대로 휘두르겠는가.

그러나 시간이 흐르면서 사장 중심의 경영체제는 서서히 현실로 나타났다. 임원 절반 이상이 낙하산 인사로 채워졌던 과거를 뒤로하고 내부 임원 승진 인사가 부쩍 늘어갔다.

공기업도 인센티브제도 도입

이사장제도에 대한 시비는 한동안 끊이지 않았으나, 어쨌든 이를 계기로 공기업 사장도 차츰 민간기업의 CEO들을 흉내 내지 않을 수 없었다. 조직의 지배구조만 바꾸는 게 아니라 경영을 평가하는 작업까지도 변화를 강요했기 때문이다. 그 핵심은 공기업도 민간기업처럼 생산성을 따져서 보상에 차별을 두어야 한다는 것이었다. 그러나 정작 무엇을 기준으로 평가해야 하는가를 놓고 이견이 분분했다. KDI 연구를 기초로 이것을 주도한 경제기획원은 많은 시행착오를 거칠 수밖에 없었다. 잘잘못을 계량화할 수 있는 것도 있는 반면 그렇지 못한 경우도 적지 않은데, 25개의 성격이 서로 다른 공기업들을 일률적인 지표로 평가하자니 문제가 없을 수 없었다.

공기업 개혁은 시비와 불만에도 불구하고 차츰 자리를 잡아나갔다. 민간기업처럼 연말 보너스가 다를 수 있다는 것 하나만으로도 과거에 비하면 충격적인 변화였다. 평가가 나쁘게 나온 공기업의 사장은 즉각 목이 달아났다.

여타 제도 또한 이것저것 바뀌어나갔다. 25개 공기업들이 쓰는 웬만한 물자는 조달청이 일괄해서 사주었고, 공사 역시 계약금 2억 이상짜리는 조달청을 통해서 대리계약을 하도록 되어 있었는데, 이런 것들이 몽땅 바뀌었다. 개별 공기업 각자가 알아서 하도록 한 것이다. 조달청을 거치지 않고 독자적으로 흥정하니 값을 싸게 사는 것은 물론이고, 인력과 시간을 절약할 수 있게 된 것은 당연한 결과였다.

공기업 경영의 개혁 모델이 자리 잡기까지에는 무엇보다 정책의 일관성 유지가 가장 결정적인 요인이었다. 운도 따랐다. 대통령이 직접 나서서 관심을 보였던 사항을 마침 국책연구소의 학자들이 미리 연구하고 있었던 것도 우연의 일치였다. 특히 초기부터 연구를 주도했던 사공일이 김재익의 뒤를 이어서 청와대의 경제사령탑으로 들어앉은 덕분에 구상에서 실천에 이르기까지 일관성 있게 꾸준히 밀어붙일 수 있었던 것이다.

'신이 내린 직장'으로 부활하는 철밥통

공기업 개혁작업은 전두환정권이 끝나고도 계속 수정 보완되어나갔다. 세계은행 같은 국제기관으로부터 칭찬도 자자했고, 여러 개발도상국들이 공기업의 부채와 비효율을 해결하는 데 매우 유효한 길잡이로서 높게 평가해주었다.

그러나 90년대 중반 이후로 접어들면서 노동조합이 정치권으로부터 강력한 지원을 받게 되고, 이에 따라 대부분의 공기업들이 노조 중심의 집단이기주의에 휩싸이기 시작했다. 그동안 애써 도입했던 경쟁원리는 후퇴하고 다시 왕년의 철밥통 분위기로 돌아가는 현상이 두드러졌다. '신이 내린 직장'이라는 별명 자체가 오늘날 공기업의 현실을 잘 말해주지 않는가.

붕어 대신 잉어 낚은 LNG 도입

중동 산유국들의 유가 인상으로 세계경제가 타격을 받는 것을 석유 파동, 오일쇼크라고 부른다. 최근의 유가 상승 현상은 제3차 오일쇼크다. 그러나 과거 1, 2차의 경우에 비하면 너무도 느긋한 한국경제다. 배럴당 가격이 60달러선을 넘어서 심지어 100달러선을 넘나드는데도 그다지 죽는소리가 안 들린다. 한국경제가 그만큼 커지고 강해져서 유가가 좀 오른다 해도 어느 정도까지는 감당할 수 있다는 의미이리라.

그러나 과거 70년대 두 차례의 오일쇼크 때는 사정이 사뭇 달랐다. 국제유가가 오를 때마다 한국경제는 뿌리째 흔들렸다. 특히 두번째 오일쇼크는 대통령 암살 등 극도의 정치적 혼란, 게다가 전례 없던 대흉작까지 겹쳐 충격파는 그 어느 때보다도 심각했다. 급격한 유가 상승을 어떻게 감당하는가는 둘째이고, 당장의 물량 확보가 급한 실정이었기 때문이다.

흉작 때문에 한쪽에서는 외국을 돌아다니며 쌀을 사들여야 했고, 다른 한쪽에서는 원유를 확보하느라 정신을 차리지 못했다. 5공정부는 시작서부터 허겁지겁의 연속이었다. 특히 천정부지로 치솟는 유가는 경제 전체를 벼랑으로 몰아가고 있었다.

양윤세 장관이 6개월의 단명으로 물러나고 후임자로 바통을 이어받은 박봉환 동자부장관의 고민은 어떻게 하면 원유 도입선을 다변화하느냐였다. 이란의 호메이니가 닫아건 호르무즈 해협의 빗장이 언제 풀릴지 알 수 없는 상황이었으므로 어떻게 해서라도 중동 이외 지역으로부터 석유 수입을 늘려야 할 형편이었다.

당시만 해도 세계 원유시장에 대한 한국의 독자적인 정보수집 능력은 정말 보잘것없는 수준이었다. 대표적인 석유회사라고 하는 유공만 해도 미국 석유회사 걸프의 임가공 공장에 불과해서, 세계 석유시장 동향을 조감할 수 있는 아무런 네트워크도 인력도 없는 형편이었다.

궁여지책으로 처음 문을 두드린 나라가 인도네시아였다. 박 장관은 81년 1월 26일 대통령특사 자격으로 자카르타로 향했다. 그동안 추진해온 마두라 유전 개발 문제를 매듭짓는 것을 포함해 인도네시아로부터의 원유도입을 안정적으로 확보하기 위해서였다. 에너지 담당 장관에게 대통령특사라는 이름을 더 얹어준 것만 봐도 당시의 상황이 얼마나 급했는지를 짐작할 수 있다.

"석유 줄 테니 LNG도 사가라"

인도네시아는 의외로 호의적인 반응을 보였다. 수하르토 대통령은 석유의 안정적인 공급뿐 아니라 정치적으로도 한국의 새 정부를 적극적으로 도와주겠다는 뜻을 밝혔다. 같은 군 출신 지도자로서 겪고 있는 어려움을 충분히 이해하니 내치나 열심히 잘하라는 것이었다.

그러나 여기서 뜻밖의 엉뚱한 일이 벌어지게 된다. 우리 쪽에서는 오직 석유 도입만을 생각하고 있는 판에, 수하르토 대통령이 박 특사와의 면담 자리에서 불쑥 LNG도 사가라고 제의한 것이다.

"인도네시아를 방문하면서 LNG 도입은 엄두도 안 냈습니다. 그런 판에 상대편 국가원수가 갑자기 짐작도 못했던 이야기를 꺼내니 당황스러울 수밖에요."

사실 그때만 해도 LNG라는 에너지는 일반에게 생소한 이름이었고, 정부 안에서도 78년경부터 한전을 중심으로 거론되기 시작한 것이 고작이었다. 박 장관은 즉각 현지 대사관 관계자들에게 도대체 왜 인도네시아 정부가 생각지도 않은 LNG 도입을 제의하는지를 확인하게 했으나 제대로 아는 사람은 아무도 없었다.

그러나 인도네시아 측은 의외로 적극적이었다. 일정에 따라 박 장관은 수보르토 광물에너지장관을 비롯해 하리노 석유공사 사장, 위드조조 경제재정부총리 등의 실력자들을 만났다. 그런데 이들도 하나같이 LNG 도입을 거론하는 게 아닌가. 박 장관은 우선 급한 대로 수행한 허남훈 자원개발실장과 이진무 비서관으로 하여금 LNG에 관한 기본자료들을 챙기게 했다.

요컨대 LNG란 석유를 대체할 수 있을 뿐 아니라 공해 없는 깨끗한 에너지로서, 발전연료로 쓸 경우 무연탄이나 양수발전보다 경비가 적게 든다는 것이었다. 다시 말해 한 방울의 석유가 아쉬운 마당에 이를 대체할 수 있는 에너지로서는 대단히 매력적인 것이었다.

그러나 문제는 돈이었다. 다른 연료와는 달리 가스를 액화시켜 운송해와 이를 영하 160도의 초저온 시설에 저장해야 할 뿐 아니라 대규모의 배관시설을 해야 하는 등, 막대한 초기투자가 선행되어야 하는 부담이 따르기 때문이었다. 박 장관은 고민에 빠졌다. 에너지위기가 워낙 심각했으므로 돈이 들더라도 밀어붙이고 싶은 생각이 강했으나, 한편으로는 도대체 무슨 이유로 인도네시아가 자청해서 LNG를 가져가라고 하는지를 납득할 수 없었기 때문이다.

'혹시 이 친구들이 석유 수입이 절실한 한국의 어려운 입장을 이용해서 안 팔리는 LNG를 석유에 끼워 팔려는 것이 아닌가' 하는 의구심이 자꾸 들었다. 박 장관은 부총리를 만난 자리에서 이 점을 물었다.

"대체 왜 만나는 사람들마다 LNG를 사가라는 겁니까?"

"지금까지 인도네시아의 LNG 개발사업은 일본에 의해 독점되어왔습니다. 그런데 일본은 조금도 기술이전을 해주지 않고 자기들 이익만 챙겨가고 있어요. 그래서 일본을 견제해야 한다는 이야기가 나왔고, 그러기 위해서는 한국을 끌어들이자는 쪽으로 결론이 난 것이지요. 다른 뜻은 전혀 없습니다. 아마 한국이 인도네시아에서 LNG를 도입해간다면 일본이 깜짝 놀랄걸요? 마침 박 장관이 대통령특사로 왔으니 결론을 내십시오."

그의 설명으로 '덤터기를 쓰는 것이 아닌가' 하는 우려는 가셨으나 과연 이 제의에 어떻게 대처하는가가 문제였다. 그렇다고 명색이 대통령특사 자격으로 간 마당에 어정쩡한 태도를 취하기도 난처했다. 대통령에게 전화라도 걸까 생각해보았으나 자초지종을 전화로 보고하기도 뭣했다. 더구나 전 대통령은 당시 미국 방문 중이었다. 그런 데다 마음은 일을 벌이는 쪽으로 기울어 있었다.

"무엇보다도 LNG가 공해 없는 에너지라는 점에 마음이 움직였습니다. 대통령의 결재도 안 받고 장관이 독자적으로 결정한다는 것이 매우 께름칙했으나 사후결재를 받을 요량으로 의정서에 사인을 했던 것입니다."

어쨌든 이로써 박봉환은 한국의 행정관행으로는 엄두조차 낼 수 없는 엄청난 일을 저질렀다. 대통령을 설득시킬 수 있다는 자신이 있었기 때문이었다. 역시 귀국 즉시 청와대로 들어가서 단숨에 OK를 받아냈다. 계속되는 그의 회고다.

"초기투자에 막대한 돈이 든다는 점 때문에 고민을 했지만 우리 경제도 이젠 더 이상 인간의 생명을 해치는 방법을 통한 성장은 곤란하다는 신념으로 밀어붙였던 것입니다. 다행히 보고를 받은 대통령은 잘했다고 하면서 오히려 LNG의 가정용 연료 대상 지역을 경인지역으로만 할 게 아니라 전국 대도시로 확대하라는 것이었습니다."

대통령의 첫 경제 가정교사였던 개인적 관계가 상당히 작용했던 대목이다. 그렇지 않고서는 당시의 분위기로 보아 일개 장관이 대통령의 사전 결재도 없이 혼자 판단으로 그런 국가적 사업의 가부를 결정한다는 것은 상상도 할 수 없는 일이다[그러나 박봉환은 나중에 이 LNG사업으로 인해 출셋길이 막히는 아이러니를 겪는다].

결정은 파격적이었으나 집행 과정이 조용할 리 만무했다. 단숨에 대통령의 결재를 얻어낸 동자부장관 박봉환은 추진을 서두르려 했으나 사방에서 들고일어났다. 물가안정을 최대 당면과제로 삼으면서 웬만한 재정사업계획들도 무더기로 줄이거나 연기시키고 있는 판에 초기투자에 5,000억 원이나 드는 LNG사업을 신규로 벌이겠다고 나섰으니, 다른 부처들이 가만있을 리가 없었다.

다수가 반대했던 LNG 도입

신병현 부총리를 비롯해 최창낙 차관 등 기획원 측이 정면으로 반발하고 나섰고 김재익 경제수석도 반대입장이었다. 이러니 아무리 대통령의 결재사항이라 해도 부처간의 협조를 전제로 하는 실무작업은 난항을 거듭할 수밖에 없었다. 동자부의 실무자들마저 "되지도 않을 일을 가지고 공연히 사람 고생만 시킨다"며 장관을 공공연히 원망할 정도였다.

시간을 끌기는 했으나 고비고비마다 '최고 통치자의 주요 관심사업'임을 방패로 내세워 밀어붙여갔다. 물론 언론에 대해서도 이 사업에 대한 비판기사는 일체 쓸 수 없게 했고, 경제관료들 사이에도 함부로 이론을 주장하는 것은 금기사항으로 통했다. 다시 말해 결코 민주적이라고 할 수 없는 폐쇄회로를 통해 일방적으로 추진되었던 것이다.

당사자인 박 장관이 물러난 이후에도 계속 말썽을 빚었던 이 사업은 의정서에 사인을 하고 나서 가격과 수송비 등을 비롯한 복잡한 계약조건들을 둘러싸고 14차에 걸쳐 협상을 벌이는 등 수많은 우여곡절을 겪었다. 심지어는 LNG 기지건설의 당사자인 한전까지 반대하는 바람에 총리실로부터 재검토 지시가 내려지기도 했다.

이처럼 정부 내에서의 상당한 반발에도 불구하고 LNG사업이 계속 추진되었던 배경은 무엇일까. 첫째는 에너지위기 상황이 워낙 심각해서 석유를 대체할 수 있는 새로운 에너지 확보가 시급했기 때문임을 부인할 수 없을 것이다. 그러나 이 같은 객관적인 상황만으로는 설득력이 약하다. 워낙 돈이 많이 드는 사업이었는 데다가 당시의 어려운 경제여건을 고려할 때 LNG라는 것이 누가 봐도 우리 형편에는 분에 넘치는 고급연료였기 때문이었다. 더구나 공교롭게도 LNG기지 관련 공사에 한창 뭉칫돈이 들어가고 있는 판에 유가가 내려가서 저유가시대가 열리는 바람에 LNG사업에 대한 비판은 한층 더 힘을 받게 되었다. 요컨대 상당한 물의를 빚어가면서도 끝내 밀어붙일 수 있었던 가장 결정적인 배경은 이 일을 벌인 박봉환 동자부장관의 전 대통령에 대한 영향력과 전 대통령의 신임, 그리고 그러한 개인적인 관계로도 다수의 반대를 제압할 수 있었던 당시의 정치적 환경 등이 결합되었던 것이라고 하겠다. 여기에 덧붙여 집권 초기의 허약한 정치기반을 보완하기 위해 비동맹세력의 중심국인 인도네시아와의 관계개선이라는 정치적인 포석도 적지않게 큰 힘으로 작용했다.

아무튼 당시의 LNG사업은 정상적인 정책입안 과정을 거친 것은 결코 아니었다. 다수의 반대가 소수의 힘에 무산되었던 것이다. 때문에 상당수의 경제관료들이 비민주적 정책결정 과정의 표본이라고까지 비판했던 것도 무리는 아니었다. 사실이 그랬으니까.

그러나 지금 와서 우리 경제에서 LNG가 차지하고 있는 비중이나 역할을 따져보면 참으로 아이러니한 일이 아닐 수 없다. 예컨대 88년 올림픽을 치르면서 깨끗한 연료로서의 존재가치를 확실하게 인정받았을 뿐 아니라 급속도로 확장되어온 도시가스 배급망의 확장과 그에 따른 편의를 생각하면, LNG사업은 그 정책결정 과정이야 어찌 되었든 간에 5공정권이 이루어놓은 또 하나의 업적이라 할 수 있을 것이다.

40억 달러 한일 경협차관의 내막

80년대 초반의 또 하나의 쟁점은 한일경제협력 문제였다. 5공정부가 일본 측에 경협차관을 요청한 것을 둘러싸고 양국 정부는 장장 1년 9개월이나 실랑이를 벌였다. 결국 40억 달러로 낙찰을 본 이 경협차관은 들여올 때부터도 시끄러웠지만, 경제적으로 이 돈을 어떻게 쓰느냐를 놓고서도 두고두고 뒷말을 남겼다. 심지어는 일본의 유력 신문들이 여러 차례 전두환 대통령의 정치자금으로 쓰였다고 보도할 정도로 국내에서보다 오히려 일본 쪽에서 더 말이 많았다.

'경제협력'이라는 말이 붙었을 뿐 이 일은 애당초 경제적인 차원에서 시작된 것이 아니었다. 과연 한일경협은 누구의 발상이었고 어떤 동기에서 추진되었으며 그 과정은 어떠했나.

우선 분명한 것은 일본에 대한 경협차관 요구가 사전에 계획되었거나 행정관료들의 검토를 거친 것이 아니었다는 점이다. 전 대통령 스스로가 "실무자나 전문가들은 안 된다고 한 것을 내가 지시해서 만들고 얻어낸 것"이라고 자랑삼아 밝혔듯 대통령이 직접 나서서 추진한 일이었다. 한일 경협은 실무적인 검토는 생략된 채 시종일관 정치적인 차원에서 추진되었고, 일본 측 또한 결과적으로 정치적인 대응으로 매듭을 짓게 되었다.

전 대통령의 '100억 달러짜리 울화'

일의 시작은 다분히 전 대통령의 즉흥적인 발상에서 비롯되었다고 할 수 있다. 81년 초, 미국의 레이건 대통령이 당선되고 나서 전 대통령이 첫 손님으로 초청을 받아 미국으로 날아가는 비행기 안에서였다.

전 대통령이 후일 측근에게 털어놓았다는 이야기는 이렇다.

"마침 비행기 창 밖으로 내려다보이는 일본 땅이 시야에 들어오는 순간 갑자기 울화가 치밀어오르는 것 같았다. 우리는 가뜩이나 어려운 형편에 GNP의 6%씩이나 방위비에 쓸어 넣어가며 빨갱이들과 맞서고 있는 판인데, 잘사는 일본은 우리 덕분에 방위비를 GNP의 1%도 안 쓰고 공짜 안보를 누리고 있는 것 아니냐는 생각이 들었기 때문이다. 동승하고 있던 주영복 국방장관을 불러 도대체 주한 미군의 경비가 얼마나 되는가를 물었다. 우리가 일본의 안보를 지켜주고 있다는 면도 부인할 수 없으므로 일본 역시 미군처럼 주둔시키지는 못한다 하더라도 돈으로라도 성의 표시를 해야 할 것 아니냐 하는 생각에서였다."

측근이었던 허화평 당시 보좌관의 회고도 맥을 같이한다.

"레이건을 만난 자리에서 전 대통령이 '한국경제는 미국 LA 규모에 불과하다. 분단 현실 속에서 한국은 엄청난 국방비를 쓰고 있고 외채도 많다. 미국의 도움이 절실하다. 그러나 미국한테 돈 달라는 게 아니다. 일본에 압력을 넣어서 한국을 돕게 해달라. 그 돈 빌려서 미국 기계 사면 결과적으로 미국 기업들이 덕 보는 것 아니냐'는 이야기를 했는데, 이것이 먹혀든 것입니다. 요컨대 미국의 레이건 정부가 일본 정부에 압박을 가해 한국한테 40억 달러의 차관을 제공하게 했던 것입니다."

요컨대 100억 달러를 요구했다가 40억 달러로 깎이긴 했어도 전 대통령이 고도의 정치·외교적 수완을 발휘해서 일본으로부터 차관을 얻어냈다는 설명이다.

일본 측에 처음 요구한 경협차관 규모는 100억 달러였다. 이 일은 처음부터 극비리에 추진되었다. 국내에서도 일부 고위층에서만 알고 있었을 뿐이고 일본에서도 마찬가지였다. 한국정부가 경협차관을 요구하고 있다는 사실 자체가 알려진 것도 외무성의 공식 발표에 의해서가 아니라 일본 언론의 정치부 기자가 정치인을 취재원으로 해서 보도한 것이었다. 심지어는 양국 첫 회담에 참석하는 우리 측 실무국장으로 차출된 기획원의 신윤재 투자심사국장조차 영문을 모르고 도쿄행 비행기를 탔을 정도였다.

당시 이 일에 관여했던 일본 외무성 관계자는 이렇게 말하고 있다.

"한국 측의 경협 요구 자체가 정식 외교채널을 통한 것이 아니었다. 원래 한일간의 외교라는 것이 예전부터 양국의 정치지도자들끼리 오고 가고 한 경우가 대부분이었듯이 한일경협 역시 외무성에서는 전혀 몰랐다."

어쨌든 한국 측의 경협차관 요구가 알려지자 일본 여론은 즉각 비판적인 입장을 취했다. 「아사히신문」은 "광주사태를 일으킨 정권에 경협차관을 줘서는 안 된다"고 썼고, 「니혼게이자이신문」은 "한국정부는 상환능력이 없다"며 차관제공을 정면으로 반대하고 나섰다.

아무튼 일본 측의 반응은 냉담했다. 100억 달러 요구에 대해 외무성 실무자들은 '혹시 동그라미 하나가 잘못 더 붙은 것 아니냐'며 냉소적인 반응을 보였다.

우리 측 협상대표였던 노신영 외무장관은 일본의 차가운 반응은 아랑곳없이 시종일관 강경한 자세로 맞섰다. 그로서는 단순한 외교적 협상이 아니라 새 정부의 최고 통치자가 직접 구상하고 지시한 특명을 실천에 옮기는 작업이었다. 요컨대 단순한 외자조달용 차관이 아니라 한국이 감당하고 있는 안보비용의 일부를 일본이 지불해야 한다는, 이른바 안보경협론을 주장하고 나선 것이다.

"돈 빌려달라며 큰 소리 치나"

노 장관의 상대역이었던 소노다 일본 외상은 극언도 서슴지 않았다.

"원조가 필요하면 솔직히 그렇다고 할 노릇이지, 안보 문제는 왜 끌고 나오는가…. 도대체 아쉬워서 돈을 빌려달라는 쪽에서 한 푼도 못 깎아주겠다고 떼를 쓰는 법이 어디 있느냐…."

협상은 결렬과 재개를 되풀이했다. 심지어 외무장관회담 도중에 노 장관이 보따리를 싸가지고 돌아오는 등 험악한 분위기가 연출되기도 했다. 100억 달러를 요구했던 한국정부는 60억 달러로 에누리를 했으나 일본 정부의 입장은 여전히 완강했다. 우선 '안보차관'이라는 성격 규정부터 받아들일 수 없다는 것이고, 민생사업을 지원하는 차관이라 하더라도 어디까지나 자기네 정부의 해외원조 기준에 따라야 한다는 거였다.

이를테면 한국이 요구하고 있는 정부개발원조ODA 자금의 경우 외국에 대한 원조의 성격을 띤 돈이므로 1인당 GNP 등 일정한 기준에 따라 쓰게 되어 있는데, 한국은 여기에 해당되지 않는다는 것이었다. 또 차관을 제공한다 해도 무엇에 필요한 돈인지 내역을 먼저 밝혀야 검토해서 결정할 것 아니냐며 한국정부에 대해 역공을 펼쳤다. 우리 측 실무자 A씨는 이렇게 회고하고 있다.

"몇 번이고 사표를 집어던지고 싶었습니다. 일국의 외교관으로서 겪기 어려운 수모를 일본 측으로부터 당해야 했으니까요. 그러나 일본을 나무랄 수만도 없는 일이었습니다. 솔직히 말해 외교관계라든가 실무적으로 따지자면야 우리 측 요구에 무리한 점이 많았기 때문입니다. 이런 약점들을 일본 측 실무자들이 놓칠 리 없지요."

B씨의 회고.

"사전에 아무런 구체적인 근거 없이 일방적으로 액수를 정해서 일본 측에 요구했다는 사실은 비판을 면키 어려운 일이었습니다. 외무부로서는 무조건 얼마를 얻어내라는 경협차관의 총액만 청와대로부터 통보받았을 뿐, 일본 측에 제시해야 할 개별 프로젝트 등이 전혀 준비되지 않은 상태였습니다. 그래서 하는 수 없이 일본 현지에서 협상을 진행하는 도중에 경제부처 실무자들과 즉흥적으로 일본 측이 요구하는 사업계획을 짜냈던 적도 있었습니다[일본 측의 사업명세서 요구에 한국 측은 다급한 나머지 호텔방에서 밤샘을 하며 연필로 메모한 명세서를 만들어 다음 날 회의에 가지고 나갔다가 일본 현지신문들이 이를 대서특필하는 해프닝까지 벌어졌다]."

C씨의 회고.

"그러나 실무적인 문제뿐 아니라 진짜 곤혹스러운 것은 5공의 정통성을 회의적으로 보았던 일본의 기본적인 시각을 극복하는 일이었다고 기억됩니다. 당시 일본 외무성 간부들은 '한국의 5공정부가 민심이 흉흉해지니까 국민들의 관심을 밖으로 돌리기 위해 일본을 희생양으로 택한 것 아니냐' 는 이야기를 우리들한테 노골적으로 해댈 정도였으니까요."

D씨의 회고.

"60억 달러를 쓸 수 있는 계획안을 만들어내라는 지시를 받았습니다
만, 경제기획원으로서도 여간 난처하지 않았습니다. 일본 차관으로 할
수 있는 프로젝트를 아무리 끌어 모아 보았자 20억 달러 수준에 불과했
으니까요. 한번은 모 고위층에 불려가 그런 이야기를 솔직히 털어놓았다
가 혼쭐이 났었습니다."

이들이 공통적으로 지적하고 있는 것은 협상이 시작되어 타결될 때까
지 한국의 외교관으로서 상당한 체면 손상을 입은 원인이 일본 측의 야속
한 태도 때문만은 아니었다는 이야기다.

경제협력차관인가, 정치차관인가

당시 국내 언론들의 보도는 어떠했는가. 어느 신문이고 가릴 것 없이
일본정부의 소극적인 태도를 맹렬히 비판하면서 일본 관계당국자들이
때때로 터뜨리는 공격성 발언에 흥분을 감추지 못했다. 언론 역시 '한국
이 막대한 국방비를 써가며 일본의 안보까지 지켜주고 있는데 부자나라
인 일본은 여전히 얌체처럼 군다'는 식의 논조로 일관하며 한국정부의 입
장을 옹호했다. 어찌 보면 그것은 경협차관의 구체적인 내용을 논리적으
로 따져서가 아니라 일본에 관한 한 우리의 '국민감정'이 어떠한가를 그
대로 드러낸 것이기도 했다. 내용과는 상관없는 일종의 타성적 흥분 현
상이었다.

팽팽하던 줄다리기는 양국 외무장관의 교체를 계기로 타결의 실마리
를 찾기 시작했다. 81년 12월, 일본이 그동안 강경한 태도로 일관했던 소
노다 외상을 사쿠라우치로, 한국은 이듬해 6월 노신영 외무장관을 이범
석으로 각각 바꾸면서 한결 부드러운 분위기로 바뀐다. 일본은 한국이

주장하던 '총액타결'을 받아들이기로 한 반면, 한국은 더 이상 '안보'라
는 단어는 꺼내지 않기로 한 것이다.

　이러고도 한참 실랑이를 계속한 끝에 총액 40억 달러〔해외경제협력기금
(OECF) 자금 18억 5,000만 달러, 일본수출입은행 자금 21억 5,000만 달러〕를 평균 6%의 금
리로 7년간에 걸쳐 도입키로 타결되었다. 단 이 돈은 일본과의 공동사업
에만 써야 하며, 반드시 일본 기계나 설비를 사다 쓰는 조건이었다. 이 정
도 수준에서의 타결도 실무자들은 들러리였고, 사실은 정치적 막후교섭
의 결과였다. 예컨대 일본 측의 밀사는 소설 「불모지대」의 주인공으로 잘
알려져 있는 세지마 류조였고, 한국 측은 권익현 등이 맡았다.

　미국의 측면 지원도 큰 몫을 했다. 레이건 대통령은 전 대통령의 부탁
대로 일본정부에 압력을 넣었고, 그후에도 계속된 일본의 소극적인 태도
를 돌려놓는 데 큰 역할을 했다. 또한 일본 내의 분위기로는 과도적 한계
를 지녔던 스즈키 수상이 친미파 기수인 나카소네 수상으로 교체된 것도
분위기를 바꾸는 한 요인이 되었다. 결국 한일경협은 이 같은 변수 속에
이루어진 정치적 타결의 결과였던 셈이다.

　이 경협차관이 한국경제에 미친 영향을 따진다면 물론 긍정적인 면도
없지 않았다. 우선 한국경제에 대한 국제적 신인도가 매우 낮았을 때였
으므로 일본으로부터의 경협차관 자체가 상당한 '보증' 역할을 했다고
할 수 있을 것이다. 그러나 협상 과정에서 한국이 겪은 외교적인 수모나
그처럼 어렵사리 얻어낸 돈을 사용한 내용을 경제적 시각에서 살펴볼 때
부정적인 평가 또한 제기되고 있는 것도 사실이다. 이것은 후진국 원조
자금인 18억 5,000만 달러의 OECF만 봐도 금방 드러난다. 82년부터 87
년 사이에 이 가운데 63%밖에 사용하지 못했고 나머지 돈도 쓰지 않기로
했다가 마지막 해인 88년에 부랴부랴 한꺼번에 소진하기로 했는가 하면,

일본수출입은행 자금 21억 5,000만 달러는 고작 32.5%밖에 쓰지 않았기 때문이다.

　결국 한 시기를 떠들썩하게 만들었던 일본으로부터의 경협차관 40억 달러는 최고 통치자의 깜짝 아이디어에서 비롯된 '정치차관'적인 측면이 더 강했다고 해야 할 것이다. 그렇다고 해서 일본의 언론들이 짐작만으로 써댄 것처럼 전 대통령의 정치자금으로 유용된 것은 아니었다. 일본의 유수 언론들은 한국정부의 파격적인 차관 요구에 대해 처음부터 삐딱한 시각으로 접근했고, 이는 분명히 정권과 결탁한 부정한 용처에 쓰였을 것으로 예단했던 것이다. 그러나 일본 언론은 선입견 속에 의심만 했을 뿐이지 한국의 정치자금 조달 패턴이 어떻게 달라져가고 있는지에 대한 조금의 이해도 없이 습관적으로 억측을 반복한 데 지나지 않았다.

광양 제2제철은 호남 배려?

하마터면 지금의 광양제철소는 없을 뻔했다. 애당초 포항에 이은 두번째 제철소의 건설입지는 전라남도 광양이 아니라 충청남도 아산으로 확정되어 있었고, 만약 이대로 갔다면 여러 가지 이유로 도중하차했을 가능성이 농후했기 때문이다. 제2제철소의 입지가 아산에서 광양으로 바뀌기까지의 과정은 여태 밝혀진 바 없었지만, 그 배경에는 마치 한 편의 드라마와 같은 우여곡절이 깔려 있다.

80년 6월 20일, 국보위 건설분과위원회 사무실에서는 고성이 터져나오고 있었다. 제2제철소 입지선정의 실무책임자인 포항제철의 유상부 설비계획부장이 불려와서 건설부 관계자들로부터 갖은 모욕을 당하고 있는 중이었다.

"너 임마, 왜 말도 안 되는 것을 박태준 사장한테 보고해서 이미 결정된 아산을 가지고 이러쿵저러쿵하게 만드는 거야."

"왜 말이 안 됩니까?"

"연약지반인 광양에다 어떻게 둑을 쌓고 제철소를 짓는다는 거야. 100년이 걸려도 그 바닥에 제철소는 못 지어."

"왜 안 된다는 겁니까. 일본에서는 우리보다도 못한 땅을 개발해서 제철소를 짓고 훌륭히 가동하고 있습니다."

이들의 언쟁은 서너 시간이나 계속되었고, 한마디도 지지 않고 말대꾸를 하던 포철의 유 부장은 급기야 멱살잡이를 당하는 봉변을 당했다. 제2제철소 입지 문제는 이처럼 한바탕의 우여곡절을 겪고서 81년 11월 포철의 주장대로 광양으로 결정된다. 그 과정을 정리하기 위해서는 3공 시절로 거슬러올라가야 한다.

철의 수요가 급격히 늘어나면서 70년대 초부터 제2제철소 건설의 필요성이 제기되었고, 73년 들어 미국 회사에 기술용역을 맡겨 입지선정에 필요한 예비조사를 시작했다. 아산과 광양의 경합이 벌어진 것은 이때부터였다. 조사결과 광양은 지반이 약하고 기초공사비가 많이 든다는 지적이 나오는 바람에 대세는 아산 쪽으로 기울었다. 더욱이 당시 막강한 힘을 발휘하던 오원철 경제수석과 이 분야의 전문가로 알려졌던 유호문柳浩文 건설부 산업입지국장이 아산을 강력히 주장했다. 그러나 포항제철의 설비확장과 과다한 재정부담을 이유로 이 계획은 여기서 일단 무산되었다가 77년 민간주도의 제2제철소 건설계획이 제기되면서 다시 살아났다.

78년 10월 어느 날, 박 대통령은 느닷없이 박태준 포철사장을 청와대로 불렀다.

"헬기를 타고 제철소 입지를 둘러보러 갑시다. 오 수석 이야기가 제철소 입지로 적합한 곳이 하나 있다는데, 마지막으로 박 사장이 보고 나서 결정해주시오."

박태준이 영문도 모르고 날아간 곳은 충남 서산군 가로림만이었다. 마침 간조시간이라 바닷물이 모두 빠진 넓은 벌판이 눈에 들어왔다.

"어떻소, 여기다 제2제철소를 짓는 게."

청와대에 돌아와 이처럼 단도직입적으로 물어오는 박 대통령에게 박 사장은 어떻게 대답해야 할지 난감했다. 갑자기 불러서 현장 확인까지 하자고 한 것을 보면 이미 결심한 것 같기는 한데, 그렇다고 무조건 좋다고 대답할 수도 없었다.

"각하, 제철소 입지란 심지어 풍향까지도 따져야 합니다. 좀 더 구체적인 조사를 해봐야겠습니다."

포철의 박 사장만 동의했으면 그 자리에서 결정되었을 제2제철소 입지 문제는 이렇게 해서 포철과 건설부, 그리고 청와대 경제수석실의 3파전 속으로 다시 휘말려들게 된다. 민간주도 제2제철소 건설이 구체화됨에 따라 현대건설이 새롭게 가로림만을 들고 나섰고, 이를 오원철 경제수석이 뒷받침하면서 제2라운드가 시작된 것이다.

입지선정 조사는 포철의 주관 아래 네덜란드 기술용역회사와 일본의 해양 컨설턴트, 가와사키제철 등 3군데에 맡겨져 진행되었고, 그 결과는 2대 1로 가로림만이 나은 것으로 나타났다. 79년 3월, 다시 대통령이 주재하는 청와대회의가 열렸고, 이 자리에서 박태준 사장은 조사 결과대로 가로림만을 건의했다. 그러자 건설부 실무책임자로 참석한 유호문 산업입지국장이 벌떡 일어섰다.

"절대 안 됩니다. 가로림은 연약지반이어서 돌멩이 하나 제대로 올려놓을 수 없는 곳입니다. 외국의 용역회사들은 국내 토질을 잘 모릅니다. 국내의 유수한 건설업체들에게 용역을 줘서 진짜로 필요한 기술과 비용을 새로 따져야 합니다."

유호문은 일개 국장의 신분이면서 감히 대통령 옆으로 메모지를 들고

나가 지도를 그려가면서까지 흥분
된 어조로 가로림만의 부적합성을
주장했다. 그는 나름대로 이 분야
의 최고 전문가임을 자처하고 있었
을 뿐 아니라 박 대통령이 대구사
범을 졸업하고 교편을 잡고 있을
때 유 국장이 그 학교 교장의 아들
이었던 특수 관계였으므로 대통령
의 각별한 신임을 받고 있었다. 결
국 유 국장의 강력한 이의제기가

81년 당시 박태준 포철 사장

먹혀들어 현대, 대림, 삼환, 동아 등 4개 국내 건설업체에 재조사를 의뢰
했고, 그 결과 또다시 아산으로 뒤집어지게 된다.

2개월 만에 열린 청와대회의에서 이번에는 가로림만을 주장하던 오원
철 수석이 들고 일어났다. 제3라운드는 포철의 주선으로 일본 다이도오
공업이 심판이 되었다. 결과는 역시 아산을 주장한 건설부의 승리로 끝
났다.

엎치락뒤치락하던 제2제철소의 입지가 아산으로 결론이 나자 포철은
이 지역에 대한 본격적인 토질조사에 착수했다. 그러나 조사가 진행될수
록 엉뚱한 사실들이 드러났다. 실제로 땅을 파고 들어가보니 모래일 것
으로 예상되었던 곳은 뻘이고, 바위일 것으로 추정했던 곳은 부스러지기
쉬운 풍화암이나 편마암이 대부분이었던 것이다. 이러던 중에 10·26사
태가 터지고, 무려 6,700억 원의 정부예산이 들어가는 이 사업은 다시 중
단되고 만다.

그러나 국보위시대에 접어들면서 제5라운드가 펼쳐진다. 이번에는 건

설부와 포철의 싸움판으로 바뀐다. 기술적으로나 비용 면에서나 아산은 도저히 안 되겠다고 판단한 포철은 내부적으로 다른 곳을 물색한 결과 검토 첫 단계에서 일찌감치 제외되었던 전남 광양이 그중 낫다는 결론을 내렸다.

박 사장은 새로운 실력자인 전두환 국보위 상임위원장을 만났다. 박 사장이 육사 교무처장 시절에 전 위원장은 면접시험을 치른 생도였고, 연대장 때는 소대장으로 근무한 적이 있는 관계였다.

"제2제철소의 입지가 아산으로 결정되어 있습니다만, 우리 기술진이 조사해보니 문제가 많습니다. 광양이 더 나은 것 같은데 다시 한 번 아산과 비교해주십시오."

"그렇습니까? 제가 뭐 아나요. 철강 분야야 박 선배님이 대가가 아니십니까. 그렇게 지시하겠습니다."

전 위원장은 박 사장에게 언약한 대로 건설분과위원회에 즉각 아산과 광양을 재비교할 것을 지시했다. 건설부가 발칵 뒤집어졌다. 가까스로 확정된 아산인데, 다시 검토하라니 기가 막힐 노릇이었다. 광양을 새 후보지로 선정하는 데 앞장섰던 포철의 유상부 부장을 국보위 건설분과위원회에 불러다 갖은 모욕으로 분풀이를 했던 것은 바로 이 시점이다.

그러나 제5라운드의 승부는 건설부의 승리로 끝나고 만다. 80년 7월에 전 위원장 주재로 열린 건설분과위원회 회의에서 아산을 최적지로 재확인해버린 것이다. 박태준 사장한테는 "선배님께는 대단히 죄송합니다마는 전직 대통령께서 정하신 아산이 역시 좋더군요"라는 전 위원장의 메모가 붙은 회의 결과 통보만 달랑 전해졌다.

낙심천만이었으나 그냥 물러날 포철이 아니었다. 비상작전에 나선 포철은 자체 조사결과를 토대로 진정서를 만들어 전 위원장에게 전달했다.

광양과 아산의 경합은 이로써 제6라운드에 접어들게 된다. 제철소의 실수요자인 포철은 조사를 하면 할수록 광양이 아산보다 낫다는 것이 입증되는 만큼 절대 물러설 수 없다고 강력히 주장했다. 이 진정이 받아들여져 프랑스의 르아브르 항만청에 용역을 주어 최종결정을 내리기로 했다. 그러나 르아브르 항만청은 역시 아산이 유리하다는 견해를 제시했다. 이에 따라 건설부는 81년 11월 4일, 청와대회의에서 이를 토대로 최종적인 정부방침을 확정지을 참이었다. 누가 봐도 승부는 이미 판가름난 것이나 다름없었다.

"건설부 공무원들, 손해 많겠소"

마지막 반전은 청와대회의 당일날 일어났다. 건설부로부터 보고를 듣고 난 전 대통령이 이렇게 말해버린 것이다.

"제철소 입지는 실수요자인 포철이 잘 알 테니까 포철의 건의대로 광양으로 결정합시다. 건설부 공무원들 아산에 땅을 많이 사두었더구먼. 손해가 많겠소."

무려 8년간을 끌어온 싸움의 승부는 이렇듯 전혀 엉뚱한 데서 갈리고 말았다. 복잡한 기술관련 설명이나 비용분석 등을 둘러싸고 서로 자기네가 옳다고 버티는 동안 전 대통령은 안기부를 통해 해당지역의 토지매매 실태를 조사했다. 그 결과 광양에서는 포철 사람들이 땅을 사들인 경우를 찾아내지 못한 반면, 아산에서는 건설부 사람들이 매입한 땅이 드러났다.

아무튼 순수 민간기업은 아니라 해도 일개 기업이 정부를 상대로 싸워이긴 셈이다. 더욱이 건설부 측이 불가능하다고 했던 제철소 건설을 특수 공법으로 광양만에다 번듯하게 지어냈으니 포철의 완전한 판정승이나 다름없었다. 한때 제2제철소의 입지를 광양으로 결정한 것은 5공정부가 광주사태에 대한 부담을 다소라도 덜기 위한 조치였다는 그럴듯한 설이 퍼지기도 했으나 실상은 전혀 달랐던 것이다.

5공 시절 포철의 이야기는 여기서 그치지 않는다. 예컨대 제2제철소의 입지선정에서 보듯이 전 대통령과 박태준 사장의 관계가 그때만 해도 매우 좋았으나 얼마 안 가서 틈새가 벌어졌고, 포철이나 박태준은 박정희 시대의 3공 때와는 판이한 변화에 직면하게 된다.

공정거래제도 수립의 내막

예나 지금이나 우리나라에서 끊임없이 시빗거리가 되고 있는 것 중의 하나가 재벌 문제다. 그동안 한국경제가 대기업 중심으로 발전해온 것도 부인할 수 없는 일인 반면, 이 과정에서 심화되어온 경제력 집중현상 또한 골칫거리였기 때문이다. 더구나 재벌의 비대화는 언제나 정치권과의 유착이나 특혜와 맞물려왔으므로 경제적 문제 차원을 넘어서 국민감정의 문제로까지 비화되어온 것도 사실이다. 과연 전두환정권의 재벌 정책은 어떠했을까.

그동안 집권세력과 재벌들 사이에 정치자금이 어떻게 오갔으며, 그에 대한 반대급부와 뒷거래가 어떤 식으로 이루어졌는지에 대해서는 많이 밝혀졌다. 특히 전두환, 노태우 두 전직 대통령이 권좌에서 물러난 이후 겪은 사법적 심판 과정에서 완전히 덮여 있던 비밀스러운 부분까지도 드러났다. 비단 이 두 사람뿐만 아니라 뒤이은 김영삼, 김대중 두 대통령도 재임 중에 있었던 수많은 정경유착 문제로부터 자유롭지 못했던 사실도 확인되었다. 정치권력이 기업들과 결탁해서 어떠한 정치적 뒷거래를 해왔는지는 논외로 하고, 여기서는 5공정권이 제도적 측면에서 재벌정책을 어떻게 끌어갔는가를 따져보기로 한다.

원래 군인들은 재벌에 결코 호의적이 아니었다. 더구나 개혁을 부르짖던 신군부세력들로서는 대기업들이 그동안 우리 경제의 기관차 역할을 수행해온 긍정적인 측면을 인정하기보다는 비대화에 따른 부작용을 파헤치고 비판하는 쪽이 훨씬 어울렸다.

"압력은 내가 막아줄 테니 소신껏 하라"

전두환 대통령 역시 예외가 아니었다. 집권 초기 그가 걸핏하면 꺼내보는 표 한 장이 있었는데, 그것은 다름 아닌 30대 재벌의 은행빚과 매출액 등을 일목요연하게 정리한 것이었다. 장관들의 보고를 듣다가도 수시로 그 표를 꺼내보면서 "그 기업은 빚이 많아서 안 돼" 하는 식으로 브레이크를 걸곤 했다는 것이다. 한마디로 집권 초기의 전 대통령의 기업관은 군인 특유의 윤리 범주에서 벗어나지 못한 것이었다.

어쩌면 이것이 3공 말기에 유야무야되고 말았던 공정거래제도 도입 노력이 5공에 들어서면서 간단하게 결실을 보게 된 배경이라고 할 수도 있을 것이다. 공정거래실이 발족되고 나서도 전 대통령은 예외적으로 공정거래실 직원들을 따로 청와대로 불러 "기업들의 압력은 내가 막아줄 테니 걱정 말고 소신껏 하라"며 격려해줄 정도였다. 84년 6월, 재벌규제와 관련해 수석회의를 주재한 자리에서 말한 내용을 인용해보자.

"우리 국민은 다른 나라와 달라서 부자들이 특별한 행동을 하면 못 참는다. 외국에서는 돈이 있으면 금 비행기를 타고 다녀도 말이 없다. 그러나 우리나라는 여자들이 좋은 차에 비스듬히 기대어 앉아 고속도로를 달리는 것만 봐도 농부들이 점심 먹은 것이 올라온다고 한다. 이런 판에 몇 개 재벌들이 돈 좀 있다고 도시 하나를 분할하는 식으로 해서 되겠는가. 아마도 폭동이 일어날 것이다. 이런 점을 염두에 두고 정책 입안을 해야 한다."

그뿐이 아니었다. 심지어는 특정 재벌을 좋지 않게 본 나머지 이 회사가 합법적으로 따낸 공사를 강제로 빼앗아서 마음에 드는 신생기업에 넘겨준 일도 있었다. 그러나 전 대통령의 단편적인 말이나 행동을 기준으로 5공시대의 재벌정책을 평가하기는 곤란하다. 그런 식으로 따지자면 대통령 자신이 직접 정치자금을 챙기면서 드러낸 재벌과의 명백한 유착관계 또한 적지 않기 때문이다(이 방면에 있어서 전 대통령의 태도는 확실했다는 것이 직접 정치자금을 전달했던 기업인들의 공통된 평가다. 뭉칫돈을 들고 들어가 부탁을 하면 그 돈에 해당하는 만큼 해당기업의 애로사항을 분명하게 봐주었다는 이야기다. 따라서 기업들은 오히려 사업하기가 편했다는 이야기를 할 정도였다. 이는 다분히 노태우정권의 6공시대와 비교해서 하는 말이다).

용어조차 생소했던 '상호출자' 규제

결국 개별적인 사안은 접어두더라도 5공정부가 취한 제도적인 변화에 초점을 맞출 수밖에 없다. 물론 앞에서 살펴본 대로 기업들의 반발에도 불구하고 공정거래제도를 도입한 것 자체가 획기적인 전환이었다. 그러나 제도가 생겼다고 해서 하루아침에 해결될 일이 아니었다. 더구나 겨우 걸음마를 배우는 처지에 경제력 집중 문제의 핵심인 재벌의 비대화에 정면으로 맞선다는 것은 엄두도 못 낼 형편이었다.

그런데 이 일은 뜻밖에도 박봉환 증권감독원장에 의해 발동이 걸린다. 전 대통령으로부터 각별한 신임을 받았으나 곧은 성격 탓으로 핵심부에서 물러나야 했던 그는 증권감독원장 자리에 있으면서 새삼 재벌 문제에 관심을 갖게 되었고, 이 문제를 해결하기 위해서는 재벌의 계열기업 간에 이루어지는 소위 상호출자 행위를 제도적으로 막아야 한다는 결론에 도달하게 된다. 그가 상호출자 문제에 대해 관심을 갖게 된 동기는 '기업의 실제 돈벌이와 증권시장의 주가가 왜 따로 움직이느냐'에 의문을 품기 시작하면서부터였다. 예컨대 현대자동차가 뭉칫돈을 벌고 있는데도 왜 주가는 계속 바닥을 기고 있느냐 하는 거였다. 박봉환은 그 해답이 재벌들 사이에 만연해 있는 상호출자에 있다는 결론에 도달하게 된다.

당시로서는 경제관료들 사이에서도 상호출자라는 용어조차 생소하던 때였다. 상호출자란 그룹 내 회사끼리 서로 출자하는 방법을 통해 별도의 회사를 차릴 수 있는 방법으로서, 재벌들의 이른바 '문어발식 확장' 수단으로 활용되었다. 기업을 빨리 키우고 대형화하는 데는 매우 유용한 수단이지만, 한편으로는 자본의 공동화空洞化 현상을 초래하고 경제력 집중을 부추기는 결정적인 요인이기도 했다. 그러나 아무도 이에 대해 정면으로 문제를 제기하는 사람은 없었다.

비밀리에 상호출자 문제에 대한 검토를 끝낸 박 원장은 때마침 추진되고 있는 상법 개정안에 상호출자규제 조항을 삽입하는 것이 안성맞춤이라고 판단, 이를 은밀히 신병현 부총리 겸 경제기획원장관에게 건의했다. 우연히 마주친 골프장 목욕탕 안에서였다.

"부총리, 우리 경제가 건전하게 발전하려면 재벌 문제를 해결해야 합니다."

"무슨 방법이 있습니까?"

"상호출자가 그 핵심입니다. 재벌들의 문어발식 확장을 막으려면 상호출자 행위를 규제하면 된다니까요. 이번에 정기국회에서 고치려는 상법에다 상호출자규제 조항을 넣도록 하십시오."

"좋습니다. 한번 추진해봅시다."

그러나 대기업들의 이해관계가 직결되어 있는 이 문제가 수월하게 추진될 리 없었다. 상법 개정의 주무부서는 법무부였고, 실무적으로 재무부가 앞장서서 추진해주어야 할 일이었으나 법무부나 재무부 모두 소극적이었다. 처음에는 상호출자규제 문제가 좀 거론되나 싶더니 재벌들의 로비에 걸려 결국은 이를 빼놓고 상법 개정안이 마무리되어갔다.

안 되겠다 싶었던 박 원장은 법안을 심의할 민정당을 직접 움직일 수밖에 없다고 판단했다. 마침 개인적으로 친분이 두터운 권익현 사무총장이 증권감독원장실에 들렀기에 박 원장은 '기회는 이때다' 하고 상호출자규제의 중요성을 역설했다.

"이것 보세요, 권 총장. 여당 입장에서 실질적인 일을 좀 하시오. 이를테면 재벌 문제만 해도 말로만 이러쿵저러쿵 할 게 아니라 제도적으로 해결할 수 있도록 해야 할 게 아니오…. 어떻게 해서라도 이번 정기국회 중에 민정당이 주도해서 개정 상법에다 상호출자규제 조항을 신설하도록 해야 합니다."

이렇게 해서 도저히 될성싶지 않았던 상호출자규제 제도의 실현은 84년 3월, 뭔지도 몰랐던 민정당의 막판 주도로 이루어졌다. 따지고 보면 재벌 정책에서 최대의 분수령이랄 수 있는 이 제도의 도입이 오히려 주무부서에서는 팔짱을 끼고 있는 가운데 정부 밖의 감독기관장의 노력에 의해 성사된 셈이었다.

그러나 제2라운드부터는 전담부서인 공정거래실에 의해 추진된다. 어렵사리 재벌들의 상호출자를 규제할 수 있는 근거를 처음으로 상법 개정을 통해 만들어놓았으나, 실제로 이것을 적용해서 규제효과를 거두는 데는 한계가 있었다. 예컨대 재벌들의 상호출자 행태는 점점 교묘해져 단순한 직접 상호출자보다 여러 계열사들을 중간에 끼워넣는 간접적인 방법이 대부분이었기 때문이다. 따라서 공정거래실의 실무자들은 상법의 규제 조항을 토대로 공정거래법에 보다 구체적인 규제장치를 두어야 한다고 생각했다.

당시 공정거래실의 분위기는 신생 조직답게 매우 의욕적이었다. 특히 젊은 사무관들 사이에서 재벌의 문어발식 확장에 대해 과단성 있는 정책 전환이 절실하다는 주장이 강력히 제기되고 있었다. 젊은 관료들의 이 같은 움직임에 대해 위에서는 '되지도 않을 일을 공연히 떠벌린다'며 냉담한 반응이었고, 따라서 85년까지는 소강상태로 어정쩡하게 지나게 된다.

이 문제가 다시 본격적으로 거론되기 시작한 것은 86년 초 김만제가 부총리로 취임하면서부터였다. 신임 김 부총리로부터 상호출자 규제를 실질적으로 강화하는 방안을 강구하라는 공식 지시를 받은 공정거래실의 실무자들은 신이 났다. 그러나 그해 8월 당정협의회에 부치기 위한 기본안이 만들어지기까지 또 한차례의 진통을 겪어야 했다.

"기업 망하면 당신이 책임질 거냐"

우선 재무부가 반대하고 나섰다. 현행 여신관리제도만 강화하면 재벌의 경제력집중 현상을 충분히 막을 수 있는데 뭣하러 공정거래법까지 고치려 하느냐는 것이었다. 일리가 없는 말은 아니었으나 재무부가 반대하는 진짜 속셈은 상호출자를 공정거래법으로 규제할 경우 자기네들의 영향력이 그만큼 줄어들 것이 우려되어서였다. 실제로 재무부는 재벌규제와 관련, "재벌규제는 어디까지나 공정거래법 차원에서 다루어야지 왜 자꾸 여신관리제도와 연결시키려 하느냐"며 태도를 바꾼다.

당사자인 재벌들의 저항도 대단했다. 정지택 과장 등 공정거래실의 실무팀들이 작업 과정에서 재벌기업의 비서실장과 기조실장들을 수시로 만나 정부의 입장을 밝히면 이들은 "기업이 망하면 당신이 책임질 거냐"라며 맞섰다. 때로는 심야토론도 불사했다. 상호출자를 본격적으로 규제할 경우 가장 심각한 타격을 받게 되어 있던 대우의 김우중 회장은 팔레스호텔 방에서 새벽 2시가 넘도록 공정거래실 관계자와 승강이를 벌였다.

"대우조선만 해도 박 대통령의 지시로 계열기업이 출자토록 한 것인데, 여태까지 손해만 보고 있지 않았느냐. 그런 판에 무슨 수로 계속 생돈을 넣으라는 말인가."

"대우가 지니고 있는 은행 주식을 팔면 될 게 아닌가."

상호출자규제 정책의 제2라운드는 이처럼 기업들이 들고일어나고 정부 안에서도 타 부처들이 반대했으나, 김 부총리가 방패막이 역할을 하고 사공 수석이 뒤를 받쳐줌으로 해서 매듭을 짓게 된다.

결국 상호출자규제 정책을 비롯해 재벌의 경제력 집중을 막아내는 공정거래제도의 도입은 그전에는 꿈도 못 꾸었다가 전두환정권에 들어와서야 비로소 열매를 맺기 시작했던 것이다.

개방정책의 우여곡절

'통상마찰'이란 70년대까지만 해도 한국경제에는 해당사항이 없는 단어였다. 그랬던 것이 80년대에 들어오면서 어느 경제 현안 못지않게 심각한 골칫거리로 등장하게 된다. 기껏해야 섬유수출 쿼터를 증액시켜나가는 것이 관심사의 전부였던 통상외교부는 그때그때 앓는 소리를 해가며 읍소작전을 벌이는 것이 예사였다. 그런가 하면 미국이 무슨 소리를 하건 양담배를 수입 금지시킨 것은 물론이고, 피우는 사람을 잡아 가두는 일도 거리낌이 없던 시절이었다.

83년 초, 수입개방 정책을 놓고 개방론자들과 보호론자들 사이에 벌어졌던 정부 내의 공방도 애초에는 통상마찰 때문에 벌어졌던 것은 아니었다. 밖으로부터의 압력 여부를 떠나 시장경제를 주창하던 개혁주의자들이 한국경제의 체질과 경쟁력을 강화하기 위해서는 우리 스스로 과감한 수입개방정책을 펴나가야 한다고 주장하고 나서면서 벌어진 논쟁이었다.

그러나 미국 측이 컬러TV를 비롯해 우리의 주력 수출상품이 미국 시장에서 덤핑판매를 하고 있다는 이유로 규제를 가해오는 한편 한국에 시장개방을 요구해오면서 문자 그대로 통상마찰 문제가 제기되었던 것이다. 이렇게 해서 80년대 중반에 들어서면서 시장개방을 둘러싼 진보파와 수구파의 대립이 노골화되기 시작했다. 이 같은 갈등은 국제수지 흑자로 수그러드나 싶더니 90년대로 접어들자 이른바 UR(우루과이라운드. 관세 및 무역에 관한 일반 협정(GATT)의 제8차 다자간 무역협상) 문제로 다시 증폭되기에 이른다. 여기서 살펴보고자 하는 것은 시장개방의 결정 과정이 정부 안에서 어떻게 진행되어왔는가 하는 점이다.

첫번째 관심사항은 부처간의 갈등이다. 어떤 품목이든 시장개방이 거론되면 해당 주무부처는 으레 목청을 높여 반대하기 마련이다. 상공부와 농림수산부는 물론 문공부까지도 영화산업 개방이나 저작권 보호 문제로 개방정책을 반대해왔다.

이에 맞서 수입개방을 앞장서서 추진해온 주체는 역시 총괄부처인 경제기획원과 청와대 경제수석실이었다. 구성원들의 성향도 개방주의적이었거니와 품목별 수입개방에 따른 이해관계에 구애받지 않아도 되는 입장이기 때문에 개방정책 추진에 훨씬 적극적이었다.

또 하나의 변수는 외무부였다. 외무부는 수입개방에 따른 경제적 이해득실의 문제와는 상관없이 통상 문제를 풀어나가는 외교적 협상 과정에서의 주도권 여부가 주된 관심사였다. 통상도 외교이니 어디까지나 자기네들이 주도해야 한다는 것이었다. 부처간의 갈등은 기획원 안에 설치된 해외협력위원회기획단이 통상 문제를 총괄하면서부터 한층 첨예해져갔다.

여기서 잠깐 해협위기획단에 대해서 살펴보자. 원래 대외적인 경제협력은 외자업무를 중심으로 경제기획원의 경제협력국이 주관했는데, 5공 들어 '작은 정부'를 지향한다며 이것을 대폭 축소시켜 재무부로 넘겨버렸다. 그래 놓고 보니 주한 외국기업들에 대한 창구가 없어지게 되어 여기저기서 문제점이 제기되기 시작했다. 특히 82년에 전 대통령이 아프리카를 순방하면서 경제협력 문제를 잔뜩 벌여놓고 돌아왔는데, 그 후속조치가 제대로 이루어지지 못하는 일도 생겼다. 마침 기구 축소에 의기소침해 있던 경제기획원은 때를 놓칠세라 이러한 문제들을 총괄해야 한다는 명분을 내세워 83년 초 해협위기획단 설치에 성공한다. 정부직제 개편으로 빼앗겼던 대외조정 업무를 1년 반 만에 되찾은 것이다.

이때만 해도 기획단의 주된 업무는 후진국과의 경제협력 문제였으므로 매우 제한적인 것이었다. 그랬던 것이 대미 통상마찰이 심각한 현안으로 등장하면서 자연스럽게 이쪽 일에 매달리게 되는 것이다. 다행히 청와대는 상황변화를 제대로 읽어내고 있었다. 미국의 본격적인 통상압력에 대한 준비를 강화할 시점에 이르렀다고 판단한 사공일 경제수석은 대통령을 설득해 해협위기획단 강화에 나섰다.

사방에서 뭇매 맞은 '개방사령관' 김기환

하지만 각 부처들이 볼 때 해협위기획단은 눈엣가시였다. 특히 김기환 기획단장이 관계장관들이 모인 자리에서 통상 전반에 걸친 정책방향을 밝히곤 했는데, 그때마다 다른 장관들은 노골적으로 눈살을 찌푸렸다. 특히 그가 당장의 현안들뿐 아니라 중장기적인 개방계획을 밝히자 상공부를 필두로 대부분의 경제장관들이 언성을 높이며 김 단장을 윽박질렀다. 차관급 주제에 어디서 함부로 남의 부처 소관사항을 이래라저래라 하느냐는 것이었다.

김준성 부총리 등 주요인사들이 83년 2월 경제기획원 내에 설치된 해외협력위원회의 간판을 걸고 위원회의 탄생을 축하했다. 왼쪽부터 초대 해협위기획단 하동선 단장, 정인용 기획원차관, 강경식 재무장관, 김 부총리, 이범석 외무 장관

확실히 그의 주장은 당시로서는 크게 앞서나가는 것이었다. 이를테면 장관들을 앉혀놓고 일반 공산품의 수입개방은 물론이고 건설이나 유통시장에도 개방압력이 불가피할 것이므로 지금부터 미리미리 대처해나가야 한다, 장차의 상황이 이러이러하게 예상되는 만큼 관계법규라도 하나씩 고쳐나가야 한다고 강의를 하곤 했던 것이다.

김기환은 '고독한 선각자'였다. 미국으로부터의 통상압박이 앞으로 어떻게 전개될 것이라는 그의 예상은 시간이 지나면서 그대로 적중했다. 하지만 초반에는 사방에서 뭇매를 얻어맞을 수밖에 없었다. 그의 파격적인 주장은 직업관료 사회에서 미움을 사기에 딱 알맞았던 데다 기획단이 주도권을 행사하는 자체로도 다른 관계부처들의 비위를 건드리기에 충분했다. 더구나 지나치게 공격적인 김 단장의 업무추진 스타일도 상승작용을 했다. 언론 또한 그를 어찌나 매도했는지, 당시의 신문기사를 들춰보면 기자들 스스로가 낯이 뜨거워질 수밖에 없을 것이다.

정부 안의 갈등 또한 가관이었다. 통상회의에 누가 수석대표로 참석할 것인가를 놓고 다툼이 그치지 않았다. 해협위기획단은 김 단장의 개인적 역량이나 업무의 총괄성을 보더라도 마땅히 기획단이 주도해야 한다는 것이었고, 상공부는 상공부대로 통상업무의 국제적인 대표성은 어디까지나 자기들한테 있다며 물러서지 않았다. 이에 뒤질세라 외무부 역시 외교상의 전문성을 내세우며 자기네가 수석대표가 되어야 한다고 언성을 높였다. 청와대 쪽에서는 기획단장의 입지를 강화해주기 위해 대사 자격뿐 아니라 무임소장관으로까지 격상시킬 생각이었으나 외무부를 비롯한 다른 부처들이 반대했다.

이런 시비로 세월을 보내니 마치 배가 산으로 올라가는 격이었다. 해협위기획단은 사면초가에 빠졌고, 대세는 개방파에 불리하게 전개되었다. 급기야 노신영 총리, 김만제 부총리팀이 들어서면서 해협위 자체가 해체되어 대외경제조정실로 축소·개편되는 길을 걷게 된다.

소극적 대처로 비싼 대가 치르다

해협위기획단의 해체는 정부 내에서 하나의 사건이었다. 개방정책의 정당성 여부를 떠나서, 김기환 기획단장의 '튀는' 정책추진은 정부 내에 다수의 적을 만드는 결과를 낳았고, 기획단 해체와 함께 그는 정부를 떠나고 만다. 김기환은 당시의 아쉬움을 이렇게 토로했다.

"만약 개방 문제에 대해 좀 더 적극적으로 대처했더라면 그후의 경제 상황은 어려움이 훨씬 덜했을 겁니다. 우루과이라운드 문제만 해도 이미 충분히 예상했던 일이었는데도 불구하고 각 부처들이 자기네 입장만 고집하며 대비책을 강구할 엄두도 안 냈기 때문에 그 대가를 더 비싸게 치렀던 것입니다. 지금은 우루과이라운드라는 이름이 붙여졌습니다만, 원래는 '서울라운드'가 될 예정이었습니다. 당초 예정대로 서울라운드가 되었더라면 상황이 많이 달라졌을 겁니다. 정부 차원의 대비뿐 아니라 일반 국민들의 입장에서도 개방 문제에 대한 인식이 크게 달라졌을 테니까요."

UR이 아니라 SR이 될 뻔했다니 무슨 이야기인가. 그의 설명은 좀 더 거슬러올라간다.

"새로운 다자간 무역질서의 필요성은 80년대초부터 제기되고 있었고, 따라서 수출로 먹고사는 한국 같은 나라는 오히려 이 같은 움직임에 앞장을 서야 할 처지였습니다. 다시 말하면 기존의 GATT체제가 약화되고 지역주의가 팽배할 경우에는 설 땅이 없어지게 되는 셈이기 때문이었습니다. 더구나 미국으로부터의 통상압력이 갈수록 거세지고 있는 상황이었으므로 미국의 직격탄을 피하기 위한 방편으로라도 다자간협상 테이블로 끌고 가야 했습니다. 그래서 신 다자간협상에 한국은 처음부터 적극적인 입장을 취했던 것입니다."

이 같은 맥락에서 83년 이후 여러 차례에 걸쳐 열리는 비공식 세계통상 장관회의에서 한국은 신흥개발도상국NICs의 대표 격으로 참여하게 되고, 85년 스톡홀름회의에서는 "다음 회의를 서울에서 개최할 뿐 아니라 신 다자간협상의 공식 출범을 서울에서 선언하자"는 결론을 내리게 된 것이다. 요컨대 새로운 다자간협상의 이름을 서울라운드라고 하기로 결정했었다는 것이다.

당시 경쟁국들로는 캐나다와 벨기에, 싱가포르 등이 나섰는데, 미국이 한국 편을 들어 서울에서 최종 회의를 개최하기로 했던 것이다. 물론 전대통령의 결재를 받고 실무자들이 추진한 결과였다.

그러나 86년 2월 전 대통령은 이 같은 당초 결정을 번복해버린다. 겉으로 알려진 이유는 아시안게임 행사와 겹친다는 것이었으나 그것이 진짜 이유는 아니었다. "결과적으로 개방정책을 촉진하게 될 국제협상을 서울에서 합의하는 것은 대내적인 여론을 감안할 때 바람직하지 못하다"는 노신영 총리의 주장이 설득력을 발휘해 대통령이 결심을 바꿔버렸던 것이다.

이렇게 해서 결국 생각지도 않게 우루과이가 대타로 나서게 되었고, 그 후부터는 정부 스스로 가급적 이 문제를 거론하지 않는 쪽으로 분위기가 변해갔다. 결국 신 다자간협상을 둘러싸고 한국정부는 처음에는 오히려 적극적이다가 어느 날 갑자기 180도 선회해서 무관심 내지는 앞장서서 반대하는 입장을 내비치게까지 된 것이다.

전두환의 경제학

전두환시대의 '진짜' 경제사령탑은?

전두환시대에 대통령 다음으로 경제정책의 최고 실권자는 누구였을까. 이 점에 있어서도 전두환의 제5공화국은 박정희의 제3공화국과 적지 않은 차이점이 있음을 볼 수 있다. 물론 행정 직제상으로 따지면 양 시대 모두 부총리를 겸하고 있는 경제기획원장관이 실무적인 경제정책의 최고 책임자임에 틀림없다. 3공시대에는 가끔 예외가 있었으나, 대부분의 경우 경제기획원장관이 명실 공히 경제정책의 총사령관 역할을 맡아왔다.

경제기획원이라는 기구 자체가 3공시대의 출발과 함께 만들어진 총괄 부처였을 뿐 아니라 실제에 있어서도 기획원장관이 거의 모든 정책을 장악해나갔다. 이 점은 이 시대에 기획원장관을 지냈던 사람들의 면면을 살펴봐도 금방 드러난다. 60년대 개발경제를 이끌었던 장기영張基榮을 비롯해 김학렬, 남덕우 등 막강한 영향력을 행사했던 인물들이 그들이다.

그러나 5공시대로 들어오면 달라진다. 기획원 자체의 영향력이 약화되었을 뿐 아니라 장관의 위상이 현저하게 평가절하된다. 물론 공식적으로는 어디까지나 기획원장관이 경제팀장이었으나 경제정책의 진짜 사령탑은 청와대 경제수석이었다. 3공시대에도 김용환 같은 힘 있는 인물이 경제수석을 맡은 적이 있었고, 김정렴처럼 경제통 비서실장이 오랫동안 막후에서 경제정책에 영향력을 행사했던 것도 사실이지만, 박정희의 통치방식에서는 어디까지나 총사령관은 경제부총리였다. 그러나 전두환정권은 그렇지 않았다. 경제수석의 힘과 영향력은 훨씬 노골적이고 전면적이었다. '대통령의 뜻을 받들어' 경제정책에 관한 한 노동 부문을 제외하고는 경제수석이 전부를 총괄했다.

경제부총리 위에 '경제총리'

5공시대의 경제수석은 단순한 측근이 아니었다. 대통령의 힘을 배경으로 경제정책 하나에서 열까지를 뒤에서 조정하고 챙겼다. 반면에 경제기획원장관은 사람에 따라 다소 차이가 있기는 했어도 경제정책의 총수라기보다는 대통령의 지시를 직접 받거나 아니면 경제수석의 가이드를 받아가며 정책을 집행해나가는 역할에서 크게 벗어나지 못했다.

5공 7년 동안 경제수석에 기용되었던 인물은 김재익, 사공일, 박영철朴英哲 등 3명에 불과했던 반면에 부총리 겸 경제기획원장관은 신병현, 김준성, 서석준, 신병현, 김만제, 정인용 등 5차례에 걸쳐 빈번하게 교체되었던 사실만 보아도 대통령의 경제 쪽 인사구도가 어떠했는지를 쉽사리 알 수 있다.

경제수석의 경우 정권이양을 앞두고 10개월밖에 못했던 박영철을 제외하면 사실상 김재익과 사공일 수석 두 사람이 주고받고 한 셈이었다.

김 수석은 지금까지 여러 차례 거론되었듯이 전 대통령의 가정교사로서 5공경제의 기틀을 짰던 장본인이며, 바통을 이어받은 사공 수석은 무려 3년 8개월 동안이나 경제수석 자리에 앉아 막강한 영향력을 행사했다. 두 사람의 스타일은 각기 달랐으나 둘 다 대통령의 절대적인 신임 속에서 마음껏 소신을 발휘해 일했다.

전 대통령은 기본적으로 기획원장관보다 경제수석을 더 중요한 자리로 여겼다. 그렇게 된 데는 여러 가지 이유가 있었다. 첫번째 이유는 경제정책을 이끌어가는 대통령의 통치 스타일에서 찾을 수 있다. 그는 우선 자신이 직접 나서서 모든 것을 다 챙기려 했다. 운동경기에 비유하면 조직력에 의한 팀플레이가 아니라 자신을 중심으로 한 개인플레이 형이었다.

경제수석은 대통령의 머리요, 입이었다. 기획원장관이 경제부총리라는 직함을 달고 다른 경제장관들을 지휘했다면, 경제수석은 그보다 한 수 위인 '경제총리'였다고 해야 할 것이다. 청와대 경제수석실에 오랫동안 몸담았던 모 비서관은 이렇게 말한다.

"집권 초기부터 김재익 수석 개인에 대한 대통령의 의존도가 너무 컸어요. 정책 구상 자체가 김 수석의 머리에서부터 시동이 걸렸으니 그럴 수밖에 없었겠지요. 더구나 행정부에 뿌리가 없는 그로서는 절대적으로 신뢰할 수 있는 소수의 측근에 의존하려는 경향이 강했습니다. 이처럼 김 수석에 대한 대통령의 신임이 대단하다는 사실이 알려지면서 경제장관들의 태도가 어떻게 바뀌었는지는 쉽게 짐작할 수 있는 일이지요. 처음 얼마 동안은 김 수석한테 정책적으로 맞선 장관들도 일부 있었으나, 결국 오래지 않아 물러나야 했습니다. 따라서 모든 주요 경제정책들은 경제수석이 반대하면 불가능했습니다."

김재익 수석이 집권 초기의 경제정책 구도를 획정하는 데 영향력을 발휘했다면, 그 뒤를 이은 사공일 수석은 경제정책의 전반적인 집행에서 막강한 힘을 발휘했다. 오히려 김 수석이 지나치게 이상주의적인 성향 때문에 적지 않은 저항에 부닥치고 신군부 주체세력들의 정치적인 견제 때문에도 고생이 적지 않았던 데 비해, 현실감각을 갖추고 대인관계도 폭넓고 원만했던 사공일 수석은 대통령의 신임 속에서 주요 자리의 인사를 포함해 경제행정 전반을 장악했다고 해도 과언이 아니다.

경제수석은 차관급이었으나 실제로는 경제장관들의 인사에까지 개입했다. 전 대통령은 부총리를 비롯해 주요 경제장관들을 교체할 때는 꼭 경제수석의 자문을 구했고, 때로는 경제수석이 천거한 인물을 그대로 임명해버리는 경우도 적지 않았다.

82년 초, 재무부의 핵심인물들을 들어내서 경제기획원으로 보내고, 경제기획원 관료들로 하여금 재무부의 안방 차지를 하게 한 것이라든지, 기획원 관료들의 반대를 무릅쓰고 예산동결을 밀어붙인 것도 전적으로 김 수석의 작품이었다. 뿐만 아니라 KDI나 KIET 등 관련 연구소의 인사권과 연구 프로젝트 선정권까지도 경제수석의 손에 있었고, 재계의 중요한 담판사항은 예외 없이 수석이 개입해 최종 결정을 내렸다.

정치적 결단을 필요로 하는 사안에 대해서도 부총리보다는 경제수석이 총대를 메곤 했다. 직업관료들로서는 함부로 거론할 수 없는 국방비 문제라든지 정치적으로 민감한 추곡수매가 인상률 문제 등을 둘러싸고 정치권과 곤란한 담판을 벌이는 일들도 결국은 '대통령의 이름으로' 경제수석이 나섰다.

경제수석의 부상과 경제기획원의 위상 변화

물론 저항이 전혀 없었던 것은 아니다. 그러나 그때마다 경제수석은 마치 암행어사가 마패를 꺼내 보이듯 '통치권자의 뜻'이라는 한마디 최후통첩으로 단숨에 제압해버리곤 했다. 이러니 아무리 완력이 강한 장관이라 해도 경제수석 앞에서는 꼼짝을 못했다. 심지어 경제수석의 눈 밖에 나면 대통령한테 보고할 기회조차 가질 수 없었다. 대통령에게 보고하는 시간이야 관계장관이 청와대 의전수석과 협의해서 정하도록 되어 있었지만, 의전수석이 경제장관들로부터 면회신청을 받으면 경제수석과 사전협의를 꼭 거쳤다. 그러면 대통령에게 보고하겠다는 내용을 경제수석이 미리 들어보고 자기 판단에 따라 보고시간뿐 아니라 면담 여부에까지 영향력을 행사했다. 어떤 장관이 소신을 가지고 추진하려는 정책이 경제수석의 견해와 다르면 그 장관은 대통령에게 자신의 생각을 보고할 기회조차 갖지 못하게 되는 시스템이었던 것이다.

경제수석의 힘이 이처럼 강화되기까지의 배경을 달리 찾아볼 수도 있다. 우선 대통령의 개인적인 통치 스타일이 아니더라도 3공시대보다 명실 공히 경제기획원의 힘이 상대적으로 약화되었다. 무엇보다도 차관경제시대에 외자도입 주무부서로서 누렸던 힘이 사라졌다. 3공시대에는 외자도입을 바탕으로 경제기획원장관이 정치자금 조달에도 일익을 담당했고, 한편으로는 예산장관으로서 대국회 관계는 물론이고 행정부 내의 조정능력도 어렵지 않게 강화해나갈 수 있었다. 여기에다 박정희 대통령은 경제기획원장관에 대한 개인적인 신임과 함께 상당한 재량권을 부여했다. 말하자면 웬만하면 믿고 맡기는 스타일이었다.

이에 비하면 5공시대에 들어와서의 경제기획원은 역할과 위상 자체가 크게 달라졌다. 다시 말해 생색내던 역할은 없어진 반면 안정화정책에 총대를 메는 등 궂은일만 잔뜩 떠안게 된 것이다. 예산만 하더라도 팽창예산시대에는 경제기획원이 시혜자적인 입장에서 선심을 써가면서 각 부처들을 휘어잡을 수 있었으나, 예산동결이니 뭐니 해가며 강력한 재정긴축정책이 지속되면서 생색을 내기는커녕 각 부처의 불평을 막기에 급급했다.

결국 경제수석과 기획원장관의 힘겨루기에서 경제수석이 우위를 누렸던 것은 전 대통령의 개인적인 통치 스타일로부터 연유된 것 외에도 이처럼 경제여건의 변화나 정책 선택에 따라 기획원의 위상이 상대적으로 약화된 데서 기인한 것이기도 했다.

특히 정치자금 동원과 관련해서 살펴보면 3공시대에는 경제부처 차원에서 기여하는 경우가 많았으나, 5공에 들어와서는 모든 정치자금을 전 대통령이 직접 챙겼다. 따라서 주요 정책 결정의 채널이 공식적인 행정절차를 밟는 쪽보다는 대통령의 뜻을 알아서 받들어 모실 수 있는 비서실 또는 측근 세력을 중심으로 형성되어갔던 것이다.

어쨌거나 5공시대에 경제정책의 최고 실력자는 경제수석이었고, 따라서 경제수석실의 비서관팀은 대통령의 경제친위대로서 막강한 파워를 행사했다. 5공시대는 정책 결정 과정에서 합의도출의 중요성이 떨어진 반면에 최고 통치자의 결심과 소신이 모든 것을 좌우하는 시절이었으므로 측근인 경제수석의 힘이 상대적으로 강할 수밖에 없었던 것이다.

그러나 전 대통령은 경제수석에 힘을 실어주면서도 견제와 균형을 묘하게 유지해나갔다. 절대적인 신임을 누렸던 김재익도 처음에는 상당한 고충을 겪었다. 예컨대 국보위 시절에 그가 앞장서서 매듭을 지었던 한국은행 독립 문제를 포함한 금융자율화계획이 5공 출범 이후 대통령의 첫 결재사항으로 올라갔으나 보류되었고, 갖가지 정책금융을 대패질하듯 싹 없애버리려는 계획도 좌절당했다. 이상주의적인 그의 성향은 곳곳에서 현실주의자들의 저항을 불러일으켰다.

오히려 처음 얼마 동안은 행정경험도 많고 전 대통령의 첫 가정교사였던 박봉환 동자부장관의 영향력이 더 컸다. 박 장관은 10·26이 일어나기 이전, 전 대통령이 보안사령관이었던 시절에 그의 요청으로 경제 강의를 했고, 국보위 시절에 들어서는 김재익을 후임 가정교사로 천거했던 장본인이었으므로 전 대통령의 신임은 각별했다. 때문에 박 장관은 소관 업무와 상관없이 자주 청와대에 불려가 대통령의 정책 결정에 결정적인 역할을 하곤 했다. 김 수석의 의견이 옳지 않다고 생각될 때는 주저 없이 이를 뒤집었다.

한번은 정책금융 폐지 문제를 놓고 대통령의 최종적인 결재를 얻어내는 회의가 청와대에서 열렸다. 신병현 부총리를 비롯해 남덕우 총리, 이승윤 재무, 서석준 상공장관, 김준성 한은총재, 하영기 산은총재, 그리고 김재익 경제수석이 참석했다. 물론 이 과감한 아이디어를 낸 이는 김 수석이었다. 그는 3공시대에 만연했던 과다한 중복투자와 이에 따른 금융 왜곡 현상을 바로잡기 위해서는 금리가 낮은 정책금융을 아예 없애버려야 한다고 주장했다.

전 대통령은 갑자기 회의를 중단시킨 채 금융정책과는 아무 상관도 없는 박봉환 동자부장관을 불러들였다. 금융은 박 장관이 잘 아니 그 사람 이야기를 들어보고 결정하겠다는 것이었다. 특별한 이의제기가 없으면 그냥 결정을 내릴 판이었다. 그런데 얼떨결에 불려온 박 장관이 뜻밖에 제동을 걸고 나섰다.

자리에 앉아 황급히 자료를 들추어보던 그는 정책자금 폐지 대상의 첫머리에 석탄비축자금도 포함되어 있는 것을 발견하고는 말도 안 되는 소리라며 공박하고 나섰다. 주부들이 연탄집게를 들고 데모를 하는 판인데, 이런 현실을 무시하고 군소 업체들을 지원하는 정책자금을 없애면 어떻게 하냐는 것이었다. 부실기업에 돈을 대주는 식의 지시금융이 나쁜 것이지, 경제현실에 입각한 선별금융 역할을 하는 정책자금은 오히려 꼭 필요한 것이라는 게 박 장관의 논지였다.

결국 박 장관의 주장이 설득력을 발휘했고, 김 수석의 시도는 무산되었다. 집권 초기 김재익은 여러 모로 서툴렀다. 자신이 우두머리인 청와대 경제수석실의 인선조차도 그의 뜻대로 해내지 못했다. 그는 단지 대통령의 가정교사였지 조직을 짜고 관장할 정도까지는 이르지 못했다. 경제수석실의 멤버 구성은 새 정부가 출범하고 나서 보름쯤 지나서야 마무리되었다. 배속된 사람들의 면면을 봐도 김 수석과는 전혀 성향이 다르거나 개인적으로 함께 일하기가 곤란한 인물들도 더러 끼어 있었다. 대부분은 국보위에서 그대로 넘어온 사람들이었다.

그 면면을 잠시 살펴보면 첫번째로 주목을 끈 인물은 금융담당비서관인 이원조였다. 제일은행 상무 출신으로 전 대통령과 오래 전부터 특수관계를 맺어온 그는 애당초 김 수석 밑에서 시키는 일이나 할 인물이 아니었다. 재경담당 비서관 오혁주는 국보위에서 넘어온 국세청 출신으로 거시적인 기획업무에는 조금도 맞지 않을 뿐 아니라 성향도 김 수석과는 판이한 사람이었다. 이밖에 중화학공업을 맡은 유종렬柳鍾烈이나 전자통신 부문을 맡았던 오명 등도 고등학교 또는 대학 동문으로 김 수석이 이들을 아랫사람으로 부리기에는 껄끄러운 점이 많은 인물들이었다.

그러나 경제참모진의 큰 틀을 짜는 작업은 역시 김재익의 손에 맡겨졌다. 국장급인 비서관과 그 밑의 과장 사이에 연구위원이라는 자리를 새로 만들도록 해서 경제수석실에 새로 들어온 사람들은 서상목, 양수길楊秀吉, 홍철, 홍성원洪性源, 홍병유洪炳裕 등의 소장파 학자들이었다. 새로운 경제정책을 펴나가는 데서 경제수석실이 '싱크탱크'의 역할을 맡아야 하는데, 그러기 위해서는 젊은 학자들을 대거 불러들여야겠다는 김재익의 판단을 전두환이 그대로 수용해주었던 것이다[그러나 이 시도 역시 잘 먹혀들지 못했다. 김 수석은 팀별로 직업관료와 학자들이 허심탄회하게 보완적으로 일해나가기를 바랐지만, 그것은 그만의 순진한 기대에 불과했다. 학자인 연구위원들은 같은 학자 출신인 수석을 격식 없이 보좌한다고 생각했던 반면, 팀장인 비서관들은 어디까지나 '직속상관은 나'라는 식의 관계를 고집하는 바람에 사이가 원만할 리가 없었다. 얼마 못 가 서상목, 양수길 등이 그만두었고, 결국 연구위원제도 자체가 없어지게 되었다].

81년 중반에 들어서면서 김재익은 그의 의중대로 경제비서들을 대폭 바꾸게 된다. 연구위원 자격으로 들어왔던 홍철 박사 등 남아 있던 젊은 학자들을 중심으로 분위기가 일신되었고, 기획원 시절에 함께 발맞춰 일했던 박유광 정책조정국장을 불러들여 재정금융을 맡기면서 비로소 자신의 팀을 만들게 되었던 것이다. 이때부터 김 수석의 운신이 보다 적극성을 띠게 되었고, 각 비서관들도 업무분장에 따른 종합적인 팀플레이를 본격적으로 가동하게 된다.

김재익의 뒤를 이은 사공일 경제수석 때에도 전두환 대통령은 절대적인 신임을 주었고, 경제수석을 중심으로 소신껏 경제정책을 펴나갈 수 있게 해주었다. 노동 분야 한 가지만 제외하고는 모든 경제정책의 실질적인 총괄권은 전두환정권 내내 경제수석이 쥐고 있었다고 해도 과언이 아니었다. 정책뿐 아니라 인사에도 깊이 영향력을 행사했다. 그런 면에서는 대인관계가 폭넓고 현실경제에 밝은 사공일이 김재익보다 더 큰 힘을 발휘했다고 할 수 있다. 경제장관, 은행장, 국영기업 사장에 이르기까

지 거의 모든 인사에서 중간에서 추천하고 거르고 하는 역할을 경제수석
이 했고, 또 대통령은 그런 역할을 경제수석에게 맡김으로써 힘을 실어
주었던 것이다.

경제는 군부의 치외법권 지대?

권력을 잡은 신군부가 5공화국 경제정책에는 어떠한 입장을 취했으며 얼마만한 영향을 미쳤을까. 신군부의 중심세력 가운데 경제에 적극적으로 관심을 가졌거나 전문지식을 갖춘 인물은 없었다. 총수 격인 전두환만이 보안사령관이라는 특수 신분을 활용해서 경제 과외공부를 했을 뿐이었다. 국보위 시절에도 이춘구 등의 군 출신들이 일부 상임위 위원장직을 맡았으나 그야말로 형식에 그쳤고, 실제 경제정책을 관장하는 일은 관료들이나 학자들의 몫이었다.

정권은 힘으로 잡았으나 가뜩이나 심각한 지경에 이른 경제를 다루는 일에는 자기들 안목이나 경험으로는 감당해낼 재간이 없었으므로 처음부터 전문가들한테 의존할 수밖에 없었던 것이다. 이런 상황에서 리더 전두환만이라도 경제에 깊은 관심을 가졌다는 것이 지내놓고 보면 천만다행이었다. 대통령이 되기 전이든 되고 나서든 경제공부에 열심이었던 군 출신 실력자는 전두환뿐이었다. 그를 최측근에서 도왔던 허화평, 허삼수, 이학봉 등 삼총사 멤버들도 경제하고는 거리가 먼 사람들이었다. 경제는 대통령 혼자서 전문가 그룹을 만나 강의 형식으로 배우기도 하고 토론도 벌였다. 그러면서 사람도 익히고 나름대로의 인재 풀도 만들어나 갔다.

정부 내 경제 분야에 군 출신을 쓴 경우는 국세청장이나 조달청장 정도 였을 뿐, 경제전문가 중심으로 끌어나간다는 원칙은 집권 초기부터 말기 까지 계속 유지해나갔다. 다시 말하면 군인이 집권해서 천하를 호령했던 시대였지만, 대통령 스스로가 경제 분야만은 특별히 여겨 군인들의 영향 력을 배제하고 되도록 경제원리에 따라 전문가들이 주도하도록 판을 짜 나갔던 것이다. 어찌 보면 전두환은 박정희 경제를 꾸려온 경제전문가 그룹을 그대로 이어받아 이들을 계속 중용해나갔던 셈이다.

그렇다면 5공시대 내내 군부는 경제정책에서 완전히 배제되어 있었다 는 말인가. 물론 그렇지는 않았다. 정치에 영향을 미치는 경제정책이나 조치들에 관해서는 경제에 전문적인 지식이 없다 해도 대통령의 측근들 이 언제나 팔짱만 끼고 있지는 않았다. 특히 현실정치에 지나치게 부담 이 되는 경우에는 아무리 전문성이 강조되는 경제정책 분야라 할지라도 당연히 제동을 걸고 나섰다. 그러나 대부분 실패했다. 예산동결 같은 반 정치적인 과격한 조치까지도 대통령은 당과 정치권의 반대를 무릅쓰고 경제참모들의 정책 구상에 지지를 보내며 강력히 밀어붙였다. 물가안정 을 최우선으로 삼는 정책기조 자체가 반정치적인 것임에도 말이다.

그러나 실세들이 들고일어나서 경제 쪽의 의도를 좌절시킨 경우도 있 었다. 금융실명제 실시를 무산시켰던 게 바로 그 예다. 우여곡절은 있었 지만 청와대 허 씨들이 당시 경제정책을 좌지우지하던 김재익 · 강경식 팀을 견제하는 데 성공했던 것이다.

허 씨들이 실명제를 좌
절시킨 것은 대단히 상징
적인 일이었다. 허화평,
허삼수가 어떤 사람들인
가. 목숨을 걸고 5공정권
을 만들어낸 핵심인물이
자 대통령이 가장 신뢰하
는 최측근 참모들 아니던
가. 그런 사람들이 앞장서

허화평(오른쪽) · 허삼수(왼쪽) 등은 김재익의 경제정책에 강력히 반대했으나 오히려 그들이 물러나고 말았다.

서 반대하는데도 전 대통령은 금융실명제와 안정화정책 등에 있어 경제 쪽의 손을 들어주었던 것이다. 사실 집권 초기에 김재익이라는 존재는 허 씨들한테는 한낱 백면서생에 불과했다. 그랬던 것이 시간이 지나면서 누구보다도 대통령의 마음을 사로잡는 최측근 참모로 자리 잡기에 이르렀으니 기가 찰 노릇이었다.

김재익과 허화평의 대립

허 씨들은 김재익을 '각하 옆에 붙어 앉아 엉뚱한 소리로 대사를 망치려 하는 인물'로 간주했다. 어떻게 해서 잡은 정권인데 대통령이 저런 친구에게 홀려 있느냐며 노골적으로 불만을 터뜨렸다. 말하자면 자기네들이 집주인이라면 그는 세입자에 불과한 주제에 오히려 안방 차지를 하고 있는 상황에 대해 허 씨들이 얼마나 울화가 치밀었겠는가. 그 이야기를 좀 더 해보자.

김 수석은 공식 회의석상에서조차 노골적으로 모욕을 당했다.

"이것 보시오. 당신이 경제학자인데도 불구하고 얼마 전에 국제경제학회에서 당신의 경제정책이 틀려먹었다는 비판이 자자했다고 하니 도대체 어떻게 된 거요. 당신 말이 옳다면 최소한 당신과 같은 학자들이라도 당신 편을 들어야 할 게 아니오."

"그런 소리나 계속하려면 더 이상 앉아 있지 말고 이 방에서 당장 나가시오."

허화평 정무수석이 주재하는 주간 정례 수석회의에서 김 수석이 이런 수모를 겪는 일은 한두 번이 아니었다. 이·장 사건이 터지고 금융실명제가 추진되면서 이들 사이의 갈등은 더 심해졌다. 김 수석이 실명제를 실시하도록 대통령을 설득시킨 장본인이었던 반면, 허 씨들은 실명제 실시를 반대하는 입장을 취했던 것이다.

김 수석은 허 씨들로부터 아무리 심한 모욕을 당해도 일체 내색을 하지 않았다. 오히려 대통령이 나중에 이 사실을 알고 김 수석을 불러 왜 진작 이야기하지 않았느냐며 나무랐다. 그즈음에 와서 김 수석은 실명제 파동의 충격이 워낙 컸던 탓인지 건강이 크게 나빠진 상태였다.

아무튼 운신이 더욱 어려워진 김 수석은 실명제 후퇴 결정과 함께 사의를 표명하기까지 했다. 그러나 82년 10월에 들어오면서 뜻하지 않게 분위기가 역전된다. 그동안 소리 없이 누적되어왔던 전 대통령과 허 씨들 사이의 갈등이 그 한계에 이른 것이다.

쉬쉬하는 가운데 청와대에서는 아슬아슬한 분위기가 연출되고 있었다. 허 씨들은 10월 중순 이후 대통령이 머물고 있는 본관 출입을 어느 날부터 갑자기 못 하게 되었다. 원래 대통령이 주재하는 청와대 수석회의가 매주 한 번씩 본관에서 열렸는데, 이것을 매번 취소해버리는 데다 개인면담조차 허락지 않았기 때문이다. 그뿐이 아니었다. 전 대통령의 일거일동을 허화평에게 보고한다는 이유로 청와대 내실의 직원 한 명이 하루아침에 목이 달아났다.

허화평 정무수석은 일부러 보고거리를 만들어 면담을 신청하기까지 했으나 전 대통령은 서면보고를 하라며 만나주지 않았다. 반면 김재익 경제수석은 거의 매일같이 본관으로 불려들어갔다. 이런 분위기가 12월 중순까지 두 달 동안이나 계속되었다. 결국 허 씨들이 퇴진했다. 김재익을 쫓아내려던 그들이 오히려 물러나게 된 것이다.

물론 허 씨들의 퇴진 동기가 김 수석과의 마찰 때문이라고만은 할 수 없다. 근본적으로는 허 씨들을 중심으로 하는 젊은 군부세력과 전 대통령을 비롯한 시니어그룹 사이의 한판 싸움이었던 측면도 있었다. 허 씨들은 5공 탄생의 진짜 주역은 자기들이라고 믿었기에 대통령이 어떻게 받아들이든 간에 직언을 서슴지 않았고, 심지어는 이순자 여사를 비롯한 친인척에 대한 엄격한 통제를 촉구하기까지 했다. 허화평은 자신이 물러난 배경에 대해 이렇게 말한다.

"물러난 외형적 계기는 친인척 비리에 대한 원칙적 처리와 뒤이은 실명제 갈등 때문으로 알려져 있지만, 실제로는 누적된 결과이지요. 특히 실명제의 경우 대통령이 일단 결재한 사안을 정무수석이 나서서 유보시켰으니 대통령의 권위를 그만큼 깎아버린 셈 아닙니까. 그런 상황이 되면 참모가 떠나는 게 옳지요. 대통령이 어느 날 부르시더니 '이제 그만 했으면 좋겠다'는 말씀을 하시더군요. 저는 그 말에 전혀 서운하지 않았고, 제 역할이 끝났기 때문에 미련 없이 떠날 수 있었습니다."

이처럼 허 씨 퇴진의 본질적인 이유는 정치적 측면에서 찾아야겠으나, 실명제를 둘러싼 당시 김재익·강경식 등과의 갈등 또한 그들의 퇴진을 굳히는 촉매 역할을 했다는 점도 부인할 수 없을 것이다. 아이러니한 것은 개혁을 주도한 신군부의 중심인물들은 오히려 '너무 과격하고 현실을 무시하는 정책'이라면서 급진적 개혁을 반대했는가 하면, 현실 안주 성향이 강하기 마련인 경제전문가들이 앞장서서 강력한 개혁을 추진했다는 점이다. 이러한 사실은 한국경제의 발전 과정에 관심 있는 사람들에게는 두고두고 음미해볼 만한 거리가 될 것이다.

서석준의 '반동개혁'

83년 7월 6일의 개각에서 전 대통령은 전혀 뜻밖의 인물을 경제팀장에 앉힘으로써 사람들을 깜짝 놀라게 했다. 1년 2개월 전에 석연찮게 물러났던 서석준 전 상공부장관을 김준성의 후임으로 부총리 겸 경제기획원 장관에 임명한 것이다. 경제부처에 아연 긴장감이 감돌았다. 44세의 서 부총리. 3공시대에 그야말로 엘리트 경제관료의 표본으로 일컬어져왔던 그가 드디어 경제팀의 총수 자리에 앉게 되었다는 사실 하나만으로도 이목을 집중시키기에 충분했다.

"우리는 아직 개발도상국입니다."

그의 취임 일성은 지극히 평범한 말이었으나, 이 평범한 말에 사람들은 무언가 심상치 않은 느낌을 받았다. 상공부장관 퇴임 직후 하와이대학 도서관에서 소일하고 있다가 갑자기 부총리 임명 통보를 받고 김포공항에 도착한 그의 취임 첫 소감은 무언가를 예고하고 있었다. 아직도 우리 경제가 개발도상국이라는 말은 경제를 여전히 강력한 정부주도하에 끌

83년 7월 서석준 부총리(왼쪽)의 등장은 5공 경제정책의 상당한 궤도 수정을 예고했다. 김준성 전임 부총리와 인사하는 모습

고 나가야 한다는 것이었고, 따라서 경제정책을 총괄하는 경제기획원의 역할은 여전히 중요하다는 뜻을 내포하고 있는 말이었다. 좀 더 확대 해석하면 청와대 경제수석이 사실상

의 정책사령탑 역할을 해온 기존의 정책결정 메커니즘을 경제기획원 중심으로 바꿔야 옳다는 이야기였고, 또한 그동안 모든 경제정책을 좌지우지해온 김재익 수석의 개인적인 영향력에 대한 매우 조심스러운 도전이기도 했다.

언론들도 서 부총리의 취임을 계기로 정책기조에 상당한 변화가 있을 것이라 점치면서 특히 서 부총리와 김 수석의 개인적인 관계에 관심의 초점을 맞추었다. 아무리 김 수석의 영향력이 막강하다 한들 서석준이란 인물이 그의 밑에 들어가서 고분고분 지낼 사람이 아니었기 때문이다. 과거의 경력으로 볼 때도 김재익 수석이나 강경식 재무장관 모두가 서 부총리 밑에 있었을 뿐 아니라, 당시 경제기획원 안에서의 그의 위상은 누구도 넘볼 수 없을 만큼 확고한 것이었다. 따라서 5공시대에 접어들어 설령 김재익·강경식·이형구 라인으로 형성된 개혁주의자들이 아무리 득세했다 해도 명실상부한 경제팀장의 자리에 앉은 마당에 가만히 있을 그가 아니었다. 더구나 그동안 5공의 경제정책을 꾸려나가는 과정에서 소외되어온 데다 기존의 경제운용에 대해서도 매우 달갑지 않게 여겨왔던 터였다.

김 수석과 강 재무가 자유주의적인 성향의 과감한 개혁주의자들이었다면 서 부총리는 철저한 현실주의자요, 빈틈없는 행정가였다. 따라서 이들 사이의 개인적인 역학관계를 따지지 않더라도 정책 면에서도 서로 원만하게 융합되기는 어려운 관계였다.

이·장 사건 이후 뒤뚱거리는 경제상황 속에서 서 부총리를 경제팀장에 기용한 것은 전 대통령 자신도 집권 이후 계속 밀어붙여왔던 개혁정책에 어느 정도 수정의 필요성을 느낀 결과이기도 했다.

'무슨 일이 벌어지지…' 하는 일반의 짐작과는 달리 이들 세 사람은 적어도 외견상으로는 오히려 긴밀한 협조관계를 구축해나가는 것처럼 보였다. 일주일에 한 번씩 비공식모임을 가지며 화합을 다지는가 하면, 기자들의 질문 공세에도 '이견이나 갈등 따위는 전혀 없다'는 것을 누누이 강조했다. 그러나 속사정은 결코 그렇지 않았다.

김재익 인사부터 뒤엎어

서 부총리의 의중은 인사에서부터 드러나기 시작했다. 82년 초 김재익의 구상으로 단행되었던 인사를 다시 원점으로 되돌려버렸다. 재무부에 가 있던 김흥기 차관과 이진설 제2차관보를 각각 기획원차관과 공정거래실장으로 다시 불러다 앉히고, 재무부에서 기획원으로 와 있던 정인용 차관과 정영의 차관보를 각각 외환은행장과 재무부 제2차관보로 내보낸 것이다. 두말할 나위 없이 김재익·강경식팀이 뒤집어놓았던 인사체제를 그가 다시 원래대로 되돌려놓은 셈이었다.

서 부총리는 취임한 지 얼마 안 되어 박동진 대변인을 불러 속내를 드러내면서 조언을 청했다.

"내가 경제부처들을 한 바퀴 순시할 생각인데 어떻게 생각하시오."

"아니, 무슨 말씀이십니까. 부총리가 경제부처를 순시한다는 것은 전례가 없는 일이 아닙니까. 그렇지 않아도 젊은 부총리가 무슨 일이라도 벌이지 않을까 하고 언론이 촉각을 곤두세우고 있는 판에 무슨 구설수에 오르려고 그러십니까."

"사실은 말이오, 다른 부처는 들러리고, 꼭 가야 할 곳은 한 군데요."

"그게 어딘데요."

"재무부야. 장관 이하 모든 재무부 직원들을 모아놓고서 한마디를 해야겠는데, 그렇게 하면 너무 표가 날 터이니 다른 부처들도 같이 하겠다는 뜻이오."

"그래도 안 됩니다. 부총리의 의중이 무엇인지는 충분히 알겠습니다만, 그것은 다른 방법으로 조용히 풀어가도록 하십시오."

서 부총리는 한참을 생각하다가 당초의 계획을 철회하고 박동진 대변인의 충고를 따랐다. 그의 의도는 김재익 경제수석과 함께 당시 경제정책을 주름잡아온 강경식 재무장관에 대해 직원들이 보는 앞에서 직격탄을 한방 날리자는 것이었으나, 대변인의 판단이 일리가 있다고 받아들이고 일단 참기로 한 것이다.

그러나 결국은 한 방 먹이고 만다. 9월 26일에 터진 영동개발진흥 사건이 바로 그것이다. 당시 이 사건은 연쇄적인 금융 사건의 충격 때문에 고위층에서도 내부적으로 수습하자는 의견이 지배적이었고, 터뜨리더라도 해외출장 중인 주무장관강경식 재무장관이 귀국한 후에 터뜨리자는 쪽으로 기울고 있었다. 그럼에도 주무장관의 부재 중에 서 부총리의 결심으로

언론에 공개해버린 것이
다〔강 장관은 해외출장에서 돌아
와 이 같은 사실에 대해 주무장관
으로서 대단히 불쾌해했다〕.

진짜 승부처인 김재익
수석과의 '한판'은 여전히
유보된 채였다. 서로 조심
하는 가운데 눈에 보이지

환담을 나누는 서석준(오른쪽)과 김재익. 아웅산 사건이 일어나기 바로 전날 숙소에서

않는 팽팽한 줄다리기가 계속되었다. 그러나 서 부총리는 가까운 사람들
에게 "기존의 정책기조는 크게 잘못되었다"는 비판을 서슴지 않았기 때
문에 이를 주관해온 김 수석과의 한판은 시간문제라고 주변에서는 내다
보고 있었다.

사실 서 부총리와 김 수석은 서울문리대 동기동창생으로 친구 사이였
다. 뿐만 아니라 둘 다 고등학교 2학년 때 검정고시로 대학에 들어간 수
재들이었다. 훗날 경제기획원에서 이들은 상하관계로 다시 만난다. 서
부총리가 기획차관보였을 때 김 수석은 경제기획관으로 그 밑에서 일했
다. 정책 문제를 놓고 자주 논쟁을 벌였으나, 서 부총리는 김 수석을 '실
정 모르는 이상주의자' 정도로 여기고 큰 점수를 주지 않았다. 또한 5공
이 들어서는 과정에서도 서 부총리 역시 김 수석 못지않게 전 대통령으로
부터 두터운 신임을 받았던 처지였다. 따라서 김 수석은 승승장구하고
자신은 한때 눈 밖에 나기도 했는데, 이제 다시 기회를 잡은 만큼 그동안
의 열세를 만회하기 위해서라도 한번 제대로 본때를 보여줄 참이었다.

아웅산 사건으로 무산된 한판 승부

그러나 그는 자신의 구상을 본격적으로 시작도 해보기 전인 부총리 재임 4개월 만에 아웅산 사건이라는 참변을 당하고 만다. 그것도 김재익 수석을 비롯해 서상철徐相喆 동자부장관과 김동휘金東輝 상공부장관 등의 경제장관들과 함께.

만일 아웅산 사건이 아니었다면 어떻게 되었을까. 이 질문에 대해 많은 사람들은 "기존의 경제정책들은 상당히 달라졌을 것"이라고 말하고 있다. 그것이 옳다 그르다를 떠나서 그동안 선택되었던 정책들의 부작용이 가시화되기 시작했을 뿐 아니라, 시기적으로도 정책의 보완이나 궤도수정의 필요성이 요구되던 시점이었기 때문이다.

대통령 입장에서도 대형 사고에 따른 여론의 반발도 무마할 겸 인사를 통해 분위기를 일신해야겠다고 생각하고 있었다. 더구나 그동안 경제정책을 주도해왔던 김 수석은 실명제 추진이 무산된 일을 계기로 사의를 표명하기까지 했고, 여기에 앞장섰던 강 재무 역시 퇴진이 기정사실화된 상황이었던 만큼 후임으로 반대 성향의 인물인 서상철 동자부장관이 유력시되고 있었다. 요컨대 서 부총리의 등장으로 5공이 출범한 이후 기존의 경제팀에는 최대의 물갈이가 일어날 뻔했으나 뜻하지 않은 아웅산 사건으로 무산되었던 것이다.

숱한 시련에도 불구하고 대통령의 각별한 신임 속에 자신의 구상대로 소신껏 경제정책을 펼쳐나가던 김재익체제는 83년에 들어서면서부터 심상찮은 조짐을 보이기 시작한다. 묘하게도 '안정화정책'으로 요약되는 그의 정책기조가 비로소 정착되어갈 무렵에 오히려 그 자신의 위상은 약화되는 양상으로 뒤바뀌어간 것이었다.

사실 82년 10월 허 씨들의 퇴진으로 김재익 경제수석의 운신은 대단히

아웅산 사건으로 순직한 장관들. 오른쪽에서부터 서석준, 이범석, 김동휘, 서상철, 그리고 두 사람 건너 김재익 수석

자유로워졌었다. 다시 말해 자신의 경제철학을 구현해나가는 데 사사건 건 반기를 들어 김 수석을 궁지에 몰아넣던 핵심세력이 제거되었으므로 경제정책을 펴나가기가 한결 편해진 상태였던 것이다. 그럼에도 그의 영향력이 하강곡선을 그리게 된 것은 무엇 때문일까.

사실 물가안정으로 집약되는 그의 정책노선은 누가 뭐라고 해도 성공이라 할 만했다. 그만의 특유한 논리적 무장뿐만 아니라 독재정권의 완력까지 동원해가며 밀어붙인 안정화정책은 숱한 회의적인 시각을 물리치고 기존의 경제체질을 획기적으로 뜯어고쳐놓았다. 그러나 이 같은 혁명적 전환의 시도가 성공하기까지에는 그에 상당하는 극단의 고통과 부작용이 따랐다. 특히 물가는 잡히고 있었으나 장기 불황국면에 빠져든 경기는 좀체 회복의 조짐을 보이지 않았다.

더구나 뜻하지 않은 대형 경제 사건의 연속적인 발생은 안정화정책의 명분에 흙탕물을 끼얹은 꼴이 되었다. 사건이 터질 때마다 정부당국은 안정화정책이 뿌리를 내리는 과정에서 나타나는 과도기적인 현상이라고 극구 주장했으나, 당시 사회 분위기로는 콩으로 메주를 쑨다고 해도 정부가 하는 말을 곧이듣는 사람이 별로 없었다. 이렇듯 경제적 딜레마가 정치적 부담으로까지 확대되어나가고 있는 속에서 서석준 부총리의 재기용은 지금까지의 정책기조에 일대 변화가 일어나리라는 것을 예고하기에 충분했다.

서석준 경제팀은 아웅산 사건으로 출범 4개월 만에 사라지고 말았으나, 여기서 주목해야 할 점 하나는 전두환의 용인술이다. 뒤에서 별도로 살펴보겠지만 전두환은 나름대로 '체크 앤드 밸런스'를 인사에 적절하게 구사했다고 볼 수 있다. 김재익에 대한 깊은 신뢰에도 불구하고 그와는 전혀 다른 스타일, 다른 철학을 지닌 서석준을 경제 부총리에 앉힐 줄은 아무도 예상치 못한 인사였다. 누가 봐도 서석준의 중용은 김재익에 대한 강력한 견제조치의 일환이었기 때문이다.

사공일시대

83년 아웅산 사건은 경제 분야의 핵심인물들을 송두리째 앗아가버렸다. 5공 초반부터 경제의 초석을 쌓아올린 김재익 경제수석을 비롯, 어려움을 일신하기 위해 발탁했던 서석준 부총리 겸 경제기획원장관, 재무장관감으로 지목되었던 서상철 동자부장관, 김동휘 상공부장관, 이기욱李基旭 재무차관, 강인희 농수산부차관, 하동선 해협위기획단장, 김용한金容瀚 과기처차관 등 알짜배기 인물들이 한꺼번에 변을 당한 것이다. 인재들을 이처럼 몽땅 잃어버리고 이제 과연 누구를 중심으로 새로운 경제팀을 짜나갈 것인가.

가뜩이나 경제가 어려운 상황이었으므로 전 대통령으로서도 여간 난감한 일이 아닐 수 없었다. 그나마 남아 있는 강경식 재무장관은 실명제 파동의 후유증으로 더 이상 경제장관 자리에 앉혀두기도 곤란한 입장이었기 때문이다. 전 대통령은 처음에 강경식을 경제부총리에 앉혀서 새 팀을 짜려고 했으나 본인이 극구 사양하는 바람에 무산되었다.

결국 5공의 첫 부총리를 지냈던 신병현을 다시 부총리에 기용하는 것을 비롯해, 경제수석에 사공일 산업연구원장, 재무장관에 김만제 한미은행장, 상공장관에 금진호 차관을 앉히는 것으로 새 진용을 갖추었다. 이 인사는 비서실장으로 옮겨 앉은 강경식 전 재무장관의 조언에 크게 의존했으나, 전례 없는 부총리의 재기용이 말해주듯이 전 대통령으로서는 새로운 구상이니 어쩌니를 따질 형편이 아니었다. 다만 이때쯤부터는 대통령 자신도 어느 정도 경제운영에 관한 독자적인 안목을 갖추게끔 된 시기여서 '누구를 앉혀도 이제부턴 내가 직접 챙기면 될 것 아니냐' 하는 생각을 부추기는 계기가 되기도 했다.

어쨌든 이를 계기로 5공 전반기를 끌어왔던 경제팀의 얼굴들이 대폭 바뀌게 된다. 바꾸고 싶어서 바꾼 것이 아니라 어느 날 갑자기 핵심인물들이 한꺼번에 몰사해버렸으니 달리 방도가 없었던 것이다.

5공 후반기 경제사령탑 사공일의 등장

여기서 주목해야 할 것은 사공일 경제수석의 등장이다. 처음에는 아무도 그를 주목하지 않았다. 경제수석이라는 자리가 막강한 자리이기는 하지만, 그것은 전임자였던 김재익이라는 특별한 인물이 전 대통령의 경제선생님으로서 워낙 각별한 신임을 받았던 특수한 상황이었고, 따라서 누가 후임자가 되더라도 결코 김 수석의 공백을 메우기 어려울 것으로 생각되었기 때문이었다.

초기의 사공 수석은 고전을 면치 못했다. 우선 전 대통령의 김재익 수석에 대한 신임이 절대적이었던 만큼 후임인 사공 수석의 입지는 시작부터 좁을 수밖에 없었다. 비록 김재익은 죽었지만 전 대통령의 뇌리 깊이 심어놓은 그의 경제정책과 생각들은 여전히 살아서 움직였기 때문이다.

그러나 결론부터 말해 사공 수석은 3년 8개월의 재임기간 동안 오히려 김재익 수석보다도 더 막강한 힘과 영향력을 발휘하게 된다. 5공경제의 전반기가 김 수석에 의해 주도되었다면 후반기는 그의 몫이었다.

그의 발탁 과정을 두고 신문에서는 '스타 탄생'이라고들 썼다. 직업관료 출신도 아닌 그가 전 대통령

5공경제 후반기를 주도했던 사공일 경제수석

의 눈에 들기 시작한 것은 그가 TV의 해외경제 취재 프로그램에 출연한 것이 계기가 되었기 때문이다.

잠시 82년 가을로 거슬러올라가자. 어느 날 아침, 김재익 수석은 사공일 KDI부원장에게 전화를 걸었다. 전 대통령이 점심을 같이하자고 하니 김기환 원장과 함께 청와대로 들어오라는 것이었다.

이날 점심식사에서 전 대통령은 "세계경제가 모두 어려운 판인데 국민들은 우리 경제만 어렵다고 불만이 많은 것 같은데, KDI가 이 점을 국민들에게 사실대로 알릴 수 있는 방안을 강구해보라"는 것이었다. 물론 이 자리를 꾸민 것은 김 수석이었다. 이렇게 해서 사공일 박사는 MBC가 계획한 미국·일본·영국·프랑스·독일 등 선진 5개국의 경제현황에 관한 다큐멘터리 프로그램에 직접 출연하게 된다. 당시로서는 기자 대신 경제학박사가 직접 취재에 나선다는 것 자체가 퍽이나 파격적인 발상이었고, 내용 또한 현장감 있는 성공작이었다. 사실 사공일로서는 처음 일이 아니었다. 80년에 강경식 기획원차관보가 부탁을 해서 MBC의 「물가의 속사정」이라는 제목의 경제홍보 프로그램에서 주인공을 맡은 경험이

있었다. 그 경험을 바탕으로 사공일은 대통령의 의중을 즉각 소화해서 안성맞춤의 대안을 제시했던 것이다.

해외취재에서 돌아온 사공 박사는 즉각 청와대로 불려 들어갔다. 2시간이 넘도록 보고를 듣고 난 전 대통령은 "이거 나 혼자만 들어서는 안 되겠어. 장관이고 기업인이고 우리나라의 지도급 인사들을 다 모아놓고 사공박사가 보고 듣고 한 것을 자세하게 강의를 하도록 하시오"라고 지시했다. 이렇게 해서 사공 박사는 신라호텔에서 열린 대한상의의 신년하례식을 이용해 700여 명의 저명인사들이 모인 자리에서 30분짜리 비디오테이프를 틀어가며 세계경제 현황을 설명하게 된다. 강연의 요지는 '영국은 실업 때문에, 프랑스는 국제수지적자 때문에, 서독은 과다한 분배정책 때문에, 미국은 이 모든 것들이 종합적으로 얽혀 있어 고전하고 있는 반면에, 유독 일본은 거꾸로 유일하게 모든 것이 잘되는 나라'라는 것이었다.

사공일은 즉각 산업경제기술연구원장으로 발탁되고 이어서 뜻하지 않은 아웅산 사건으로 불과 10개월 만에 경제수석의 자리에 앉게 된다. 그러나 뜯어보면 사공일의 발탁이 어느 날 갑자기 일어난 '스타 탄생'은 아니었다. 사공일 자신이 당시 KDI의 핵심구성원이었을 뿐 아니라 김재익 경제수석을 통해서도 청와대 내에서 자주 거론되던 경제학자였다. 전 대통령과의 첫 만남은 81년 KDI 수석연구위원 시절 공기업 개혁 문제로 청와대에서 2시간 동안 브리핑을 할 때였는데, 이때부터 전 대통령의 머릿속에 좋게 기억되어 있었다.

임명장을 수여하고 나서 전 대통령은 신임 경제수석 사공일을 불러 이렇게 말했다.

"당신이나 김재익 수석이나 생각이야 비슷한 것 아니겠나. 김 수석이 모든 것을 알아서 했듯이 당신도 책임지고 알아서 하라. 물가안정이 첫

째고, 경제에 너무 충격을 주어서는 안 되며, 과학기술의 향상을 항상 염두에 두어야 한다. 또한 예산 문제는 경제수석이 직접 예산실장과 접촉해서 해결하고, 연구소의 소장들은 당신과 생각을 같이하는 사람들을 앉히도록 하라. …"

그러나 출발은 결코 고무적이지 못했다. 대통령과의 코드 맞추기가 쉬울 리 없었다. 전 대통령은 여전히 전임 김 수석이 그려놓았던 틀에서 조금도 벗어나려 하지 않았다. 더구나 전 대통령 자신이 그동안의 경험을 바탕으로 "이젠 내가 경제수석을 가르쳐가며 써야겠다"는 생각을 하고 있었으니 신임 경제수석이 겪는 고충은 이만저만이 아니었다.

사공 수석은 전임 김재익과 의기투합했고 개인적으로도 좋은 관계였다. 그러나 두 사람의 생각은 달랐다. 김재익이 보다 이상주의적이고 개혁적이라고 한다면 사공일은 보다 현실적이고 점진적인 편이었다고 할까.

당장 금리정책만 하더라도 그랬다. 82년 6·28조치를 통해 김 수석이 은행금리를 4%포인트나 대폭 내렸는데, 당시에도 사공일은 이러한 파격적인 조치에 반대했을 뿐 아니라 그 이후에도 저금리체제는 실세에 맞게 고쳐져야 한다고 생각했고, 그렇게 말해온 터였다.

"6·28 금리인하를 통해 기업의 금융부담을 줄여주었고, 또 이것이 물가안정 기반을 다지는 데 기여한 것 등은 마땅히 평가받아야 합니다. 그러나 그에 따른 부작용도 무시할 수 없지 않습니까. 예컨대 완매채 문제 등은 시간이 갈수록 부작용이 쌓여갔기 때문에 대응책 마련이 절실했던 것입니다. 그러나 솔직히 말해 대통령에게 금리를 올리자는 이야기는 꺼낼 수가 없었습니다. 그래서 김만제 재무장관과 의논한 끝에 우회작전을 쓰기로 했지요. 차마 금리를 올리자는 말은 못 하겠고, 하는 수 없이 금리 자유화라는 측면에서 제도적인 개선을 하자는 것이었지요. 그랬더니 다행히 대통령도 허락을 하더군요."

이렇게 해서 84년 1월부터 그나마 0.5%를 범위로 하는 기준금리제도가 도입된다. 말이 기준금리제도이지 사실은 금리인상 조치였던 것이다.

그러고도 사공 수석의 고전은 상당 기간 계속된다. 전 대통령의 경제관이 워낙 전임 경제수석의 영향을 많이 받았던 탓도 있었으나 경제 자체가 좀처럼 회복의 기미를 보이지 않고 있었기 때문이다. 이 무렵 물가는 상당히 안정되었으나 경기는 아무리 부양책을 써도 꿈쩍을 않고 있었던 것이다. 신문들은 연일 정부 정책을 비판해댔고, 신병현 부총리는 답답하리만큼 통계숫자만 붙들고 경기가 회복되고 있다는 주장을 되풀이하고 있었다. 안 되겠다 싶었던지 전 대통령은 첫 가정교사였던 박봉환 증권감독원장을 개인적으로 불러 다시 자문을 구하기도 했다.

사공 수석의 말을 다시 인용해본다.

"김 수석이 취한 경제정책 기조는 옳았다고 봅니다. 그야말로 40년 인플레를 잡을 수 있었던 것은 전 대통령의 소신과 그의 올바른 조언이 조화되어서 만들어낸 것이었습니다. 그러나 경제정책이란 상황에 따라 달라져야 하는 것 아니겠습니까. 그런 면에서 다소 어려움을 겪어야 했지요."

사공 수석은 시간이 갈수록 전 대통령의 신임을 두텁게 쌓아나간다. 사실 경제수석으로서 전 대통령을 '모시기'란 결코 쉬운 일이 아니었다. 전 대통령 본인이 매사를 직접 챙기는 바람에 아차 하는 날이면 감점을 당하기 일쑤였다. 궁금한 일이 생기면 시도 때도 없이 갖가지 통계숫자를 물었다. 대통령이 언제 무슨 이야기를 물어올지 모르니 항상 깨알같이 정리된 주요 경제통계 숫자를 빼곡히 적은 수첩을 몸에 지니고 다녔다. 또 전 대통령이 골프를 치다가도 '삐삐'로 호출하기 일쑤였는데, 그때마다 즉석에서 대통령이 물어오는 질문에 정답을 대야 했다.

"학자 출신인 나로서는 솔직히 적응하기 힘들었습니다. 한마디로 대통령은 경제에 관한 한 만물박사이기를 원했으니까요. 그러나 시간이 갈수록 수월했습니다. 특히 아무리 완강하게 반대하는 일이라도 논리를 세워 설득을 하면 쉽게 납득을 해주었고, 또 한번 결정된 일을 추진하는 데는 마음 놓고 일할 수 있도록 밀어주었으니까요."

이처럼 대통령으로부터의 개인적인 신뢰를 쌓아가며 사공일은 자신의 실력을 발휘하기 시작한다. 그는 경제학자 출신답게 세계경제의 회복세를 내다보고 전반적인 거시정책들을 자신의 주도하에 짜나갔고, 이것들이 결과적으로 맞아떨어져 3저 호황시대로 진입하게 된다.

경제수석이 왜 기자회견을 하나

폭넓은 대인관계와 정치력도 그의 장기였다. 그는 집권 후반기에 들어 갈수록 더욱 난마처럼 얽혀가는 권력구조 속에서 수완 있게 정책들을 요리해나갔다. 부처간에 상충되는 주장을 절충해내는 일에서부터 시작해서 추곡수매가 결정이나 예산편성을 둘러싼 당정간의 불협화음도 그가 나서야 교통정리가 되었다. 김재익 수석이 뛰어난 설득력과 지나치리만큼 순수한 개혁의지 등으로 전 대통령을 사로잡았다면, 사공 수석은 중반 이후의 전두환 경제를 총괄하면서 실질적인 사령탑 역할을 톡톡히 해냈다.

사실 성품이나 스타일 면에서 김재익보다는 사공일이 전두환에게 더 잘 어울렸다고 할 수 있다. 김재익은 얌전한 샌님 스타일이었던 반면, 사공일은 친구도 많고 호방하고 의리를 중히 여기는 스타일이었다. 대통령이 뜻하는 바를 소화하는 일뿐 아니라 행정조직을 요리해나가는 조정 능력이나 리더십에서도 역량을 발휘했다.

하지만 그는 막후의 지휘자로서 결코 앞에 나서지 않았다. 본인은 당시를 이렇게 회고한다.

"기자회견을 요청받은 일이 수도 없이 많았습니다. 하지만 경제수석 재임 3년 8개월 동안에 기자회견을 한 번도 하지 않았습니다. 경제수석이라는 자리는 기본적으로 대통령의 비서인데, 비서가 대통령을 보필하면 되었지 무슨 기자회견입니까. 외국과의 일도 마찬가지입니다. 85년에 뉴욕에서 열린 부채 서미트에 참석하기 위해 갔는데, 베이커 미국 재무장관이 나를 만나자는 연락이 왔습니다. 보나마나 환율을 절상하라는 압박을 하기 위해 만나자는 것이었지요. 나는 만나지 않겠다고 버텼습니다. 주무장관이 아니고 대통령 비서로서 미국 재무장관과 공식면담을 할 입장이 아니라고 둘러댔지요. 결국 배석자 없이 비공식 미팅의 형식으로 만나기는 했습니다만. 아무튼 비서는 가급적 나서는 게 아닙니다."

사공일은 결코 나서지 않으면서 막후에서 능숙하게 일을 처리했다. 대통령의 수석비서관으로서 어떻게 처신해야 하는지 수칙을 잘 지키면서도 오히려 실질적인 영향력은 더 막강하게 행사하는 방법을 요령 있게 구사했다.

그는 이른바 TK 출신으로 집권세력의 심층부에서 일어나는 기류의 변화에 밝았으므로 일을 해나가기도 한결 수월했다. 3년 8개월의 수석 자리에서 다시 재무장관으로 중용되었고, 6공이 출범하면서 모든 경제장관이 바뀔 때에도 오직 그만이 유임되었을 정도로 새 대통령과의 관계도 돈독했다. 전두환시대 경제정책을 꾸려나가는 과정에서 가장 큰 역할을 했던 인물로는 역시 김재익과 함께 사공일을 꼽는 데 아무도 이의를 달지 않을 것이다.

금융자율화의 허와 실

돈과 권력은 어느 나라 어느 시대고 간에 서로 밀접한 관계를 유지해 왔다. 그러나 이것들이 서로 적절한 거리를 유지하지 못하고 붙어버리면 서로가 서로를 썩히고 만다는 것이 역사가 주는 교훈이다. 그래서 정치권력이 부패한 나라는 금융산업이 낙후되기 마련이다. 집권세력은 정치적 기반이 허약할수록 돈이 필요하고, 그러한 돈은 어떤 형태로든 은행에서 나갈 수밖에 없기 때문이다.

5공시대의 금융산업은 어떠했는가. 한마디로 말해 5공 초기에 정부가 내건 금융산업 구도는 과거 어느 정권에서도 찾아보기 어려울 정도로 이상적인 모형을 추구했다. 그것은 두 가지 이유에서였다. 첫째는 70년대에 이르기까지 유지되어온 지나친 관치금융정책에 대한 반성이 경제기획원을 중심으로 한 경제관료사회의 핵심에서 크게 일어났다는 것, 둘째로는 정치적으로도 정권 스스로가 깨끗한 정치를 부르짖고 있었으니 집권세력들로서는 은행이 뭐 하는 곳인지 신경 쓸 겨를조차 없었다는 것이다.

이런 분위기에서 정부가 취한 금융산업정책은 대단히 진취적이고 이상적인 것이었다. 그 선봉장인 김재익 – 강경식으로 이어지는 핵심라인 모두가 금융의 자율화라는 기본철학이 확실한 사람들이었다.

금융자율화정책의 방향은 국보위 시절부터 설정되어 있었다. 특히 김 수석은 한국은행의 독립을 아예 헌법에다 못을 박아버리자고 주장했다. 국가경제의 돈줄을 관리하는 중앙은행은 행정부로부터뿐만 아니라 정치권력으로부터도 보호되어야 한다는 것이 그의 소신이었다.

이 같은 노력은 마지막 단계에서 좌절되었으나, 김재익은 개의치 않고 전 대통령에게 금융자율화의 필요성을 집요하게 강조했고 실제로도 상당한 성과를 기록했다. 시중은행들의 민영화라든가 금융기관에 대한 갖가지 규제의 철폐를 앞당길 수 있었던 것도 김 수석의 집념과 전 대통령의 전적인 뒷받침이 있었기에 가능했던 일이다.

강경식 재무장관이 주도했던 금융실명제의 추진 또한 그런 맥락으로 볼 수 있다. 집권 과정에 대한 시비를 떠나 새 집권세력은 어찌 되었든 간에 이른바 정의사회 구현을 구호로 삼았던 까닭에 정치는 물론이고 금융질서에까지 개혁의 바람을 불어넣고자 했다.

그러나 결과는 어떻게 되었는가. 과연 김 수석의 의도대로 금융의 자율화, 민영화가 크게 진전되었는가. 강 장관의 구상대로 기존의 금융질서는 건전해진 것일까.

결론부터 말하자면 5공시대 금융시장의 현실은 당초에 내걸었던 강력한 개혁의지를 무색케 했다. 시간이 갈수록 자율화는커녕 정부의 간섭이 더욱 심해졌을 뿐 아니라, 군부를 비롯한 권력층으로부터의 입김이 종전보다도 훨씬 노골화된 측면을 부인할 수 없기 때문이다.

실제로 5공 초기에는 정부가 좌지우지했던 배급금융을 접고 금융을 진실로 금융답게 만들어보겠다는 노력만큼은 대단히 왕성했다. 심지어는 재무부를 관치금융의 본산으로 낙인찍어 뭉터기로 사람을 갈아치우는 일도 서슴지 않았다. 이들은 명분과 논리가 정연했고 힘의 뒷받침도 받았기에 거칠 것이 없었다. 반면에 여기에 반대하는 사람들은 용기 없는 현실 타협주의자로 몰렸고, 분위기에 휩쓸린 나머지 생각이 있어도 제대로 표현조차 하기 힘들 정도였다.

당시 정부의 이 같은 움직임에 정면으로 반대했던 대표적인 인물은 하영기 한국은행 총재였다. 그의 회고는 이렇다.

"한국은행이 왜 금융자율화를 반대하겠습니까. 그러나 우리 경제의 현실을 감안해서 차근차근 해야지, 자율화가 좋다고 무턱대고 밀어붙일 수는 없는 것 아니겠습니까. 단자회사의 설립 자유화를 예로 들어봅시다. 설립을 자유화한다는 것은 요건에 맞춰 신청하면 누구에게든지 허가를 해준다는 뜻 아닙니까. 그렇지 않고 중간에 차단을 해버리면 해준 사람에게만 이권을 주게 되는 셈이지요. 결과가 어떻게 되었습니까. 처음에는 큰소리쳤다가 신청이 우르르 몰려들어오니까 서둘러 틀어막지 않았습니까. 더구나 그렇게 해놓은 결과가 잘못되었다고 10년이 지난 지금 와서 거꾸로 줄이는 작업을 벌이고 있으니…. 따라서 중도 차단이 불가피한 것이었다면 처음부터 신중했어야 했다는 이야기입니다."

하 총재의 주장은 '신규진입을 개방해서 금융기관도 경쟁체제를 도입하자는 데에는 이의가 없다. 그렇게 하려면 경쟁에서 뒤지는 금융기관을 도산시킬 수도 있어야 한다'는 것이었다. 요컨대 뒷감당도 못할 자유화 정책을 왜 떠벌리느냐는 것이었다. 눈엣가시 같은 소리를 계속하다가 그는 얼마 안 있어 한은총재직에서 물러났다.

아무튼 개혁론자들의 금융자율화정책은 시간이 갈수록 저항에 부딪히게 된다. 이들의 뜻을 실현시키기에는 이상과 현실의 괴리가 너무도 심했던 것이 첫번째 이유였다. 예컨대 당시의 은행들은 부실채권에 짓눌려 최악의 상태에서 허우적거리고 있던 때라, 은행 스스로가 너 나 할 것 없이 자생력을 완전히 상실한 형편에 놓여 있었기 때문이다.

이에 대해 경제수석은 어떤 생각을 가지고 있었을까. 사공일 수석도 누구 못지않은 금융자율화의 주창자였으나 전임인 김재익에 비해 훨씬 현실적이었다.

"금융산업의 구조적인 개선은 시급한 과제였습니다. 그러나 구조개선을 제대로 하려면 먼저 그것이 가능하도록 정지작업부터 해줘야지요. 다시 말해 은행들이 자율경영을 할 수 있도록 하기 위해서는 그들이 안고 있는 부실금융 문제부터 먼저 해결을 해야 한다는 이야기입니다. 국보위 시대 때부터 나는 똑같은 주장을 했는데, 잘 먹혀들지 않았습니다."

사공일은 경제수석이 되고 나서 자신의 생각을 하나하나 정책에 반영시켜나갔다. 재무장관 김만제와 함께 콤비를 이루어 부실기업 정리에 칼을 댔던 것도 그런 맥락에서 나온 것이었다.

경영자율화, 핵심은 인사권인데…

다시 정권 출범 당시로 거슬러올라가자. 어쨌거나 집권 초기의 금융자율화정책은 수포로 돌아갔고, 당장 목을 졸라오는 부실채권의 부담을 줄이느라 여념이 없었다. 초기의 이상적인 구상이 실패로 끝난 것은 틀림없으나, 한편 생각하면 이것 자체가 필연적으로 극복해내야 할 단계이기도 했다. 5공시대에 금융산업이 발전하지 못한 더욱 중요한 이유는 오히려 다른 데 있다.

경영자율화의 진짜 핵심이랄 수 있는 인사권이 문제였다. 정부가 인사를 틀어쥐고 있는 한, 다른 것 모두를 풀어준다 한들 헛일이었다. 엄밀히 말해 그것은 재무장관의 권한도 아니었다. 대통령이 직접 챙겼고, 따라서 대통령에게 영향력을 미칠 수 있는 주위 인물들의 입김이 결정적으로 작용한 경우가 허다했다. 초기에는 그렇지 않았

이원조 은행감독원장. 그는 단순한 금융전문가가 아니었다.

다. 하지만 이들의 입김은 시간이 지날수록 극심해져갔다.

가장 큰 영향력을 행사했던 대표적인 인물이 이원조였다. 제일은행 상무 출신이었던 그는 정권 초기부터 숨은 실력자였으며, 특히 은행감독원장이 되면서부터는 금융계의 인사를 한손에 거머쥐고 좌지우지했다. 그에게 좋은 점수를 받으면 승진을 보장받는 것이고, 반대로 그의 눈 밖에 나면 끝장이었다. 그는 한동안 금융에 관한 한 실질적인 재무장관이었다〔원래 전 대통령은 그를 재무장관에 앉히려 했으나 본인이 고사하고 은행감독원장 자리를 택했다〕.

그러나 그가 소문처럼 신군부세력 내에서 영향력 있는 핵심인물이었던 것은 아니다. 전두환 대통령과 막역한 사이였던 것도 아니었다. 그가 은행 지점장 시절부터 군인들과 가까이 지냈던 것은 사실이나, 정작 가까웠던 사람은 전두환이 아니라 고등학교 동창 노태우였다. 따라서 청와대의 대통령 측근들 사이에서의 이원조의 입지는 시중의 소문과는 상당한 차이가 있었다.

그럼에도 그가 한국의 금융시장을 휘어잡는 데는 아무 문제가 없었다. 금융인 출신으로 은행업무에 환한 데다가 군 인맥을 그 정도나마 등에 업

고 있었다는 점만으로도 이원조는 충분히 힘을 발휘할 수 있었다. 따라서 당시의 골치 아픈 현안이었던 부실기업 정리 문제에서도 상당한 영향력을 행사했고, 다른 사람 같으면 엄두도 못 냈을 복잡한 교통정리도 척척 해냈다. 반면에 정인용 재무장관은 상대적으로 철저하게 소극적인 자세로 일관했다. 은행인사에는 일체 관여하지 않으려 했다. 은행장이 임원인사에 관한 후보명단을 재무장관실로 가지고 오면 봉투도 열어보지 않고 즉석에서 돌려보냈다. 인사건 정책이건 그는 독자적인 결정을 가급적 삼갔다. 그만큼 이원조 은행감독원장의 영향력은 확고했다. K씨는 이렇게 증언한다.

"그는 금융가의 황제였습니다. 취임한 지 얼마 안 된 은행장들도 그의 눈 밖에 나면 가차 없이 목이 날아갔습니다. 상업은행 H행장의 경질이 대표적인 케이스였습니다. H행장은 김만제 전임 재무장관이 시켰던 사람인데 이 원장이 갈아치우겠다는 것이었습니다. 정 장관도 어쩌질 못했어요. 이 원장이 대통령한테 보고하길, 'H행장은 영부인을 헐뜯는 사람'이라고 못을 박아놓았으니 정 장관인들 뭐라고 했겠어요. 이런 종류의 사실들이 하나둘 확인되면서 금융가는 너도 나도 이 원장의 일거수일투족에 신경을 곤두세우기 시작했던 것입니다."

그에 대한 긍정적인 평가도 없지 않다. 그를 개인적으로 잘 알고 도와주기도 했던 박종석 전 증권감독원장의 평가를 들어보자.

"금융계에 끼친 그의 공적을 무시할 수 없습니다. 그는 힘이 있었고 실무에 환했기에 자기가 판단해서 잘못되었다고 생각되는 것은 과감히 고쳐나갔고, 반대로 외부의 부당한 압력에 대해선 은행의 방패막이가 되어주기도 했으니까요. 자신이 금융전문가였기 때문에 어떻게 해서라도 금융산업을 발전시켜보겠다는 애정 속에서 권력을 행사했다고 봅니다. 그러나 그는 자신의 오만에 대해서는 간과했어요. 자기로서는 소신 있게 밀어붙인다는 것이 얼마나 많은 사람들의 원성을 샀는지, 때로는 스스로 원칙을 깨고 정실인사를 일삼았는지를 미처 깨닫지 못했으니까요."

또 다른 평가도 나온다.

"그는 단순한 금융전문가가 아니었습니다. 사실이든 아니든 간에 사람들은 금융가에서는 그를 암행어사 같은 존재로 인식했습니다. 5공의 출범 때부터 그는 원래가 암행어사 같은 존재였습니다. 금융을 잘 모르는 군인들하고 절친한 민간인 친구라고 알려졌기 때문에, 이원조한테 걸리면 누구든 하루아침에 날아간다고들 생각했으니까요."

어떻든 금융자율화라는 큰 흐름이 꼭 이원조 개인의 영향력 때문에 저지당했다고 말할 수는 없다. 어찌 보면 필연적인 결과였다. 군부가 중심이 된 권위주의체제 속에서 전혀 체질적으로 어울릴 수 없는 금융자율화가 쉽게 가능하리라고 기대했던 것 자체가 무리라 해야 할 것이다.

자율화의 본질은 시장원리에 따라 일을 처리하는 것일진대, 사회 전반이 힘 있는 특정 인물이나 집단의 눈치를 살피기에 여념이 없었으니 그 결과는 보지 않아도 뻔한 것이었다.

대통령의 친인척들은 물론이고 군부의 입김 또한 대단했다. 원래가 은행 사람들은 힘의 소재를 간파하고 이를 이용하는 능력이 뛰어나다. 임원급은 물론이고, 지점장급만 되어도 최소한 군부의 끗발 있는 대령쯤에라도 줄을 대어놓아야 하는 현실이었다. 이들의 영향력이 매사에 확인되는 만큼 인사철만 되면 기를 쓰고 이들에게 매달렸다. 번듯한 지역의 지점장 자리에 가고 싶다거나 임원 승진의 대열에 끼어들려면 어쩔 수 없었다.

더구나 금융기관의 생명줄이나 다름없는 예금 경쟁에서 버텨내려면 청와대 측근이나 군부와의 연계는 필수였다. 갖가지 이권들에 대통령의 친인척들이 지저분하게 관련되어 있었고, 이들의 한마디면 융자에서부터 예금에 이르기까지 안 되는 것이 없었으니 당연한 일이었다. 특히 거액의 예금을 좌지우지하는 각종 공공기관이나 단체 대부분을 군 출신들이 장악하고 있었으므로 어느 은행이든지 이들에게 잘못 보였다가는 국물도 없는 판이었다.

3공 때는 그래도 군인이 금융계에만은 적극적인 개입을 삼가는 분위기였다. 다른 건 몰라도 금융의 전문성만은 다치지 말아야 한다는 사회적 양해 같은 것이 있었다. 그런데 5공에 들어와서는 군의 영향력이 훨씬 노골화되어갔고, 금융계 역시 보신을 위해 이들과의 유착관계를 더욱 긴밀하게 다져나갔던 것이다.

전두환의 용병술

대통령 중심제인 나라에서, 그것도 권위주의체제에서 최고 통치자의 용병술이 지니는 의미는 논리적 설명을 뛰어넘는 차원의 일이다. 전 대통령은 자신이 누구 못지않은 경제적 안목과 전문적인 식견을 지녔다고 자부하는 사람이었고, 용인술에도 자신만의 생각과 스타일이 그대로 반영되었다.

그는 주견이 강하고 정치와 언론을 한 손에 쥐고 있었으므로 자유자재로 인사권을 행사했다. 무릇 모든 독재정치체제가 그러하듯이 인사에서도 민주적 절차나 공평성의 차원에서는 많은 문제점을 남겼던 반면, 정책의 일관성 유지라든지 통치자의 정책의지를 관철시켜나가는 면에서는 대단히 효율적인 측면이 있었음도 부인할 수 없다.

5공의 경제정책들을 돌이켜볼 때 정책 하나하나를 뜯어보는 작업 못지않게 관심을 끄는 것은 전 대통령의 용병술이다. 그가 어떤 사람들을 어떻게 활용했는가가 그의 경제관이나 정책 결정 태도를 매우 극명하게 표현해주고 있기 때문이다.

우선 전 대통령은 어떤 부류의 사람을 높게 평가했을까. 청와대 경제비서관으로 총애를 받았던 이석채李錫采는 이렇게 말한다.

"전 대통령이 사람을 평가할 때 첫번째로 따지는 것은 '청렴'이었습니다. 그리고 인간적인 측면에서는 부모에 대한 효심을 높이 평가했습니다. 예컨대 정보보고를 통해 어떤 사람의 잘못된 점이 드러났을 때도 청렴하다거나 효심이 지극한 사람이면 아주 예외적으로 불문에 부치는 일도 있었으니까요."

인물평가 최우선 기준은 '청렴도'

실제로 5공시대에 그의 측근에서 오래 머물렀던 인물들을 훑어보면 납득이 가는 지적이다. 부총리를 두 번씩이나 지낸 신병현을 비롯해서 김재익 경제수석, 박봉환 동자부장관, 안무혁 국세청장, 김주호 농수산부장관, 김만기金滿基 조달청장, 정인용 부총리 등이 대표적인 인물들이다. 사람에 따라서는 격에 어울리지 않게 오래 중용되는 경우도 있었으나, 분명한 것은 모두가 돈과는 거리가 먼 인물들이라는 점이다.

한편 생각하면 참으로 묘한 일이기도 했다. 왜냐하면 전 대통령 자신은 결코 청렴한 지도자는 아니었고, 심지어는 친인척들의 이권개입에 대해서도 엄격한 태도를 취한 대통령은 아니었기 때문이다. 더구나 정치자금을 직접 거둬들이고 관장했으므로 본질적으로 '돈'에 초연할 수 없는 대통령이었다.

오히려 전 대통령은 뇌물도 능숙하게 받는 스타일이었고, 들어온 돈은 혼자서 독식하기보다는 아랫사람들에게 잘 쓰고 베풀 줄도 알았다. 그는 군 시절부터 통솔력이 뛰어난 지휘관으로 정평이 나 있었는데, 특히 시원시원하고 손이 큰 인물로 알려져 있었다. 대통령 재임 시에도 아랫사람들을 관리하는 데 그러한 장기를 충분히 발휘했다. 정치자금을 직접 관장한 것은 "3공시대에 만연한 정경유착 현상을 차단하기 위해서였다"고 자신은 술회했으나 누가 들어도 고개를 끄덕일 사람은 없을 것이다. 아무튼 전 대통령은 청렴한 대통령과는 거리가 먼 인물이었다.

그럼에도 요직에 기용했던 막료들에게는 청렴성을 제일의 덕목으로 요구한 것은 '욕을 먹어도 내가 먹고 인심도 내가 쓸 터이니 다른 사람들은 딴생각 말고 맡은 바 일이나 열심히, 그리고 돈 밝히지 말고 깨끗이 하라'는 뜻이었을까.

경제정책과 관련해 전 대통령의 인사구도를 보면 나름대로의 일관성과 균형을 취하려 했던 흔적이 뚜렷이 엿보인다. 우선 일반 행정 라인과는 별도로 측근들의 인사를 가장 중요시했다. 측근은 두 그룹으로 나뉜다.

첫째로 순수한 이코노미스트 그룹을 들 수 있다. 최초의 경제 가정교사였던 박봉환, 경제수석으로 중용했던 김재익과 사공일, 그리고 그 밑에서 직위는 낮았으나 두터운 신임을 받았던 박유광, 이석채 비서관 등이 그들이다.

이들은 대통령의 측근에 머물면서 어떤 경제장관들보다도 대통령에게 깊은 영향력을 발휘했다. 그럴 수밖에 없는 것이 전 대통령이 경제행정 자체를 경제수석실을 중심으로 펴나갔기 때문이다. 이들은 대통령의 아이디어 뱅크요, 싱크탱크였다. 더구나 근본적으로 정보정치체제였던 상황에서 대통령의 일거수일투족을 직접 지켜보면서 청와대로 집중되는 갖가지 고급정보를 챙길 수 있었기 때문에 일반 행정부처에 대한 이들의 영향력은 대단한 것이었다.

안무혁 국세청장의 말 한마디는 재계 전체를 좌지우지할 정도로 막강한 영향력을 발휘했다.

문희갑 예산실장도 빼놓을 수 없다. 국보위 시대부터 중용되기 시작했던 그는 사실상의 예산장관 노릇을 해냈다.

또 다른 측근 그룹으로서는 안무혁 국세청장과 이원조 은행감독원장을 들 수 있다. 이들은 청와대에 머물지는 않았으나 대통령으로부터 두터운 신임을 받았다. 안무혁은 국세청장 자리에 무려 5년 동안이나 앉아 있으면서 '경제 포도대장'의 역할을 무난히 해냈다. 말하자면 경제 분야의 체제유지 임무가 그에게 맡겨진 것이었다. 그는 곧은 성격으로 직언을 서슴지 않았다. 부실기업 정리와 관련해 집권층 내부에서 조세감면규제법의 개정을 가장 노골적으로 반대했던 인물이다. 그런 이유로 경제관료들과 자주 부딪쳤다.

이원조는 5공 전반기까지는 별 활약이 없다가 후반기에 들어서면서부터 표면에 나섰다. 그는 경제이론가도 아니요, 단순한 뱅커 출신이었으나 군부와의 개인적인 네트워크를 활용해 스스로 막강한 힘을 만들어나갔다. 그는 6공의 노태우시대에도 힘을 썼고 정치자금 동원과 인사 등에 깊숙이 개입해서 여러 차례 옥고를 치르기까지 했으나, 깊은 대목에서는 끝내 입을 열지 않았다.

경제부처를 운영하는 데서 전 대통령의 용병은 초기에는 개혁성향이 강하며 한눈 팔지 않고 물가안정정책을 강력히 추진해나갈 수 있는 사람들 중심으로 진용을 짰다. 여기서 가장 주목을 끌었던 인물은 강경식 재무장관이었다. 경제기획원차관보로서 3공 말기부터 한국경제의 근본적인 체질개선을 주장한 개혁주의자였던 그는 대통령의 측근에서 김재익 수석과 콤비를 이루면서 자율·개방·안정이라는 정책목표를 실천에 옮겨나갔고, 전 대통령도 그를 중용해 재무장관에 비서실장으로까지 활용했다.

그와 노선을 같이한 이형구 기획국장도 계속 중용되어 승진을 거듭했으며, 학자 출신인 김기환 박사는 상공차관과 해협위기획단장에 앉혀 개방정책 추진의 핵심인물로 활용했다.

전 대통령은 마구잡이로 밀어붙이기도 했지만, 아니다 싶으면 즉각 유연성을 발휘해 변화를 시도해나갔다. 전혀 성향이 다른 인물을 등장시킴으로써 정책의 교착상태를 돌파하기도 했다. 경제팀장인 부총리들을 보면 그러한 흔적이 뚜렷이 드러난다. 첫 부총리인 신병현이 고집스럽게 안정화정책을 펴간 데 이어 그 반대 성향인 김준성을 후임에 앉혔는가 하면, 김재익 수석을 그처럼 신뢰했으면서도 금융실명제가 좌초되고 금융사고가 잇따라 터져나오는 등 기존의 정책노선이 크게 흔들리자 뜻밖에도 김 수석과는 전혀 성향이 다른 서석준을 부총리에 앉히기도 했던 것이다. 또한 신병현이 두번째 부총리를 할 때도 그 후임에 김만제를 기용함으로써 정책의 과감한 선회를 꾀했다.

그러나 전체적으로 볼 때 전 대통령의 인사는 역시 초창기에 신뢰했던 안정론자들에게 더 많은 점수를 주었던 것 같다. 그 자신이 시종일관 물가안정을 최우선으로 강조해왔던 만큼 경제상황에 따라 다소간의 융통성을 보이긴 했으나, 용병의 큰 흐름은 초기 때 성향에서 그다지 벗어나지 않았다.

한번 믿으면 오래 쓴다

전두환의 용병에서 또 하나의 특징은 한번 믿고 사람을 쓰면 오래 썼다는 점이다[반면에 한번 눈 밖에 나면 찬밥 신세를 면치 못했다]. 막강했던 허 씨들이 김재익을 경제수석 자리에서 몰아내려고 애를 써도 끄떡도 하지 않았고, 나중에는 실명제 좌초로 김 수석 자신이 스스로 사의를 표명했는데도 계속 붙들고 있었다.

그 후임인 사공 수석 역시 일단 신임을 하자 3년 8개월이나 수석으로 중용하고 나서 곧바로 재무장관에 앉혔던 것도 그러한 예다. 경제정책 면에서뿐 아니라 인간적인 신뢰관계가 돈독해지면서 5공시대의 후반기 경제는 사공일 경제수석에게 총지휘를 맡기다시피 했다.

강경식 재무장관의 경우는 실명제 추진의 장본인으로 여당과 언론으로부터 도저히 회복될 수 없을 정도로 비난을 받은 나머지 관직에서 물러나는 것은 시간문제로 치부되었으나, 오히려 비서실장 자리에 앉힘으로써 일반의 예상을 뒤엎었다. 사실 그는 아웅산 사건으로 경제관료들이 떼죽음을 당한 직후 전 대통령으로부터 부총리를 맡을 것을 제의받았으나 본인이 고사했다.

확실히 전 대통령은 보스 기질이 강한 인물로, 무관 출신 특유의 의리를 중시했다. 국보위 때 열심히 협조했던 직업관료나 학자들에게는 거의 예외 없이 상응하는 대가를 지불했다. 당시 국보위 상임위원장 출신들이 5공정권이 출범하고서 어떠한 자리들을 차지했는지를 보면 쉽게 알 수 있다.

전 대통령의 이 같은 인사 스타일은 정책의 일관성을 유지해나간다는 차원에서 주목할 점이 많다. 오히려 그것이 너무 지나쳐 차라리 경직된 것이 문제였을 정도다. 6공 들어서의 인사풍토와는 매우 대조적이었던 셈이다.

특히 경제를 정책의 최우선으로 삼았던 만큼 경제관료들의 인사에 대해서는 더 많은 신경을 썼다. 중앙부처의 차관보급 이상에 대해서는 직접 인사카드를 챙겨놓고서 가부를 결정했을 정도였다.

인사의 공정성은 어떠했는가. 물론 친인척들의 부탁이나 정실이 개입된 흔적을 여기저기에서 찾아볼 수 있다. 특히 정권 말기에 가까워지면서 그러한 현상이 두드러진다. 더러는 상식적으로 봐서 전혀 엉뚱한 인사도 저지르곤 했다.

다른 분야는 몰라도 전 대통령의 경제 분야에 대한 용병은 나름대로의 특징을 찾아볼 수 있다. 그러나 권위주의체제 속에서 모든 것을 마음대로 움직여나갔던 그의 용병술에 대한 평가를, 민주화가 이만큼 진전된 지금의 잣대로 단순 비교하기는 곤란하다. 그러나 같은 군 출신이요, 개인적으로는 친구였던 후임 대통령 노태우의 용병술과는 너무도 대조적이었다.

친인척 관리만 잘했어도

"…지금 이 시점에서 제가 특히 부끄럽고 개탄스럽게 생각하면서 사죄를 드리는 것은 제 친인척들의 물의에 대해서입니다. …부유하지 못했던 이들은 갑자기 대통령의 친척이 되자 처음의 놀라움과 자랑스러움이 주위의 유혹에 흔들리기 시작했고, 급기야는 여러 가지 말썽을 빚어내기에 이르렀던 것입니다. …참으로 면목이 없는 일입니다. 진심으로 사죄하며 머리 숙여 용서를 빕니다.…"

88년 11월 23일, 백담사로 떠나면서 전두환 전 대통령이 발표했던 「국민 여러분께 드리는 말씀」의 한 대목이다. 그는 자신의 성장 과정까지 털어놓으면서 여론의 비난이 빗발치던 친인척 비리 부분에 대해 이같이 사과했다. 가까운 친인척이면 거의 예외 없이 어처구니없는 일들을 저질러왔음이 뒤늦게나마 밝혀지자 전 대통령도 어쩔 수 없이 이처럼 자신의 불찰을 시인하게 되었던 것이다.

정책에 대한 평가야 언제나 상대적인 것이다. 정책이란 선택의 결과인

만큼 어떤 정책을 펴든 간에 긍정적인 측면과 부정적인 측면이 함께 있게
마련이기 때문이다. 그러나 친인척의 비리는 변명의 여지가 없는 일이
다. 그 비리의 파장이 어떠했느냐를 세세히 따지기에 앞서 그러한 사실
들 자체가 온 국민을 불쾌하고 불행하게 만들었다는 점이 중요하다. 그
들은 대통령의 권세를 등에 업고서 안 되는 일을 되게 했으며, 되는 일을
안 되게 했던 것이다. 또한 이러한 일들의 대부분은 이권을 둘러싼 개입
이었으므로 경제 분야에 미친 영향 역시 가볍지 않았다.

"친인척 좀 도와주는 게 뭐 나쁜가"

먼저 살펴볼 일은 전 대통령 자신은 친인척들의 문제에 대해 어떠한 태
도를 보였는가 하는 점이다. 이 부분에서 그는 전임 박정희 대통령과 뚜
렷한 대조를 이룬다. 박 대통령은 부인을 비롯한 친인척들에 대해 여러
면에서 매우 엄격했던 반면, 전 대통령은 그렇지 못했다. 전 대통령이 친
인척의 비리를 앞장서서 부추겼다는 이야기가 아니라, 최고 통치자의 친
인척들이 원초적으로 지니고 있는 비리의 위험성을 애당초 주의 깊게 경
계하지 않았던 것이다. 마치 평범한 장삼이사가 생각하듯이 '어려웠던
친인척들을 좀 도와주는 것이 뭐가 나쁘냐'는 식이었다.

시작부터가 그랬다. 동생을 새마을운동본부 사무총장에, 장인을 대한
노인회 회장에, 처삼촌을 광업진흥공사 사장에 앉힌 것 등이 단적인 예
들이다.

전 대통령은 여러 면에서 부인 이순자 씨의 생각을 많이 참작했던 것으
로 알려져 있다. 그러나 전 대통령이 부인에게 잡혀 사는 공처가라는 세
간의 풍문은 사실과 달랐던 것 같다. 주변의 말을 종합해보면 부부의 관

계는 지극히 유교적으로, 남편의 뜻을 아내가 거스르거나 무시하는 식의 관계는 결코 아니었던 것으로 알려지고 있다. 다만 전 대통령이 젊었을 적 장교 시절부터 처갓집 신세를 많이 졌던 만큼 처가식구들에 대한 배려가 남다를 수밖에 없었던 것 같다. 여기에 더해 원래가 활동적인 성격이었던 부인 이순자 씨는 대통령의 영부인으로서 가만있지 않았고 때때로 내조의 범위를 뛰어넘기도 했다.

영부인의 영향력이 입증되어가면서 사람들이 꾀기 시작했다. 영부인 본인한테뿐만 아니라 친정아버지인 이규동, 삼촌 이규광한테도 줄을 놓아보려고 경쟁이 벌어졌다. 심지어는 정초가 되면 각부 장관들이 앞을 다투어 이규동에게 세배를 갔다. 누가 시켜서가 아니라 누군가가 앞장을 서면서 다들 그렇게 해야 이롭다고 판단했기에 당연지사가 되다시피 했던 것이다. 신병현 전 부총리 겸 경제기획원장관은 이렇게 회고한다.

"언젠가 이규동 씨가 사무실로 전화를 걸어왔더군요. 새해 복 많이 받으라는 신년인사였습니다. 연배도 위인 분이 먼저 신년인사 전화를 해와 좀 미안한 생각이 들었지요. 하지만 그러고 나서 잊어버렸습니다. 그런데 얼마 후, 어느 장관이 나더러 이 영감한테 세배를 갔느냐고 묻기에 안 갔다고 했지요. 그랬더니 그 장관이 이르기를 '다른 장관들은 모두 신년 세배를 갔는데 혼자만 안 가시면 곤란하지 않습니까'라고 하더군요. 혼자 속으로 생각하기를, '세상 참 이상한 일도 다 있다'며 접어두고 말았지요."

장관들이 대통령의 장인을 이처럼 어렵게 여겼으니 하물며 나머지 사람들이야 더 말할 필요도 없는 일이다. 예컨대 6공 들어 수서특혜 시비

[수서비리 사건. 강남의 마지막 노른자위 땅으로 투기꾼들의 이목이 집중되어 있던 강남구 수서·대치 지역 공공용지 3만 5,500평이 당시 개발이 불가능한 개발제한구역이었으나, 서울시가

이곳에 아파트 건축허가를 내주면서 촉발된 비리 사건. 이 과정에 청와대 관계자와 정치권의 힘이 작용한 것으로 밝혀졌다)를 일으킨 장본인인 한보의 정태수 회장이 사업을 그처럼 빠른 속도로 일으켰던 배경에는 바로 이규동이 있었다. 그는 정권 초기에 막대한 예산을 쏟아 추진하고 있던 LNG기지 건설공사를 정 회장에게 맡기도록 동자부장관에게 압력을 행사한 것을 비롯해 크고 작은 이권과 인사에 직간접으로 개입했다.

박봉환 동자부장관은 어느 날 이규동으로부터 점심이나 같이하자는 전화를 받고 흔쾌히 응했다. 그러나 이규동은 점심 숟가락을 뜨기도 전에 난처한 부탁을 해왔다.

"박 장관, 내가 신진 사업가를 하나 추천할 테니 잘 좀 밀어주시오."

이렇게 해서 시작된 그의 부탁은 다름 아니라 한보의 정태수라는 인물을 소개하면서 그에게 당시 동자부가 추진하던 LNG기지 건설공사를 맡겨달라는 것이었다. 박 장관은 기가 막혔다. 그 엄청난 공사를, 그것도 고도의 선진기술을 요구하는 국가적인 프로젝트를 이름도 모르는 기업인 한 사람에게 주라니.

"LNG기지 건설은 한국전력 같은 큰 회사들도 못 하는 어려운 사업일 뿐더러 일의 성격상 어떤 특정인에게 맡겨서는 안 되는 사업입니다. 국가발전을 위해서나 대통령 각하를 생각해서도 그래서는 곤란합니다. 죄송하지만 다른 일로 도와드리지요."

이 같은 박 장관의 정중한 거절에도 불구하고 이규동은 막무가내였다. '당신이 몰라서 그렇지 정태수라는 인물은 아주 유능한 사업가이며, 노인회 일에도 많은 도움을 주고 있으므로 이번 부탁은 꼭 들어주어야 한다'는 것이었다. 그것도 이 프로젝트의 일부를 맡겨달라는 것이 아니라 인도네시아에서 LNG를 실어오는 수송사업에 이르기까지 아예 통째로 맡기라는 이야기였다. 박봉환은 난처하기 짝이 없었으나 끝내 이를 들어주지 않았다. 아무리 대통령 장인의 부탁이라 하더라도 그의 곧은 성품으로는 도저히 용납할 수 없는 일이었다.

'대통령 처삼촌 면담요청 거절죄'

장인뿐 아니라 처삼촌인 이규광 또한 무시 못할 영향력을 행사했다. 광업진흥공사 사장에 앉은 그의 면회 요청에 제때 만나주지 않은 이용만 재무부 재정차관보는 이른바 괘씸죄에 걸려 관에서 쫓겨났을 정도였으니 말이다.

어느 날 이규광이 재무부로 이용만 차관보를 찾아갔는데, 마침 청와대에 급히 보고할 서류를 검토하느라 만나주지 않았던 것이다. 이 차관보는 여비서가 전하는 면담요청을 그저 건성으로 들었을 뿐, 미처 그가 대통령의 처삼촌이라는 사실을 깨닫지 못했다. 그 사실을 알았을 때는 이미 늦었다. 이것이 화근이 되어 이 차관보는 하루아침에 불명예제대를 당했다. 권토중래로 6공 들어 재무장관으로 명예를 회복한 이용만은 당시 자신의 죄목을 일컬어 '대통령 처삼촌 면담요청 거절죄'라고 했다.

전경환 새마을운동본부 사무총장의 경우는 어떠했는가. 물론 대통령의 친인척이라 해서 요직에 앉히지 말라는 법은 없다. 미국의 케네디 대통령은 자신의 동생을 법무장관에 앉혔어도 아무 탈이 없었다. 문제는 본인이 그만한 자격을 갖추었느냐 하는 점일 텐데, 불행하게도 우리의 대통령 동생은 그렇지 못했던 것이다. 아마도 그를 둘러싼 이야기만 제대로 추적해서 기록에 남겨도 책이 한 권일 것이다.

그만큼 그는 형이 대통령 자리에 있는 동안 대단한 권세를 누렸다. 육군중위 출신으로 스포츠를 주특기로 하는 전형적인 무인이었던 그는 새마을운동이 무엇인지도 모르는 상태에서 하루아침에 그 분야 최고의 지도자로 추앙받게 된다. 당시 정부로서는 기존의 새마을운동을 3공시대의 정부주도에서 민간주도로 전환시킨다는 방침을 결정해놓은 상태였다. 정부에서 계속하니까 부작용이 많더라, 이제는 민간인들에게 맡겨서 자율적으로 운용해나가겠다는 것이었다. 그래 놓고서 대통령이 자기 동생에게 맡겨버린 것이다.

이 '민간단체'는 관청보다 더 무서운 힘을 발휘하기 시작했다. 내무장관도 농수산장관도 그의 눈치를 살펴야 할 정도였다. 그는 '스몰 전'이라는 별명에 걸맞게 법이나 규정의 구애를 받지 않았다. 불쑥불쑥 아무 일이나 간섭하는 건 예사고, 운만 떼어도 주위 사람들은 알아서 기었다.

어느 날 그는 농수산부 출입기자들을 만났다. 새마을운동이 행정적으로는 내무부 소관이었으나, 업무적으로는 농촌 문제와 깊은 관련을 맺고 있었으므로 농수산부를 출입하는 기자들을 통해 조언을 들어보겠다는 의도에서였다. 이 자리에서 그는 자신의 새마을운동에 관한 철학을 밝혔다.

"나는 하루에 네댓 시간밖에 안 잡니다. 지난번 일본 출장을 갔을 때도 매일 3시간씩밖에 안 잤어요. 그랬더니 같이 갔던 직원들은 코피를 쏟고 야단들이더군요. 나는 끄떡 없었어요.…"

그는 대체로 그런 정도의 인물이었다. 장차 새마을운동을 어떤 방향으로 끌고 나가겠다는 소신 피력은 없고, 시종일관 자신의 체력에 대한 자랑뿐이었다.

말이 민간 주도였지, 전경환이 들어서고부터의 새마을운동본부는 정부의 공권력도 제대로 미치지 못하는 치외법권 지역 같은 곳으로 변해버렸다. 예컨대 각 기업의 공장새마을운동 추진본부의 경우 대한상의 산하로 되어 있었으나 그의 지시로 하루아침에 중앙본부의 일개 국으로 통합되어버렸다.

'민간주도'라는 간판은 오히려 편리하게 악용당했다. 세금을 걷고 쓰는 일은 법에 따라 일일이 규제를 받아야 하지만, 민간 차원에서 갖다 쓰는 돈이니 자기들 마음대로 주무를 수 있었던 것이다.

한은총재였던 하영기는 이렇게 증언하고 있다.

"하루는 전경환 씨 쪽에서 성의 표시를 촉구하는 연락이 왔어요. 금융기관들이 새마을성금을 좀 내야 할 것 아니냐는 것이었어요. 그래서 은행장회의를 소집해서 얼마를 내야 할 것인가를 의논에 부친 결과 30억 원 정도로 결론이 났어요. 미국인 대주주가 경영권을 쥐고 있는 한미은행은 한 푼도 못 내겠다고 버티었지만…. 어쨌든 재무부에 이 같은 뜻을 알렸더니만 재무부 쪽에서는 점포도 몇 안 되는 단자회사들도 100억 원을 내는데 은행들이 30억 원을 낸다면 서운해하지 않겠느냐며 난처한 반응을 보였습니다. 그러다가 얼마 안 있어 나는 한은총재 자리에서 물러났지요."

물론 이러한 것들은 전경환이 형사 처벌 받는 과정에서 죄로 치지도 않았다. 다시 말해 전경환뿐만 아니라 대통령의 친인척들이 저지른 일들은 이처럼 법률적인 시비를 가리기 어려운 것들이 도리어 더 많았다고 해야 할 것이다.

대통령의 처남 이창석도 마찬가지였다. 그가 '동일'이라는 회사를 인수하는 과정, 그 회사가 포항제철의 광양제철소 건설공사에서 공사를 따낸 일들은 모두가 합법적인 것이었으나, 그러한 일들이 정당했다고 믿는 사람은 아무도 없을 것이다. 그가 앉아서 이익을 챙겼다면 상대적으로 억울하게 손해를 보는 사람이 있게 마련이다. 예컨대 철강회사이던 모 기업이 경영이 어려워져 경매에 붙여졌을 때 이창석이 입찰의사를 밝히자 아무도 끼어들 엄두를 내지 않았고, 따라서 그 기업은 헐값에 그의 손으로 넘어

국정감사 증언대에서 증언하고 있는 이창석

갔다. 물론 이 경우 역시 법적으로는 아무 하자가 없는 일이었다.

그렇다면 전 대통령은 친인척들에 대해 어떤 태도를 취했을까. 그는 82년 이·장 사건이 터지고 처삼촌인 이규광이 구속되는 사태까지 벌어지자 "대통령의 친인척도 비리척결에 결코 예외가 될 수 없다"고 단호한 의지를 밝혔으나 사실은 그렇지 못했다. 한마디로 그는 친척 문제에 대해서는 상당히 관대했다. 대통령의 기본자세가 그러하니 주변의 참모들 역시 엄격히 챙길 수 없었던 것은 당연한 일이다. 함께 목숨을 걸고 정권을 잡는 데 결정적인 역할을 했던 허화평, 허삼수도 친인척 문제에 대해 앞장서서 싫은 소리를 하다 결국 밀려나지 않았는가.

대통령 형제, 자식은 '관리 불가능'

전경환에게 새마을운동본부를 맡기는 일도 허 씨들은 반대했으나 대통령이 고집하는 바람에 어쩔 수 없이 이루어진 경우였다. 청와대 안에서는 이학봉 민정수석이 친인척 문제를 담당했는데, 난처한 경우가 한두 번이

선고공판을 받기 위해 법정으로 들어가고 있는 전경환

아니었다. 친인척들은 사방에서 일을 벌이고 있는데 일일이 막을 수도 없고, 그냥 내버려 두자니 친인척 관리라는 기본직무를 다하지 못한다는 비판이 쏟아지게 생겼던 것이다. 이학봉은 후일 이렇게 회고했다.

"친인척 비리에 대한 대통령의 의지는 확고했습니다. 그러나 민정 쪽에서 대통령의 형제나 자식 등 아주 가까운 친척들까지 엄격하게 관리한다는 것은 현실적으로 불가능한 일이었습니다."

물론 청와대가 수수방관하고 있었던 것만은 아니다. 이·장 사건으로 혼이 나고서는 친인척 관련 소문이 나돌기 시작한 명성그룹에 대해서는 생체해부의 제물로 삼는 등의 과잉반응을 보였는가 하면, 한보의 정태수 회장에 대한 뒷조사를 해보고 친인척 관련 사실이 심각한 것으로 드러나자 뒤늦게 청와대 사정수석이 직접 재무부에 대해 "정 회장에 대한 금융지원을 삼가라"는 지시를 내리기도 했다. 그럼에도 6공에 들어와서 밝혀졌듯이 친인척들이 사방에서 저질렀던 갖가지 비리들은 실로 어처구니없는 것이었다.

돌이켜보면 그나마 끝까지 소신을 굽히지 않고 대통령에게 친인척 문제로 쓴소리를 계속했던 인물은 허화평이었다. 영부인 이순자 씨가 새세대육성회를 결성하겠다는 말에 그는 딱 잘라서 안 된다며 반대했다. 그의 회고다.

"박 대통령 시절에 딸 박근혜 씨가 새마음봉사단 활동을 하다가 잡음이 나지 않았습니까. 최고 권력자의 가족이 움직이면 사람들이 그 밑에 몰리게 되어 있거든요. 부작용이 생겨나게 마련입니다. 그래서 담당 수석을 통해 반대했던 것입니다."

허화평이 제아무리 신군부의 중심세력이라 할지라도 여간 불쾌하지 않았던 이순자 씨는 허화평에게 대고 직접 불쾌감을 표시했다.

"나도 체면이 있어요. 의욕을 갖고 일을 하려던 것인데, 그런 말이 나오니 당황스럽습니다."

그것뿐이 아니었다. 이철희·장영자 사건 때 대통령의 처삼촌인 이규광을 감옥에 보낸 것도 원래 검찰 시나리오에는 없었던 것인데, 허화평이 나서서 친인척 비리의 척결을 강력히 주장한 탓으로 그렇게 된 것이다. 이런 화근들이 쌓여서 결국 그는 청와대에서 쫓겨나게 된다. 올바른 주장을 했으나 대통령에게는 불편하기 짝이 없었던 것이다. 소신을 굽히지 않은 대가는 권부로부터의 퇴출이었다.

만약 전 대통령이 자신의 오른팔이었던 허화평의 충언을 받아들였더라면 상황은 많이 달라졌을 것이다. 다른 수많은 일을 제쳐놓고 친인척 문제만 엄격히 관리했더라도 그에 대한 지금의 평가는 훨씬 달라졌을 것이다.

전두환의 선택과 집중

5공의 경제를 움직여온 주인공은 역시 대통령 전두환이라고 해야 할 것이다. 처음의 그는 오로지 힘에 의존해서 경제를 끌고 나갔으나 시간이 지나면서 빠른 속도로 이론과 실제를 동시에 익혀나갔으며, 나름대로 한국경제에 관한 한 최고의 전문가임을 자처했다. 이 같은 그의 자부에는 충분한 근거가 있었다.

그가 주도한 경제정책 하나하나에 대한 비판은 얼마든지 가능하다. 그러나 부인할 수 없는 것은 그가 대통령 재임기간에 구렁텅이에 빠져들던 한국경제를 성공적으로 구출해냈을 뿐 아니라, 그것도 아무도 믿으려 하지 않았던, 성장·물가·국제수지 등 이른바 '3마리의 토끼'를 한꺼번에 잡아 보였다는 사실이다.

대통령으로서의 전두환을 지성적이거나 덕망이 높은 타입의 지도자였다고 말할 사람은 드물 것이다. 외국에 갔다 오는 비행기 안에서 수행기자들에게 『목민심서』를 탐독하는 모습을 연출하기도 했으나 결코 학문을 즐기거나 책을 가까이 하는 편은 아니고 그야말로 무인, 전형적인 무인이었다. 그런 그가 대통령이 되는 과정에서부터 시작해서 대통령이 되고 나서도 계속했던 경제공부는 평생에 겪어보지 못했던 맹렬 학습이었다.

그는 자신의 부족한 면을 보완하기 위해 박사들을 가까이했다. 가정교사였던 김재익을 비롯해 사공일, 김만제, 박영철, 김기환 등이 모두 경제학 박사로서 정책결정의 핵심으로 중용되었고, 그밖에 경제수석 비서실의 측근들도 홍철, 이석채, 홍성원 등의 내공이 상당한 인물들로 포진시켰다.

그는 수시로 박사들로부터 필요한 이론적 근거를 배웠고, 또한 이것들을 즉각 경제정책으로 소화해내는 일에 전심전력했다. 80년 집권 이후 5공시대의 초기라고 할 수 있는 83년 언저리까지는 대통령 전두환으로서는 집중적인 경제학습기, 또는 배운 것을 실천에 옮겨보는 실습기였다고 할 수 있을 것이다. 이 시기의 정책 선택은 비교적 단순했다. 본인이 잘 모르기도 했거니와 대부분의 경우 김재익이 짜놓은 교안을 실천에 옮겨나가던 시기였다. 정책목표는 물가안정이었고, 선택된 수단은 긴축이었다. 계속되는 불황 속에서도 전두환은 긴축의 고삐를 결코 놓지 않았다. 민정당을 비롯해 정치권에서 상당한 불만을 표시했지만 조금도 굽힘 없이 물가안정을 최우선과제로 강조하면서 긴축기조를 고집했다. 언론도 당시에는 대통령의 결심이 얼마 가지 않아 유야무야될 것이라는 분석이 지배적이었다. 그러나 전 대통령은 이러한 예측을 깡그리 뒤엎었다. 도리어 한술 더 떠 설마 하던 예산동결 같은 극단적인 조치도 불사했다.

긴축에 대한 정치권의 반발은 그의 정책 선택과 용기를 오히려 돋보이게 할 뿐이었다. 이 같은 초지일관은 시간이 흐를수록 전두환이 정치적으로 내세울 수 있는 으뜸가는 자랑거리였다. 그는 정치권에서 자신이 선택한 경제정책에 시비를 걸어올 때마다 거침없이 호통을 쳤다. 단순한 야단이 아니라 꼭 강의를 곁들여가면서 정치인들의 경제에 대한 무지를 꾸짖었다. 물론 이 같은 강력한 리더십은 반론을 용납지 않는 왕정 못지 않은 전제정치하에서 발휘되었다는 점을 감안해야 할 것이다.

그는 원래가 무엇이든 머뭇거리는 성격이 아니었다. 심지어 보안사령 관 시절에도 장교들이 나라경제가 어떻게 돌아가는지를 알아야 한다며 자신이 직접 경제강의를 해야겠다고 나서서 참모들을 당황하게 만든 일도 있었을 정도다. 그는 자신이 일단 옳다고 생각하면 웬만한 반대쯤은 거침없이 돌파해나갔는데, 이런 성향은 5공 초기의 어려운 경제상황을 하나의 방향으로 일관되게 끌고 나가는 데 빼놓을 수 없는 리더십이었다.

물가안정의 성공은 그에게 더욱 확고한 자신감을 안겨준다. '물가가 마이너스 행진을 계속하게 되다니…' 전두환 스스로가 생각해봐도 대견스러운 일이었다. 한국역사상 누구도 엄두를 못 냈던 위대한 업적을 자신이 이룩해낸 것이 아닌가. 그것도 많은 직업관료나 경제학자들이 지나친 과욕이라며 시큰둥해했던 물가안정 목표를 거뜬히 초과달성해 보였으니 말이다.

이렇게 되기까지에는 그로서도 수많은 번민을 겪었을 것이다. 제아무리 정치적 탄압을 통해 일체의 비판을 봉쇄하고 자기 마음먹은 대로 정책을 밀고 나갔다 해도, 그에 따른 결과까지 어쩔 수는 없는 노릇이기 때문이다. 갖가지 금융 사고들도 크게 봐서 안정화정책의 추진 과정에서 빚어진 것들이었다고 한다면, 사건이 터져나올 때마다 겪어야 했던 정치적 부담 또한 매우 짐스러운 것이었다.

비단 정치적인 고충만이 아니었다. 물가안정에는 성공했으나 경제가 줄곧 침체를 면치 못하는 바람에 경제정책 면에서도 지금까지 해온 것이 맞는지 깊은 회의에 빠지기도 했다. 83년에 들어오면서부터 이 같은 고민이 부쩍 심해졌다. 더구나 철석같이 신임해왔던 김재익이 아웅산 사건

對內.

1. 農水産
   ○ 增産 — 主穀의 자급자족
   ○ 사료맥 雜穀 증산 — 輸入 감소
   ○ 複合營農 — 農漁民所得 增大
   ○ 畜産장려 — 고기의 자급자족
       (輸入의 最少化)

2. 國民所得(都市)
   ○ 貯蓄생활化 — 內資動員
       — 外債減少
   ○ 에너지 절약 — 國際收支改善
       — 外債減少
   ○ 農漁民 및 技術人力 處遇改善

3. 經濟敎育强化 → 全國民經濟人化.

4. 所要別 高級人力養成

전두환은 스스로의 술회처럼 '불철주야로 경제공부에 몰두'한 결과, 나름대로의 경제구도를 갖게 되었다. 이 자료는 그가 국내외의 경제 문제 전반에 걸쳐 어떤 생각을 하고 있는지를 직접 메모해서 경제수석실에 내려보낸 것이다.

5. 技術 開發
   品質 向上
   生産性 向上
6. 意識敎育 - 先進國民化

敎育問題
1. 敎育施設의 近代化 및
   콩나물 敎室 해소
2. 敎師 處遇改善
3. 住宅의 後給 - 近代化
4. 의료해결
   해소: 2지. 의료진료소 設置운영
5. 衛生시설 (화장실 近代化
   목욕시설
6. 上.下水道 해결

3

口外
1 輸出 增大
   ○ 기술 革新
   ○ 品質高級化
   ○ 生産性向上
2. 人力養成
   ○ 國内養成

ㅇ 外□ 규칙 없는 추세.

3. 外國人 高級 또는 技能人力
   과감한 유치

4. 海外僑胞 人力 유치

5. 硏究所 (政府 民間)
   必要한 과제 부여 硏究 → 製品
   과 단계

                4   년   리   임

6. 中小企業 育成
   部品 輸出 極大化 ("世界的 水準)

7. 大企業의 支援 (財務構造 强化 도진)
         주로 技術向上

8. 大企業 間의 과다 競爭 지양
         政府 에서 調整.

9. 大企業 과 中小企業 間의 不當 不利益
   行爲 근절.

10. 企業의 國際競爭力强化策
        계속 추진

※ 戰略産業. 선정 政府. 企業. 金利
   合同 推進

12. 海外建設의 不況対備
  ○ 用役事業, 推進
  ○ 輸出増大
  ○ 工法과 技術 先進化로 世界规模로 進出
  例 美 印尼 羅巴 等 競爭도록

13. 現地 (海外) 合作会社 정리

14. 美口企業. 協力
   美口의 기술支援
   韓国에서 部品生産 擴大
   美口市場 및 世界市場으로 進出

15. 部処 内 協助. 따로라 協助
   緊密化

國防. 安保
1. 國防予算을 経済発展方向
  例: 防衛産業育成
   軍用道路等産業. 道上苦16

으로 숨지고 나자 고민은 더욱 깊어졌다. 경제가 어려워도 주위 사람들이 든든하면 한결 나을 텐데, 경제는 경제대로 소생의 기미를 보이지 않고 있는데 총애하는 인재들을 송두리째 잃어버렸으니 여간 낭패스러운 일이 아니었다. 국제수지는 개선될 조짐을 조금도 보이지 않는 가운데 외채망국론은 횡행하고, 경기는 도무지 고개를 들 줄 몰랐다. 그러나 김재익에 뒤이어 사공일을 경제수석에 앉힌 것은 성공적인 선택이었다. 지내놓고 보면 김재익과 사공일은 전후반을 나눠서 맡은 안성맞춤의 '콤비'였다고 할 수 있다.

사공일도 초반에는 고전을 면치 못했다. 우여곡절이 많았다. 전 대통령은 답답한 나머지 주위의 반대로 장관직에서 내보내야 했던 박봉환을 비밀리에 다시 찾았다. 박봉환은 자신의 첫번째 경제 가정교사요, 5공 출범 이후에도 가장 중용했던 인물이었으나 성격이 너무 대쪽 같다며 경질했던 터였다. 결국 누구보다 신임하면서도 여러 가지 불편함 때문에 내쳐야 했던 박봉환을 세 차례나 조용히 청와대로 불러들여 진단과 처방을 들은 전두환은 그를 재기용할까도 생각했다. 그러나 박봉환의 리더십의 한계나 비타협적인 성격을 들어 측근이 반대하는 바람에 마지막 검토 단계에서 없었던 일로 되어버렸다.

성공에 도취, 변화를 외면하다

이 같은 우여곡절과는 상관없이 85년 하반기를 기점으로 해서 경제가 일어나기 시작한다. 그동안 다져왔던 물가안정 기반을 토대로 해서 꾸준히 추진해온 투자촉진책이 시차를 두고 효력을 나타내기 시작하는 가운데 때마침 찾아온 3저시대가 맞아떨어지면서 한국경제는 그야말로 단군 이래 최고의 호황국면으로 접어들게 되는 것이다.

집권 이후 경제를 최우선으로 해온 전두환으로서는 이보다 더 큰 다행이 있을 수 없었다. 경제정책이 잘되어서건 해외여건이 좋아져서건 간에, 어찌 되었든 그토록 어려웠던 한국경제가 극적으로 반전되었으니 이를 주도해온 대통령의 주견主見과 리더십 또한 마땅히 평가받을 만한 일이다. 실제로 86년에서 87년으로 이어지는 5공의 후반기 경제는 더 바랄 것이 없는 상태였다. 중앙부처의 경제관료들조차 눈앞에 펼쳐진 흑자경제를 어떻게 주체해나가야 할지 모를 지경이었다.

경제운영에서 암적 존재로 속을 썩여온 부실기업 정리 문제도 시작할 때는 눈앞이 깜깜했지만, 생각지도 못했던 3저호황의 도래로 한결 수월하게 마무리지을 수 있었다.

이런 흐름 속에 애당초 적자를 걱정했던 서울 올림픽도 거뜬히 치러낸다. 서울올림픽은 마치 때맞춰서 세계인들을 한자리에 모아놓고 전두환 정권이 그동안 이룩해온 한국경제의 발전상을 과시하는 자리 같기도 했다. 객관적으로 나타난 경제실적을 간단히 훑어봐도 이처럼 성공적이었음을 알 수 있는데, 하물며 모든 공과를 책임지고 앞장을 섰던 대통령 스스로가 느끼는 성취감이 어땠을지는 미루어 짐작할 수 있을 것이다.

정치 쪽을 접어두고 경제적인 측면에서만 본다면 확실히 한국경제는 5공의 전반기에는 고생과 인내로써 기반을 다졌고, 후반기는 꽃을 피우고 결실을 거두어들인 시기였다.

그러나 여기서 간과할 수 없는 것은 어려웠던 전반기와는 달리 결실을 즐겼던 후반기에 와서는 과연 어떠한 정책들이 펼쳐졌는가 하는 점이다. 결론부터 말해서 정부는 정책기조 면에서 전반기나 후반기나 달라진 것이 별로 없었다. 다시 말해서 국제수지가 흑자로 돌아섰든 국민들의 소득수준이 얼마로 높아졌든 간에 어떻든 정책의 최우선순위는 여전히 물가안정이었고, 그것도 마이너스 물가상승률을 유지해야 대통령 보고 때 장관의 체면이 서는 풍토였다. 재정이건 금융이건 여전히 팽창은 악이요, 긴축은 선이라는 고정관념이 지배하는 가운데 재정금융정책은 실물 쪽에서 벌어지고 있는 급속한 변화를 외면했다.

다시 말해 국내 자동차 판매량이 연간 50%씩이나 증가하는 가운데 우리도 드디어 마이카시대로 진입한다며 좋아하기만 할 줄 알았지, 조만간 눈앞에 닥칠 사회간접자본의 심각한 부족현상에 대한 대비는 꿈도 꾸지 않았던 것이다. 자동차산업이 잘되어서 자동차 숫자가 엄청나게 늘어날 것에 대한 장밋빛 전망에는 열심이었으면서도, 마땅히 함께 관심을 쏟았어야 할 교통망 확장 문제에 대해서는 예산지출의 팽창을 걱정하느라 아무 대비도 하지 않았던 것이다. 물가안정을 위한 긴축으로 기울어진 정책의 관성은 가속현상을 더할 뿐이었다.

가장 큰 착각과 정책의 오류는 노동 문제였다. 그동안 철권정치 속에 억눌릴 대로 억눌린 노동 문제가 85년 언저리부터 심각한 양상을 띠기 시작했는데도, 다시 말해 오랜 불황이 계속되는 동안 꾹꾹 참아왔던 노동 문제들이 급속한 경기호전을 맞아 용수철처럼 튀어오르고 있는데도 정부는 제도적 개선은커녕 종래의 강경일변도 진압정책만을 고수했던 것이다. 사실 이때까지만 해도 노동 문제는 경제 문제가 아닌 정권유지 차원의 문제였으므로 경제관료들의 영역 밖의 일이었다.

전 대통령의 가장 가까운 측근이었던 이학봉은 이렇게 설명했다.

"전 대통령을 비롯한 5공정권의 핵심인물은 당장 망해가는 경제를 살리고 물가를 안정시키면 그걸로 우리가 할 일을 다 하는 것이라 생각했습니다. 노동 문제나 복지정책 같은 것은 다음 정권이 알아서 할 일이고, 우리는 잘 몰랐고 관심 가질 겨를도 없었으니까요.”

전두환정권이 노동 문제에 대해 어떠한 인식을 가지고 있었는지를 말해주는 적절한 설명이다. 탄압 일변도의 노동정책이 계속될 경우에 이것이 장차 어떻게 한국경제의 발목을 잡게 될지에 대해서는 이처럼 전혀 상상도 못하고 있었다.

어찌 보면 누구의 잘잘못을 따지기 이전에, 제대로 대처하기에는 우리의 경제상황이 너무도 급속히 변화해왔던 측면도 있다. 군 출신 실력자들뿐 아니라 직업관료들도 뒤늦게 흑자관리 대책을 마련하느라 정신이 없었다. 하지만 한국경제가 장차 어찌 굴러갈지에 대한 큰 그림을 그려내지 못했다. ‘전두환 경제’의 관성 속에서 고만고만한 기술적인 대응책밖에는 생각지 못했다. 예컨대 눈앞의 통화증발을 막기 위해 통화안정증권을 무더기로 발행하는 게 고작이었다.

‘선거 앞에 무너진’ 경제대통령

결국 전두환의 경제학은 스스로 이룩해낸 ‘물가안정’이라는 성과에 도취되어 변화에 적응하는 일체의 노력을 거부했다. 실패한 경제를 성공시킨 정권이었던 만큼 변화와 수정을 요구하는 대세를 순순히 받아들일 리만무한 일이었다. 특히 경제정책에 관한 대통령의 권위에는 어느 누구의 도전이나 비판도 용납되지 않았다. 가시적인 성과 속에서 가뜩이나 그것을 자랑삼아 역사적인 단임 약속을 실천해 보이겠노라는 전두환으로서는 그가 이룩해낸 경제치적은 스스로가 생각해도 대견한 것이어서 어떠한 궤도수정도 허용치 않았다. 그는 자신이 택한 정책들이 한국경제에서 최선의 정답이라고 확신했다. 그러나 그러한 확신이 자만이 되어 바로 코앞에서 정신없이 진행되고 있는 변화의 물결을 외면하게 만든 주인主因이었다는 사실은 미처 깨닫지 못했다.

결정적인 홈집은 막판에 만들어졌다. 87년 6·29선언을 기점으로 민주화의 회오리가 몰아닥치기 시작하자 그처럼 탄탄해 보이던 5공의 경제는 정치체제의 붕괴와 함께 삽시간에 속절없이 무너져내렸다. 휘어지기를 거부하던 강철이 끝내 딱 소리와 함께 단숨에 부러져버리고 마는 것처럼.

목숨을 건 선거전에 돌입하면서부터 정책의 수레바퀴는 완전히 거꾸로 돌기 시작한다. 물가안정이고 뭐고 간에 우선 선거부터 이겨야겠기에 표를 긁어모을 수 있다고 판단되는 정책이면 물불을 가리지 않았다. 이렇게 해서 경제는 다시 엉망이 되기 시작했고, 동시에 그것은 전두환경제의 한계였다. 집권 시작부터 정치를 틀어막고 경제에만 몰두해서 이룩한 치적이 마지막에 와서 결국 더 이상 어찌할 수 없는 정치적 승부 앞에 스스로 허물어진 것이다.

전두환시대 경제를 정리하면서

이 책은 중앙경제신문에 1년여 동안 연재했던 「실록 5공경제비사」를 기본줄기로 해서 보완한 것이다. 주제넘게도 책을 써야겠다고 작정한 것은 1988년 가을쯤부터였다. 세상은 온통 민주화의 열기와 올림픽의 홍분에 휩싸여 있었고, 정치권은 5공시대에 대한 청산작업으로 여념이 없었다. 특히 5공비리 청문회가 TV로 생중계되고 16년 만에 처음으로 실시되는 국정감사를 계기로 불행했던 과거를 척결하자는 단죄의 결의는 어느 때보다도 단호했다. 나는 취재기자의 한 사람으로 현장을 지켜보았다.

경제기자 입장에서 특히 경제 분야에 대한 추궁이 어떻게 이루어질지는 관심거리가 아닐 수 없었다. 필자는 공포정치에 가위 눌려 한국의 언론들이 제대로 밝혀내지 못했던 문제들을 바야흐로 민주화시대를 맞아 명실상부한 국민의 대표들이 속 시원히 가려내주리라 기대했다.

그러나 실망뿐이었다. 야당은 다수였으면서도 스스로의 한계 때문에 결과적으로 소수의 여당을 도와주고 있었다. 국정감사를 받는 정부의 관련부처 공무원들은 사실 전전긍긍했다. 그동안의 일과 관련해 켕기는 구석이 많았기 때문이다. 그러나 이들은 시간이 갈수록 공연한 걱정이었다며 안도의 한숨을 내쉬었다. 국회의원들은 욕만 했고, 따라서 관련 공무원들은 정해진 시간에 불려나가서 욕만 얻어먹으면 끝났다. 추궁을 피해나가는 쪽의 교활함도 얄미웠지만 문제의 본질도 모른 채 변죽만 울리며 고함이나 지르는 쪽은 더욱 한심하게 느껴졌다. 심지어 기업을 엄청난 빚더미에 올려놓은 부실기업주들을 불러다가 마치 정의의 화신처럼 치켜세우는 장면도 목격되었다. 5공이 미우니 5공시대에 잘못된 사람은 모두가 정의의 편이라는 식이었다.

이런 식으로 어거지를 썼으니 추궁받는 쪽에서는 오히려 더 좋았다. 말도 안 되는 일로 시비를 거는 바람에 정작 속이 켕기는 부분들이 거론조차 안 되었던 경우가 허다했기 때문이다. 결국 모두가 전두환정권이라는 한 시대에 대해 침만 뱉었지, 그 시대에 빚어진 한국의 문제들이 진실로 무엇이었는지를 밝혀내는 작업은 결코 성공이랄 수 없었다. 마치 한 편의 영화를 보면서 도무지 뭐가 뭔지도 모르는 가운데 화면에는 어느새 '끝' 자가 나온 격이었다.

그래서 힘겨운 작업인 줄 알면서도 이 영화의 일부라도 처음부터 슬로모션으로 다시 한 번 돌려 보자는 생각을 감히 하게 된 것이다.

제5공화국시대는 매우 가까운 역사다. 그런데도 '이처럼 기록이 없을까' 새삼 놀라지 않을 수 없었다. 기록을 없애는 것이 차라리 우리의 전통이라

하는 편이 나았다. 격변의 현장에 있었던 어느 전직 총리는 "원래 나는 일체의 메모나 기록을 남기지 않는다"는 말을 서슴지 않았고, 경제부총리를 두 번이나 지냈던 신병현 씨를 어느 날 찾아가 관련자료를 요청했더니 "그동안 모아왔던 관련기록들을 금년 봄에 싹 태워버렸다"며 미안해했다. 고지식한 원칙론자로 평판이 났던 그도 만의 하나 자료 때문에 입을 화를 염려한 나머지 태워 없애버렸던 것이다.

이들은 그러한 태도가 조금도 이상할 게 없다는 투였고, 오히려 이 시대를 살아가는 지혜로운 처세술이라고 말하기까지 했다. 공감이 가는 바가 없지 않다. 이 책을 쓰면서 나 자신도 그동안 취재한 내용을 100% 모두 쓰지 못했음을 고백하지 않을 수 없다. 왜 한국에서는 여태껏 제대로 된 회고록이나 자서전이 없는지를 내 스스로 실감할 수 있었다.

이 책을 준비하는 과정에서 더러는 너무 이르지 않느냐는 의견을 던지는 사람도 있었다. 이해관계가 얽혀 있는 현존 인물이 많으니 제대로 쓸 수 있겠느냐는 충고였다. 사실 필자도 그러한 고충을 수없이 느꼈다. 신문에 연재하는 동안 내 딴에는 제법 얼버무려 쓴다고 썼지만 때때로 "당신이 나한테 그럴 수 있느냐"는 따위의 항의를 면하지는 못했다.

그러나 역시 시작하기를 잘했다는 생각을 여러 차례 가질 수 있었다. 취재하는 과정에서 입장이 난처하다며 입을 꽉 다무는 이도 있었고, 또 자기 자랑만 잔뜩 늘어놓아 오히려 판단을 흐리게 하는 이도 없지 않았으나 그럼에도 역시 중단할 수는 없었다. 지금 이 순간에도 그나마의 기록들마저 없애고 불사르고, 그래서 왜곡된 사실들이 엄연한 역사로서 그대로 화석처럼 굳어져가고 있는 현실을 여기저기서 확인할 수 있었기 때문이다.

따라서 이 책을 준비하면서 내가 할 수 있는 최대한의 노력은 될 수 있는 한 많은 사람들을 만나서 다양한 이야기를 듣고, 여기저기 널려 있는 사실들을 확인해내는 작업이었다. 조각조각의 자료나 사실들을 끼워 맞추고 짜깁기하는 것만으로도 상당한 시간이 걸렸고, 이 점에서 이 책은 나로서는 벅찬 작업이었다. 유감스럽게도 신문들의 지난 기록들도 경계심을 가지고 훑어나가야 했다. 신문의 기록을 믿고 의존했다가는 낭패 보기 십상인 경우도 없지 않았다. 기본적으로 언론이 통제당한 시대였으므로 흑을 백이라고 하는 식의 기사도 적지 않았기 때문이다. 정부정책에 대한 비판기사는 물론이고 사실 자체에 대한 보도까지도 봉쇄당한 경우가 허다했던 것이 바로 그 시대였다.

5공비리를 속 시원하게 고발한다거나 무얼 파헤치고자 이 책을 쓴 건 아니다. 솔직히 말해 내 눈에 비친 5공시대는 경제기자 입장에서 지극히 흥미롭고 끊임없이 궁금증을 자아내는 연구대상이었다. 원래 경제란 무미건조하고 재미없는 것이 아닌가. 그러나 5공시대의 경제가 어떻게 굴러갔는지를 찬찬히 돌이켜보면 여간 흥미롭지 않다. 별의별 해프닝과 스토리가 오버랩되는 한 편의 드라마 같았다. 등장하는 배역들도 주인공을 비롯해 희한한 성격파 배우들로 꽉 차 있었다.

이 기간에 한국경제 자체가 워낙 드라마틱하게 움직였다. 벼랑에 선 위기에서 시작해서 어찌 되었든 간에 단군 이래 유례없던 호황으로까지 한국경제를 끌어올렸던 점은 누구도 부인할 수 없으니 말이다. 이러한 이유로 필자는 이 기간에 빚어졌던 주요 경제현상들을 정리해보고, 또한 이에 대응하는 정책결정 과정들이 어떻게 전개되어왔는지에 이 책의 초점을 맞추었다.

한국경제는 원래가 독특하다. 병이 나도 유난스럽고, 처방을 내려도 요란하고 별나다. 서양 교과서에도 안 나온다. 한국 특유의 스타일로 아슬아슬하지만 용케 고비들을 넘겨왔다. 특히 5공시대의 경제는 그런 뜻에서 한층 더 드라마틱했다.

한 시대의 경제현상을 분석하는 데 정부가 정직하면 훨씬 수월한 법이다. 반대로 정부의 정직성에 문제가 있을 때는 똑같은 경제현상일지라도 그 진맥이 대단히 어렵다. 불행히도 5공시대는 후자에 가까웠다. 어떤 정책 하나가 탄생되기까지 영향을 주는 요인들이 어쩌면 그렇게 다양했는지 모른다. 그러나 그 내용들이 정직하게 밝혀지는 경우는 드물었다. 끗발 있는 친인척의 말 한마디로 엄청난 정책이 하루아침에 180도 바뀌어버리는가 하면, 시중의 억측과는 달리 순수한 차원에서 결정되는 경우도 있었다. 결과적으로 소문만 무성할 수밖에 없었다. 무엇이 사실이었는지를 가려내는 작업부터가 쉽지 않았다.

5공경제를 주제로 이 책을 쓰기로 처음 엄두를 냈을 때만 해도 어느 정도의 용기가 필요했다. 무슨 꼬투리로라도 전두환정권을 비판하는 대열에 참여해야지, 거기서 벗어난다는 것은 마치 지성을 배반하는 것처럼 여겨지는 분위기였기 때문이다. 사실들에 대한 정리작업조차 시류의 눈치를 살펴야 하는 때였다.

그런데 우리의 세상은 너무도 변덕스럽고 과거에 대한 망각이 빠른 것 같다. 전두환정권 이야기만 나오면 욕하고 침을 뱉던 사람들조차 정권이 바뀐 지 얼마 되지도 않아 "5공 때는 이렇지 않았는데…"라는 이야기를 쉽게 내뱉는다.

사실 경제현상이란 시간적으로나 공간적으로나 결코 독립적으로는 생각할 수 없다. 낱개의 점일 수 없으며, 점의 연속인 선이요, 선의 연속인 면이나 또는 그 이상의 입체적인 것이라 해야 할 것이다. 따라서 다음 정권인 노태우시대에 벌어지는 정책들 역시 대부분의 인과관계가 5공시대와 무관할 수 없다.

회오리 같았던 노사분규사태 등을 비롯해 그러한 예는 얼마든지 들 수 있다. 정치환경의 변화는 물론이고 경제질서 자체가 통째로 뒤엎어졌다. 옳고 그르고를 따지기 이전에 그것들은 엄연한 현실이다. 모든 '관계'들은 새롭게 분석되어야 한다는 전제 아래 종래의 것들은 무차별적으로 무너져야 했다. 지난 수십 년간 쌓여온 문제들이 한꺼번에 표출되어나오는 과정이라고 해야 할 것이다.

이 같은 변화 과정 역시 누군가에 의해 보다 정확히 기록되어야 할 것이

다. 예컨대 6공의 경제정책들이 어찌도 그처럼 지난 5공과는 정반대 방향
으로 움직이게 되었는지를 하나하나 따져나가야 한다는 이야기다. 경제정
책의 결정 과정에 있어 대통령의 역할이나 영향력이 그 전과 비교해서 어떻
게 달라졌는지, 정부와 기업의 관계, 또는 정치와 경제의 함수변화가 전체
경제에 어떤 영향을 주고 있는지, 그리고 그러한 변화가 있기까지의 배경
은 과연 무엇이었는지 등이 연속적으로 많은 사람들의 궁금증을 불러일으
키고 있기 때문이다. 그런 뜻에서 이 책은 5공과 6공 사이에서 쓰였다고 할
수 있다.

이 책의 주인공격인 전두환 전 대통령을 만나지 못한 것이 못내 아쉽다.
그가 백담사에 있을 때부터 측근을 통해 계속 인터뷰 신청을 했으나 응해주
지 않았다. 5공의 경제정책을 논함에 있어 그의 비중이 워낙 컸던 만큼 지금
에 와서 그의 솔직한 생각과 소감들을 증언해주었더라면 큰 도움이 되었을
것이다.

5공시대의 경제정책을 이건 이거다 하고 평가하고 싶은 생각은 전혀 없
다. 이는 학자들이나 이 방면에 더 전문적인 식견을 갖춘 분들이 해내야 할
영역이다. 필자는 다만 그러한 작업들의 밑거름이 될 수 있는 정확한 사실
을 찾아내고 정리, 기록하는 기자로서의 영역을 벗어나지 않으려고 애썼다.

그러나 이 책에 쓰인 내용들이 과연 얼마나 사실에 부합하는지, 또 시각
이 얼마나 객관적이었는지에 대해서는 여간 망설여지지 않는다. 최선을 다

했다고는 하지만 잘못된 것에 대한 시비는 전적으로 필자 개인이 감당할 일이다.

이나마의 책을 내기까지에는 주위의 도움과 격려가 없었더라면 도저히 불가능한 일이었다. 이것은 다 직장의 상사로 모시고 있는 중앙경제신문의 최우석 주필과 이제훈 편집국장, 이 두 분의 길잡이와 평소의 가르침, 그리고 뜨거운 격려가 있었기에 가능했다고 말하고 싶다.

동료인 이상일 기자, 손병수 기자, 김종수 기자, 이영기 기자, 이종태 기자 등의 도움도 빼놓을 수 없다. 여러 사람들을 만나서 중요한 증언을 들어주는 수고를 아끼지 않았으며, 본문의 일부는 이들이 쓴 것을 거의 그대로 실었을 정도로 큰 힘이 되어주었다.

이 책을 써온 방법은 필자의 취재 노트와 모아왔던 약간의 자료들, 그리고 지극히 불완전한 기억력에 의존해서 출발했다. 따라서 가급적 많은 관련인물들과의 인터뷰를 통한 사실 확인에 역점을 두었다. 기록의 스타일도 될수록 이들의 말을 첨삭 없이 직접화법으로 옮기려 했다. 신문에 연재했던 것은 200자 원고지 1,100장 분량이었는데, 여기에다 500매가량을 더 추가하면서 특히 실명 인용에 충실하려 노력했다. 그러나 결과적으로 이름을 밝힐 수 없는 경우가 많아 그런 의도는 크게 퇴색되었음을 송구스럽게 생각한다. 변명 같지만 면담에 응해준 인물들과의 약속 때문에 어쩔 수 없었다.

끝으로 독자 여러분께 부탁드리고 싶은 것은 이 책의 어느 부분이라도 잘못된 점을 발견하시면 즉각 지적해주십사 하는 것이다. 천만다행으로 알고 감사하는 마음으로 서슴없이 고치겠다.

1991년 10월 10일

이장규

※ 책을 쓰고 난 소감으로서 초판에 썼던 내용을 전혀 고치지 않았다.

부록

5공 경제일지

찾아보기

5공 경제일지

(1979. 10. 26~1988. 2. 25)

◆ ◆ ◆ ◆

1979

10. 26 박정희 대통령 시해 사건

10. 27 긴급 경제장관회의. 쌀 · 연탄 무제한 공급. 주가 사상 최대 폭락(-9. 9포인트)

10. 29 25개 생필품에 대한 책임 생산공급제 실시

12. 10 신현확 총리 임명

12. 14 개각. 부총리 겸 경제기획원장관에 이한빈

1980

1. 12 환율 및 금리 대폭 인상 · 환율 달러당 484원 →580원, 금리 18. 6% →24%

1. 29 유가 59.4% 인상

2. 13 상반기 중 중화학공업에 2,000억 원 특별지원 조치

2. 20 충북 · 경기은행에 한국은행 특별융자 실시

2. 27 환율제도 복수통화 바스킷제도로 변경

4. 3 국제금리 20%선 돌파

4. 21 사북사태 발생

6. 19 국보위에서 강석진 동명목재 회장을 악덕기업인으로 조사

6. 25 경제종합대책 발표(총통화증가율 20%를 25%로)

6. 26 동명목재 부도

8. 20 중화학투자조정, 자동차 · 발전설비 일원화

8. 25 유가 12.6% 인상

8. 29 김우중 대우 회장 사채 200억 원 사회 환원

9. 1 제5공화국 출범

9. 2 개각. 남덕우 총리, 신병현 부총리

9. 11 부정축재환수금 350억 원 농어촌후계자육성자금에 쓰도록 결정

7. 26   총통화증가율 30% 넘어서

8. 17   민정당 실명제 보완방안 마련 → 사실상 유보,
          모든 예금자금 출처 조사 않기로

8. 27   은행법 개정안 마련, 자율경영 확대

9. 17   수도권 정비계획 확정

9. 29   제일은행을 필두로 시중은행 민영화 본격화

10. 8   금성사, 미국서 단독투자 생산공장 설립

10. 15   농수산부, 초지개발 10개년계획 발표

12. 31   금융실명법 제정

1983

1. 1   50세 이상 해외여행 허용

1. 11   한 · 일 경제협력차관 40억 달러 합의

2. 6   유가 인하, 휘발유 10.8~16%

2. 16   부동산투기 억제대책 발표

2. 19   농수산부 복합영농 추진 225개 조성하기로

3. 16   첫 합작은행인 한미은행 업무 개시

4. 2   5만 원권 자기앞수표 폐지

4. 11   목동 대규모 주택단지 개발

4. 18   양도소득세 과세 강화

4. 19   유가 평균 4.76% 인하

4. 24   삼보 · 동양증권 합병

5. 23   각 도별로 농공단지 조성하기로

5. 24   채권입찰제 첫 실시

9.7   미 상무부 한국산TV 덤핑마진율 52.5%로 판정

11.3   거화회장 김창원 구속

11.5   금리 1% 인상

11.12 완매채거래 규제

11.15 남북경제회담 판문점에서 개최

11.26 토지거래신고제 최초 발동

1985

2.12   총선

2.18   국제그룹 해체

3.27   부품국산화정책 강화

4.16   대우자동차 부평공장 파업

5.17   중부고속도로 착공

5.20   양도소득세 누진제로 개편

5.31   서울 가락동농수산물도매시장 개장

11.12 국내기업 해외증권 발행 허용

1986

1.7   개각. 부총리 김만제, 재무장관 정인용

1.8   공업발전법 제정

1.20   현대 포니엑셀 미국 수출

2.5   국제 유가 15달러선으로 폭락

2.20   국내 유가 11.2% 인하

3.30   국내 유가 10% 인하